JN271129

人間理解のための実践的ガイドブック

交流分析による
人格適応論

ヴァン・ジョインズ & イアン・スチュアート 著
白井幸子・繁田千恵 監訳

誠信書房

Personality Adaptations:
A New Guide to Human Understanding
in Psychotherapy and Counselling
by Vann Joines, Ian Stewart
English edition Copyright© 2002 by Vann Joines and Ian Stewart
Published by Lifespace Publishing, Nottingham and Chapel Hill
Japanese translation rights arranged with Lifespace Publishing
through Japan UNI Agency, Inc.

日本の読者に

本書の訳が完成し、日本の読者に母国語で「人格適応論」を読んでいただけるようになった今、私は大きな喜びのなかにあります。

人格適応論は、私が心理療法を行ってきた三十五年の学びのなかで、私の助けとなった最も重要な知識の一つなのです。

人格適応論は、迅速にラポールを得る方法、最も効果的な領域に治療の焦点を当てる方法、さらにはクライエントの防衛反応の罠に陥らずにすむ方法を知ることを通して、セラピストが、それぞれ異なるタイプの人格に効果的に治療を行うことを可能にします。

私は他のセラピストと共に、多数の日本人を含むセラピストの方々に、スーパーヴィジョンとトレーニングをする機会を与えられてきましたが、人格適応論は、私自身によって、またこれら多数のセラピストによって、もう二十五年あまり前から用いられ、多くの成果をあげてきました。

また、私は、次のようなことをいつも耳にしてきました。セラピストがどんな種類の心理療法を用いる場合でも、それを異なったクライエントに最も効果的に用いるのに、人格適応論は素晴らしい助けになったと。実際、人格適応論は、個人的な人間関係においても、集団的な人間関係が問題となるさまざまな状況においても、同じように役立ってきました。

私たちは誰でも個性的な存在として、他人と交流する個性的な方法を持ち（感情、思考、行為のそれぞれにおいて)、また最大の成長と変化を遂げるべき特別な領域を持ち、さらに、最も敏感でそれゆえ最も防衛的になる特別な領域を持ちますが、これらの領域を知ることによって、私たちは他人との交流を著しく高めることができます。

こうした適応は普遍的なものであり、またその源を、自己が属していた家族内の、当時の自己を守るのに最も適した方法として発達したという点において、病的なものではありません。

さらにこうした適応は、その程度において、ごくわずかなものからごく著しいものまであらゆるレベルで行われ、当面する状況においての最良の選択として存在し続けます。

個人の適応を評価する質問紙も利用していただきたいと思います。質問紙によって得られる情報があなたのワークにおいても、個人的な交友関係においても、ひとしく役立つことを願っています。

そして最後に、もしよろしければ、この治療的アプローチに関するあなたのご経験を、私までフィードバックしてくださるならば大変幸いです。

心からなる思いを込めて

ヴァン・ジョインズ

ヴァンと違って一度も日本を訪れたことのない私ですが、幸いなことに、交流分析を専門とする私の同僚の幾人かは日本人です。そのうえ私は、心理療法を英国で学ぼうとしている日本人学生の、トレーニングを担当する機会を与えられてきました。したがって、日本の読者が、本書を自国語で読むことができるようになったことを、ヴァンとともに心から喜びたいと思います。

人格適応モデルが多くの事柄に適応があり、さまざまな方面で役に立つ、というヴァンのコメントに私も同感です。

その他に、私が、この人格適応モデルをいつも特別に素晴らしいと思うことは、それが、文化を越える性格を持っているということです。

人格適応モデルが挙げる人格適応のタイプ、たとえば、コンタクト・エリア、診断に役立つドライバー行動、最良のラポールを得るためのコミュニケーションの方法などは、国籍、言語、宗教性、年齢、教育などの違いを越えて、世界中で通用するのです（たしかに、それぞれの人格適応パターンの出現頻度には、興味深いことに、文化による差が見られますが、これについても本書で触れています）。

サイコセラピスト、そして心理療法のトレイナーとして働いてきた私の経験では、このような人格適応モデルの普遍性そのものが、このモデルを他に類を見ない際立って価値あるものとしています。

本書が、日本の読者のためにも、同じように、役立ってくれることを願っています。

真実なる思いを込めて

イアン・スチュアート

はじめに

本書は、人格理解のための実践的ガイドブックであり、心理療法家やカウンセラーに役立つことを第一の目的として書かれた。もしあなたがこの分野で、治療以外のプラクティショナー（実践家）、またはトレーニング中の研修生であっても、われわれがここで述べる考えは、あなたの仕事における能力とその効果を高めるのに役立つであろう。また、あなたが心理の専門家でなくても、自分の性格を理解し、他者との人間関係を深めたいと考えているなら、きっと興味を持たれることと思う。

本書の中心は人格適応タイプのモデルについてである。このモデルは六つの人格適応タイプを使って、人間を理解する方法を提供する。これは実際の生活の場面で観察された事実をもとに、しっかりした研究と長年にわたる心理療法およびカウンセリングの臨床経験から産み出されたものである。

本書では六つの人格適応タイプが詳細に説明され、またどのように各適応タイプが形づくられたのかを理解する枠組みが提供されている。また、個人の人格適応タイプを査定する方法も説明している。特にドライバー行動として知られる行動を観察することで、いかに早く短時間で――相互交流の数分後には、相手の「生育歴」も聞かずに――相手の人格適応タイプを診断するか、その方法を述べている。あなたの見立てを、より発展させるための観察可能な手がかりにも言及している。

各人の人格適応タイプが何かを正確に診断する方法を学ぶことによって、個人に応用できる多大な情報がいつでもそばにあるという実感を持つだろう。このモデルが、以下に述べる状況に関し、迅速で的確な洞察を与えてくれることを願っている。

●社会的場面で、個人が他者との人間関係をつくるときの典型的モデル。
●彼らの問題解決へのアプローチの特徴――順応的、反動的。
●多用するコミュニケーションの反応様式（命令的、要求的、養育的、ユーモラス）。
●彼らが人と交わるときに最初に選択する好みの領域（思考、感情、あるいは行動）と、彼らとのセラピーを最善の結果で終わらせるために〈ラポール〉を保ちつつ、いかにその他の領域へ移動していくか。
●典型的な「ライフパターン」。それは個人が、その人生において長期あるいは短期にわたり、繰り返し従うもの。
●個人が変容していくプロセスにおいて経験する、主要な諸課題。
●彼らが望む変化を達成するために、どのように効果的に彼らと作業ができるか。

このモデルの有効性は、特定の心理療法やカウンセリング、また一つの「人間論」に限られてはいない。あなたがどのようなアプローチを用い、またどのようなトレーニングを受けていても、このモデル、すなわち本書に書かれた内容を使うことは可能で、かつ役立つことでもあろう。この人格適応タイプ理論の初期の開発者を含め、われわれは交流分析（TA：Transactional Analysis）を心理療法の主要理論として用いている。初めの数章で、モデルに用いられているTA理論の概要を紹介する。すべての用語や概念を初めから説明するので、この本を理解するために前もってTAを知っておく必要はない。

代名詞、ジェンダー、名前、事例

「われわれ」という代名詞は、ヴァン・ジョインズ（Joines, V.）とイアン・スチュアート（Stewart, I.）を、「あなた」は読者を指している。他の人たちについては、「彼」「彼女」を適宜に使っている。

本書に登場するクライエントの名前は、すべて創作である。実際の人物に類似した名前であったとしても、それは偶然にすぎない。本書に描かれたすべての事例は、パートⅦのケースの逐語録を含め、全部が事実に基づいているが、特に誰のことと特定されるのを避けるために、細かい部分では変えている。

本書の構成

パートⅠは、このモデルの構成要素である六つの人格適応タイプについて、「簡単」に論じる。導入の段階では、最小限の専門用語を使うよう心がけた。この章のすべてのアイデアは、本書の後半で再度取り上げられ、拡大される。ここでは、このモデルについての現実ベースを検討する（このトピックは、後に**付録**のところで、さらに技術的に深く検討されている）。

パートⅡの六つの章では、モデルを個々に細かく発展させる。最初に発達的影響を探査し、続いて各適応タイプの人びとがそれぞれの人格変容の過程において起こしやすい問題を、その性格構造から検討していく。次にそれぞれの適応タイプを詳細に描写していく。また個人がさまざまな適応タイプをどのように組み合わせているかを調べる。最後に精神科診断の標準マニュアルである「DSM-Ⅳ-TR」（American Psychiatric Association, 2000）に載っている分類と、各適応タイプの関連を述べる。

パートⅡの第3、4章において特にTAの概念を説明的枠組みとして紹介し、われわれが使うTAの理論的概念と用語を簡単に説明する。これは、あなたが現在TAの知識を持っていなくても、この章の論議に参加可能になるためである。すでにTAをよく知っていたら、この章は飛ばしてもかまわない。もしあなたがTAの理論をより深く知りたいと思えば、われわれの書いた*TA Today*（Stewart & Joins, 1987）を読まれることを勧める。

パートⅢは、これらの人格適応タイプをどのように見分けるかを説明する。特に第8章で、ドライバー行動として知られる五つの行動セットを観察することで、迅速にそして正確に適応タイプを見分けることが可能である。ここで述べられている見分け方の基本は、このモデルの最も強力な特色である。なぜなら、ほんの数分のコミュニケーションで、通常では質問紙によって分類可能な各適応タイプの特徴のすべてに、アクセスすることができるからだ。

パートⅣは、あなたが心理療法やカウンセリングの現場で、クライエントと良好な関係を保持するため、どのようにこのモデルを使うかを述べる。あなたが何を、どのように言うかを選び、適切なコミュニケーション・モードを選択することで、クライエントと「同じ波長」でいられる方法を学ぶであろう。またあなたがクライエントのコンタクト・エリア（接触領域）、それは思考、感情、行動のいずれかであるが、そのなかのどれにコミュニケーションの焦点を当てると最大のラポールを得ることが可能になるかを説明する。この方法で、あなたは最も効果が上がる部分に介入の標的を定め、クライエントの防衛によってセラピーが行き詰まるのを避けることができるだろう。この効力は、このモデルの持つ強力な特色である。パートⅣの最後で、それぞれの人格適応タイプを持った人たちが、どのようにお互いに個人的に、または職場で交流し合うかを検討する。

パートⅤは、「個人の変容を促す」のがテーマである心理療法やカウンセリングで、この理論をどのように用いるかを、より詳細に述べる。もちろん前のパートもすべて、セラピスト、あるいはカウンセラーとしての仕事に関連しているが、パートⅤでは特に治療的介入や技法についての資料が豊富に示されている。それらは変化の内容（何が）と、変化のプロセス（どのように）について述べられている。あなたは、このモデルがセラピーの内容とプロセスを統合し、個人の変容を効果的に招くためにいかに役立つかを学ぶであろう。

パートⅥは、ここでもまた、心理療法に焦点が当てられているが、より進んだレベルで理論と実践の双方が検討されている。第17章では包括的な診断と治療計画について述べる。これはそれぞれの人格適応タイプが持つ多くの発達的、性格的特徴を系統的に図式化したものであり、クライエントに対する理解を深め、心理療法やカウンセリングにおける治療計画立案の強力な助けとなりうる。

第18章では、境界性人格や自己愛性人格とこのモデルとの関連を検討する。これらの人格構造は、六つの人格適応タイプとその範囲が異なっているとわれわれは考えているが、同じことをあなたも見いだすだろう。しかし適応モデルは、境界性人格や自己愛性人格のセラピーにも有益なガイドを与えてくれる。

パートⅦは、異なった人格適応タイプを持つクライエントとのセラピーの事例を、逐語録で紹介する。第19～24章まで、順番にそれぞれの人格適応タイプの人とのセラピーを説明する。これらは、基本的に一つの人格適応タイプを主にしたクライエントとの間で、その適応タイプに起こりやすい問題と取り組み、治療を進めたセラピーの逐語録である。最後の第25章では、混合の人格適応タイプに問題を持つクライエントとのワークを紹介する。各章では、初めにそれぞれの適応タイプについて、治療的手がかりの概要を説明する。各逐語録を通して、セラピストが治療の内容とプロセスを進展させるためにどのようにこのモデルを用いたか、その点に関するコメントも挿入されている。

説明と繰り返しの「積み重ね」

このモデルは非常に精密である。これこそがモデルの有用性の主な理由である。しかし、一度にそのすべてを知ったとしても、はじめは理解するのが難しく、消化しきれないと感じるだろう。

われわれは繰り返しこのモデルを研究し、たくさんの研修生たちに教えながら、この問題を克服する説明方法を開発してきた。それは全体を一度に提示するのではなく、各部分に分けて説明を重ねていく方法である。本書でも、同じ手法を使っている。

特徴としては、われわれはモデルを細かく連続した「層」にした。細分化した各層は、特に一つの性格の様相を述べている。これらの層のなかで、標準的状況における六つの適応タイプを一つひとつ説明している。たとえば、パートIIの第2章では各適応タイプの発達的様相を描いている。これが最初の細分化の層である。次に、第3章で第二層を加えている。それは六つの適応タイプにおける性格構造である。第4章では第三層にいく。それは主な性格変化の問題の再検討である。このように各章が続いていく。

細分化した層を加えていくごとに、再び前の層の説明を（章末の「まとめ」のなかで）簡単に繰り返していく。たとえば、パートII第3章のパーソナリティの構造に関する部分で、細分化の第二層を紹介する場合、第2章ですでにあなたが読んでいる発達的様相の情報を要約して繰り返している。第4章では、各適応タイプの人の変容という中心的な課題を説明する前に、発達とパーソナリティの構造に関して、再度その概要を述べている。われわれのねらいは、どこを読んでいても、欲しい情報は、あちらこちらと本の中を探さなくてもそこで手に入る、ということなのである。

謝　辞

この本は、二十年以上にわたる人格適応タイプに関する研究の成果である。ポール・ウエア博士、テイビ・ケーラー博士、彼らの鋭い臨床的観察、明確な理論的枠組み、この情報を基本的に形成している行動に関する精密な表現、そしてそれを他者に教示した業績、これらに関し、お二人に私は心からの感謝を捧げたい。また、TAの創始者であるエリック・バーン博士の天才的能力、すなわち平易な用語であのような豊かな臨床的洞察を表現し、詳細な説明を可能にした才能に深い恩恵を被っていることに改めて感謝している。また、再決断療法の創始者であり私の導師であるロバート・L・グールディング博士、メリー・M・グールディング女史に、彼らが教えてくれたもの、私個人や仕事に関して常に与え続けてくれた支持と承認に対し深い感謝の意を表したい。人間がOKな存在であること、また人が変化する可能性について、彼らのように豊かな信念を持っている人は、この世にまれだと思っている。

心理療法の研修機関を運営していることによってもたらされる利得の一つは、長年にわたり私たちの研究所で、数多くの講師やトレイナーが彼らの仕事を公開してくれたことである。私は彼ら一人ひとりから、多くの学びを得ることができた。私は彼らの貢献に対してここに改めて感謝の意を表したい。ミュリエル・ジェームス、ジャッキー・シフ、ルス・マクレンドン、ファニタ・イングリッシュ、ポール・ウエア、テイビ・ケーラー、アル・ペソ、アーヴィング・ヤーロム、カール・メニンガー、グレゴリー・ベイトソン、カール・ウィテカー、セイモア・ハレック、マシュー・マイルス、リチャード・フィッチ、ルチアノ・ラバーテ、ウイリアム・マスタース、ヴァジーニア・サティア、ジェイ・ヘイリとクロエ・マダネス、アービングとミリアム・ポルスター、ジェームス・マスターソン、ガイとキャサリン・ヘンドリックス、ステファン・ジョンソン、ジェームス・ブーゲンタル、ジェフリー・マグナヴィタ、そしてフレッド・ガロ。また、二十五年間サウスイースト研究所において共に仕事をし研究を分かち合ってきた人たちにも心からの感謝を捧げたい。グラハム・バーンズ、ロバート・フィリップス、ケン・レッサー、ジョセフィン・ルイス、バレリー・バッツ、ゲアリ・ピーターソン、ナタリー・ボウマン、ジョンとパム・ホワイト、ジャッキー・ダブルス、ジャニス・バークリー。特に、私の長年にわたる秘書であり研究所の事務長である、アリス・ジェフリースに感謝したい。彼女はこの本の出版に向け、惜しみない努力をしてくれた。そしてまた二冊の本を共著する喜びを分かち合った私の同志、イアン・スチュアート（Ian Stewart）、この共同の仕事を彼ほど見事に成し遂げてくれる人が他にいるとは到底信じられない。ありがとう。

もう一つ、心理療法の研修・研究施設を運営している利点は、そこに集まる研修生やワークショップの参加者と長年にわたる関係が維持でき、そこから彼ら個人の素晴らしさに接し喜びを感じられることである。特にチャペルヒルとナッシュビルでの私のトレーニング・プログラムに参加している研修生たちは、この人格適応論のさらなる発展に寄与するたくさんの素晴らしいフィードバックを与えてくれた。深く感謝の意を表する。

最後に私は家族に心から感謝を述べたい。妻のシェリーは惜しみない愛と支持、そして彼女自身の深い洞察を私に分け与え、この理論の発展に多大な貢献をしてくれた。私の娘アンドレアとエリザベス、息子ヴァン、ジョナサン、アダム、私が本書を執筆中に寄せてくれた彼らの理解と忍耐に感謝する。また彼らは子どもの発達について、さまざまのことを私に教えてくれた。彼らすべてが、私にとって素晴らしいインスピレーションであり、サポートであった。

二〇〇一年十一月

チャペルヒルにて

ヴァン・ジョインズ

この本に関するオリジナルな発想は、ヴァン・ジョインズが創りあげたもので、初稿はヴァンが書いた。初稿が書かれたところで、私は彼に共著者として加わらないかと誘われ、大喜びでそれを承諾した。以前に、現在世界中でTAの標準的教科書として使われている*TA Today*を、共著として出版したときの楽しく、成功した思い出があるから、今回も二つ返事でOKした。ヴァンと同様、私も人格適応タイプをこの二十年間、セラピスト、トレイナー、スーパーバイザーという、私のとる役割のすべてにおいて、基本的な技法として使ってきた。私の知識と経験をヴァンのものに加えて、読者の皆さんに提供できるのは、この上ない喜びである。

何よりもポール・ウエア博士の理論に沿って研究されているテイビ・ケーラー博士の素晴らしさに、またその研究資料をこの本で使うことを許可してくださった寛大さに、この場を借りて深く感謝したい。テイビとの思い出深い、一九八一年のロンドンでのワークショップに参加した私は、この人格適応タイプと、そこからつくりだされた彼のプロセス・モデルの力と有効性に感銘を受けた。そのときからテイビは、私の著作の中で彼の研究を引用することを許してくれ、今回はまた新たに、この本の準備段階で使用を許可してくれた。

私はこれまで、この理論のもう一人の創始者ともいえるポール・ウエア博士とご一緒に仕事をする機会には、残念ながら恵まれなかった。しかし、彼がつくった理論をわれわれが発展させ、この本にまとめあげることを許可してくださったことに、深く感謝している。

ヴァンと同様、私もかの天才、メリー・グールディングと亡きボブ・グールディングにたくさんの刺激を受けた。幸いなことに、グールディングらの有名なトレーニング・グループであるマラソンに、最後のほうで参加することができた。セラピストとしての公式なトレーニングだけではなく、禁止令として名高い人格の変容に関するいくつかの重要な理論、それはこの本にも取り入れられているが、これらの独創的なアイデアによる貢献に対し、深く感謝している。

また、この本を読み、中に書かれた事実の証明に関してコメントを惜しまなかった私の妻、ヒッキーに感謝する。彼女は私の側にいて、私が本を書くのに夢中でコンピューターにへばりついているときでも、ある時間が経つと、人生ほかにもいろいろやることがあるのよ、とギヤーの切り替えをして私を支えてくれた。心から感謝している。

二〇〇一年十一月

ノッティンガムヒルにて

イアン・スチュアート

監訳者まえがき

本書は二〇〇二年にLifespace Publishingより出版された、*Personality Adaptations*の全訳である。著者の一人イアン・スチュアートは英国の、また、ヴァン・ジョインズは米国の、すぐれた交流分析の研究者にして心理療法家であるが、二人の活動の場はもう四半世紀以上も前からその著作、講演、セラピー、トレーニングなどを通して日本を含め世界各国に及んでいる。

二人が一九八七年に出版した*TA TODAY*は、日本をはじめ数カ国語に翻訳され、交流分析の「教科書」として、心理を学び実践する世界中の人びとに広く読まれ、使用されている。

本書はその二人が書いたパーソナリティを理解し、異なるパーソナリティを持つ他者との人間関係を築くための実践的な手引書である。交流分析の基本理論が本書の基礎をなしている。本書の中心となる概念は、人は乳幼児期の親の養育スタイルによって六つの人格適応タイプを形成し、その後の人生を生きていく。各適応タイプにはそれぞれ特有な特徴があり、人間関係の在り方、他人とのコミュニケーションの方法もそれぞれ異なる。したがって、異なる適応タイプには異なる対応が必要となる、というものである。この「人格適応タイプ」の理論は、著者たちの長年にわたる研究と心理療法・カウンセリングの臨床経験から生み出されたものである。

本書で展開される人格適応論は、「セラピストがどのような種類の心理療法を用いる場合でも、それを異なる個性を持つクライエントに最も効果的に用いるのに、すばらしい助けになったと評価されてきたものである」(ジョインズ)。また、どのような専門領域においても役立つばかりでなく、個人の日常の人間関係の改善にも適用される。

邦訳の書名を「人格適応論」としたが、ここでいう人格とは、パーソナリティ、すなわち「性格ないしは個性」という意味を含んだ人格である。

人格適応論の成り立ち

人格適応論は米国の精神科医であり、心理療法家であるポール・ウエア（Ware, 1978, 1983）、米国の臨床心理学者・心理療法家・マネージメントの専門家であるテイビ・ケーラー（Kahler, 1972, 1982, 1999, 2000）とホッジス・ケイパー（Kahler & Capers, 1974）によって開発され、さらに、本書の著者の一人であるヴァン・ジョインズ（Joines, 1986, 1988）がそれを発展させた（p. 3）。

基礎となる理論

本書が提唱している基本理論は以下の内容を持っている。

（1）親の養育スタイルと六つの人格適応タイプ

ウエアは彼が勤務していた精神病院で思春期の入院患者を治療していく過程で、患者たちは乳幼児期に家族のなかで生き延びるために、また、家族のメンバーの期待に応えるために、さまざまなやり方を身につけていくことを発見した。ウエアは、六つの特徴的な親の「養育スタイル」が存在し、そのなかで、子どもたちはそれに対応する六つの異なる「適応タイプ」を身につけて生きていくことを見いだした。

ウエアはそれぞれの適応タイプに、「ＤＳＭ-Ⅲ」に基づいて以下のような名称をつけた。それらは三つの「生き延びるための適応」と三つの親の期待に応えるための「行動上の適応」に分けられる。以下、①～③の上側は親の養育スタイル、下側は「生き延びるために必要だった」適応タイプを表し（0～3歳）、④～⑥の上側は親の養育スタイル、下側は親の期待に応えるための「行動上」の適応タイプを表す（3～6歳）。

①あてにならない養育スタイル → スキゾイド型適応タイプ
②先取りする養育スタイル → 反社会型適応タイプ
③一貫性欠如の養育スタイル → パラノイド型適応タイプ
④過度に支配的な養育スタイル → 受動攻撃型適応タイプ
⑤目的達成重視の養育スタイル → 強迫観念型適応タイプ
⑥人を喜ばすことを強調する養育スタイル → 演技型適応タイプ

どの適応タイプも、本来肯定的側面と否定的側面の両面を持つのであるが、これらの適応タイプの名称が「病的な印象を与える」という批判があったため、ジョインズはそれぞれの適応タイプの長所を表す口語的な呼び名を追加した。適応タイプは「病理」を意味するのではなく、あくまで、「適応の仕方」を意味し、「そのような仕方で人生に適応していく」ということなのである。

以下、上側はウエアによる命名、下側はジョインズによる名称である。

①スキゾイド型適応タイプ → 創造的夢想家（Creative-Daydreamer）
②反社会型適応タイプ → 魅力的操作者（Charming-Manipulator）
③パラノイド型適応タイプ → 才気ある懐疑者（Brilliant-Skeptic）
④受動攻撃型適応タイプ → おどけた反抗者（Playful-Resister）
⑤強迫観念型適応タイプ → 責任感ある仕事中毒者（Responsible-Workaholic）

⑥演技型適応タイプ → 熱狂的過剰反応者（Enthusiastic-Overreactor）

ジョインズのもう一つの功績は「六つの適応タイプを見分けるための質問紙を開発し、六つの適応タイプが現実に存在することを証明した」（p. 4）ことである。読者はこの質問紙を通して自分自身の適応タイプを知ることができる。

（2）治療へのドア

人格適応論を実際の臨床に応用するに際して、あるいは、一般的な状況で望ましい人間関係を築くときに、中心的な役割を担うのはウエアの「治療へのドア」の概念である。私たちは周りの世界と接触するとき、思考、感情、行動のいずれかを通して外の世界と接触するのであるが、ウエアは私たちが他の人と接触を持つとき、その人がどの適応タイプを身につけているかによって、彼らの心へ入って行く入口「コンタクト・ドア」が異なることを強調した。ドアを間違うとクライエントに抵抗を起こし、望ましいコミュニケーションが取れなくなるのである。ここで「ドア」とは「思考」（thinking）、感情（feeling）、「行動」（behavior）を意味し、私たちはこれら三つの領域のいずれかで外の世界と接触するのである。ウエアはそれを「コンタクト・エリア」と呼んでいる。

（3）「ドライバー行動」によって適応タイプを見極める

交流分析の基本理論の一つに「人生脚本の分析」があり、人間の一生は一編のドラマのようであり、幼児期に周囲の人びとより取り入れた脚本のテーマに沿って生きていく、と理解されている。脚本は「禁止令」「拮抗禁止令」「行動のプログラム」によって成り立っているが、ケーラーは「拮抗禁止令」のなかに特に強烈でその人にその行動をとるように馬車馬のように駆り立てているものを「ドライバー」と呼び、次の五つをドライバー行動として挙げた。「完全であれ」「努力せよ」「人・親を喜ばせよ」「強くあれ」「急ぎなさい」である。ケーラーはこれらのドライバー行動を見ることによってその人の人格適応タイプを判断できるといい、その行動上の特徴を挙げている。

（4）「コミュニケーション・モード」

各適応タイプの人びととコミュニケーションを取るとき、コミュニケーション・モード（感情、養育、要求、支配、中断）を選んで対応するとそれらの人びとと「波長を合わせる」ことができ、「共感」を生み出す助けとなるという考えを本書は展開している。

（5）症例の紹介——各適応タイプの実際とその対応

本書には各適応タイプのクライエントに対する、ジョインズによる人格適応論を用いたセラピーの実際が逐語録を通して紹介されている。各適応タイプの違いと、アプローチの違いが多くの頁を割いて記されている。ジョインズによる再決断療法を用いた各適応タイプへのセラピーの実際は非常に興味深く、有益で、見事である。

（6）人格適応論がめざすもの

六つの人格適応タイプはそれぞれ長所と短所を持ち合わせている。人格適応タイプは病理的であるか、健康であるかを示すものではなく、「そのような仕方で人生に適応している」という適応の仕方を示すものである。

適応の違いはそれぞれの人の個性であり、それぞれ尊重されるべきものである。自分と異なる「人格適応タイプ」を持つ人の長所を取り入れるなら、誰もが人生を一層豊かに生きられるであろう、それが著者らの結論である。

また、どの適応にもそれぞれの価値のあることを認めるならば、ジョインズが述べているように、人びとは個人間のまた文化間の類似性と差の両者を、より以上に祝福することができるであろう。

私事になるが、私は三十二年前、米国で初めて交流分析を学ぶ機会を与えられた。そこで一人の若い講師を通して交流分析の持つ魅力に接した。交流分析理論が人間を理解するときの深さと確かさ、現実の心理を反映する具体性とわかりやすさ、そして、深い倫理性などに強い感動を覚え、その出会いがその後の自分の歩みを決めることになった。そのとき出会った講師が、若き日のジョインズ先生であった。

その時から今日まで、生きるうえでも、職業生活のなかでも、どれほど交流分析に、また、ジョインズ先生の公平で温かく、自律に対して妥協のないセラピストとしての姿勢に支えられてきたか。

三十二年後に、ジョインズ先生の臨床心理学の集大成である本書の翻訳の一端を担えたことに、この上ない喜びと感謝を覚える。

本書は誠信書房の松山由理子さん、中澤美穂さんの存在なしには生まれ出ることがなかった。お二人の編集者としてのすぐれた感性と行き届いた心配り、それに、大きな忍耐力に心からなる感謝を申し上げる。

二〇〇七年夏

ルーテル学院大学大学院

白井　幸子

目次

パートI

導　入

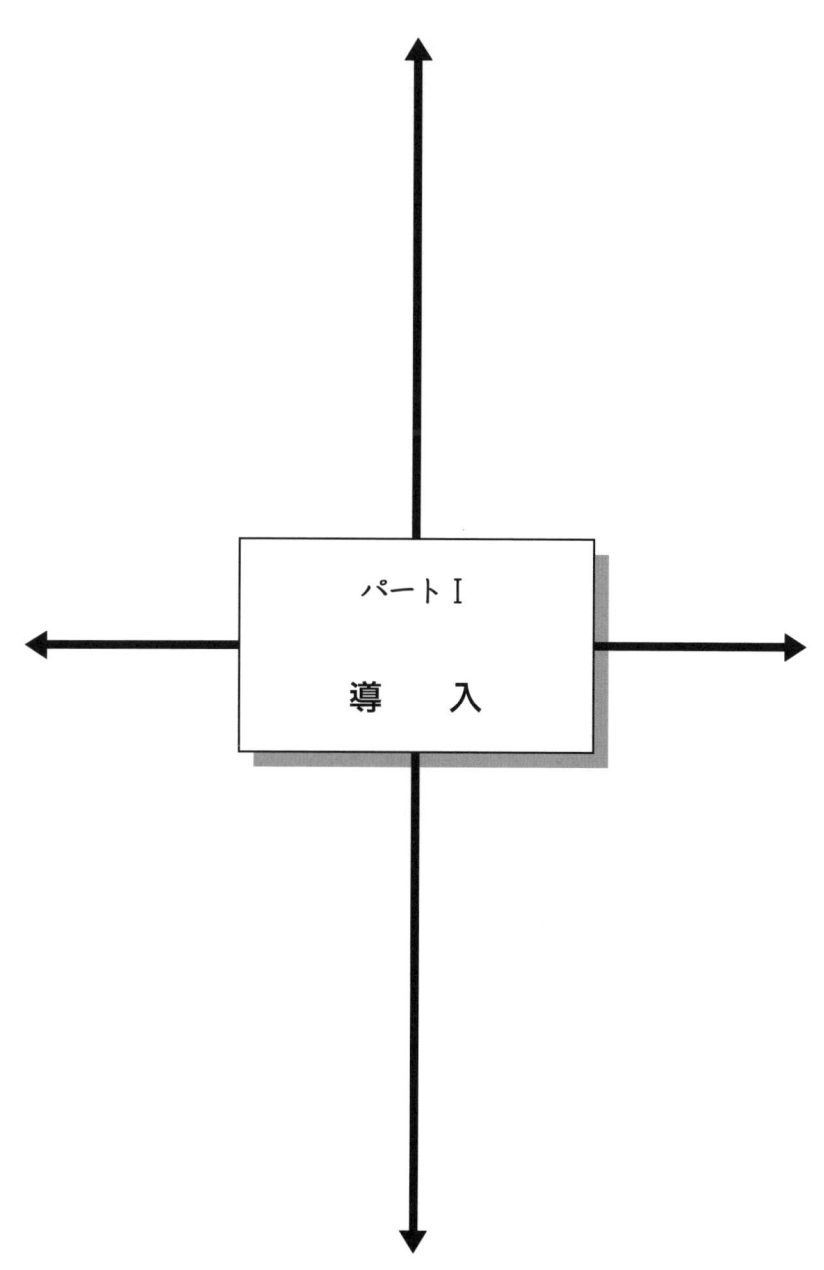

第1章

六つの人格適応タイプの紹介

この世が始まって以来、人間は互いの違いに興味を持ち続けてきた。なぜこのように一人ひとりが違うのだろう。あるときは、人がすることが全然理解できないこともある。時にはまったく「常軌を逸して」いたり、「狂気の沙汰」だったり、少なくともあまり賢くないと思われることもある。

長年、人びとはその違いがどこからくるのかを、いろいろと理由付けしてきた。その理解を求めるための一助として、科学者や心理学者は性格のモデルを開発してきた。彼らは数限りない特徴を分析し区別し、さまざまな人間の性格における独自性をつくりあげた。それらの要素となるものは、その個人の性格、行動様式、さらには生育歴も含まれる。これらの特徴は総括的に取り入れられ、特定のモデルにおける一つの「性格」として包含される。私たちは各々独自な性格特性を持っている。この全体の総和が私たち個人を、他人と違った、または似ているという結果を生み出す。

本書では、一つの人格モデルを中心として扱っている。われわれはこのモデルがセラピー、コミュニケーション、人間理解に非常に有力な助けになることを見いだした。これが人格適応タイプというものである。

モデルの鍵となる概念

このモデルには五つの重要な主題がある。

（1）個人がその人の遺伝子的プログラム、および早期の経験をもとに発達させた、六つの基本的な人格適応タイプを明らかにすることができる。

（2）これは万国共通であり、したがって誰もがそのなかのいくつかの組み合わせを持っている。

（3）個人は少なくとも一つの「生き延びるための」適応タイプと、一つの「行動上の」適応タイプを持つ。共に他者から好まれ、期待された適応のスタイルといえる。

（4）「生き延びるための」適応タイプは、信頼していた環境が壊れたとき、事態をどのようにして切り抜け、生き延びるかというところから発達したものである。「行動上の」適応タイプは、家族のなかでの期待に応えるために発達させたものである。

（5）この適応タイプの知識は、セラピストやカウンセラーがすばやくクライエントと信頼関係をつくり、彼らの防衛に妨げられてセラピーが行き詰まるのを避け、彼らの変容を最も効果的に促す関わりをするために役立つ。

モデルの起源

ここで述べられるモデルは、二人の革新的な人物の働きによって開発され、発展したものである。一人は精神科医で心理療法家のポール・ウエア博士、もう一人は臨床心理学者、心理療法家、そしてマネージメントのエキスパートでもあるテイビ・ケーラー博士である。理論はウエア（Ware, 1978, 1983）、ケーラー（Kahler, 1972, 1982, 1999, 2000）、ケーラーとケイパー（Kahler & Capers, 1974）により創られ、さらにジョインズ（Joines,

1986, 1988）によって発展した。

ウエアは、彼が勤務していた精神病院での思春期の入院患者の治療プログラムのなかで、六つの人格適応タイプを観察した。患者たちが小さいときに、家族のなかで生き延びるため、また家族メンバーの期待に応えるために、たくさんのやり方を身につけていくことを見いだした。これらの適応タイプは、病理とか健康とかいう意味ではなく、単に適応のスタイルといえる。

一方、ケーラーはＴＡの理論をもとに、性格のさまざまな様相を質問紙を用いて調査する研究を行っていた（Kahler, 1972）。彼は特に、性格が示されるプロセスに興味を持った。人はいかに物事を行うかという過程を、何を行うかという内容と同じように重視した。自分のリサーチをもとに六つの人格適応タイプがあることを明らかにした。

ケーラーの六つの適応タイプは、六つの人格タイプだけではなく、その性格が示すプロセスを多面的に説明している。そこでの重要なポイントは、五つの特別な行動パターン、ドライバー行動から、個人の人格適応タイプについて、迅速で信憑性のある判断を下せるというものである。ケーラーは、人がいかにことを行うかを強調し、彼のモデルをプロセス・モデルと名付けた。われわれも本書ではそのタイトルを使う。

ウエアとケーラーは、最初彼らの仕事をお互い独自に行っていたが、まもなく彼らの知見を交換し合うようになった。ケーラーは「私たちは同じレールの上を走っていた。出発点は違っていたが」（Kahler, 1999）と述べている。

ヴァン・ジョインズは、ウエアとケーラーが規定した六つの適応タイプを査定するための質問紙を開発した（付録B、Cを参照）。この質問紙を用いた彼の研究は、六つの適応タイプが現実に存在することを証明した。人びとはすべての適応タイプの行動パターンを用いるが、各自がそれぞれ〈生き延びるための〉と〈行動上の〉適応タイプから、特に選んで使うスタイルがあるというウエアの考えもまた立証された。ジョインズは、長年にわたる彼の治療やトレーニング、他の治療者たちへのスーパービジョンを通して得た多くの洞察で、この理論に貢献をしている。本書でそれらを読者と分かち合いたい。

六つの適応タイプ

ウエアが人格適応タイプを初めて発表した論文（1983）において、彼は伝統的な精神科治療で用いられる形式的な名前を用いた。それらは以下のものである。

- ヒステリー型〈演技型〉（原書注：この本では、ウエアが用いた「ヒステリー」に代わり、現在より多用されている演技性、「ヒストリオニック」という言葉を用いる）
- スキゾイド型（訳者注：日本ではシゾイドが一般的だが、本書では英語読みのスキゾイドに統一した）
- パラノイド型
- 強迫観念型
- 受動攻撃型
- 反社会型

「適応タイプ」と機能不全（障害）

本書で使われている人格適応タイプと、「DSM-Ⅳ-TR」（American Psychiatric Association, 2000）などの診断マニュアルで用いられる人格障害とを区別することが重要である。

DSM-Ⅳ-TRで見いだされる人格障害は、人格適応タイプの最もマイナス（機能不全）な部分を取り出したものである。それに対し人格適応タイプは、肯定的な面もマイナス面と共に見いだされ、個人のなかでバランスを保っている。これらの適応タイプは、個人が生き延びるため、また両親や家族からの期待に応えるために身につけた、最高の選択肢といえる。

ゆえに、人格適応タイプは人格障害に限定されず、最も健康な状態からまったくの機能不全状態まで、個人の精神状態のどのレベルでも観察される。言い換えれば、人格障害はより機能不全なレベルの病理であり、他方、人格適応タイプは個人の適応「スタイル」を表しているであろう。

人格障害のなかには、単に一つの適応タイプの機能不全を表したものと、一つ以上の適応タイプの混合の場合がある。しかし、すべての人格障害、適応タイプの否定的側面は、慢性の病態として社会に存在する（第7章で、人格適応タイプとDSM-Ⅳ-TRの分類について、より詳しく見ていく）。

口語体のタイトル

総括すると、個人の示す人格適応タイプは、いずれにしても、健康から機能不全までの継続した一線上のどこかにあるということができる。これが人格適応モデルにおける中心概念である。

ウエアが命名した適応タイプは、用語として問題を引き起こした。標準的診断マニュアルを使うのに馴れている精神科医たちは、ウエアの使用した六つの適応タイプの名前を、単に伝統的な人格障害を意味していると受け取る可能性がある。これらの専門家はこの適応タイプを、健康から機能不全までの一線上のどこかにあるというより、機能不全の「極」としてとらえるだろう。

この潜在的な困難さを克服するために、ケーラー（1997c，2000）とジョインズ（1986）は、ウエアの最初の六つのタイトルに口語体の名前を付けた。本書では、ジョインズの口語体の名前を、ウエアの使用した元の名前と共に用いることにした。ジョインズの六つのタイトルは、適応タイプがポジティブとネガティブの両面を持っていることを示唆している。それらは、各適応タイプそれぞれが特別の適応スタイルを持ち、それは健康から機能不全までのどの線上にも見られることを意味している。

ジョインズが付けた名称は、以下のとおりである。

●熱狂的過剰反応者（ヒストリオニック／演技型）
●責任感ある仕事中毒者（強迫観念型）
●才気ある懐疑者（パラノイド型）
●創造的夢想家（スキゾイド型）
●おどけた反抗者（受動攻撃型）
●魅力的操作者（反社会型）

六つの適応タイプの特徴

各適応タイプは、それぞれ独自な特徴と、それに伴った行動様式を持っている。この特徴と行動様式を学ぶにつれて、適応タイプは比較的見分けやすくなる。表1-1は六つの適応タイプの特徴を要約したものである。現実には、ただ一つの「純粋」適応タイプを持っているという人はいない。前にも述べたように個人は、生き延びるためのものと、期待に応えるためのもの、それぞれから一つ、少なくとも二つの適応タイプの特徴を示す。しかし、ある人は特に一つの適応タイプが強く「前面に出て」いて、「純粋な」または「典型的な」適応タイプを示す場合もある。それと同様に、その背後で他の適応タイプ（複数の場合もある）も認識することができる。

われわれが人格適応タイプを提示していくにしたがって、あなたはこれが「自分のものだ」という適応タイプを見つけるだろう。多分あなたは、二つの適応タイプの説明が、両方とも自分によくマッチしていると思うかもしれない。まれには三つ、あるいはそれ以上の適応タイプが自分にあると認める可能性もあるだろう。これらの

表1-1　六つの人格適応タイプのまとめ

適応タイプ	性格特徴	性格描写
熱狂的過剰反応者（演技型）	興奮しやすい，過剰反応，感情的に不安定，ドラマティック，注目をされたい，誘惑的，エネルギーが高い，人の感情を気にする，想像力に富む	未成熟，自己中心，自惚れ，依存的，遊び上手，魅惑的，楽しい
責任感ある仕事中毒者（強迫観念型）	順応性，良心的，責任感，信頼性	完全主義，超抑圧的，義務感，緊張（リラックスが一番苦手），頼れる，きちんとした
才気ある懐疑者（パラノイド型）	硬直した思考，誇大化，投影，明晰な思考，強い警戒心，一番を目指す，詳細にこだわる	超感受性，疑い深い，嫉妬する，羨む，博識，注意深い
創造的夢想家（スキゾイド型）	受動的引きこもり，白昼夢，回避，分離，芸術性，他者への配慮	恥ずかしがり，感受性が強い，風変わり，思いやり，支持的，心地良い，親切
おどけた反抗者（受動攻撃型）	受動的攻撃性，憤慨を表す，過剰な依存性，自分中心に考える，白か黒かにこだわる	妨害する，ふくれる，頑固，忠実，エネルギッシュ，ふざける，粘り強い
魅力的操作者（反社会型）	社会規範との闘争，葛藤への低い耐性，興奮やドラマティックなものを求める，高いエネルギー，目的志向，自分の利益のためにはよく考える	自分本位，冷淡（タフ），無責任，衝動的，魅力的，カリスマ性，攻撃的，口が達者，促進的，操作的

可能性は、このモデルに関して独自の意味を持っている。そのことは後に説明する。あなたの適応タイプを考えるとき、以下の問いが重要である。①あなたはストレスを感じたときどうするか、②通常の状態で周囲の期待に応えようとしたとき、あなたはどんなことをするか。

表1-1の説明は、各適応タイプの最も簡略化された描写である。この章で後ほど、各適応タイプのより詳細な説明、「文字で描いた肖像画」を提供しよう。これらの詳細な描写でさえも、各適応タイプに関する情報としては一片の手がか

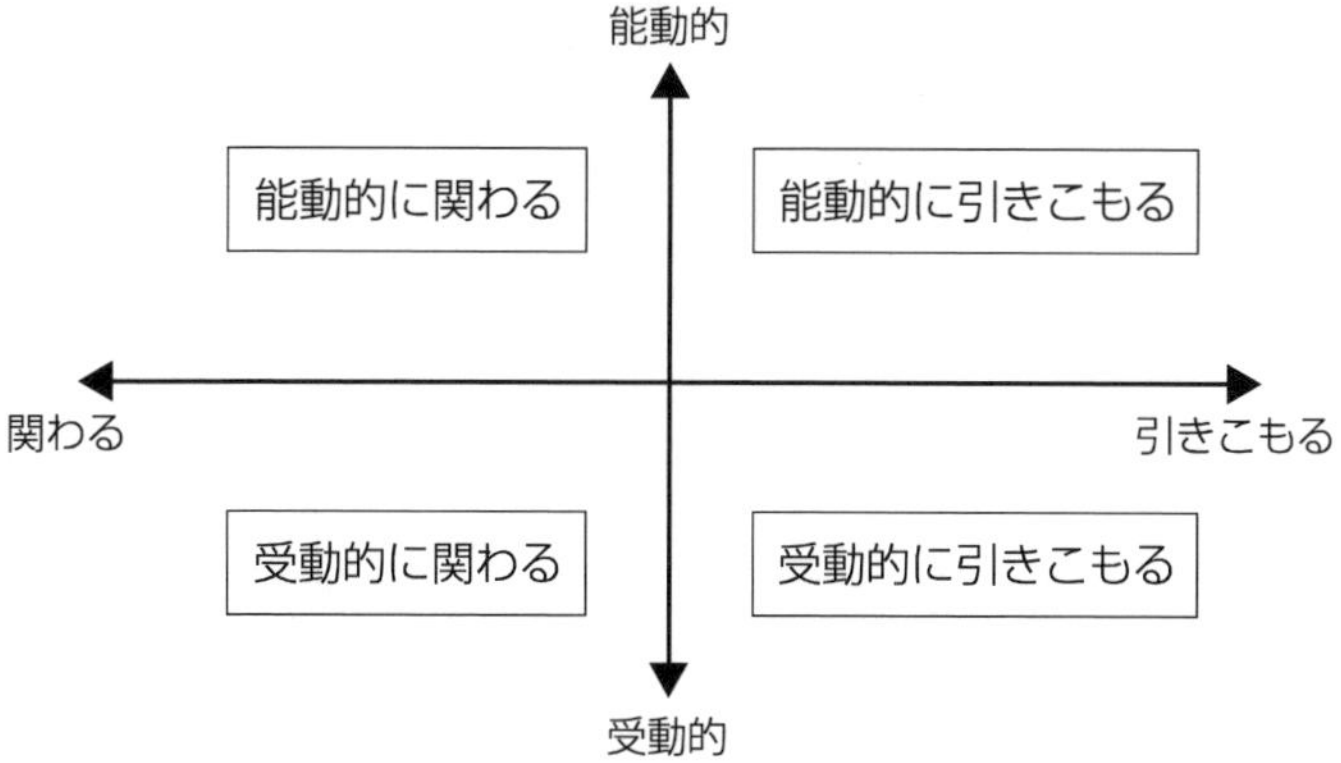

図1-1　査定図表

りにすぎない。われわれはこれらの特徴のすべてを、後続の章で再び取り上げていく予定である。

ここではじめに、このモデルで中心的役割を果たす二つの考えを紹介しよう。それらはわかりやすく簡略化された「ペン描きの肖像画」ともいえるだろう。

（1）査定図表
（2）コンタクト・ドア

査定図表

図1-1は、ケーラー（1996）が査定図表として提示したものである。後続の章において、この図表が、性格適応モデルの全容を視覚的に示す「地図」の役目を提供する。

この図は二本の線で四等分されている。垂直の軸は「能動的／受動的」の次元を示し、水平の軸は「関わる／引きこもる」を示している。ここに挙げられている言葉は、プロセス・モデルにおいては、以下のように特定される。

● **能動的**　問題解決には率先して関与する。社会的には主導権をとる傾向がある。

●受動的　問題解決では受身の姿勢をとる（誰か他者がするのを待つ）。社会生活では、他者が主導権をとるほうを好む。

●関わる　大きなグループに参加するのを好む。

●引きこもる　一人または少人数でいるのを好む。

このように、査定図表は四分割を持ち、それぞれの意味は、左上から時計回りで見て、以下のようになる。

●能動的に関わる　問題解決には能動的に関わる。社会的状況では、積極的に大きな集団に入る、あるいは周りに大勢の人を集める。古典的には「人生はパーティーだ」というタイプ。一人でいるのは心地悪い。

●能動的に引きこもる　問題解決には能動的に対処する。社会参加も行う。人間関係は一人の人か、または少人数でいることを好む。孤独を愛する。

●受動的に引きこもる　誰かが問題解決するのを待つ傾向がある。社会的行動を起こすことは少ない。他者が先導する社会的行動には反応を示す。多くの人とは関わらず、孤独の時間を楽しむ。

●受動的に関わる　他者が問題解決してくれるのを求める。社会的状況では積極的に自分からコンタクトしないが、大きなグループに参加することは好む。典型的な例は、あるグループの周辺にいて、突然に彼らのコミュニケーションの流れを断ち切るような挑発的、あるいは不意打ちの行動をとる。この目的は、反応的にグループに引き込まれるが、受動的なスタンスは保持されるということだ。

コンタクト・ドアとウエア理論[†1]

ウエア（1983）はコンタクト・ドアの概念を創った。彼は、各個人は思考、感情、行動の三つのうちの一つが、人と関わるときの入り口となると言っている。

個人は社会との関わりを始めるときに、一つの明らかな領域を入り口として選ぶ。ウエアはこの最初の領域をオープン・ドアと呼んだ。この領域にその人は自分のエネルギーの多くを注ぐ。

他者との関わりが〈オープン・ドア〉を通して十分につくられた後で、次の領域に進んでいくことが可能になる。これがその人のターゲット・ドアである。セラピーにおいて変化するためには、この領域が〈オープン・ドア〉の領域と統合される必要がある。

第三の領域がトラップ・ドアである。この領域はその人が一番防衛しているところであり、この部分への早すぎる介入は、セラピーそのものを「行き詰まらせる」場合が多い。しかしまた、この部分こそがセラピーの結果として、素晴らしい変化を示す領域といえる。

三つの「ドア」の順序は、それぞれの適応タイプで異なる。たとえば、才気ある懐疑者が主な適応タイプである人はオープン・ドアは思考で、ターゲット・ドアは感情、トラップ・ドアは行動である。それと反対に、創造的夢想家ではオープン・ドアは行動、ターゲット・ドアは思考、トラップ・ドアは感情である。

コンタクト・ドアについてのウエア理論は、続く章でより詳しく説明しよう。そして個人の変化を援助するときに、いかにこの概念を順序に従って使うかを示していく。

---

†1　ウエアは各適応タイプがそれぞれ三つの接触可能なドアを持っているという考え〈Ware sequence〉を提示している。

六つの適応タイプの「概略」

ここで、もう少し詳しく六つの適応タイプについて説明しよう。あなたはこの簡単な描写を読んで、自分がどの適応タイプであるかを知りたいと思うだろう。また、あるクライエントを思い浮かべて、六つの適応タイプに当てはめて考えることもできる。それぞれの適応タイプの特徴を以下に記す。

(1) 他者に対する志向(関わる/引きこもる)

社会のなかで、特にグループのなかにいるときなど、他者と関わるのを好む人と一人で引きこもる傾向のある人とがいる。ここで使われる「引きこもる」は、単に一人でいるということだけを意味しない。大きなグループに属するより一対一のつき合いを好む傾向のある人にも、「引きこもる」という言葉を用いる。

(2) 問題解決に関する志向(能動的/受動的)

問題解決や社交に能動的に関わる人、言い換えれば、「自分から口火を切り」自分で解決の糸口を探索する人がいる。一方では他者が主導権をとり、自分は受動的にそれに従うほうを選ぶ人がいる。

(3) 肯定的特徴

ある特徴を「ポジティブ」とする場合、その言葉の持つ主観性の問題に留意しなければならない。ある人の「ポジティブ」は、他の人にはネガティブである場合がある。ここに挙げる特徴は、これらの適応タイプの人と長年にわたりつき合った結果、その人自身またはその周りの人たちが、「ポジティブ」と述べたものである。

(4) 困難な部分

この領域は、その適応タイプを持っている人がしばしば問題を持つ部分である。繰り返すがわれわれは決して批判しているのではなく、単にこの適応タイプの人とつき合ってきたときに経験したものを挙げたにすぎない。

(5) コンタクトを取るのに選ばれる三つの「ドア」

今まで学んできたように、コンタクトを取るためのドアの領域は、思考、感情、行動の三つである。それぞれの適応タイプは、その三つの領域のなかの一つがオープン・ドアとなっていて、その部分に最も自分のエネルギーを投資して、社会とつながっていく。次に、その個人のターゲット・ドアという領域がある。その部分は、クライエントが変化するため、オープン・ドアの領域と統合する必要のある部分である。第三の領域はトラップ・ドアである。その人が一番防衛している部分といえる。治療の結果、最も変化を起こすのはこの〈トラップ・ドア〉の領域だが、それは〈ターゲット・ドア〉に焦点を当ててセラピーを進めていくときに起こる。もし直接〈トラップ・ドア〉に働きかけると、クライエントは防衛を強くしてセラピーは行き詰まってしまう場合が多い。

(6) 子どものころに受けた制約命令

他の心理療法と同様、TAでも個人の性格形成には、その人が幼いころに受けた影響が強く作用していると考えている。特に、子どもが両親あるいは親的な役割を持った人から受けたメッセージに焦点を当てる。これらのメッセージのあるものは、子どもに自由を与え成長を促進するが、あるものは子どもを抑制する。第4章中の「脚本のメッセージ」で、より詳しく述べていく。

(7) 心理療法やカウンセリングで留意するべき重要なテーマの要約

人はそれぞれユニークな存在であり、彼らにとって自己変容のために必要な課題もまた、それぞれ独自なものである。しかしそれぞれの適応タイプは、共通した典型的な諸問題を持っていると、われわれの経験を通して言うことができる。この知識を通して、心理療法やカウンセリングのプロセスのなかで起こってくる多くの問題に対して、信頼性のある知見を早期に得ることが可能になる。

熱狂的過剰反応者（演技型）

熱狂的過剰反応者、演技型適応タイプを持つ人は、他者を惹きつける。彼らは卓越した「人好き」で、典型的な「人生はパーティーだ」人間である。

彼らは、問題解決に関して能動的な傾向を持つ。これは社交にも顕著で、彼らは他者に対して用心しつつ、積極的に近づく。

ゆえに、演技型の人は、査定図表上では四分割図の左上の能動的に関わるに位置する。

演技型の人は他者の感情に対して敏感で、それを自分の責任のように感じる。彼らはしばしば、「暖かく」「一緒にいて楽しい」と感じさせる。社交的で、もてなし上手、周囲の人間を幸せにしたいと望んでいるし、他者から自分もそうしてもらうことを求めている。素晴らしいホスト、ホステスで、広報の仕事や人と交わる仕事などで成功するが、人から注目されるのを好み、しばしば注目を愛と取り違える。

彼らが行き詰まると過剰反応となる。問題に直面すると、思考や行動よりも、感情をエスカレートさせて反応する。

演技型の人は、感情（オープン・ドア）を通して社会と関わる。彼らの思考（ターゲット・ドア）を感情と統合する必要がある。思考を感情と統合させるにつれて、行動（トラップ・ドア）は変化し、過剰反応を止める。状況に対する過剰反応的行動を取り除こうとして、行動に直接働きかけてもうまくいかない。なぜなら行動は、一番傷つきやすく、最も防衛が強い部分であるからだ。小さいころに、〈あなたがＯＫでいるために「他人を喜ばせよ」〉というメッセージを取り入れ、それ以来、他者を喜ばせるためにできる限りの努力をしてきている。彼らにとって行動に対して批判されることは、防衛を覆す脅威となる。

演技型の人とコンタクトを取るには、まずは養育的または愉快に楽しく感情を通して交流する。次に問題解決のために彼らの思考と関わる。直接行動を指摘するのは避けること、なぜならそこが彼らの行き詰まる場所であるからだ。

他者が関心を寄せなくても、自分自身が大切であり愛される存在であること、真実だと感じたことは現実では必ずしも事実ではない、ということを経験的に理解していくプロセスが、セラピーのなかでの重要なポイントである。彼らの思考について自分自身が自信を持ち、その力を主張していくことを学ぶ必要がある。

責任感ある仕事中毒者（強迫観念型）

責任感ある仕事中毒者、強迫観念型の人は、他者に対しては引きこもる傾向がある。彼らは自分一人でいるほうが幸せだ。社交上では一対一の関係か、多くても二、三人とのつき合いを好む。問題解決に関しては能動的である。社会的にも人からの働きかけを待つより、率先して人と関係をつくり問題解決にあたる。

査定図表では、能動的に引きこもるという四分割図の右上に位置する。

強迫観念型の人は、その言葉の示すとおり責任感が強い人である。やるべきと思った仕事に関しては素晴らしい従事者となる。彼らは社会の重要人物となり、物事を動かしていく。

彼らの問題は、責任感を持ち続けることをいつやめるのかを知らないことだ。しばしば仕事中毒となる。問題は、くつろぎ、遊び、楽しむことを自分自身に許さないため、自分の成し遂げたことを楽しめないことにある。

彼らは周りの社会と思考（オープン・ドア）を通して関わっている。自分の感情（ターゲット・ドア）を思考と統合することが必要だ。思考と感情が統合されると、大きな変化が行動（トラップ・ドア）に起こる。彼らは働き続けるのをやめてリラックスし、遊び楽しむことを学習するだろう。

リラックスするために行動に直接働きかけても、変化は起こらない。なぜなら、行動は一番傷つきやすいと感じている部分だからだ。子どものころに受け取ったメッセージは、「完全」であればあなたはＯＫというものであるため、すべてにおいて、可能な限り完全を目指して行動しようとする。

彼らとコンタクトを取る方法は、まず思考に関わり、次に養育的または愉快に楽しく感情を引き出していくことだろう。行動に直接働きかけるのは避けること、なぜならそこが一番行き詰まりを起こす場所であるからだ。

セラピーにおいて重要なことは、彼らが完全でなくともＯＫであることを「受け入れ」、いかに「行動するか」ではなく、いかに「存在するか」を学び、成し遂げたこととは関係なく自分自身を素晴らしいと思えるようになることである。

才気ある懐疑者（パラノイド型）

才気ある懐疑者、パラノイド型の適応タイプを持つ人は、強迫観念型の人と同じように、人間関係においては引きこもる傾向がある。すなわち一人でいること、または少数の人と一緒にいることを好む。

一方で、問題解決に関与しリーダーシップをとる場合などは、より中立的立場をとる傾向がある。彼らは実際に行動することもできれば、また他者が動き出すのを待つこともある。

査定図表では、才気ある懐疑者は右側の軸の上で、能動的に引きこもると、受動的に引きこもるの境にまたがって位置する。

彼らは非常に緻密にものを考える、素晴らしい思考人間である。パラノイド型の人は経理、管理、法律家など、細かくきちんと思考することが求められる仕事に向いている。ほとんどミスを犯さないのだから、素晴らしい統率者ともいえる。彼らはコントロールを保つことを第一に心がける。

難点は、自分の知覚を真実だと思い、刺激を間違って受け取り、相手に確かめることなくその錯覚をもとに行動することだ。

彼らは思考（オープン・ドア）を通して社会と交流する。感情（ターゲット・ドア）を思考と統合することが必要だ。思考に感情が伴うようになると、行動（トラップ・ドア）が変化する。他者に対する疑いの眼を捨て、緊張を解きリラックスできるようになる。

行動に直接働きかけても、リラックスはできない。なぜなら、行動は彼らにとって最も傷つきやすいところであるからだ。子どものころ、OKでいるためには「強くあれ」「完全であれ」というメッセージを受け取っている。すでに、彼らの知る限り完全であり、強くあるように頑張って行動してきたのである。

彼らと交流を始めるには、思考を通して行うのがよい。次に問題解決のために感情を明らかにすることだ。行動には直接関わらないこと。関わると、その結果はしばしば行き詰まる。

セラピーでの大切なポイントは、信頼することを学習する、「秩序を保ちながら」もあるコントロールは放棄する、という経験をすることだ。彼らの知覚を、自分で真実だと思い込む前に、相手に確かめることを学ぶ必要がある。

創造的夢想家（スキゾイド型）

創造的夢想家、あるいはスキゾイド型の適応をする人は、他者との関係においては引きこもりがちである。彼らは一人でいることが幸せなのだ。

スキゾイド型の人は、問題解決や社交に関しては受身であり、他者に「第一歩をゆずる」。

ゆえに、創造的夢想家は、査定図表では受動的に引きこもる（右下）の四分割図上に置かれる。

彼らは創造的思索者でしばしば、芸術家、劇作家、詩人、建築家など芸術畑で活躍する。忍耐力が強く、言われたことを確実にやり遂げる。親切で、一緒にいて気持ちが休まるような支持的な人柄を持ち、他者の存在や立場を尊重する。

問題は、時折白昼夢に迷い込み、彼らの考えを行動に移せなくなることである。

彼らは行動（オープン・ドア）を通して社会と関わる。彼らの使う行動とは、受動的な引きこもりである。茫《ぼう》洋《よう》としてはっきりしない輪郭を持ち、後ろに引き下がっている傾向がある。彼らは思考（ターゲット・ドア）を行動と結びつける必要がある。考えと行動が統合されると、自分の欲求を満たすための行動がとれ、結果として感情（トラップ・ドア）が変化する。彼らは生き生きと活性化し、気分が良くなる。

良い気分になるためには、初めから感情に働きかけても効果はない。感情は最も傷つきやすい部分であるからだ。子どものとき受け取ったメッセージは、ＯＫでいるためには「強くあれ」（感じるな、求めるな）である。今まで考えの及ぶ限り〈感情を持たないで、いかに強く生きるか〉を実践してきたのだ。誰かが感情に直接働きかけると、彼らは直ちに、ＯＫでないという感情を感じてしまうだろう。

彼らに関わるには、（受動的に引きこもっている）行動に直接働きかけることが必要である。まずこちらが主導権を持って、彼らを自身の内界から連れ出すことである。そして次に、考えを話してくれるように誘う。そしてその考えを、欲求を満たすための行動をとることに用いる。初めから感情に焦点を当てないこと、そこは行き詰まりを起こしやすい場所だからだ。

心理療法でするべき大切なことは、彼らが他者に対して支持的であると同様に自分にも支持的であること、そして他者と同様に自分の領分をきちんと要求することを学習することだ。自分に欲求や感情があってもＯＫであり、他者に自分を認めてもらうことを期待してもＯＫであることを体験し、それを学習していくことが必要がある。

おどけた反抗者（受動攻撃型）

おどけた反抗者、受動攻撃型の適応タイプを持つ人は、人と関わりグループの一員であることを好む。

しかし、問題解決に関しては受身的立場をとることが多い。これはすべてのことにおいて、他者が主導権をとることを好むという意味でもある。

ゆえに彼らは受動的に攻撃することで社会に参加する。たとえば「なんてこの部屋は暑いんだ」と言って、誰かがそれに対してどうにかするのを期待する。ユーモラスであるが、他者のコントロールには非常に強く反抗する（間接的、または受動的方法で）。

この行動パターンは査定図表では、四分割図の左下の受動的に関わるに位置する。

おどけた反抗者は良い探偵、調査レポーター、批評家になれる。ある状況下で、何かおかしいことが起こると真っ先に気づき、指摘する能力を持っている。

困難な面は、意味なく力の競い合いをすることである。たとえ誰も彼らをコントロールしようとしていなくても、コントロールされまいと戦う傾向がある。

彼らは行動を通して社会と繋がっている（オープン・ドア）。それは攻撃的受身のパターンである。彼らは自分の感情（ターゲット・ドア）を行動と統合する必要がある。感情を行動と結びつけると、思考（トラップ・ドア）に変化が起こる。「勝つか負けるか」という力の闘争の観点から状況を見ていた、今までの思考パターンをとることをやめる。

思考に直接働きかけても別の視点から状況を見られるようになるのは難しい。なぜなら、思考は一番傷つきやすい部分であるからだ。子どものころに親からもらったメッセージは、OKであるためには「努力せよ」である（これは、「努力せよ、しかし実際にはやるな」というメッセージでもある）。受動攻撃型の人は、いかに努力するか、知る限りのことをすでにやってきて、その結果として苦労しているのだ。

彼らと関係を持つには、こちらも愉快に行動することが大切である。次に養育的に彼らの感情に近づき、求めているものを見つけだす。直接、思考にアプローチしないこと、そこは彼らが行き詰まりを起こしやすい場所だからだ。
セラピーのなかで重要なことは、「あれか、これか」という枠組みで問題を見る傾向を指摘し、生き延びるために戦う必要はないと認識してもらうことである。欲しいものを直接他者に頼むことを学び、その欲求を満たすために他者は協力してくれる、という体験をすることが必要だ。彼らは他者と異なっていてもよいという自由（それは時には難しいが）、そして、それでも他者から受け入れられるのだ、という経験が必要である。

魅力的操作者（反社会型）

魅力的操作者、反社会型の適応タイプを持つ人は、他者と関わり問題解決に能動的である面と、一方では他者から遠ざかり問題解決に消極的な面があり、双方を行ったり来たりする。

ゆえに査定図表では、能動的に関わる領域と受動的に引きこもるという二つの領域にまたがる。

反社会型の人は、他者に対し能動的で押しが強い。また魅力的でもある。自分の欲しいものを得るためには、人を威嚇したりたぶらかしたりする。彼らは外部からの刺激を大いに求める。セールスや、新しい促進活動、たとえば基金募集やプロジェクトの立ち上げなどにその才能を発揮する。非常にカリスマ性があり、多くは政治や公的な場面へ進出する傾向があり、起業家としても成功する。

彼らの困難な問題は、直接的な方法で自分の欲しいものが得られないと、操作的になったり人を出し抜こうとする傾向である。また外部からの十分な「刺激」がないと、遂行するための自発的行動をとりにくい。

彼らは行動で社会とつながっている（オープン・ドア）。それは能動的で押しが強い。彼らは感情（ターゲット・ドア）を行動と結びつけることが必要だ。感情と行動が統合されれば、思考（トラップ・ドア）が変化する。今ここで人を出し抜こうと考える代わりに、長期の展望を持って物事を考えることができてくる。

長期の展望で物事を考えることは、直接彼らの思考に働きかけても難しい。思考は最も傷つきやすい部分だからだ。子どものころに受け取ったメッセージは、ＯＫでいるためには人より一枚上手でなければならない、というものだ。ゆえに彼らは常に人より一歩先に行こうとしている。

彼らとコンタクトを取る方法は、まずユーモアのある態度で彼らのやっていること、すなわち人をバカにしようとする試みを明らかにすることだ。次に人を出し抜こうとする動機、すなわち本当に欲しいもの、けれど決して得られないと予測しているものを探し出すことだ。思考（あなたを罠に落とそうと使われる）にとらわれるのを避けること、それは彼らが操作的になり、自分の思い通りにするために使っているものだからだ。

セラピーのなかで重要なのは、大人として決して見捨てられることはない、と保証することである。なぜなら子どものときには不可能であったが、現在は周りの他者のなかにたくさんの資源があり、彼らはそれを見つけだし所有している。さらに、他者だけではなく自分自身も、自分の求めに応じられる（成長した大人のパートは、子どものパートに役立つ）。この事実を理解するための援助が必要である。

何かの「ふり」をせず、自然でいても安全なのだと知る必要がある。また、彼らは他者とどのように協力して、それぞれの欲求を満たすかを学ぶことが大切だ。

査定図表上の六つの適応タイプ

六つの適応タイプの「概略」のなかで、それぞれがどのように査定図表上に描かれるかを述べた。図１-２は同じ情報を視覚化したものである。

六つの適応タイプを識別する

パートⅢにおいて、個人の人格適応タイプをどのように査定するかについて詳述する。しかし、明らかに直感

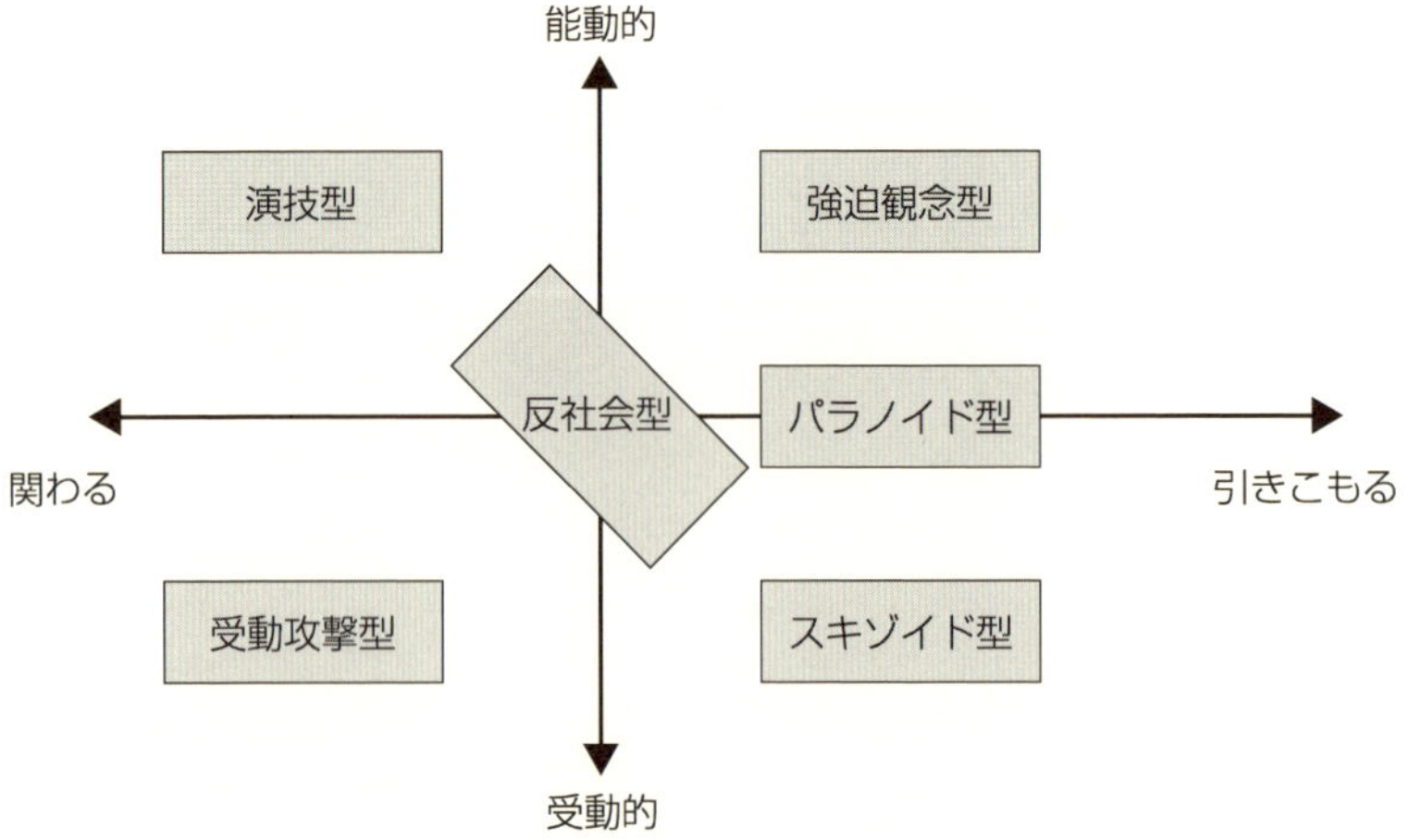

図1-2　査定図表上の六つの適応タイプ

的に識別する一つの方法は、今われわれが述べた簡単な説明を通して査定を行い、後で質問紙による結果とどの程度「適合」するかを見ていくことである。もっと簡単には、表1-1に書いてある描写的な説明の言葉からも判断できる。どちらの方法にせよ、この直感的なやり方は主観的解釈に頼っている。描写のために使われている言葉は、それぞれの人が異なった解釈をその用語に与えている。しかし、この「第一印象」を用いる直感的方法は、治療において混じり気ない有益な視点を提供してくれる。時間が短い場合は特に有用だ。このやり方を繰り返すにつれて、あなたは自分の直感的診断スキルが向上していくのを見いだすだろう。

より系統的で信頼できる診断の方法は、標準化された質問紙を使うのがよい。付録Bにヴァン・ジョインズによって開発された、統計的に妥当性を持った質問紙の解説が載っている。質問紙そのものは付録Cに掲載されている。

その他の診断のルート

このモデルは個人の人格適応タイプを査定するときに、また別のいろいろな方法を提供することができる。そのなかの一つの重要な方法は、一瞬一瞬にドライバー行動を観察することである。ドライバーの示す五つの明らかな「行動のパッケージ」が、特定の人格適応タイプと関連している。このドライバー行動の観察技術を学ぶことで、数分の交流のなかでも、かなり正確で素早い人格適応タイプの査定が可能になる。また、人が関わられるのを好むコンタクト・エリア、あるいは心地良い返事が返ってくるコミュニケーションのモデルから、その個人の適応タイプを判断することもできる。本書の第III部とIV部で、診断の方法を詳しく述べる。

これらの異なったそれぞれの方法は、お互いにチェックしながら経験を積んでいくと、ある人を深く理解するために、あなたにとって非常に役立つことがわかるだろう。この重複した査定の能力は、このモデルの大きな強みであるとわれわれは考えている。

モデルと現実的基盤

本章をはじめ、後半でも人格モデルについて話していくが、ここでは二つの重要な問いについて紙面を割きたい。第一は、いったい人格の「モデル」とは何なのか、モデルをつくるプロセスとは何なのか、なぜそうするのだろうか。第二は、このモデルはどの程度、現実世界の証拠によってその正当性を保証されるか、である。

モデルとは何か

どのような科学的モデルでも、その目的は、詳細を切り捨てることによって、より理解しやすい形にすることである。各個人の「人格」は、何百何千というその人の特徴を含んだものといえる。これらを一度に理解することは大変な仕事だ。したがって、人格のモデルをつくりあげることは、ある人のある限られた特徴に焦点を当てることになる。私たちはしばしばこれらの特徴をセットにまとめて類型化し、それぞれに名前を付けている。

有名な〈心〉のモデルは、ジグムント・フロイト（Freud, S.）によってつくられたもので、超自我、自我、イドという三つの領域である。もう一つはエリック・バーン（Berne, E.）の自我状態モデルで、「親」「成人」「子ども」である。これは本書の後半の数章で何度か登場する。

もう一つのよく知られているパーソナリティ・モデルは「標準診断マニュアル」、たとえば「DSM-IV-TR」(American Psychiatric Association, 2000) である。このようなマニュアルでは、特定のパーソナリティの特徴が診断基準としてピックアップされ、各セットに診断的なタイトルが与えられる。診断マニュアルは、人の性格の豊かさやニュアンスを表してはいないし、またそれが目的ではなく、精神科治療に直接関わる特徴に焦点を絞っている。そうすることで詳細を捨て、その（特別な分野での）患者理解に寄与している。

本書で取り上げているモデルの扱い方は、本質的にDSM-IV-TRが用いているアプローチに従っている。すなわち、まずいくつかの特定のパーソナリティ・タイプを選び、そのそれぞれについて主な特徴を述べ、ついでそれらに名前を付けている。しかしここに表されたモデルは、六つの人格適応タイプそれぞれに、豊かな情報がさらに加えられている。

あなたがもっと多くのパーソナリティモデルについて知りたいときは、付録Aに歴史的な資料が載っているので参照されたい。また多くの性格についての定義も示されている。もちろん定義とモデルは密接にリンクしている。

モデルの現実的基盤

どのモデルでもそれが現実に対応して役立つには、現実世界に存在するものの説明でなければならない。原則としては、誰でも好きなだけ勝手に性格特徴をピックアップし、これらのセットをもとにパーソナリティのタイプをつくりあげることは可能である。しかし、この特徴のセットが、実際には現実の人間を観察したものと距離があれば、このような方法でつくられた「モデル」は、実際の介入のためのガイドとしては役立たない。

付録Bのなかに、ジョインズが行った研究の根拠を見いだすことができる。彼は統計的手法によって、現在の六つの適応タイプのモデルが「現実」であること、すなわち「六つの適応タイプは現実に存在する」ということを明らかにした。

前にも延べたように、テイビ・ケーラーの六つの適応タイプに関するオリジナルの研究（Kahler, 1972）では、質問紙と統計的リサーチが用いられた。彼はTransactional Analysis Script Profil（TASP™）（Kahler, 1997b, 1997c）を開発した。今日までに「二十カ国、十種の言葉を話す五十万人以上の人がプロファイルされ、それらは信頼性、妥当性が立証されている」（Kahler, 1999）。

これらの研究を含め、どのような統計的基盤による研究でも、確かであるという結論は決して「導き出され」ない。しかし、彼らは評価の確立した統計手法を用いることで、六つのパーソナリティ適応タイプが現実に存在するという証拠をほぼ示した。

経験によるモデルの立証

このモデルの実証性を調べるために他の一つの方法があり、それも統計的に立証されると同様に重要だと考えている。本書の中で、われわれが実践上のモデルと呼んでいるもので、実際の人たちとの間で行った実践である。あなたが常にこのモデルの原理と実践を仕事に適用し、その結果を実際に観察するならば、それはすなわちこのモデルの現実性のテストをしているということになる。あなたのクライエントが、モデルが示唆しているような変化を継続的に示すなら、それはモデルの考えが、実に「現実的」であることの立証となる。明らかにこのモデルの立証は、あなたが長くこのモデルを使い続け、また広い範囲のクライエントに適用すれば、より信頼性のあるものになっていくだろう。

われわれは、あなた方にこのモデルを「信じてください」と頼んでいるのではない。ここに説明しているモデルは、現在通用しているいくつかのモデルとは違い、宗教的、形而上学的なものから生み出されたものではない。このモデルの考えは、あなたに正直な実際的問いを求めているのであって、哲学的な思考のスタンスを求めてはいない。われわれはあなたがこのモデルを使っていくときに、常に問いを続けていってほしいと願っている。たとえば、本当に適応タイプは六つだけなのだろうか、七番目、八番目の適応タイプを見いだす可能性はあるだろうか、と。

今後も、時の経過によってモデルが発展していくことに、われわれは何の疑いも持ってはいない。本書で説明しているのは、パーソナリティ適応タイプについて、われわれが現在知っている内容の「点描」なのだ。今後の発展も、今までのこのモデルの発展経過と同じように、現実生活の観察からもたらされた純粋で単純なものになるだろう。

続く第II部で、モデルをつくりあげているブロック、六つの人格適応タイプを説明する。まず文字どおり、子どもの発達段階における適応タイプの起源を見ていくことから出発する。

パートⅡ

人格適応タイプのモデル

第2章 発達的見地

われわれの経験では、個人の人格適応タイプは二つの要因が結合されたものである。

（1） 生まれつきのもの
（2） 人生の最初の六年間に、両親や周りの人びととどのように関わってきたか

双子の研究（Neubauer & Neubauer, 1990）から収集された資料も、人格の発達における遺伝と経験の相互関係を示している。

本章では、人格適応タイプに関して、子どもの発達上の二つの見方に注目する。最初に、ユング（Jung, C. G.）の有名な外向型 対 内向型という人格類型と、その結果として生じるエネルギーが、いかに子どもの適応タイプの選択に影響するかについて考察する。次に親の養育スタイルを考慮に入れつつ、エリック・エリクソン（Erikson, E.）の「発達段階」のモデルを使って、六つの適応タイプを見ていく。

内向型-外向型、エネルギーレベルと人格適応タイプ

ユング（1921）が指摘したように、人間は内向型か外向型いずれかへの傾向を持って生まれる。ハンス・アイゼンク（Eysenck, 1952, 1960 ; Eysenck & Eysenck, 1969）は、ユングの考えを拡大して、内向-外向と外部刺激への反応との間の相互関係を提唱した。アイゼンクの公式では、外部の刺激に敏感な個人は、過度の刺激を避けているので内向的で、相対的により低いエネルギーを示す傾向がある。対照してみると、外部からの刺激の許容限界がより大きい人は、さらなる刺激を外部に求めるため外向的で、相対的により高いエネルギーを示す傾向がある（これらの概念の詳細については付録Aを参照のこと）。この内向、外向という二つの要素はそれぞれの人に一定の適応タイプへの傾向を示す。しかし人びとが発達させる実際の適応タイプは、彼らが両親や、より大きな環境のなかで、他者からどのように反応され、いかなる相互作用が起こるかにも左右される。

内向型（低エネルギー）

内向型への傾向は、エネルギーがより抑えられ、強迫観念型になりやすいことを意味する。この適応タイプは、その人を取り巻く環境が問題解決と達成を奨励するときに、より強化される。

しかし同じ傾向の人であっても、その両親や環境がもっと迫害的である場合は、おそらくパラノイド型になるであろう。パラノイド型は、問題解決への直接のアプローチが肯定されるかどうかが不確かな場合に強化される。その子どもにとって最も有益な方法は、「すきを突かれる」のを避けるよう、まず引き下がって事態を判断し、すべてに注意深く行動することである。

問題解決への直接のアプローチが肯定的反応をもたらさず、両親があたかも子どもの欲求に困惑するかのように振る舞う場合、内向とエネルギー抑制の傾向がある人は、スキゾイド型になりやすいであろう。この子どもに

とって最も有益なことは、両親の状態が良くなるまで「波風を立てず」、「隠れ家に入って姿を消す」ことである。

外向型（高エネルギー）

外向型、すなわちよりエネルギーを表出する傾向の人は、演技型になりやすい。演技型は、「かわいらしい」と見られるような感情反応的な表現を、周りの人びとが歓迎する場合に強化される。

同じ傾向を持っている人でも、両親または環境がより拒絶的であれば、反社会型になりやすいであろう。反社会型は、環境が競争的であり、その人がその境遇で勝って利益を獲得できる場合に強化される。反社会型の人は、獲得される利益がある事態には積極的に関与し、そうでない事態では受動的なままで、自ら行動を起こさない。

子ども時代の問題解決において、直接的努力が妨害され、両親がその子どもとの権力闘争に入り込み、子どもが十分苦しんだときだけ譲歩する場合、外向型でより表出的なエネルギーを有する個人は、受動攻撃型になりやすいであろう。この子どもにとって最も有益なことは、屈服することをかたくなに拒絶することである。

「生き延びるための」適応タイプと「行動上の」適応タイプ

発達上、人格適応タイプはエリクソン（1950, 1963）の八つの心理社会的発達段階の見方から考察することもできる。ポール・ウエア理論（ワークショップで提示された〈Ware, 1987〉）は、六つの適応タイプは、三つが一セットの二組に分けられると提唱し、それぞれに「生き延びるための」と「行動上の」と名付けた。

「生き延びるための」適応タイプは、スキゾイド型、反社会型、パラノイド型であり、「行動上の」適応タイプは、受動攻撃型、強迫観念型、演技型である。

「生き延びるための」適応タイプ

生き延びるための適応タイプは、最初の心理社会的課題に対する反応で、口唇期のものであり、その段階をエリクソンは「基本的信頼 対 基本的不信」(Erikson, 1963, p.247) とした。生き延びるための適応タイプは、信頼が壊れる場合、すなわち、子どもがもはや親や周りの環境を彼らの欲求に応じてくれるものと信頼できない場合に、自分の力で自分の世話ができる最良の方法について、子どもが選択した反応である。

生き延びるための適応タイプ――スキゾイド型、反社会型、パラノイド型――は、人生の最初の十八カ月内に発達し始める。それらは、両親や周りの人びとが、彼らに歩調を合わせながらも、彼らに温かい理解を示さなかったことへの (Stern, 1985) 失敗の反応、と見ることができる。失敗の度合いが適応の程度を決定するのである。

親の養育スタイルと「生き延びるための」適応タイプ

両親は完全ではなく、すべての育児において何らかの間違いをするであろう。不十分であること、やりすぎること、あるいは一貫性がないことの三通りが、おおまかに描写できるであろう。

育児が十分になされない場合を考えると、そういうときの両親は（たいてい彼ら自身が当惑しているために）子どもとあやふやに接する。子どもは彼らのあやふやさを感じ、両親が当惑することを恐れて多く欲求をするのを控える。肯定的には、子どもは両親が自信を持てたら世話をしてくれることを期待して、両親に援助的になる。否定的には、そのやり方に失敗すると、子どもは「あなたは必要ありません、自分の世話は自分でします」と決心して引きこもる。その結果は、自分の欲求を現実の人間関係のなかで充実させるより、主にファンタジーで満たそうとする創造的夢想家（スキゾイド型）となる。

育児がやりすぎである場合、両親は子どもに、その欲求を先取りして実行するやり方で接する。それはしばしば彼ら自身が刺激を必要としているか、また世間に彼らがいかに良い両親であるかを示すためである。子どもが欲求を自覚する前に、彼らは子どもの欲求を満たすために行動する。子どもは自分の欲求を満たすために自ら何かの努力をしなければならないということを学ばずに、両親から一定の刺激と欲求充足を期待するようになる。必然的にこのパターンは、両親が疲れたり、あるいは不在のときに壊れる。その時点で、子どもは見捨てられたという感覚を経験する。子どもは一人または両方の親が誕生の時だけしかいないか、子どもに何が起ころうとかまわない態度である場合にも、見捨てられを経験する。もし親がそこにいないか子どもをかまわないかすると、肯定的には子どもはまず注意を引こうとする行動を促進させて、供給を再開あるいは始めてもらおうとする。否定的には、もしそれに失敗したら、子どもはまさに自分のものであったものがうばわれたと信じているのであるから、どんなことをしても自分の欲求がかなうようにすることは正当だと感じて、操作し始める。その結果は、ずるい手段で自分の欲求を通そうとする魅力的操作者（反社会型）となる。

育児に一貫性がない場合は、両親は子どもに予測できないようなやり方で接するが、たいていは両親のさまざまなストレス・レベルのためである。時には愛情深く支持的であり、時には怒っていて同じ行動に対して拒絶的である。それゆえ、ある時には肯定された行動が他の時には否定されたりする。結果として、子どもは不安を感じ、そうと気づかずに「悪いことをした」のではないかと、いつも気を遣うことになる。子どもの肯定的な反応は、両親から肯定される可能性を最大限にしようと大変慎重になることである。もしそれが失敗すると、否定的な反応として、両親に対して疑い深く批判的になる。その結果は、とても用心深く、厳格に自分自身と環境を統制することによって欲求を通そうとする、才気ある懐疑者（パラノイド型）となる。

「行動上の」適応タイプ

「行動上の」適応タイプ——受動攻撃型、強迫観念型、演技型——は、生後十八カ月から六歳の間に発達する。

生き延びるための適応タイプが、家庭と外界において、自分の最も基本的な欲求を満たすための方法であるのに対し、行動上の適応タイプは、家庭と外界において、親が適切な行動を強要したり、行動に関して期待するのに対して応えようとする反応である。期待の度合いが適応の程度を決めるであろう。

親の養育スタイルと「行動上の」適応タイプ

行動上の適応タイプについても、特定の適応タイプの発達を親の養育スタイルと関係づけることができる。ここで問題になっている親の養育スタイルは、管理のしすぎ、達成の強調、他者を喜ばせることの強調である。

両親が管理しすぎて「私の言うとおりやらなくてはだめ！」という立場をとる場合、子どもたちは人生を闘争として経験する。何かを望むときはいつもそのために戦わなくてはならないと気づく。これに対する肯定的な反応として、子どもたちは欲求を通そうとするときに大変ねばり強くなる。その戦略に失敗するとき、否定的な反応として頑固になり、「私の欲しいものは得られなくても、少なくともあなたに欲しいものを得させないことはできる」と考える。その結果は、物事を自分のやり方でやり、他者を失望させることによって欲求を通そうとする、おどけた反抗者（受動攻撃型）となる。この適応タイプは、二番目の心理社会的課題に対する反応であり、その課題は肛門期に生じ、エリクソンにより「自律性 対 恥と疑惑」とされたのである（Erikson, 1963, p. 251）。

両親が達成を強調し、生産に価値を置く場合、肯定的には子どもたちは大変達成動機が高くなる。そのやり方に失敗すると、否定的には子どもたちはまだやり足りないと思い、認められようとしてやりすぎるようになる。その結果は、いかに自分が頑張って良い仕事をしているかを証明することで欲求を通そうとする、責任感ある仕事中毒者（強迫観念型）である。この適応タイプは、肛門期の終わりとエディプス期の初めの間に生じる。二番目と三番目の心理社会的問題の組み合わせへの反応である。この期間に重要な問題は、子どもが何かをしようとするかではなく、むしろ「良い」子でそれを「完全に」していることである。繰り返しになるが、二番目の心理

表 2-1　親の養育スタイルとその結果の適応タイプのまとめ

適応タイプ	生き延びるための，または行動上の	発達の年齢	親の養育スタイル
創造的夢想家（スキゾイド型）	生き延びるための	0〜18 カ月	あてにならない
魅力的操作者（反社会型）	生き延びるための	0〜18 カ月	先取りした
才気ある懐疑者（パラノイド型）	生き延びるための	0〜18 カ月	一貫性がない
おどけた反抗者（受動攻撃型）	行動上の	18〜36 カ月	管理しすぎ（子どもと闘争）
責任感ある仕事中毒者（強迫観念型）	行動上の	3〜6 歳	達成の強調
熱狂的過剰反応者（演技型）	行動上の	3〜6 歳	他者を喜ばせることの強調

社会的課題は肛門期に起こり、エリクソンにより「自律性 対 恥と疑惑」とされた（Erikson, 1963, p.251）。三番目の心理社会的課題はエディプス期に起こり、エリクソンにより「積極性 対 罪悪感」とされたものである（Erikson, 1963, p.255）。責任感ある仕事中毒者にとって、やりすぎは、認められないことに起因する恥や罪悪感を避けようとする試みである。

　両親が人を喜ばせることを強調する場合、その子どもは肯定的な反応として、他者に感情豊かに反応し愛想が良くなる。その戦略に失敗するときは子どもは否定的な感情を漸増させ、求めるものを得ることを期待して反応過剰となる。その結果、注目の的となり他者を喜ばせて欲求を通そうとする、熱狂的過剰反応者（演技型）となる。女の子は父親の「小さなプリンセス」となり、男の子は母親の「親友」と見なされるかもしれない。この適応タイプは三番目の心理社会的問題への反応であり、エディプス期の後半に生じ、この期間における課題は感情と事実を区別することである。エリクソンはこの段階を「積極性 対 罪悪感」とした（Erikson, 1963, p.255）。

表2-1はこれまでの説明のまとめである。

考えうる組み合わせ

適応タイプもいくつかの組み合わせがありうる。すべての人は、少なくとも一つの、生き延びるための適応タイプと行動上の適応タイプを持っている。主に生き延びるための適応タイプを示す人もいる。発達過程で生き延びる基本的な問題のほかに、多くを得ることがなかった人である。しかし、こうした人の場合でも、よく見れば行動上の適応タイプも観察される。また、主に行動上の適応タイプを示す人もいるであろう。その人は、子どものときに生存への脅威を多く感じなかったのである。しかしやはりよく見れば、生き延びるための適応タイプが観察される。多くの人は、たとえある程度他の適応タイプも示すとしても、一つの優勢な生き延びるための適応タイプと、一つの優勢な行動上の適応タイプを持っている。一つ以上の生き延びるためのあるいは行動上の適応タイプを、あるいは両方とも一つ以上を示す人もいるであろう。

われわれは皆、適応タイプのそれぞれの振る舞い方を知っているが、ある適応タイプは世の中で生き延び、行動するために私たちが好んで選んだ様式かもしれない。基本的適応タイプは六つしかないとしても、適応タイプの可能な組み合わせと結果として生じる人格タイプは大変な数になる。第6、14、25章では、人がどのように適応タイプの組み合わせを示すかについての詳細を見て、治療やカウンセリングにおいて、そのような人びととの最善のセラピーはどのようなものかを論じる。

まとめ

人格適応タイプは幼児期の発達にその起源がある。重要な要因には（幼児のエネルギー・レベルにおいて表現されたような）内向型-外向型と、心理社会的発達のそれぞれの段階における、親の養育スタイルが含まれる。

次の章では六つの適応タイプを一つずつ説明していく。この章で発達上の要因を見てきたが、それぞれの適応タイプにおいて、それがもとになっている人格の構造を、どのように理解できるであろうか。

第3章 人格の構造

前の章で見たように、人は生まれたところの家族のなかで生き延び、彼らの期待に応えるために、小さいころからさまざまなやり方で適応する。これらの適応の仕方は子どもによって決定され、その子が成長し大人として生活するうえで、人格適応タイプを形成する要因となる。

このプロセスをもっと深く理解していくために、もう一つのよく知られた人格モデルの用語を使い、六つの適応タイプを分析することができる。これは自我状態モデルであり、エリック・バーン博士（Berne, 1961）によって初めて展開された。

本書のすべての交流分析理論のように、ここでのわれわれの目的は、六つの人格適応タイプの実際的な理解を助けるために、重要な詳細を十分に提供することである。もし自我状態の理論をもっと詳しく追究したいと望み、交流分析が初めてなら、われわれの著書 *TA Today*（『最新交流分析入門』〈Stewart & Joines, 1987〉）を読んでいただければ、入門として十分と思われる。自我状態理論のもっと進んだ説明のための不可欠な原点は、バーン自身の著書 *Transactional Analysis in Psychotherapy*（Berne, 1961）である。セイジ出版のシリーズ、*Key Figures in Counselling and Psychotherapy* の一つの巻である、イアン・スチュアートの *Eric Berne*

(Stewart, 1992) で、評論と分析を読むのもまた皆さんの興味をそそるであろう。

理論的枠組み――人格構造と自我状態

バーンのモデルは、人格を互いに異なるいくつかの自我状態から成り立っていると見る。これらの自我状態は、人生のあらゆる瞬間に人格または自我を表明する方法であり、それぞれの自我状態は、感情と思考と行動の、首尾一貫した矛盾のないシステムである。

バーンは自我状態には三つの部分があるとし、それらに口語の名称、「**親**」「**成人**」「**子ども**」を付けた（これらの言葉が自我状態の名称を指すときは、実際の親や成人や子どもと区別するために、「　」かつ太字で示す）。

自我状態の理論はバーンによって考案されたのではなかった。彼は、ポスト・フロイディアンである「自我心理学者」ポール・フェダーン（Federn, 1952）と、その弟子エドワード・ワイス（Weiss, 1950）の研究から、その用語と概念を採用したことを認めている。バーンの主な革新は、自我状態の移動は常にその個人の行動によって現され、観察可能であると指摘したことであった。

「親」の自我状態

人が両親または親的役割の人を真似た考え方、感じ方、振る舞いをしているとき、その人は〈親の自我状態〉にいるといわれる。この考え方を伝えるために、バーンは自我状態のことを「借用」されていると言った。より専門的には、〈親の自我状態〉の中身は、子どものときにその人の親や他の重要な権威者を内在化させた（または「取り込んだ」）ということができる。

多くの他の交流分析家と同様に、われわれもバーンの「**親**」の定義を広げて、人が成人期に自分自身の「**親**」

の中身を創造する可能性を含める。このことは、「成人」を用いて最も良い方法で物事を行うことを最初に決めたが、次にその行動と思考のパターンを「親」に移してしまい、「自動的」に反応するときに起こる。ときどき人はこの問題を再考するかもしれないが、そうでない間はそれは「親」の部分に貯えられる。一般的な例は、ほとんどの人が運転を習うときの方法で示される。最初に習うとき、人はすべての〈今・ここ〉の注意を、操縦装置を操作することに集中させる必要がある。しかし、熟練すると、ギアチェンジの仕方やハンドルの動かし方などの詳細に意識的な注意を払うことなく、上手に運転できる。〈今・ここ〉の注意（「成人」）はこのようにして解放されて、より十分に道路に集中することができる。新しい資料を「親」に蓄える過程は、技術だけでなく信念や自己陳述やそれに付随する感情にも当てはまる。

交流分析の伝統的な言い方では、「親の自我状態」のことを単数形で用いるのが普通である。本書もこれに従う。しかし、これは簡略化された伝達にすぎない。実際に、ほとんどの人はさまざまな〈親の自我状態〉を示すであろう。なぜなら、ほとんどすべての人は、幼児期にさまざまな親的役割の人から資料を取り入れて内在化し、新しい自分自身の資料も追加して、「親」に蓄える可能性があるからである。

「子ども」の自我状態

人が子どものときと同じように考え、感じ、振る舞うとき、その人は〈子どもの自我状態〉にいるといわれる。バーンはこの考えを、〈子どもの自我状態〉をアルカイック（archaic）と呼ぶことによって伝えた。

ここで繰り返すが、「子どもの自我状態」のことを単数形で用いるのは、ほとんどの交流分析文献において伝統的であり、われわれもこれに従う。しかし「親」に関してと同様に、これは簡略伝達である。実際には、ほとんどすべての人は、いくつかの〈子どもの自我状態〉を示す。これはほとんどの人が、そこに退行しやすいさまざまな子どもの時期を持っているからである。

「成人」の自我状態

〈成人の自我状態〉では、人はその年齢に適した自分として考え、感じ、行動する。「成人」の機能は〈今・ここ〉での観察と確率の判断に基礎づけられている。単純化されすぎた交流分析の説明が提唱することとは相容れないが、「成人」にいるとき、人は考えると同様に感じることもできる。「成人」の感情は、〈今・ここ〉での出来事や刺激への直接の反応として体験されるであろう。

「成人」にいるとき、人は子ども時代を繰り返さないし、自分の親的役割の人のなかの一人で「あること」もない。退行もしなければ、取り込まれた資料を使うこともない。バーン自身、このような「違い」によって「成人」を定義づけた。

「成人」を記述するときは、他の二つの自我状態とは違って、言葉のうえで正確に単数形で「成人の自我状態」という。「成人」は定義によって〈今・ここ〉にあるのだから、その人はどんな瞬間でもただ一つの〈成人の自我状態〉にいることができるのである。

自我状態モデル

要約すれば、どんなときにも私たちは周りの世界に対し、次の三つの方法のどれかで反応することができる。

- ある権威者がそれをしているのを、自分が観察し取り入れたやり方で反応する（「親」）
- 自分の〈今・ここ〉での知覚を基礎として判断する（「成人」）
- 子ども時代に自分が行ったと同じやり方で反応する（「子ども」）

自我状態の正確な理解のために重要なのは、以下の事柄である。「子どもの自我状態にいる」という意味は、その人が「子どものようだ」ということではない。子どものころの特定の時期に用いた思考や感情や行動を繰り

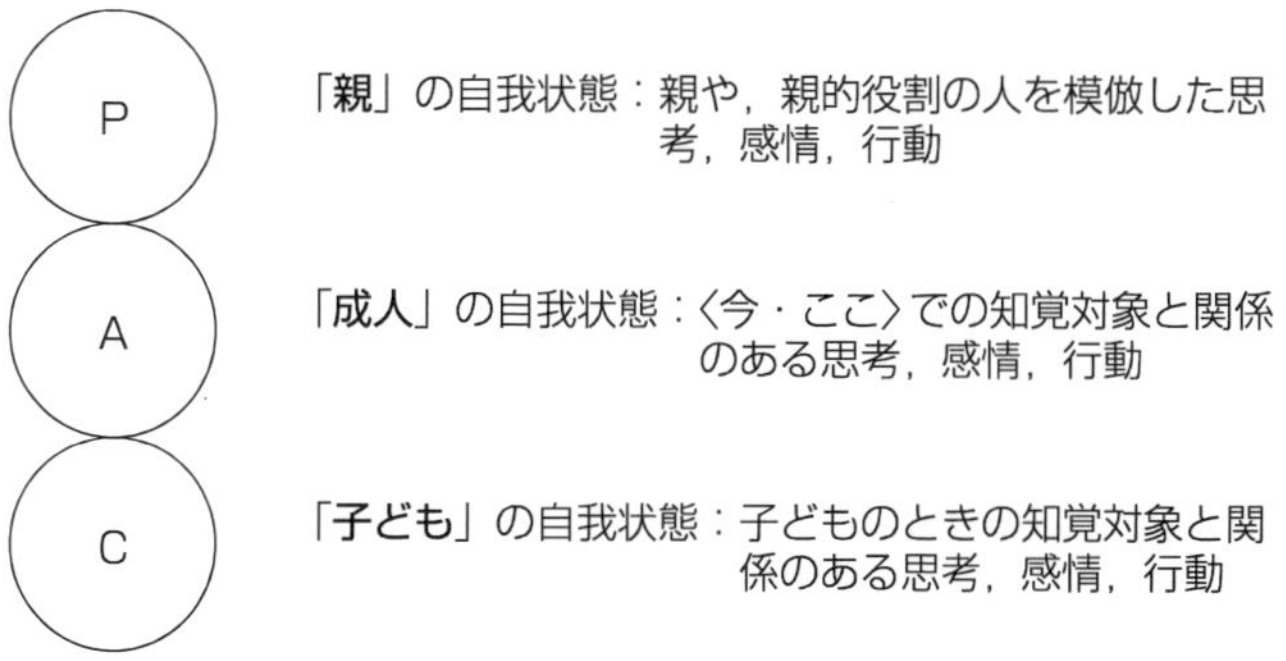
P
A
C
「親」の自我状態：親や，親的役割の人を模倣した思考，感情，行動
「成人」の自我状態：〈今・ここ〉での知覚対象と関係のある思考，感情，行動
「子ども」の自我状態：子どものときの知覚対象と関係のある思考，感情，行動

図 3-1　人格の構造モデル（自我状態モデル）

返していること、あるいはそのときに発達した自分の部分を使っていることを、意味するのである。

同様に、「『親』にいること」は、「親らしい」ということを単純に意味するのではない。その人が子どものときに無条件に自分の両親や親的役割の人を模倣し、取り入れた思考、感情、行動を使っていることを意味する（前述したように、その人は自分自身の新しい内容を、「親」に追加して蓄積したかもしれない）。

バーン（1961）はこれらの考えを、三つの積み重ねられた円として描かれる人格構造の図式によって伝えた（図3-1）。

人格構造を自我状態を用いて分析することを、構造分析と呼んだ。それは、生き生きとした用語で種々の人格タイプを表現する方法である。

構造図式は、自我状態が相互にどのように関係があるかを示すのに用いることができ、機能と機能不全の両方を示す方法を提供する。

「小さな教授」

幼い子どもの現実検討の仕方は大人のそれと異なっていて、系統的であるよりは直観的で、論理的であるよりは魔術的である。したがって、幼い子どもの「成人」の自我状態は、そのように働く。幼児期の情報処理の仕方は種々の人格適応タイプの形成にとり、非常に重要である。

成人した人は「子ども」の自我状態にいるとき、実際に子どもだったときのやり方で考え、現実を知覚するであろう。交流分析用語でわれわれは、その人は「子ども」の中の「成人」から機能しているという。より口語的な言い方では「子ども」の中の「成人」は、「小さな教授」と呼ばれる。バーンは、人間が最適に機能するには、〈小さな教授〉の直観と「水平思考」が、「成人」の実用性と論理と共に常に活用される必要がある、と絶えず力説していた。

「機能モデル」

交流分析の伝統的な文献では、「親」の自我状態と「子ども」の自我状態は、それらを行動の言葉（すなわち構造よりむしろ機能）で人がどのように用いるかを説明するため、分化された。「親」は、支配的親（〈批判的親〉とも呼ばれる）や養育的親として示される。これは、実際の両親が時間を、子どもを支配すること（ときどき批判を通して）と養育することに分配する事実を反映する。成人の生活で「親」の自我状態にいるとき、その人の他者や自分に向ける行動は、これらと同じ支配的なあるいは養育的な行動様式を反映するであろう。

「子ども」の自我状態は、伝統的には、機能的に順応した子どもと、自然な子ども（後者はしばしば自由な子どもと呼ばれる）に分けられる。反抗的な子どもを独立させる著者もいるが、ほとんどの著者は反抗を単に順応の一つのやり方であると見て、〈順応した子ども〉の行動のなかに含める。繰り返すが、これらの機能的な分割は、すべての実際の子どもによる行動様式を単に描写するものである。彼らは親の欲求に順応する（または反抗する）かもしれないし、あるいは、もっぱら子どもの自発的な感情や欲求からくる、自然な親のしつけの影響を受けない方法で行動するかもしれない。成人の生活で「子ども」にいるとき、その人は子どものときと同じ行動の選択をするのである。

〈支配的親〉と〈養育的親〉の違いについても、〈順応した子ども〉と〈自然な子ども〉の違いについても、厳密な定義はない。それゆえこの「機能モデル」は、人がどのように自我状態を用いるかを知るのに、最もよく行われ、理解しやすい方法は直観的に行う方法である。ここではわれわれは次のように用いる。

自我状態の肯定的機能

われわれは今日のほとんどの交流分析家と同じように、「親」の自我状態を次のように理解している。「親」の自我状態は、否定的で機能不全的な側面を取り入れると同様に、親的役割の肯定的で機能的な側面をも取り込んでいる。同様に「子ども」の自我状態は、幼児期より今日まで携える機能不全的なさまざまな要素とともに、幼児期からの肯定的な側面をも、持ち続けている。それゆえ、このモデルにおいては、自我状態のそれぞれの部分は重要な目的にかなうし、すべては理想的に適切に用いられる。

「親」はエネルギーを保存する。それは「自動式パイロット」としての機能を果たす。つまり、それは自分を養育し、自分と他者のために適切な限界を設けるのに必要な働きをする。

「成人」は現実の情報を客観的な視点をもって集め、概念化し、予測し、外界と関係づける。「成人」の機能は、思考と行動ばかりでなく感情を含む。すなわち、〈今・ここ〉での出来事に対して適切に自分の感情を表現できる。「成人」はまた、「子ども」の欲求、「親」の価値観、現実の状況の間の仲立ちをする。

「子ども」にいるとき、私たちは子どものときの新鮮さ、遊び好き、自発性をもう一度手に入れることができる。「子ども」は遊びや楽しみの中心である。それは、私たちの生理機能と最も直接に関係し、私たちの性格を形成し、私たちを最もユニークな存在にする部分である。「小さな教授」からは、私たちは直観と共感の能力を引き出す。自分の「子ども」と他者の「子ども」を関係づける能力は、温かく愛し合う関係を他者と築く中心的な役割を果たす。

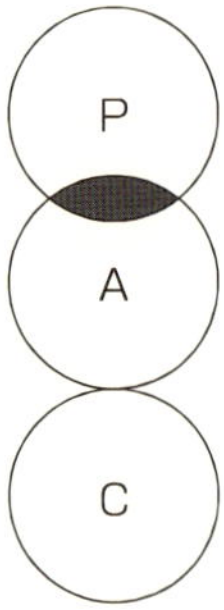

図3-2　「親」による「成人」の汚染

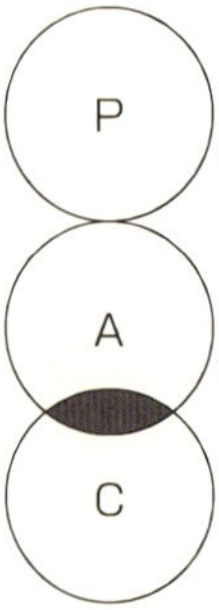

図3-3　「子ども」による「成人」の汚染

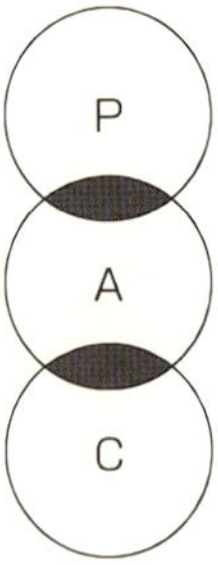

図3-4　複合汚染

汚染

客観的な「成人」の情報処理が、「子ども」の自我状態か「親」の自我状態からくる感情か信念で妨害されるとき、この妨害は汚染と呼ばれる。それは円の重なりとして表示される。重なりは、他の自我状態による「成人」の境界内への侵入を示す。汚染された思考では、「成人」は事実に基づく情報を客観的に得るために用いられるのではなく、むしろ「親」の偏見の正当化、「子ども」の妄想の合理化、時にはその両方のため情報を選択的に集めるために用いられる。人は「親」の信念と「子ども」の妄想を、「成人」の事実と間違える。

たとえば、ある男性は「女性は基本的に男性に劣る」と言うかもしれない（「親」からの汚染の一例、図3-2）。彼は、すでに本当だと信じているものの正当化を許す情報収集だけのために、「成人」を用いる。社会的、教育的、職業的な立場が男性より女性が低いという証拠を、探し出す。例外を見つけたなら、その情報を「彼女がどんなふうにそこに至ったか、みんなが知っている」というようなことを言って、値引きするであろう。

他方、その同じ人は「私は愛されない」と懸念するかもしれない（「子ども」からの汚染の一例、図3-3）。彼は自分の懸念を合理化するのを許す情報を選択的に探すために、「成人」を用いる。彼は自分を不快なやり方で扱う人たちの証拠を探し、拒絶されるような関係を築くだろう。例外を見つけたときには、「ああ、あの人は私をだまして利用しようとしていただけなんだ」というようなことを言って、値引きする可能性がある。

ある人もまた「親」から、自分は基本的に怠慢だから何かをするために自分の背中を押さなくてはならないと信じているかもしれないし、「子ども」から、すべての人が自分を管理しようとしていると信じているかもしれない（複合汚染の例、図3-4）。その人は他の人が管理する証拠を探し、自分の内部からの管理的行動を値引きして、自分が怠慢である証拠として反抗を用いる。

人が「親」と「子ども」の信念を、「成人」の事実から区別するのを援助することは、汚染解除と呼ばれる。この過程は、事実と混同する不合理な信念を吟味することにおいて、認知行動療法と大変よく似ている。どの自我状態から汚染された信念が生じているのか、その信念の歴史的起源は何であるのか、そしてその人が現在「成人」の知覚を基に何が真実であると知っているかを、その人が確認するのを援助することによって、汚染解除は達成される。

除外

汚染の程度が増すと、その人は自我状態の一つまたはそれ以上の自我状態を締め出す可能性がある。この「締め出し」の過程は除外と呼ばれる。それは構造図では水平線によって表示される（図3-5）。たとえば、「成人」に対して「親」からの汚染があまりにひどい場合は、その人が「子ども」にいるといつも、「親」が「成人」に、「子ども」みたいな振る舞いは愚かで不適切だと思い込ませ、その結果、子どもの自我状態の除外が起こりうる（図3-5）。

他方、もし「成人」に対して「子ども」からの汚染があまりにひどくて、「子ども」が「成人」にすべての問

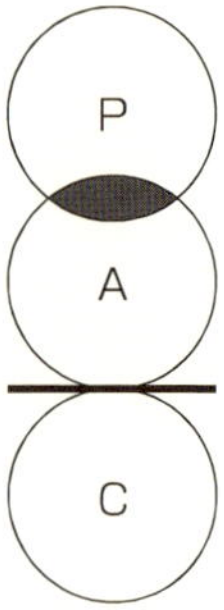

図3-5　「子ども」の自我状態の除外

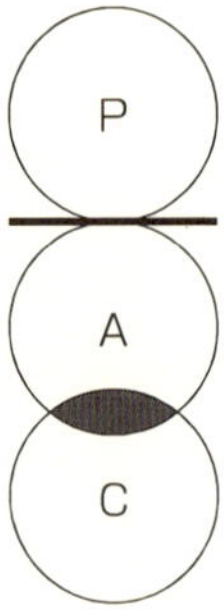

図3-6　「親」の自我状態の除外

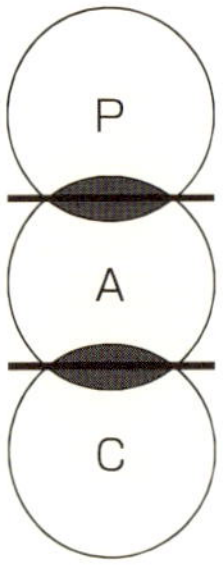

図3-7　「親」と「子ども」の除外（または「成人」の除外）

題を起こしているのは「親」であると確信させるなら、「親」の自我状態の除外が起こるかもしれない（図3-6）。三番目の可能性として、「成人」に対して「親」と「子ども」からあまりにひどく汚染されている場合、「親」と「子ども」が葛藤し続け、「成人」が現実を吟味する余地はほとんど残っていないかもしれない。この状態はあまりに苦しく感じられるので、その人は「親」と「子ども」の両方を除外して、全体的に「成人」の中にとどまるか、「成人」を除外して、すべての葛藤から生じる苦痛の認識を中止してしまう可能性がある（図3-7）。前者は、「子ども」の直観と「親」の規範の枠組みの両方を締め出していることになる。その結果、「頭だけで生きている人」と他の人には写るかもしれない。後者は、精神病である人の例であり、自分の周りで何が起こっているか何も知らずに、今祈っていると思ったら次の瞬間には呪っているかもしれない。

　すべての人は、ある程度「親」と「子ども」の両者による「成人」への汚染があるが、問題は汚染の程度である。汚染が強いほど、現実を客観的な方法で処理する能力は弱くなる。さらに一〇〇パーセントの除外は決してない。われわれは生き延びるために、それぞれの自我状態をある程度必要としている。自分に困難を起こしている自我状態の一部を除外するが、そうでない部分は用いるのである。

六つの人格適応タイプにおける構造分析

自我状態、汚染、除外の概念を用いて、適応タイプのそれぞれの人格構造を図解することができる。これらの図解は、適応タイプがどのように機能するか、それぞれにとって主な治療的問題は何か、治療「ドア」がその順序であるのはなぜかを理解するのに役に立つ（第1章から、三つの「ドア」とは、思考、感情、行動というコンタクト・エリアであることを思い出すであろう）。

次の節では、六つの適応タイプのそれぞれについて、これまでの章から進展してきた知識の短い概要を述べることから始める。次にその適応タイプが特色を示す典型的な人格構造に、どのように至るかについて論じる。

熱狂的過剰反応者（演技型）

熱狂的過剰反応者、あるいは演技型は、エディプス期（四～六歳）に発達し、その時期に発生した未解決な問題を持ち込んでいる。この適応タイプの男性は母親からしばしば親友か仲間として扱われ、女性は父親から小さなプリンセスであると思われた。両者ともかわいらしく楽しいので、注目の的となった。彼らが経験から知った主な価値は、異性の親を喜ばせ楽しませることであった。その過程で、彼らは他者に感情的に気を遣うようになり、それゆえ、多くのエネルギーが他者を喜ばせるために使われる。

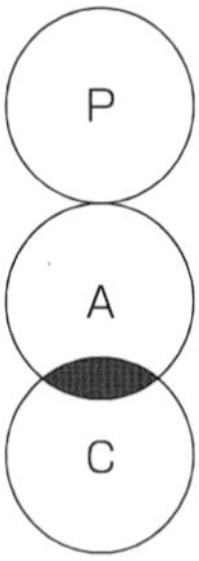

図3-8　熱狂的過剰反応者の人格構造

われわれは、熱狂的過剰反応者の人格構造のモデルを示す場合、「成人」の自我状態が「子ども」の自我状態によって汚染されているように描く（図3‐8）。熱狂的過剰反応者は子どものとき学習したように、主に感情を通して社会と関わる。感情は最大量のエネルギーを費やす領域、オープン・ドアである。この適応タイプの人はしばしば感じることと事実を混同する。「成人」はしばしば「子ども」への奉仕に用いられる――本当だと感じたものの証拠を探すために。

子どものころ、思考はしばしば値引きされた。考え始めると「可愛い小さな頭をそんなことで悩ませないで」と言われた。その結果、彼らは自分の考えに確信が持てず、「～と思う」と曖昧な言い方をすることになる。

それゆえ、熱狂的過剰反応者の成長と変化のためのターゲット・エリアは、思考である。思考を用いることは、「子ども」の思い込みから起こる「成人」の汚染を解除するのを助ける。

熱狂的過剰反応者は、OKであるために他者を喜ばせることが課題であるため、行動の領域に最強の防衛がある。それが、行動がトラップ・エリアである理由である。誰かから自分の行動を批判されると、自分はOKでないと思う。自分の義務は周りのみんなを喜ばせることであると信じているからである。

責任感ある仕事中毒者（強迫観念型）

責任感ある仕事中毒者、あるいは強迫観念型は、子どもにとっての重要な発達課題が、何をしようとするかではなく正しく行うか否かが問われる、肛門期の終わりからエディプス期の初めにかけて（四、五歳）発達する。この適応タイプは、完璧であることを重視する。この適応タイプを発達させた人は「良い子」である。模範的な子どもであることでほめられたために、母親や父親に認められることに価値があると思うようになった。その結果、模範的な市民であり、物事を良く行うことに多くのエネルギーを費やす。

責任感ある仕事中毒者の人格構造を図で示す場合、われわれは、「成人」の自我状態が「親」の自我状態によって汚染されたように示す（図3‐9）。彼らは、「親」からの「すべきとすべきでない」によって、駆り立てられる。

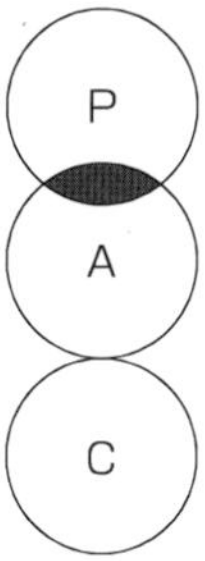

図3-9　責任感ある仕事中毒者の人格構造

思考は最大量のエネルギーを費やす領域、オープン・ドアであるが、汚染されている思考である。「成人」は、「親」が両親から真実であると教えられたものの証拠を探すのに用いられる。彼らは過度に従順で責任感が強い。その結果、「子ども」の自我状態の欲求は、しばしば満たされない。彼らは急いで成長して大人の責任を引き受けるようになり、あまりに早く子どもであることをやめた。そして絶えず他の誰よりも多く、あるいは良くやるように駆り立てられてきた。

感情は、責任感ある仕事中毒者の人の成長と変化のためのターゲット・エリアである。感情に触れることによって、内なる「親」がいかに圧倒的であり、その結果として多くの満たされない「子ども」の欲求を持っているかに気づく。この気づきは、彼らが「親」の自我状態から「成人」への汚染を解除するのを助け、リラックスして楽しむために、「子ども」の自我状態により多くのエネルギーを移動させる助けとなる。

責任感ある仕事中毒者の人は、ＯＫでいるために完璧であることを標榜していたので、行動の領域に最強の防衛がある。したがって行動は、彼らにとってトラップ・エリアなのである。もし誰かが行動を批判すれば、ＯＫでないと感じる。すべてのことを正確にやっていることが、価値あることになっているからである。

才気ある懐疑者（パラノイド型）

才気ある懐疑者、あるいはパラノイド型は、幼児にとって信頼が壊れるとき、すなわち子どもがもはや環境を自分の欲求に応じるものとして信頼できない場合に起こる、主要な問題への生き延びるための対応スタイルが、口唇期（〇〜十八カ月）に発達する。才気ある懐疑者を発達させる人は、不意打ちを避けようと注意深くなった。彼らの環境では、両親や周りの人の言動はしばしば予測できず、油断してやられたと感じることが多かった。今も同様に警戒している。もし自分と他のすべての人の行動を統制できさえすれば、自分はＯＫだろうと信じている。それゆえ、多くのエネルギーを費やして用心するのである。

才気ある懐疑者の人格構造のモデルを表す場合、われわれは「成人」が「親」の自我状態によって汚染され、「子ども」が除外されているように示す（図3-10）。「親」は正確な行動を強く期待する傾向がある。才気ある懐疑者は、どんな欠点も見つけられないようなやり方で、すべてのことをやろうとする。子どもらしい行動や感情は、気ままで予測できないので除外する。

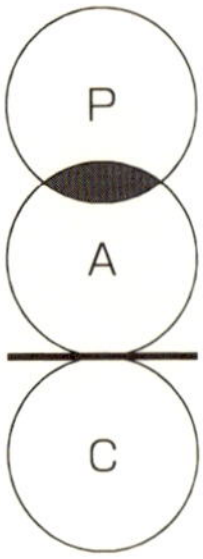

図3-10　才気ある懐疑者の人格構造

思考はオープン・ドアであり、彼らが最大量のエネルギーを費やす領域である。しかし思考は、完璧で強いことを期待するかたくなな「親」によって汚染されている。彼らは、他者や事態に関して用心することを正当化する証拠を探し、しばしば他者や事態が害を及ぼすだろうと見なす。その結果、神経がピリピリし、リラックスして楽しむのを恐れたままでいる。

才気ある懐疑者のターゲット・エリアは、感情である。彼らは知覚対象を調べて、物事が最初のときのように危険でないとわかるにつれて、「親」の自我状態からの「成人」汚染を解除し、リラックスして自分の感情をもっと受け入れ始める。感情はくつろぐのを助ける。こうしながら遊ぶ能力を取り戻し、いつも真剣であろうと努力することをやめる。

子どものとき、生き延びるために用心深くしなければならなかったので、才気ある懐疑者にとって、行動はトラップ・エリアである。繰り返すが、彼らは完璧で強くあることを要求された。子どもらしく遊び好きであることはとんでもないことであった。その結果、彼らは批判されることを恥や屈辱として考えた。彼らの行動は、一点も非の打ち所がないことになっていたからである。

創造的夢想家（スキゾイド型）

創造的夢想家、あるいはスキゾイド型は、口唇期（〇〜十八カ月）に発達し、信頼が壊れる場合にどのように生き延びるかという問題に対する、二番目の反応の型である。創造的夢想家の人は、両親が当惑しているか、何かに余念がないかに見えるので、さらなる欲求をしないことによって両親を援助する方法を学んだ。彼らは、空想のなかに引きこもることによって自分の世話をするように決めた。あまり泣かない「良い」赤ちゃんだとほめられた。このようにして、他者に迷惑をかけないことに多くのエネルギーを費やしたのである。

われわれは彼らの人格構造をモデルで示す場合（図3-11）、「成人」が、「親」の自我状態と「子ども」の自我状態の両方から汚染されたように示す。彼らは「親」から自分を批判し、「子ども」で狼狽を感じて、不快な感情から逃げるために引きこもる傾向がある（図では「親」からの批判を矢印の曲線で、「子ども」の引きこもりを直線の矢印で表す）。引きこもるほど、さらに自分を批判する。自分を批判するほど、さらに引きこもる。このようにして不快に感じて、不快な感情のなかで行き詰まりを感じる。

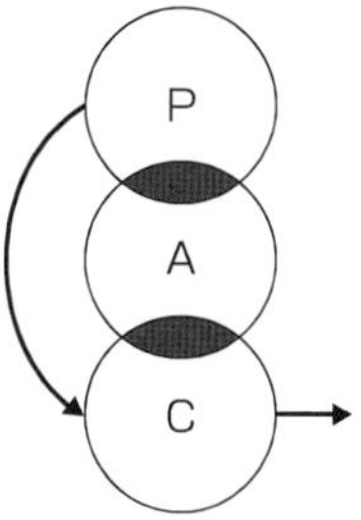

図3-11　創造的夢想家の人格構造

行動は最大量のエネルギーを費やす領域、オープン・ドアである。彼らが用いる行動とは、引きこもった非活動である。彼らは控えめな態度をとり、表面に出ないでいる傾向がある。

思考は創造的夢想家のターゲット・エリアである。思考は、「親」の自我状態と「子ども」の自我状態の、両方からの「成人」汚染を解除するのを助ける。彼らは、問題を解決して自分の欲求を通す行動をとるために、考えをはっきりと声に出して周りに告げることを、しっかりと求められる必要がある。
創造的夢想家のトラップ・エリアは、感情である。彼らは不快に感じても、それは自分に悪い何かがあるからと確信するので、不快な感情のなかで立ち往生する。困惑してどうしていいかわからない。感じるものを言葉にせず、無視しなければならないと思うからである。

おどけた反抗者（受動攻撃型）

おどけた反抗者、あるいは受動攻撃型は、肛門期（二、三歳）に発達し、両親の管理のしすぎに対する反応で、自分の自律を維持する試みである。両親はしばしば「言うことを聞けないならあっちへ行きなさい！」という立場から育児する。子どもは「いやだ！」と応ずる。その結果、誰も勝つことのない権力闘争になる。子どもは「生き延びるためには戦わなくてはならない」と結論を出す。子どもが受けるほとんどの注目は、両親との闘争を通してである。このようにしておどけた反抗者は、多くのエネルギーを闘争に費やす。

われわれはおどけた反抗者の人格構造を描く場合（図3-12）、「成人」が、「親」の自我状態と「子ども」の自我状態の、両方によって汚染されたように示す。彼らは「親」から行動について批判して、「子ども」から反撃する。彼らと両親の間にいったん生じた権力闘争は、今や内面で、「親」と「子ども」の自我状態の間で続くのである（これを図では、二本の矢印の曲線で表す）。

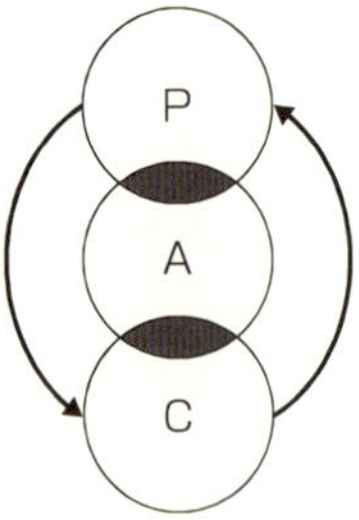

図 3-12　おどけた反抗者の人格構造

行動は彼らが最大量のエネルギーを費やす領域、オープン・ドアである。彼らが用いる行動の型は、攻撃的不活動である。彼らは問題を自分で解決する直接的な活動をするよりも、誰か他の人に何らかのことをさせるために、ぶつぶつと不平を言う。

おどけた反抗者にとって感情は、ターゲット・エリアである。絶えず権力闘争状態にあることは苦痛である。彼らは、自分が苦痛を感じるのを許し、欲求に応えてくれない両親はいないのと同じだと悲しみを感じることで、「親」の自我状態と「子ども」の自我状態の両方からの「成人」汚染を解除し、権力闘争をしなくなり、彼らに協力してくれそうな人を求め始める。

権力闘争は、多くの「はい-でも」反応と論争と、物事を二者択一、一か八かと見ることを含むので、思考はおどけた反抗者のトラップ・ドアである。彼らは何をすべきか一生懸命解決しようとするが、結局しまいには「やっても忌々しい、やらなくても忌々しい」と感じるのである。

魅力的操作者（反社会型）

魅力的操作者、あるいは反社会型は、口唇期（〇～十八カ月）に発達し、信頼が壊れる場合にどのように生き延びるかという問題に対する、三番目の反応の型である。基本的な問題は〈見捨てられ〉である。彼らは、親から残酷なたくらみを企てられたように感じる。愛しげに世話を焼いていたのが見せかけであって、今置き去りにされたとわかり、自分で生き延びるしかなくなったと感じる。彼らは見捨てられたにもかかわらず、生き延び、他者をバカにすることによって復讐することを決めた。脅すか唆すかによってこれを実行する。彼らは見せ場をつくり多くの注目を得る。魅力的操作者は、他者を出し抜くために多くのエネルギーを費やす。

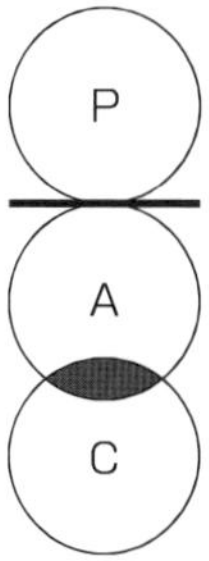

図3-13　魅力的操作者の人格構造

魅力的操作者の人格構造をモデルで示す場合（図3-13）、「成人」が「子ども」の自我状態に汚染されていて、「親」が除外されているように表示する。彼らは大人になった「成人」の自我状態よりはむしろ、「子ども」の直観的で創造的な「成人」（小さな教授）から考える。思考を、問題を解決し長期の展望をもって成り行きを考察するためよりは、むしろ即時の事態で知恵を働かせて他者を負かし、バカにするために使う。「親」のルールと価値は、しばしば彼らが欲しいものを得るのに邪魔になるので、単に除外する。魅力的操作者は、五、六歳のときに両親の話すことは信じられないと決めて、「親」の情報を除外しようと決意する。彼らは「親」の情報を、単に両親が彼らを操作しようとした方法であると見なすのである。

彼らは最大量のエネルギーを行動に費やし、行動はオープン・ドアである。彼らが用いる行動は活動的な攻撃で、他者を脅して優勢になろうとするものである。

感情は、魅力的操作者のターゲット・エリアである。彼らが子どもとして経験した〈見捨てられ〉は、苦痛であった。彼らはそのような傷つきやすい立場に再び陥ることがないように用心している。自分が感情を経験するのを許し、体験した〈見捨てられ〉を悲しむにつれ、「成人」の自我状態への「子ども」からの汚染を解除し、再び人を信頼するようになって本当の愛着を形成し、人間として新たに生き始める。

魅力的操作者は他のすべての人を知恵で負かそうとするので、思考はトラップ・エリアである。彼らはずる賢く他者をだまし、操作することで自分の欲求を通そうとする。しばしばこの策略は、短い間は彼らの望みを叶える。しかし長い目でみると、他人は彼らの操作を怒って結局は立ち去って行く。彼らはさらにもう一度見捨てられたと感じ、そのことは、そばにいてくれる誰をも信じることができないという確信を、さらに強固に正当化するのである。

まとめ

自分が生まれた家族のなかで生き延び、その期待に応えるために個人がつくる適応タイプは、人格構造の特有の型を結果として示す。自我状態、構造分析、汚染、除外という概念を用いて、人格構造は図で示すことができる。これらの図は、これらの構造がどのように機能するか、適応タイプの主要な問題は何か、コンタクト・ドアの順序がなぜそうなのか、などについて有用な情報を提供する。

次の章では子どもの発達の話を続け、彼あるいは彼女はどのように、子どものときの決断を成人になってからの生活にまで持ち込むかについて述べる。われわれはそれぞれの適応タイプについて努力のパターンを考慮に入れるが、バーンはそれを人生脚本と呼んだ。

第4章 各人格適応タイプの変化するための課題

エリック・バーン（Berne, E.）は、すべての人は幼児期に自分の人生の物語を書くと言った。この物語には初めと中間と終わりがある。幼児期、言葉を二、三語以上話すぐらいになる前に、まず基本的な計画を書く。その後、より詳細な部分をその物語に付け加えるであろうし、主要な計画は七歳頃までに書き記されるように思われる。物語の枝葉の部分は、青年期に修正されたり練られることがある。

成人になってからは、自分のために書いた人生物語のことをもはや自覚しない。しかし、特にストレスを感じる状況では、しばしば脚本を実行することがある。自分で気づかず、幼児のときに決定した最後の場面に向かって進むように、自分の生活のなかでエピソードを組み立てていくことがある。この前意識的な人生物語は、交流分析では人生脚本または単に脚本として知られている。

人は治療上の変化を成し遂げるために、成人してからはもはや役立つことのない幼児期の物語から、自分を解放する必要がある。このように脚本の知識は、治療における効果的変化への鍵である。

六つの人格適応タイプのそれぞれは、人生脚本の一定の独特なパターンを示す。適応タイプの知識は、治療者がクライエントの変化を促進するための重要な手段である。この章では、六つの適応タイプとそれに関する脚本パターンを述べる。

理論的枠組み――人生脚本

バーン（1972）は人生脚本の概念を発展させるとき、エリクソン（Erikson, 1950）によって述べられた「発達段階」と同様、アドラー（Adler, 1964）の「ライフスタイル」、ユング（Jung, 1921）の「元型」を基に進めた。これらの著者たちから彼は、それぞれの人が幼少の初期に自分の人生を計画し、そしてその計画を成人の年齢で実行するらしいという考えを得た。バーン独自の貢献は、人生計画は物語の形で組み立てられると提唱したことであった。物語のそれぞれのエピソードは、子どものときに自分のために選んだドラマの終末（脚本の報酬）に向けて主人公を動かしていくことが、その人の気づきの外で意図された、とバーンは述べた。

成人してから脚本を実行するとき、その人は脚本のなかにいる、あるいは脚本的行動や思考や感情に携わっていると言われる。

脚本分析は、その人の脚本を構成する前意識的材料を明らかにするのを助けるのに、さまざまな手段を用いる。

人生の立場

バーン（1972, p.84）は、脚本は四つの立場の一つに基づくと、提唱した。これらは、自分と他の人たちの価値についての強固な確信であり、初期の発達段階に子どもが採用するものである。次の四つの立場は、今日では「人生における基本的構え」として知られているものである。

（1）私はＯＫである-あなたはＯＫである
（2）私はＯＫではない-あなたはＯＫである
（3）私はＯＫである-あなたはＯＫではない
（4）私はＯＫではない-あなたはＯＫではない

これらのそれぞれの立場は、その人のＯＫであること（価値、重要さ、尊厳）、あるいはＯＫではないこと（価値、重要さ、尊厳の欠乏）についての見解と、その人と関わる他の人についての見解を表す。これらの結論あるいは決断は、（存在の立場を）感じ取るある一定のやり方を生じ、そのやり方は人生でのいろいろな事態へのなじみ深い反応となる。

脚本のメッセージ

子どもは幼児期に人生脚本を、自分の両親、親に代わる人、生活上の他の重要な人との間の相互作用への反応として形成する。これらの相互作用において子どもは、自分が両親からあるメッセージを受けていると理解する。脚本理論では、これらは脚本のメッセージとして知られている。

メッセージのなかには、幼児期後期に言葉で直接伝えられるものもある。この種のメッセージは拮抗禁止令と呼ばれる。特定のグループである五つの拮抗禁止令は、ドライバー〈駆り立てるもの〉（Kahler & Capers, 1974）と呼ばれ、発達と人格適応タイプの診断において特に重要である。

もう一つの脚本のメッセージは、幼児期の初期に主に非言語的に伝えられる。これらのより間接的な言外のメッセージは、もし否定的なら禁止令と呼ばれ、肯定的なら許可と呼ばれる。

次の節では、それぞれのタイプの脚本のメッセージをさらに詳しく見ていく。

拮抗禁止令

これらのメッセージは典型的に、「すべきだ」という親の価値判断、子どもが〈あるべき〉あるいは〈すべきこと〉や、〈あるべきでない〉あるいは〈すべきでないこと〉についての、言語的命令から成り立っている。多くのそのようなメッセージは、脚本分析で判明する。典型的な例は、「一生懸命働きなさい！」「私のプリンセスでいなさい！」「家のなかのことを外に漏らしてはいけません！」である。拮抗禁止令は、言葉が発達する幼児期後期に受け取られる。拮抗禁止令に関して普通人びとはそれを、誰がくれたか、誰がそれを言って、どんな声の調子であったかを思い出すことができる。

拮抗禁止令への反応として形成された脚本の一部は、拮抗脚本と呼ばれている。

ドライバー

拮抗禁止令のなかで五つのドライバー・メッセージは、両親がその子どもにかけた特有の期待を伝える。そうすることにおいて、その親は「もしあなたが～なら、あなたはＯＫでいられる」というメッセージを与える。

これら五つのメッセージの重要性は、テイビ・ケーラーら（Kahler & Capers, 1974）によって初めて指摘された。ケーラーは交流分析の伝統的なやり方で、五つのドライバーにラベルを付けるのに会話体の言葉を用い、それらを〈完全であれ〉〈強くあれ〉〈努力せよ〉〈他人（親）を喜ばせよ〉〈急げ〉と呼んだ。

たとえば、〈完全であれ〉のドライバー・メッセージは、「すべてのことを的確にするなら、あなたはＯＫである」と伝える。〈他人を喜ばせよ〉と〈急げ〉のドライバー・メッセージも、ケーラーが付けた名前が含蓄する意味を伝える。〈強くあれ〉の意味は、「自分に何の欲求も感情も持たせないときだけ、あなたはＯＫだ」ということである。〈努力せよ〉は、「一生懸命やって初めてあなたはＯＫだ（だが実際には遂行するな、もしやってしまったらもはや努力しようとはしないだろうから）」ということの信号である。

六つのそれぞれの人格適応タイプは、特定の一つのドライバー、あるいは複数のドライバーの組み合わせと密接に関係する。たとえば、特に強い〈完全であれ〉のドライバー・メッセージを受け取った人は、責任感ある仕事中毒者を優勢な適応タイプとして持つであろう。このドライバーと適応タイプの密接な関係は、適応タイプがどのように発達し機能するかを理解するのに大変重要である。この論題をそれぞれの適応タイプについて、以下で探求する。

ドライバーは、適応タイプの実際の診断の鍵でもある。ケーラーが発見したように、人はこれらのドライバー・メッセージを頭のなかで聞くとき、そのドライバー・メッセージの特徴を一瞬の行動のなかに現す（Kahler & Capers, 1974）。これらの「行動のひとまとまり」は、典型的には一度で約半秒持続するが、ドライバー行動として知られている。ドライバー行動を発見できるようになると、人の一つの（複数の）適応タイプを素早く確かに診断することが可能である。われわれはこの診断の手順を第8章で述べる。

禁止令

これらの否定的な制約的な脚本のメッセージは、典型的には、その子どもが言葉を十分に使いこなす以前の、幼児期初期に受け取られる。最初は親によって非言語的に伝えられるが、後に言語的に補強される可能性がある。禁止令の起源は、親が「子ども」の欲求に応じないことにあり、普通は親は気づかずに子どもに伝える。

メリーとロバート・グールディング（Goulding & Goulding, 1979, pp.34-39）は、脚本分析において再三にわたり姿を現わす十二の禁止令を、以下のように列挙した。

- 存在するな
- 自分自身であるな（ときどき、自分自身の性であるな）
- 子どもであるな（または、エンジョイするな）
- 成長するな（または、私を置いていくな）

●やり遂げるな（成功するな）
●するな（すなわち、何もするな）
●重要であるな
●属するな
●近づくな
●健康であるな（または、正気であるな）
●考えるな
●感じるな

六つのそれぞれの人格適応タイプは、特有の典型的な禁止令の「一群」を持っており、これらを以下で述べる。適応タイプと禁止令の間の関係は、適応タイプとドライバー・メッセージの間ほど明確ではない。後者は一対一の対応であるが、前者はそう厳密ではなく、個人によって幾分変化がある。〈存在するな〉という禁止令は、特定の適応タイプに特有なのではない。この禁止令がその人の脚本の一部である場合、それは、後に初期の決断についての節で説明するように、他の禁止令への「強化因」として作用する傾向がある。

許　可

両親は子どもに、肯定的で成長促進的な初期のメッセージを与える可能性もある。これらは許可と呼ばれる。十二のそれぞれの禁止令には、対応する許可がある。たとえば、「存在するな」あるいは「近づくな」という否定的なメッセージの代わりに、親は「存在してもＯＫ」あるいは「近づいてもＯＫ」という肯定的なメッセージを伝えるかもしれない。

あなたは、許可が「～でもＯＫ」という句で終わっていて、「やれ」という言葉ではないことに気づくだろう。このことは、許可が子どもに、行動すること、ある状態でいることを強要するのではない、という重要な事実を伝える。その代わりに許可は、子どもに積極的な誘いをし、それを望んで取り上げるのは子どもの自由なのである。ロバート・グールディング（1978）は許可を、釣りの認可に例えた。すなわち、その認可は釣りをする自由を与えるが、釣ることを押し付けない。

特定の許可と種々の人格適応タイプの間に、何らかの組織的な関係があるかについては、はっきりしていない。

早期決断

子どもは、受け取る脚本のメッセージへの反応において、自分は誰で、他の人は誰で、自分のような人間には結局何が起こるかについて、ある結論を出す。また、これらの事態を処理するために基本的な計画を立てるが、それは早期決断と呼ばれ、脚本の「要」である。早期決断をいったん変えれば、もはやその古い信念を正当化する必要はない。このように、早期決断を明らかにしてそれを変えることで、人は脚本を早く解体することができる。

〈存在するな〉が脚本の部分である場合、子どもは他の禁止令、または拮抗禁止令、あるいはその両者が、〈存在するな〉に対する防衛として用いられる、複合決断をするであろう。たとえば「働き続けて誰にも近づかない限り、私はＯＫ」というように。そうするとその人は、一生懸命働いて人には近づかないという決断に、よりいっそう執拗にしがみつく。「子ども」の自我状態が、そうすれば死なずにすむだろうと信じ、それを防衛として使うからである。

ゲームとラケット

人は自分の脚本に従っているとき、一般的には行動と感情の反復的な機能障害的パターンを示す。交流分析では、これらはゲームとラケットとして知られている。

ゲーム

一定のやり方で知覚して、あらかじめ決まった反応をすることによって、人はなじみのある不快できわどい場面を、意識外で何度も何度も再演する傾向がある。バーン（1964, 1972）はこれらの再演をゲームと呼んだ。彼は、この現象とフロイト（Freud, S.）の「反復強迫」の概念との類似性を指摘した。

すべてのゲームは、プレイヤーの意識の外に隠された計画をもっている、一連の裏面的交流である。それは常に切り換えを含み、切り換えの瞬間に両プレイヤーは急に役割を変える（Berne, 1972）。隠された計画が明白になるにつれ、ゲームのなかの人たちは一般的に騙されたと感じ、結果として混乱する。ゲームのなかのすべての人が最終的に不快に感じ、どうしてそうなったのかと困惑する。

ゲームの結果、その人が自分自身、他者、自分の運命（実存的立場）について、すでに感じて信じていることを正当化する。ゲームは、起こっていることの責任をゲーム・プレイヤー自身が負うのではなく、他の誰かあるいは何かに転ずる試みでもある。人は子どものころ、直観的に両親や他の大人たちがもっと違った反応をするべきだと知っていて、それを今、ここで実現させようと試みる。しかし同じような状況を作りだし、同じように反応するため、子どものころと同じ結果を招く。そして、それによって自分の実存的立場への信条を正当化する。

ゲームはまた、たくさんの否定的なストロークをそれぞれのプレイヤーにもたらす（交流分析理論でのストロークとは、認める、あるいは注意を向けるすべての行動のことである）。ゲームはこのように、人が、刺激と、認められることの欲求を充足させる代用の方法である。

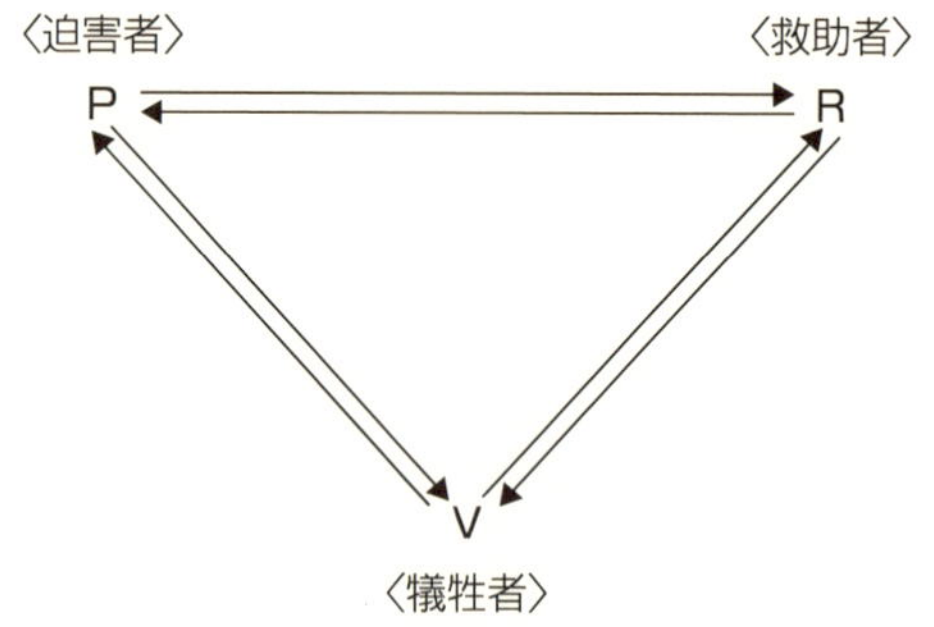

図 4-1　ドラマの三角図

ドラマの三角図

ステファン・カープマン（Karpman, 1968）は、ゲームを分析するための単純だが力強い図、ドラマの三角図を考案した（図4-1）。彼は、人がゲームをするときには常に、〈迫害者〉〈救助者〉〈犠牲者〉という、三つの脚本化された役割の一つをとることによって始まると提唱した。

〈迫害者〉は、他者を見下しけなす人である。彼は他者を、一段低い立場にありOKでないと見なすのである。

〈救助者〉も、他者をOKでなく、一段下の状況にあるとみる。しかし〈救助者〉は、一段上の立場から他者に援助を提供する形で反応する。「他者は自分で自分を何とかするほど十分に有能ではないから、私が彼らを助けてあげるべきだ」と信じる。

〈犠牲者〉にとって一段下の状況にいてOKでない存在は、その人自身である。〈犠牲者〉は、時には自分を見下していじめる〈迫害者〉を探し求める可能性がある。あるいは〈救助者〉を探すかもしれない。〈救助者〉は援助を提供し、「私は自分でうまく対処できない」という〈犠牲者〉の確信を強める。

交流分析理論では、ドラマの三角図の三つの役割は、ゲームが演じられるときの役割である。このことは、人がこれらの役割の一つを演じているときは、〈今・ここ〉よりもむしろ、過去に反応していることを意味する。彼らは、子どものときに決断したか、あるいは両親から取り入れた古い脚本化された戦略を用いている。本書では三角図の役割を示すために、これらは〈迫害者〉〈救助者〉〈犠牲者〉のように〈 〉付きで表した。もしこれらの言葉を〈 〉なしで用いるときは、実生活上の迫害者、救助者、犠牲者を意味する。

ゲームをするとき、人は三つの役割の一つから演じ始め、しばらくそれを維持し、それから他の役割に移っていく。しかし、それはしばしば突発的に起こる。ドラマの三角図におけるこの移動は、ゲームにおける切り換えに相当する。

ラケット

ゲームの終わりに人が経験する、なじみ深い不快な感情は、バーンが「ラケット」と呼んだものである。ラケット感情は、自分に「起こっている」と知覚していることに対して、他の人たちから支持してもらおうと試みる一つの方法である。十分長く、十分不快に感じて、両親か最初にその感情を出した対象に望んだように、他の人が応じてくれることを期待するのである。

これらのラケット感情は、その人が生まれた家庭で許されなかった他の感情の代理になることがしばしばある(English, 1971)。たとえば、もし子どもが怒っているときは罰すると脅されるが、悲しいときにいたわられ世話されれば、悲しみを怒りの代理にするようになる可能性がある。悲しみが、その子どもが求める関心を得るのに役立つからである。それゆえ、悲しみというラケット感情で怒りをカバーする、とわれわれは記述する。子どもはどんな感情が支持され、どんな感情がOKでないとされるかを素早く学ぶ。それから、注意と関心を他の人から引き出すために、支持された感情を用いるのである。

ときどき人は、ラケットが負荷された交流を繰り返して交換する人間関係を築く。イングリッシュ(English, 1976)は、これをラケッティアリングと呼ぶ。この交換はゲームと似ているが、切り換えがない。別の言い方をすれば、役割の突然の変更がない。その点がゲームと常に区別するところである。たとえば、ある夫はしばしば妻の料理や外見や服装のあらを探すかもしれず、「あら探し」として知られるラケッティアリングのテーマを実行しているであろう。それをしている間、彼は他者への苛立ちである気に入りのラケット感情を感じている自分を、「正当化」するであろう。妻はお返しに「哀れな私」でラケッティアリングをし、不適切さ、当惑の感じであるラケット感情を経験するかもしれない。そのようなラケッティアリングの関係は、際限なく続く可能性がある。

ゲーム、ラケットと六つの適応タイプ

それぞれの人格適応タイプにはゲーム、ラケット、ラケッティアリングのテーマについての、典型的な「一群」がある。それらを「六つの適応タイプに見られる典型的な人生脚本パターン」という節で述べる。適応タイプと禁止令の間の関係のように、ゲームと適応タイプの間の一致は、暗示的ではあるが厳密ではなく、それぞれの適応タイプのなかで、個人によってある程度変化がある。

スクリプト・プロセス（脚本の過程）

これまで本章では、脚本の内容、すなわち何がその人の脚本のなかにあるかについて論議してきた。しかし脚本のプロセス、すなわちどのように脚本を繰り返し実行し続けるかについて検討することも、有用である。

バーン（1972）は、プロセス脚本の六つのさまざまなタイプを次のように記述した。

- 〜までは
- 決して〜ない
- いつもいつも
- 〜の後で

表4-1　さまざまなプロセス脚本タイプの特色

名　称	モットー	パターン
〜までは	「仕事をみな済ませるまでは楽しむことができない」	楽しくないことが仕上がるまでは，楽しいことを手に入れるのを自分に思いとどまらせる
決して〜ない	「一番欲しいものを決して手に入れない」	スタートしないし，どこにも到着しない
いつもいつも	「ベットを整えたからには，横にならなくてはいけない」	状態が悪いときでも同じことをする
〜の後で	「今日は楽しむことができるが，明日にはその償いをしなければならない」	楽しいことを手に入れるが，その後不快なことで自分を罰する
もう一歩のところでI	「もう一歩のところで山の頂上に登れたが，それからまた下までずっと滑り落ちてしまった」	着手する（企画など）がきちんと終えられない
もう一歩のところでII	「頂上に登ったらすぐに，さらにもっと高い山に向かって出発する」	終える（企画など）と立ち止まることなく次の仕事を始める
結末のない	「時間の流れのなかのある特定のポイントの後は，何をしたらいいかわからない」	企画などで人生のある特定のポイントには達するが，それからは「どうしたらいいかわからない」

●もう一歩のところで
●結末のない

ケーラー（1978，pp.216–217）は、〈もう一歩のところで〉パターンは、タイプIとタイプIIに再分割されうると提言した。われわれはここでは彼の理論に従う。

プロセス脚本のタイトルは、それぞれその人が、どんなパターンで脚本を繰り返し、実行し続けたかを描写している。それぞれのパターンはモットーのなかに要約され、モットーは自分、他者、世界についてのその人の早期決断を反映している。表4-1はさまざまなプロセス脚本のタイプのモットーとパターンを示している。

脚本の実例

ジュアンの両親は要求が極端に厳しかった。彼は、両親が〈完全であれ〉というドライバー・メッセージと、〈やり遂げるな〉という禁止令を与えていると理解した。それに応じて、彼は不安を感じて、「私はＯＫではない-あなたはＯＫである」という基本的な人生の立場の結論を出した。彼の早期決断は、「私は完全であるために最善を尽くす。でも、あなたたちを決して満足させないのはわかっている」であった。

現在、ジュアンは非現実的な期待をする人を捜し出す傾向があって、完全であろうとすることでその人に応えようと試みる。彼は自分ができる以上のことを引き受け、同時にすべてのことを完全にやろうと努力して、「足蹴にしてくれ」というゲームを演じる。完全であることは不可能であるから、彼はやり遂げないのである。

他の人が、彼がしなかったことを指摘すると、ジュアンは不安を感じて（ラケット）、自分はＯＫではなく他の人はＯＫである（彼の実存的人生の立場）と確信する。解決法は、完全に行うためにさらにもっと努力することであると、彼は思った。

〈～までは〉のプロセス脚本パターンを実行しながら、ジュアンは仕事が完全に仕上がるまでは、遊んだり楽しんだりしては駄目だと思っている。しかし、もっと多くの仕事を常に見つけられるから、彼は楽しむことをいつでも後回しにし続けるのである。

六つの適応タイプに見られる典型的な人生脚本パターン

それぞれの人格適応タイプは、人生脚本についてのバーンの概念によって分析することができる。それぞれの適応タイプは、自分、他者、世界についての特定の結論と、世界とうまく折り合う特定の方法を持っている。

上記の例では、メッセージ、結論、決断、感情、努力のパターンは、責任感ある仕事中毒者（強迫観念型）のものである。同様にそれぞれの適応タイプは、人がいろいろな生活状態の処理をする方法を決める、特定のタイプの脚本を有する。それぞれの適応タイプのメッセージ、結論、決断、感情、努力のパターンは、以下で検討する。資料は章の終わりにある、表4-2と表4-3にまとめた。

熱狂的過剰反応者（演技型）

熱狂的過剰反応者あるいは演技型を発達させる人の両親は、子どもにかわいらしいこと、あるいは優しいことを望み、他者を楽しませ、喜ばせることの重要性を強調する傾向がある。彼らが子どもに期待すること（ドライバー・メッセージ）は、〈他人を喜ばせよ〉というものである。

子どもが受け取る典型的な禁止令は、〈成長するな〉〈考えるな〉〈重要であるな〉である。それに反応して子どもはおびえ、混乱し、悲しく感じる。自分はOKではない、そして両親はOKであると確信する。その人の決断はしばしば「あなたが愛してくれるように、あなたを喜ばせ幸せにすることは何でもします」である。そして十分喜ばせていない場合には、不安を感じる。

ゲームとラケット

演技型の人は成人になったとき、自分の周りのあらゆる人の幸福に責任を感じる傾向がある。注目の的でありさえすれば、愛され重要であると感じる。〈子どもの自我状態〉から、異性の人の注意を引く手段として「ラポ」のゲーム、すなわち誘惑的な「ねえ」の合図を送りながら他の人が応じると、接近を拒絶することを、しばしばするかもしれない。

プロセス脚本

演技型の人は、この章で前述した〈～の後で〉のプロセス脚本パターンを示す。たとえばパーティで素晴らしい時を過ごすが、その後、自分が言ったことや、行ったことがOKであったかを問うことがよくある。

ケースの具体例

ジーンは、私（ヴァン・ジョインズ）が面接した熱狂的過剰反応者のクライエントで、数人の兄弟と姉妹のいる家庭で育ったが、父親のお気に入りであった。父親がしばしば彼女に特別の注意を払うので、母親はときどきねたんだ。ジーンは同胞のなかでは下のほうだったので、自分の考えや学校であったことを両親に話したいときに、しばしば無視された。その代わりに、かわいくておもしろいときに最も注目された。着飾って挑発するのが好きだった。彼女のお気に入りのおとぎ話は、探していたプリンセスを見つける話であった。彼女はパパの「小さなプリンセス」であったが、よく未来のプリンスの空想にふけった。

彼女が成人して治療に来たとき、軽薄そうに見えた。男性から注目されるのが好きだったが、相手が彼女の意向を誤解するとき困難に陥った。自分の考えをはっきり伝え、自分の立場を守るのは難しかった。自分の力で職業の方向を発展させていくのも恐かった。自分の才能についてしばしば確信が持てないと感じた。彼女が子どものときにパパを喜ばせることに費やしたエネルギーは、現在ジーンが成人であることの邪魔になっていたのである。

責任感ある仕事中毒者（強迫観念型）

前述したように、責任感ある仕事中毒者あるいは強迫観念型を発達させる人はしばしば、両親の要求が極端に厳しい人たちである。彼らは達成を強調し、やることに価値を置く傾向がある。両親が伝えるドライバー・メッセージは〈完全であれ〉である。

子どもが受け取る典型的な禁止令は、〈子どもであるな〉〈(楽しいそして性的な感情を）感じるな〉〈近づくな〉〈楽しむな〉である。子どもはそれに反応して不安や罪悪感や憂うつを感じる。結論は「私はＯＫではない－あなたはＯＫである」である。もし自分が有能な子どもでなければ、両親は自分に関心を持たないだろうと確信する。決断はしばしば「有能であるために最善を尽くします。そうすればあなたは私を愛するでしょう」であるが、十分有能であるかと自分の能力について不安を感じるか、「悪い」考えを持つことに罪悪感を感じる。

ゲームとラケット

成人になったとき、強迫観念型の人は働いていないと不安を感じる。しばしばやることを途切らさないよう、すぐに始められる数個の計画を持っている。自分を約束で縛りすぎ、「急いで」あるいは「こんなに一生懸命やっているのに」というゲームを演じる傾向がある。

プロセス脚本

責任感ある仕事中毒者のプロセス脚本タイプは、〈～ま̀で̀は̀〉である。その人は仕事をみなやってしまうまでは遊ばないが、やる必要がある他の仕事を常に見つける可能性がある。時々その人は〈も̀う̀一̀歩̀の̀と̀こ̀ろ̀で̀タ̀イ̀プ̀Ⅱ〉パターンも示し、一つの達成から次の達成へ、また次へと進み、立ち止まって休んだり楽しんだりすることがない。たとえば、大学の奨学金を勝ち取った大学生が、学部で首席の表彰を勝ち取り、それから修士の学位を獲得して、それから博士の学位を……そして今や教授としてなお、夜中に締め切りに間に合わせるために、学術誌の次の論文を一気に書き上げている、ということがあるかもしれない。

ケースの具体例

ロバートは私が面接したこの型のクライエントである。成人になるまで一緒に暮らしてきた父親は、妻に始終批判され、しばしば自分がやったことを謝っていた。母親は完全主義者で、絶え間なく物事の正確なやり方を強調した。息子は母親のために、父親とは違う男になると決断した。彼の兄弟はしばしば反抗的な反社会的な行動に出たが、それは、ロバートの模範的な息子になる決意を強化するばかりであった。

成人してロバートは服装、外見、振る舞いに多くのエネルギーを費やしている。彼は長い時間働いていて、ストレスで苦しさを感じ始めたので、治療に来た。彼はまた自分の息子が、子どもらしく楽しく遊んでいるのを見ると我慢ができなかった。妻は彼がくつろいで楽しむのが難しいことに、困惑していた。彼が子どものときに母親に認められようとした努力が、今や成人として、妻と家族との楽しみを妨げていた。

才気ある懐疑者（パラノイド型）

才気ある懐疑者あるいはパラノイド型を発達させる人は、しばしば両親の関わり方に一貫性がない。子どもの同じ振る舞いに対して、時には情愛があって支えとなり、時には怒っていて批判的で拒絶的である。両親の子育ては、自分たちの気分次第で大きく動揺する。子どもに伝える期待（ドライバー・メッセージ）は、〈完全であれ〉と〈強くあれ〉である。

子どもが典型的に受け取る禁止令は、〈子どもであるな〉〈近づくな、または信頼するな〉〈感じるな〉〈属するな〉〈楽しむな〉である。両親が一貫しない結果、子どもはしばしば彼らから油断につけこまれて批判されたと感じて、安全であるために用心深くして、自分と周りのすべての人と物をコントロールしようと決断する。「私はOKである-あなたはOKではない」と決断する。他の人の無能力に怒りを感じて攻撃する。もし全体をコントロールし続けられれば、悪いことが起きるのを妨げると確信する。決断は「安全であるためにあなたを警戒しなくてはならない。コントロールしていれば、わたしはOKだ」というものである。

同時に、「もしコントロールしていられないならば何が起こるだろう」という、根元的な「子ども」のおびえはなお続いている。このように見かけは「一歩リードしている」姿勢は、実際は〈私はOKではない-あなたはOKである〉立場への防衛である。

ゲームとラケット

成人になって、パラノイド型の人は不意打ちを嫌い、起こることはすべて前もって知りたがる。警戒過剰になって、悪くなりそうなことはすべて前もって処理しようとし、不測の事態に備えて計画する。「子ども」で「一歩リードしている」コントロールの姿勢を維持しようと、しばしば苛立ちのラケット感情を使って他人を怒る。また「あら探し」(他人のあらを探す) のテーマのラケッティアリングと、「さあ捕まえたぞこの野郎」(他人を巧みに下の位置に下げる) というゲームを演じる。このように、他の人たちはパラノイド型の人を、「私はOKである-あなたはOKではない」という人生の立場から行動していると、しばしば感じるであろう。

しかし典型的には、これらの「非難をするゲーム」は結局裏目に出る。他の人はやがてとがめられ見下されるのが嫌になって、しばしばパラノイド型の人を拒絶することで応じる。するとパラノイド型の人は見捨てられたと、激しい落ち込みのラケット感情に切り換える。今や「私はOKではない-あなたはOKである」の立場におり、才気ある懐疑者の人は、根元的には「足蹴にしてくれ」(他の人から拒絶されるようにする) のゲームをしていたのだということが判明する。

プロセス脚本

パラノイド型の人のプロセス脚本パターンは、〈～までは〉と〈決して～ない〉の組み合わせである。これはしばしば「私は完全に心が通う人を見つけるまでは誰にも近づかない。でもそんな完全な人は決して見つからない」のように解釈される。

ケースの具体例

ドラーは才気ある懐疑者の適応タイプを持つクライエントで、成人になるまで一緒に暮らしてきた父親は、日中は情愛があってやさしいのに、夜にはしばしばドラーの部屋に来て性的虐待を行った。そのうえ、母親も介入して娘を守らなかった。ドラーはすぐさま自分を守ろうとして、自分のすることに注意深くなり、絶えず警戒するようになった。彼女は自分のすることが原因に違いないと考えたが、何をやっても父親は虐待し続けた。彼女は虐待をコントロールできなかったので、食べる行為に意識を集中した。摂食はコントロールできたし、おびえから心をそらしてくれた。彼女は摂食をかたくなにコントロールし続け、拒食症になった。

ドラーは成人して治療に来たとき、他者の動機や行動を疑って、しばしば自分に対する態度を誤解した。子どものときに自分を大事にするために発達させた警戒心は、現在、他の人と自由に心を通わせるのを妨げている。

創造的夢想家（スキゾイド型）

創造的夢想家あるいはスキゾイド型の人の両親は、自分自身の問題に心を奪われ当惑を感じていて、子どもの欲求に応えることがまったくできない人たちであることが多い。両親が子どもに伝える期待（ドライバー・メッセージ）は〈強くあれ〉（すなわち、自分の感情と欲求を認めないこと）である。

子どもが受け取る典型的な禁止令は、〈感じるな〉〈属するな〉〈楽しむな〉〈成長するな〉〈考えるな〉〈やり遂げるな〉〈正気であるな〉である。それに応じて、子どもは当惑し不安になり、自分の感情を麻痺させるようになる。「私はOKではない（なぜなら私は自分の欲求に応えてもらっていないから）。そしてあなたもOKではない（あなたは私の求めるものを与えてくれないから）」と結論する。欲求に応えてもらえない苦痛を避けるために、感覚を麻痺させる。早期決断はしばしば「私の感じるものを知る満足をあなたに与えてあげない。自分で自分の世話をする。あなたは必要ない」である。

ゲームとラケット

成人してから、スキゾイド型の人は困惑するとき引きこもって、他者に自分の本当の欲求を知らせない。それゆえ他の人はその人の欲求に応じない。欲求が何であるか知るすべがないからである。これらの相互作用は、典型的には、「あなたさえいなければ」や、「私に何かして」や「あなたのせいでこうなった」のようなゲームに行きつく。スキゾイド型の人は典型的にはおびえ，麻痺，むなしさのラケット感情を持つ。

プロセス脚本

スキゾイド型の人に見られる脚本のタイプは，〈決して〜ない〉であり，「私の望むものは決して手に入らない」と確信する。

ケースの具体例

リーラは創造的夢想家の適応タイプを持つクライエントで，うつ病の父親と，父親のうつ病に心を奪われている母親の家庭で育った。その結果，両親にしばしば無視された。多くの時間を一人で遊んで過ごし，空想を人との交流の代用にした。

成人してからもリーラは多くの時間を一人で過ごし，めったに人に何かを頼むことはしなかった。自足できていることに誇りを持ち，ほとんど感情を表さなかった。彼女は必要なとき他の人に問い合わせようとしないから，ときどき仕事を仕上げられなかった。禁欲的で，自分を「強い人間」と見なした。子どものときにはとても必要であった独立独行は，今やリーラが自分の欲求をかなえる妨げとなった。

おどけた反抗者（受動攻撃型）

おどけた反抗者あるいは受動攻撃型の人の両親は，子どもが何かを望むときはいつもその子どもと戦う人たちであることが多い。両親は競争的な，白黒をはっきりつける，一か八かの枠組みで子どもを操作する。彼らはコントロールしすぎで，子どもが自分で行動する余地を与えるより，両親の言うとおり行動することを強制する。両親が伝える期待（ドライバー・メッセージ）は〈努力せよ〉である。実際これは「努力せよ，しかし遂行するな，なぜならもしやってしまったら，もはやもっと努力する必要はないだろうから」ということを意味する。

子どもが典型的に受け取る禁止令は，〈成長するな〉〈やり遂げるな〉〈感じるな〉〈楽しむな〉〈近づくな〉である。子どもは欲求不満を感じ自律性の感覚を持とうとして、両親の望みに抵抗するようになる。自分をＯＫではない、そして両親もＯＫではないと見なす。しばしば決断は「生きるために戦わなくてはならない。もし望むものを持てないなら、少なくともあなたが望むものを得るのを妨げてやる！」である。

ゲームとラケット

成人になると、受動攻撃型の人は絶え間なく他の人との権力闘争に陥る傾向があり、内面では自らの決断と戦う。白黒はっきりつける一か八かの思考をし、実際より物事を難しくし、よく行き詰まりを感じる。典型的には困惑とイライラのラケット感情を経験し、「こうしてみたら？－はい、でも」というゲームを演じる。このゲームでプレイヤーはアドバイスと助けを求めるが、与えられた助言をことごとく拒絶する。

プロセス脚本

おどけた反抗者のプロセス脚本は、〈もう一歩のところでタイプⅠ〉パターン（タイプⅡは「何度も何度も」と呼ばれる）である。その人は何かをもう一歩のところまで仕上げてから、何か重要でない細部を忘れて計画全体を台無しにする。そして「今度はもう少しでうまくいくところだった」と評価する。このパターンを何度も繰り返す。おどけた反抗者は戦い続け、何かを終えるために再三にわたり試み続けるので、この適応タイプのもう一つの重要なプロセス脚本は、〈いつもいつも〉である。

ケースの具体例

アタルは受動攻撃型のクライエントで、成人になるまで一緒であった父親は緊張が強く、クライエントが間違いをするたびに動揺した。彼は息子に学校で良い成績を取るよう促していたが、息子がどんなに良くやっても、それは父親から見て決して十分ではなかった。彼が何をやっても、父親はいかにもっと良くやれたはずであるかを話した。家の周りのことを父親はきちんとしたかったので、アタルに手伝わせたら「メチャメチャにする」だろうからと、手伝わせなかった。母親は、父親が特別に厳しいときはしばしば慰めた。

成人して治療に来たとき、アタルは自然科学の研究者として働いていたが、自分の研究が十分ではないという恐れのために、研究を完成させるのを恐れていた。上司は要求が厳しく自分の支えとなってくれないと思った。彼はやることをほとんどすべて先に延ばしていた。妻は彼に不満であったが、支え続けようとした。アタルが子どものときに自分を父親から守るために発達させた振る舞いは、今や成人としての能力をひどく制限していた。

魅力的操作者（反社会型）

魅力的操作者あるいは反社会型の人は、両親が競争的で自分の欲求を最優先させる傾向があるので、子どもはときどき無視されたり忘れられたりすることがある。子どもは両親によって見捨てられるという経験をする。〈見捨てられ〉は文字通りであるかもしれないし、感情的なことかもしれない。両親は時には世間にどんなに良い両親であるかを見せようとして子どもを育てるか、子どもの欲求に応じてというより、むしろ自分たち自身の関心に基づいて子育てをする。両親が伝える期待（ドライバー・メッセージ）は、〈強くあれ〉と〈われわれを喜ばせよ〉である。

子どもが受け取る典型的な禁止令は、〈近づくな〉〈(おびえと悲しみを）感じるな〉〈やり遂げるな〉〈(未来の問題解決については）考えるな（しかし、現在人を出し抜いたり人をバカにする方法は考えよ)〉である。再度言うが、反社会型の陰に隠れている第一の原動力は〈見捨てられ〉である。子どもにとって両親は、生まれたときからそのそばにいない可能性もあるし、子どもの欲求を無視し、親の欲求に従って子どもを刺激するようなやり方で育てる可能性もある。このようなやり方で両親が子育てをする場合、子どもは受動的になり、親が欲求を満たしてくれたように、世間がそうしてくれることを期待するようになる。必然的に両親はある時点で疲れて嫌になるか、物理的にそばにいない可能性が生じる。このとき子どもは見捨てられたと感じる。恐ろしいたくらみを企てられたと知って怒り、裏切られたと感じる。またたく間に、愛されていたのが上辺だけであって、今や置き去りにされ、独力で生き延びなければ死んでしまうしかなくなったと、子どもは感じる。そのような両親に対し、生き延びて仕返しをすることを子どもは決断する。魅力的操作者の人は「私はＯＫである-あなたはＯＫではない」と結論する。決断はしばしば「そっちが気にかけないのなら、こっちだって気にかけない。くそ、こんなところにいるもんか！」である。二度と誰をも決して信頼せず、あのようにまた傷つけられないように、本当であるより、ふりをし、ありのままの自分でいるより何かのふりをし、復讐することを決断する。両親から愚かに見えるようにされたと感じるので、他の人たちをバカにすることで復讐しようとする。親しさの代わりに演技と興奮を用い、他者を出し抜こうとするのである。

ゲームとラケット

成人したとき、魅力的操作者の人は、他者に関わり近づくのを避けるであろう。それゆえ、本当に求めている愛を得ることはない。いつか誰かを再び信じることを恐れているからである。欲しいものは策略で手に入れるという子ども時代の決断に従って、「捕まえられるなら捕まえてごらん」というゲームをしばしば演じる。このゲームでプレイヤーは絶え間なく他者の足元の「カーペットを引っ張り」、相手は驚いて足場を移す。ときどきこれは「警官と泥棒」というゲームと合併し、反社会的な人は他の人に「捕まえてみろ」と挑発し、最後には本当に捕まってしまう。

プロセス脚本

魅力的操作者は、〈決して～ない〉〈いつもいつも〉〈もう一歩のところでI〉の、三つのプロセス脚本パターンのさまざまな組み合わせを示す。これら三つのパターンすべてに共通しているのは、自分の欲する目標に到達しないということである。魅力的操作者は絶えず自分が有利な立場に立ち、利益を得るために「策を弄する」が、親が自分を扱ったように人から扱われることに対し、「子ども」がおびえを感じている。

ケースの具体例

ゲイリーは私が面接した反社会型のクライエントで、五歳のときスイミング・プールで母親からプールに落とされて、三歳の弟の世話をするように言われたのを覚えている。母親はまた、彼に家までバスで帰るように言った。彼は弟を連れて、世話をしながら、どのように正しいバスを見つけて家まで帰るかを考えねばならなかった。いうまでもなくゲイリーは、五歳の年齢でこれをすべて自分で処理するのに十分な能力を持っていなかったが、それをするか生き延びないかの、どちらかであった。彼は生き延びることを選んだが、自分以外誰も頼れないことをその時点で悟った。その結果、誰も自分のことを心配してくれるとは信じなくなり、見捨てられることを予期するようになった。

成人になってから、ゲイリーは妻を信頼できず、彼の行動は操作的だった。自分が有利な立場に立つために、絶えず他の人すべてを知恵で負かそうとした。生き延びるための行為が、良い関係をつくる邪魔をしていた。彼は結局、妻と一緒に夫婦療法のためにやってきたが、心理療法を受けようと決意したきっかけは、妻が二人の関係が破綻寸前だと言って脅したことにあった。

まとめ

人はそれぞれ子ども時代に、自分が何者であり、他の人たちが誰であり、周りの世界全体は何であり、自分のような人間には結局何が起こるかについての、ある基本的な結論に達するであろう。これらの結論はその人の人生脚本の基礎を形成し、一生を通してその人の選択に影響するようである。

それぞれの人格適応タイプの人は、特有の人生脚本パターンを持っていて、それに従うであろう。適応タイプがわかれば、その人の脚本の基本的要素でありそうなものを確実に予言できる。

表 4-2　六つの適応タイプのドライバーとプロセス脚本パターン

適応タイプ	主なドライバー	プロセス脚本
熱狂的過剰反応者 （演技型）	他人を喜ばせよ	〈～の後で〉 （〈もう一歩のところで〉 I とII）
責任感ある仕事中毒者 （強迫観念型）	完全であれ	〈～までは〉 （〈もう一歩のところで〉 II，〈結末のない〉）
才気ある懐疑者 （パラノイド型）	完全であれ＝強くあれ	〈～までは〉＋〈決して～ない〉 （〈いつもいつも〉）
創造的夢想家 （スキゾイド型）	強くあれ	〈決して～ない〉 （〈いつもいつも〉）
おどけた反抗者 （受動攻撃型）	努力せよ	〈いつもいつも〉 〈もう一歩のところで〉 I
魅力的操作者 （反社会型）	強くあれ 他人を喜ばせよ	〈決して～ない〉〈いつもいつも〉 〈もう一歩のところで〉 I

（補助的なプロセス脚本は，括弧に入れてある）

表4-2と表4-3は、これらの要素のまとめである。記述したように、脚本のプロセスの構成要素――ドライバー、プロセス脚本タイプ――は、適応タイプと大変密接に関係しているので、一対一と、効果的に一致する。対照してみると、脚本の内容の面――禁止令、ゲーム、ラケット――は決定的でなく、個人によっての違いがより大きいので、ここではそれぞれの適応タイプに対応するのに「典型的」と名付けた。

われわれは子どもの発達、人格構造、人生脚本について検討したので、さらにそれぞれの適応タイプの細部を調べ記述していく。これは次の章についての案内である。

表 4-3　それぞれの適応タイプの典型的な，禁止令，ゲーム（およびラケッティアリング・テーマ*），ラケット

適応タイプ	典型的な禁止令	典型的なゲーム*	典型的なラケット
熱狂的過剰反応者（演技型）	成長するな 考えるな 重要であるな おまえであるな	「ラポ」 「あなたさえいなければ」 「まぬけ」	不安，悲しみ，混乱（怒りをカバーする）
責任感ある仕事中毒者（強迫観念型）	子どもであるな 感じるな 近づくな 重要であるな 楽しむな	「こんなに一生懸命やっているのに」 「あなたさえいなければ」 「急げ」	不安，憂うつ，罪悪感（怒り，痛み，性的感情をカバーする） 怒り（悲しみをカバーする）
才気ある懐疑者（パラノイド型）	子どもであるな 近づくな 信頼するな 感じるな 楽しむな 属するな	「さあつかまえたぞ」 「あら探し」 「足蹴にしてくれ」	他人への怒り（恐れをカバーする） 義憤，嫉妬，うらやみ，疑い
創造的夢想家（スキゾイド型）	やり遂げるな 属するな 正気であるな 感じるな（楽しさ，性的なもの，怒り） 楽しむな 成長するな 考えるな	「私に何かして」 「あなたのせいでこうなった」 「あなたさえいなければ」 「足蹴にしてくれ」	無感覚，空虚不安（怒り，傷つき，喜び，性的感情をカバーする）
おどけた反抗者（受動攻撃型）	成長するな 感じるな やり遂げるな 近づくな 楽しむな	「こうしてみたら？——はい，でも」 「私に何かして」 「まぬけ」 「足蹴にしてくれ」	イライラ（痛みをカバーする） 混乱（怒りをカバーする） 義憤
魅力的操作者（反社会型）	近づくな 感じるな（悲しみ，恐れ） やり遂げるな 考えるな（未来の問題解決については考えるな。しかし人を出し抜いたりバカにすることは考えよ）	「捕まえられるなら捕まえてごらん」 「警官と泥棒」	混乱 怒り（恐れと悲しみをカバーする）

第5章　各適応タイプの詳細とまとめ

これまでにそれぞれの適応タイプと、関係のある人格構造と、脚本のタイプについて考察したので、各適応タイプを詳細に見ていこう。章から章へ進むにしたがって知識を「層状」に積み重ねるアプローチの線に添い、既述した六つの適応タイプの主要な特徴をここで手短に述べる。続いて、それぞれの適応タイプのより深い概念を紹介するために、新しい細部を書き加える。

熱狂的過剰反応者（演技型）

熱狂的過剰反応者（演技型）の人は、熱狂的で楽しく、そばにいておもしろい。彼らは高いエネルギーを持ち、大変想像力に富む。ホストやホステスの役を素晴らしくこなすし、典型的な「人生はパーティだ」と考える人たちである。社交的でもてなし上手である。広報や宣伝の仕事をうまくこなし、人びとと関わり、彼らが心地良く感じるようにするのを楽しむ。

熱狂的過剰反応者は注目の的になるのが好きで、注目を愛と同等と考える。彼らは人の気に入るような着こな

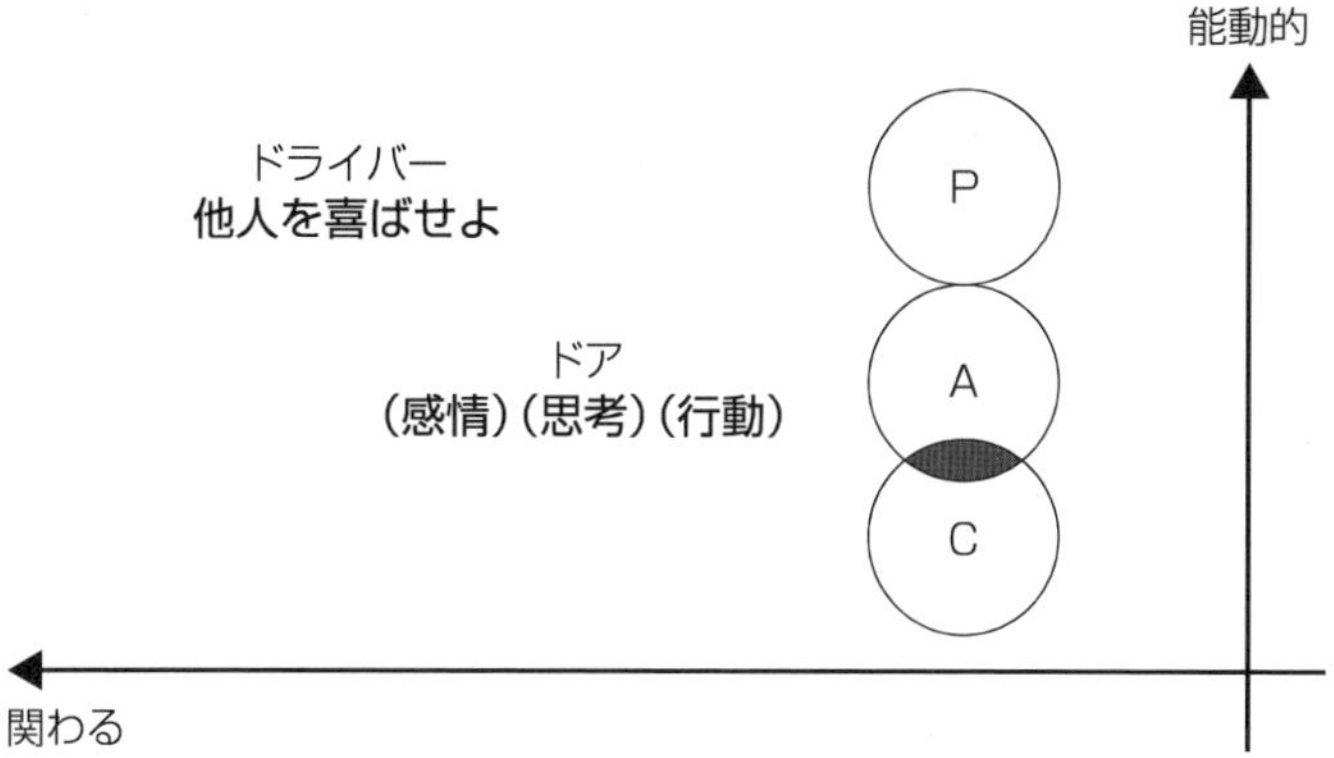

図5-1　熱狂的過剰反応者（演技型）

しを知っている。何を着ても色の組み合わせが上手だし、魅力的に見える。彼らの魅力的な面は人を喜ばせたがることであり、人格のなかでずっと活気づいている〈自然な子ども〉のエネルギーを、豊かに持ち合わせている。

図5-1は演技型についての、前の章からのプロセス・モデル情報の要約である。

四分割図上の領域

能動的-他者と関わる。熱狂的過剰反応者は典型的に、他者と関わり大きなグループのなかにいるのを楽しむ。問題解決と社会的相互作用の点から見ると、彼らは能動的な方向に自発的に動く。

人格構造

演技型の自我状態モデルは、「子ども」が「成人」を汚染している。ストレス時には、演技型の人はしばしば子ども時代の戦略に戻るが、その戦略では、感情のみを通して「事実」と判断する。

ウエア理論

感情、思考、行動（この順序は後により詳細に検討する）。

主なドライバー

他人を喜ばせよ

身体特徴

身体のレベルで熱狂的過剰反応者は、弱く依存的な傾向がある（Lowen, 1975）。彼らの体はエネルギーが不十分で流れが弱い傾向があり、特に下半身がそうである。彼らはしばしば長身でやせていて、自分を支えるのが難しい（弱い筋肉組織）。自分の二本の脚で立っているのが困難で、他の人にもたれるかしがみつく傾向がある。内面には抑圧された切望の感情がある。彼らは一人でいるのも難しい。子どものときに経験したジレンマは、「もし自立していれば、私は支えと暖かさを求めるのをあきらめなくてはならない」（Lowen, 1975）ということである。それゆえ彼らは自立しないと決断した。

典型的な難しい領域

熱狂的過剰反応者が困難に陥るところは、感情的に過剰反応しやすいことである。彼らは興奮性、過剰反応性、情緒不安定性をはっきり外に出す。彼らはまた、劇的で、人の注意を引き、魅惑的でもあるように見える。誘惑的な仕草で異性の注意を引くので、しばしば誤解される。彼らが欲しいのは注目であって性的関心ではないので、他の人が性的に近づこうとすると素朴に驚く。未熟、自己中心的、見栄っ張りである。注意を払われないと、愛されておらず重要でないと感じる。もし他の人が彼らに批判的だと混乱する。熱狂的過剰反応者にとっての真実は、彼らがそれと感じるものである。

熱狂的過剰反応者の人との関係は、一緒にいて楽しいが難しい面もある。彼らは混乱しているとき感情をエスカレートさせるので、小さいことが彼らにとって突然に大問題になり、この過程が周りの人を感情的に極度に疲れさせる可能性がある。彼らは他人との関係のなかで、自分を見失い依存的になって適当な限度を置けないので、葛藤を招きやすい。その解決法は、混乱の原因となっている相手から逃げることかもしれない。彼らはしばしば困難な状況から逃げることによって、「地理的治療」を試みる。

ウエア理論

前述したように熱狂的過剰反応者の人たちは、主に感情を通して世界と関わる。ポール・ウエアの言葉でいえば（Ware, 1983）、感情は彼らのオープン・ドアである。感情は、彼らが最大量のエネルギーを費やすところである。もし彼らと効果的な交流を始めたければ、彼らと感情を通して関わることが重要である。最も効果的なことは、彼らに対して養育的に接することである。彼らにとって最も重要なことの一つは、他の人が彼らの感情を気にかけることである。もし相手が養育的であるなら、彼らは気にかけられていると感じる。感情を通して関わる他の方法は、楽しい雰囲気をつくることであり、彼らはそれに喜んで反応するであろう。人格を成長させるために、彼らが統合する必要がある部分は思考である。思考は、問題解決と変化のためのターゲット・ドアである。

演技型の人の感じ方は、表面的で深さがない。彼らは感情が「浅い」と記述される。もしあなたが何かについてどのように気に入っているかを尋ねたら、彼らは「素晴らしい！」と言うが、綿密な描写をしないだろう。もし感じていることについてもっと話すように尋ねれば、彼らは考え始めるであろう。

彼らが思考を感情と統合するとき、行動に最大の変化が見られるであろう。感情的に過剰反応しなくなる。この変化は、〈ターゲット・ドア〉である思考を扱う結果として現れる。

もしあなたが彼らの行動に直接関わろうとすれば、すぐに立ち往生するであろう。行動は彼らのトラップ・ドアであり、そこは最強の防衛があるところである。OKであるためにやらねばならないと、子どものときに彼らが受け取ったメッセージは、〈他人を喜ばせよ〉であった。そして彼らはいかにそれをやるかについて、知っていることはみなすでにやっている。もしあなたが彼らの行動を批判すれば、彼らはあなたを喜ばせていない、すなわちＯＫではないと即座に感じる。

具体例：ある四十七歳の女性クライエントは、演技型であり、子どものときに上の兄弟から間抜けだと言われた。彼女はもはや大学院生であったにもかかわらず、あまりよく考えることができないと信じていた。私が彼女に共感し、今や大学院の勉強をしている事実について考えるよう促すと、彼女はそんなに混乱を感じなくなり、自分の思考力を認め始めた。

幼児期の問題

演技型の人たちは、何かが本当の感じがするからといってそれを実際に真実とすることはできないし、ある感じ方をすることによって何かを生じさせることは決してできないことを、学ぶ必要がある。これらは三～六歳までの間のエディプス期に形成された魔術的確信で、この時期に彼らは多くの魔術的思考を経験していた。この段階の発達課題は、感情を事実から離すことである。熱狂的過剰反応者の人たちはその課題を達成しなかったので、現在それを行う必要がある。彼らは、他の人が彼らの望むことをするまで感情をエスカレートさせることをしばしば決断し、その戦略で成功しなくても、少なくともそれによって多くの注目を浴びることができた。

熱狂的過剰反応者が必要としたもう一つのことは、思考に対するストローク（認めること）である。彼らはかわいくておもしろいことで関心を集めたが、考えて行動することでは認められなかった。このように彼らの思考と達成はしばしば値引きされた。彼らは何をするかより、どうあるかで価値を感じるようになった。成人になっても、彼らはしばしば愛らしいが有能ではないかもしれない。

熱狂的過剰反応者は、他者の感情を傷つけて拒絶される恐れのために、怒りを隠す傾向もある。彼らにとっては他の人は何よりも重要であるから、怒りを抑制して他者を喜ばせようとする。それゆえ演技型の人は概して怒りを、不安、悲しみ、混乱というラケット感情で覆い隠す。

責任感ある仕事中毒者（強迫観念型）

責任感ある仕事中毒者（強迫観念型）の人は責任感があり、良心的で頼りになる。彼らは良い働き手で良い管理者になる。彼らは信頼に値し、言行が一致していて、何かをすると言えばするであろう。

責任感ある仕事中毒者の人は、社会の中心人物となる人である。ライフワークを成し遂げ、常に職業で成功している。髪形や服装は常にきちんとその場にふさわしく整えられて身だしなみがよい。すべてを正しく行う模範的な市民である。

図5-2は強迫観念型について、これまでわれわれが触れた、プロセス・モデル情報の要約である。

四分割図上の領域

能動的-他者から引きこもる。責任感ある仕事中毒者の人は問題解決と社会的相互作用において、典型的に前向きで能動的である。彼らは大きなグループより、むしろ一人か二人の人と関わるのを好み、よく自分一人でいる。

人格構造

強迫観念型の自我状態モデルは、「親」が「成人」を汚染している。この人は、「親」からの「一生懸命働くこと」と「物事を正しくやること」についての要求に従う傾向がある。これらの基準が、〈今・ここ〉でそうすることが適切であるかを考慮するより、強く影響する。

ウエア理論

思考、感情、行動。

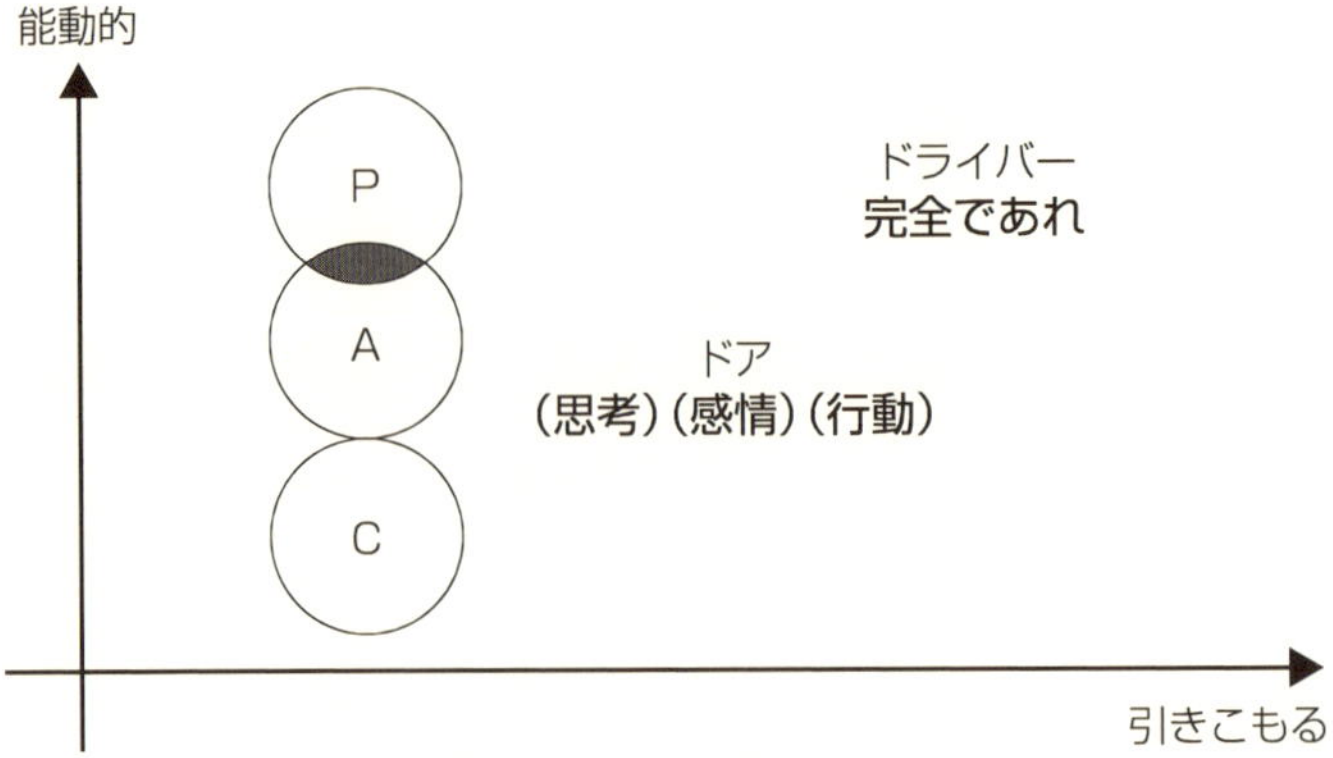

図 5-2　責任感ある仕事中毒者（強迫観念型）

主なドライバー

完全であれ

身体特徴

身体のレベルで責任感ある仕事中毒者の人たちは、ストレスを背中にため込む（Lowen, 1975）。彼らは譲歩するのを恐れ、譲歩することを降服やつぶれることと同等と考える。彼らの身体は釣りあって調和しやすい。表面（手首と足首）に保管されたエネルギーで、十分満たされている。強迫観念型の人たちは愛、特に異性への愛を得ようと試みたが、うまくいかなかった。彼らはだまされたり利用されたりしないかと警戒する。衝動が活性化してあらわになるのを抑える。幼児期に経験したジレンマは、「もし夢中になって愛に完全に屈するということがなければ、私は自由でいられる」（Lowen, 1975）ということである。

典型的な難しい領域

責任感ある仕事中毒者の人たちの問題は、自分をリラックスさせ、遊んで楽しませることができないので、成就したものを享受できないことである。彼らは完全主義者で、過度に抑制的、良心的、律儀である。いつ仕事をストップしていいのかわからない。緊張しがちである。最も難しいことの一つは、リラックスすることである。子どものとき、遊んでいる暇な手や頭は悪魔の仕事場だと言われた。責任感ある仕事中毒者の人たちは、絶えず何かをしていないと不安を感じる。彼らの良心は過度に厳格で、自分自身の最悪の批評家である。彼らは、当人の意志とは関係なく登場してくる感じがする性的あるいは否定的な考えに対し、不安や罪悪感をしばしば感じる。不安を和らげるために、数を数えるとか特別な順序で物事をするというような小さな儀式を用いる。彼らは幼児期にそうなるように教えられた、「良い子」であろうとしているのである。

強迫観念型の人たちは親しい関係をとても望んでいるが、彼らが絶え間なく「仕事をすること」は、他者と「いること」の邪魔になりがちである。彼は自分自身から期待すると同じ完全さを他者にも求め期待し、他者が彼らの基準に合わないときは大変批判的でありうる。これらの期待としばしばの批判は、彼らと関係している人たちにとって、単調で退屈なものになるだろう。なかには彼らをうんざりだと思う人もいるかもしれない。なぜなら、彼らは興味の焦点を仕事に置くし、自分が遊ぶのを許すのが困難だからである。

ウエア理論

責任感ある仕事中毒者の人たちは主に思考を通して世界と関わり、思考は彼らのオープン・ドアである。思考は彼らが一番多くのエネルギーを費やすところである。もし彼らと効果的な交流を始めたければ、思考を通して彼らにアプローチすることが重要である。彼らの明晰な思考をストロークするのは、有効でもある。彼らが人格の仕上げのために統合する必要がある部分は、感情である。感情は、問題解決と変化のためのターゲット・ドアである。

責任感ある仕事中毒者の人たちは、考えるが、深くというより熱狂的過剰反応者の人たちが感じたやり方で、つまり側面から考える傾向がある。彼らはしばしば手近の問題を解決するより、むしろすべてのことを全体的に考える。直接的な問題を解決するために、感じているものや必要なものを考慮に入れるというよりも、くよくよする。彼らが考えるとき、あなたが彼らの感情に焦点を合わせれば、彼らは深く考え始める。彼らを感情に集中させる最も良いやり方は、〈養育的親〉の行動を用いて彼らに感じていることを尋ねるか、〈自然な子ども〉のアプローチを用いて彼らと楽しむことである。彼らが感情を思考と統合するとき、彼らの行動に最大の変化が見られるであろう。彼らは自分にリラックスして遊ぶことを許す。この変化は、ターゲット・ドアである感情を処理した結果として生じるのである。

もし彼らの行動に直接関わろうとすれば、あなたはたちまち立ち往生するであろう。行動は彼らが最強の防衛をするところである。OKであるためにはやらなければならないと、彼らが子どものときに受け取ったメッセージは、〈完全であれ〉であった。そして彼らはいかにそれをやるかについて、すでに知っていることはすべてやっている。もしあなたが行動を批判すれば、彼らは自分は完全でないと思い、たちまちOKではないと感じる。

具体例：強迫観念型の四十八歳のある男性のクライエントは、不安で憂うつであった。彼は子どものとき〈完全であれ〉と教えられ、自分がリラックスすることを滅多に許さなかった。それはもっとやるべきことが常にあったからである。完全でなくてはならないという不可能な重荷の下で、どのように感じているかについて考えることを私が促すにつれ、彼は悲しみに触れて、子どものときに失ったものを悲しむことができるようになった。意識して意図的におもしろ半分に間違いをすることを彼と楽しんだら、彼はリラックスし、愉快にすごし、陽気になった。

幼児期の問題

責任感ある仕事中毒者の人たちは、彼らがいかに一生懸命であるかを自分で悟り、「子ども」の部分に遊んで生活を楽しむ余地を与える必要がある。彼らの圧倒的な「親」は、初めは肛門期の終わりとエディプス期の初め、約四歳のときに、やはり子どもであることをおそらく許されなかった両親から組み込まれた。両親は、自発的な子どもであり続けることを子どもに許すより、むしろ物事を達成することと、両親が望むことをするのを強調しすぎた。子どもは自分を両親に過剰に順応させ、あまりに早く成長し、幼児期に多くのものをあきらめなければならなかった。その時期の子どもの発達課題は、自分の力の限度を試し、いかに親の欲求を自分の欲求と釣り合わせるかを学ぶことである。責任感ある仕事中毒者の人たちはその課題を達成しなかったので、現在する必要がある。彼らは愛されるように、完全であるために最善を尽くすことをしばしば決断した。何かを「すること」でなく、どう「ある」かということで愛されたと感じることは許されず、人が是認する行動をすれば、たくさんのストロークをもらえると思うようになった。

責任感ある仕事中毒者の人たちにとって無視された人格の主な部分は、「子ども」の感情と欲求であった。成人になっても彼らはなおしばしば、自分は有能だが愛らしくないと感じるかもしれない。

才気ある懐疑者（パラノイド型）

才気ある懐疑者（パラノイド型）の人たちはしばしば、すべての人のなかで最も明晰で鋭く精密に思考する。彼らは当惑したり恥をかいたりしないために、当たり前のことを確実にすることを望む。行動する前に、初めの少しの時間控えて情勢を判断する。何事も滅多に失敗しない。それゆえ彼らは素晴らしい組織者である。彼らは悪くなりそうなことをみな前もって処理して、早めに解決する傾向がある。計算、管理、数学や法律のような、綿密な思考を必要とするどの職業においても、彼らは成功する。明確な答えがあるものが好きである。彼らは注意怠りなく物事をやりこなしていく。服装は保守的であり、欠点もない。「きちんと」見えるし、そう行動する。

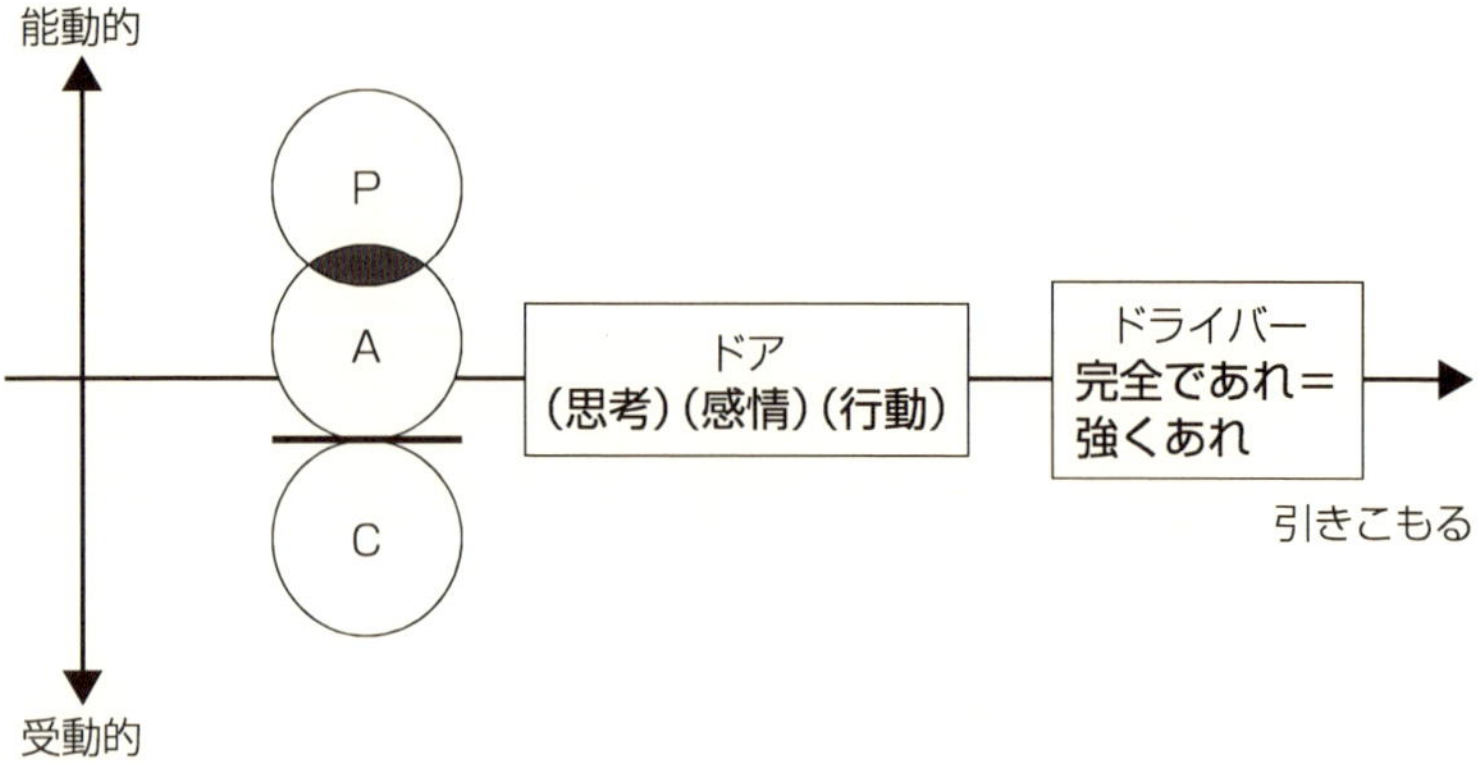

図5-3　才気ある懐疑者（パラノイド型）

彼らは自己管理が好きである。輝いていて非常に敏感で明敏である。

図5-3は、これまで才気ある懐疑者の人について調べてきた、プロセス・モデル情報の要約である。

四分割図上の領域

能動的-他者から引きこもると、受動的-他者から引きこもるに分けられる。別な言い方をすれば才気ある懐疑者の人たちは、大きなグループより一人か二人の人と関わるのを好み、自分一人でいるのが気楽である。問題解決と社会的相互作用の点から見ると、彼らは前向きで能動的であることと、他者が動くのを待つことの中間の位置にある。

人格構造

パラノイド型の自我状態モデルは、「親」が「成人」を汚染し「子ども」が除外されている。われわれはこの構造を第3章で手短に述べたが、この節でもっと詳しく説明していく。

ウエア理論

思考、感情、行動。

主なドライバー

完全であれと強くあれ

身体特徴

身体のレベルで、パラノイド型の人たちは譲歩するのを恐れる。彼らは譲歩するのを、降服と崩壊と同等であると考える。彼らはストレスを背中にため込み、硬く直立した体つきをしている。体を支える主要な筋肉に緊張をため込んでいる。体はエネルギーで十分満たされているが、エネルギーは表面（手と足）にとどまっている。彼らは肌の調子が良く、体は釣り合って調和している。目は輝いており、野心的、攻撃的、競争的である。彼らは自分が不意打ちを食わせられないか、だまされないか、利用されないか、罠で捕まえられないかと、警戒している。受け身は傷つきやすさとして経験される。彼らは衝動が活性化してあらわになるのを抑える。もしそうしたら愚かに見えるかもしれないと恐れる。パラノイド型の人たちは、強迫観念型の人たちと同様に、愛、特に異性への愛を得ようと試みたが、うまくいかなかった。彼らは自分自身と相手をがっちりコントロールしながら、その状態で相手を十分に愛することができると信じている。自分の防衛的な姿勢を崩してリラックスして、傷つきやすくなるのを恐れる。彼らが経験するジレンマは、自由であることと異性への愛を得ることの葛藤にあり、「もし夢中になって愛に完全に屈するということがなければ、私は自由でいられる」（Lowen, 1975）ということである。

典型的な難しい領域

才気ある懐疑者の人たちの難しいところは、しばしば刺激を誤って知覚して、確認せずに彼らの知覚があたかも本当であるかのように行動することである。彼らの思考パターンは概して大げさで硬直している。彼ら自身の非現実的な期待の下には、不安と不全感の根深い感情が隠されている。自分が考え感じることを強く他者に投影して、非難する姿勢をとる。より良く成し遂げるよう努力しているかについては、自分自身についても他者についても批判的である。非常に敏感な感覚を持っているので、同じ環境のなかで他の人が気づかない刺激を知覚する。彼らが知覚しているものが事実であると、確信している。

他の人たちは彼らの威光に引きつけられるが、パラノイド型の人たちは人との関係が近くなりすぎるのを恐れる。彼らは出入りの激しいパターンで動き、ある日交際を始めて次の日には離れる。統制したがり、傷つくのを避けようとする。意外なことは好きではない。他者を妬みうらやみ、その動機を疑いやすい。他者が恐いとき、その人を攻撃し排除するのを正当化するために、欠点を探す。いうまでもなく、彼らは他人と親密になるのが難しい。

ウエア理論

パラノイド型の人たちは主に思考を通して世界と関わり、思考は彼らのオープン・ドアである。思考は彼らが最大量のエネルギーを費やすところである。もし彼らと効果的な交流を始めたければ、思考を促すことが重要である。彼らはまた、明晰な思考で認められることを高く評価する。円満な人格を形成するために統合する必要がある人格の部分は、感情である。感情は、問題解決と変化のためのターゲット・ドアである。彼らを感情に注意を向けさせる最も良い方法は、彼らに温かく接し、他の人が彼らについてどのように感じまた考えているか、彼らの推測をチェックするよう勧めることである。

才気ある懐疑者は、過敏な性質のために入念に考える。彼らは他者と関わるのに用心深く、人の指図は許さない。彼らは、他の人が信頼でき言動に一貫性があると確信できるまでは、他者の行動に懐疑的である。自分の不安を投影しているために、他者の意図をしばしば誤解する。彼らは、自分の感情に集中し、他者への投影の有無を吟味することをあなたに勧められたら、リラックスしあまり人を疑わなくなる。最も効果的な方法は養育的なアプローチを用い、彼らを安心させて保護と支えを得るのを援助することである。しかしこれは、思考の領域でしっかりしたラポールを確立した後にはじめてうまくやれるのである。思考の領域でラポールが確立する以前に、彼らに冗談を言ったり近づきすぎたりするのは効果的ではない。彼らは不安を感じて、あなたの動機を疑うようになるからである。ターゲット・ドアである感情で交流していくうちに、彼らはもっとリラックスして信頼するようになる。

もし彼らの行動を直接処理しようとすれば、あなたは直ちに立ち往生するであろう。行動は彼らのトラップ・ドアであり、最強の防衛があるところである。彼らが子どもの頃、OKであるため親から要求されたメッセージは、〈強くあれ〉と〈完全であれ〉であり、彼らはいかにそれをやるかについて、すでに知っていることはすべてやっている。もしあなたが彼らの行動を批判すれば、彼らはたちまちOKではないと感じて、もっと疑い深く妄想的になる。彼らは不快な刺激を処理するためにあなたに投影する。

具体例：パラノイド型の四十歳のある女性クライエントは、もし彼女がグループ・セラピーで話をしたら、他の人が笑ってからかうと確信していた。私は、内面で自分自身に語っていることについて考えるよう、彼女に頼んだ。それから自分に語っていたことをグループの人たちに向かって話させ、彼女が語っていたとき感じたことを体験させた。彼女は自分が自分に語っていたことは、グループのメンバーには真実だと感じられないことを知った。そこで私が、真実と感じられることを話すように頼んだところ、彼女はグループの人たちが支えになると思うと話し始めた。その結果、彼女はリラックスし始め、他の人と話をしたり、交わったりすることができるようになった。

幼児期の問題

才気ある懐疑者の人格構造のモデル（図5-3参照）をつくる際、われわれは「**成人**」の自我状態を、「**親**」から汚染されたものとし、「**子ども**」を除外されたものとして示した。実際的な言い方をすれば、これは次のことを意味する。パラノイド型の人の現実検討は、しばしばかたくなな確信に妨げられ、同時にまたその確信は、子どものころに持っていた自発性と遊び心を行使する可能性を値引きし、それらを使うのは危険すぎると決断したのである。

彼らは不意打ちを食わせられるのを極端に恐れて、それを防ぐのに知っていることはすべてやっている。典型的には彼らの恐れは、不意打ちを食わせられるのを防ぐのに無力であった幼児期に、不当に不意打ちを食らったことからきている。たとえば、無理強いの食事、性器をごしごし洗うこと、浣腸、性的か身体的な虐待、激怒している両親、争い、自然災害、医療上のことなどである。この押しつけは初めは口唇期に起こり、乳児である彼らに投影した両親か他の人からか、外の環境からなされた。この時期の発達課題は、基本的な信頼を発達させて他者に安定した愛着を持つようになることである。才気ある懐疑者はその課題を達成しなかったので、今それをする必要がある。安全でいるための彼らの解決法は、過剰に用心深くなり、彼ら自身と周りのすべてを支配し、他者の意図を疑うことであった。この解決法では、安心を感じるために必要であった保護と支えは手に入らなかったが、他者との安全な距離を保つことにはしばしば成功した。

才気ある懐疑者はしばしば、彼ら自身が噛みつき爪でひっかく動物であるという空想をする。彼らは自分を他者から守らなくてはならないと信じているだけではなく、彼ら自身から他者を守る必要があるとも信じている。どちらにせよ、近づくということは危険なことと知覚されている。彼らは徐々に近づく機会が必要である。肯定的な感情を経験し続け、関心を持ち、近づくことは恐ろしくても破壊的ではないという再保証を受け取り続ける、というようにである。

創造的夢想家（スキゾイド型）

創造的夢想家（スキゾイド型）の人たちは、他者にやさしく思いやりがあって支持的な、非常に感じやすい人たちである。彼らはそばにいて楽しく気楽である。彼らは一般に単独で物事を達成するのを好み、一人で仕事をするのを好む。創造的な思索家で、しばしば芸術的要素が人格のなかにある。多くの芸術家、詩人、劇作家、発明家がこの適応タイプである。彼らはまた科学、宗教、哲学に惹かれる。深く考え人生の根本的な問題を解こうと、探求を楽しむ傾向がある。

創造的夢想家の人たちは、自分自身とも他者とも親密さを楽しむ。彼らは深く関われる一対一の関係のほうを好む。服装、持ち物、身づくろいは彼らにとって特に重要ではない。彼らはしばしばそういうことでは風変わりで、帽子をかぶったりひげを生やしたり、オールドスタイルの衣類を着たりするのが好きである。彼らはよく冷淡だと見られるが、そういう場合、実際はただ単に内気で過敏なだけであって、引きこもることによって自分を守っているのである。彼らはまた、自然と自分の高い能力を調和させ、霊的な存在である傾向を示す。

図5-4はスキゾイド型についての、前の章からのプロセス・モデル情報の要約である。

四分割図上の領域

受動的-他者から引きこもる。創造的夢想家は一人でいるほうが気楽であり、人と関わる場合は一対一の関係が好きである。問題解決と社会的相互作用の領域では、他者が動くのを待つほうを好む。

人格構造

スキゾイド型の自我状態モデルは、「成人」の自我状態が「親」と「子ども」の両方から汚染されている。その人は内面で、自分を「親」から批判して「子ども」で反応し、引きこもる。

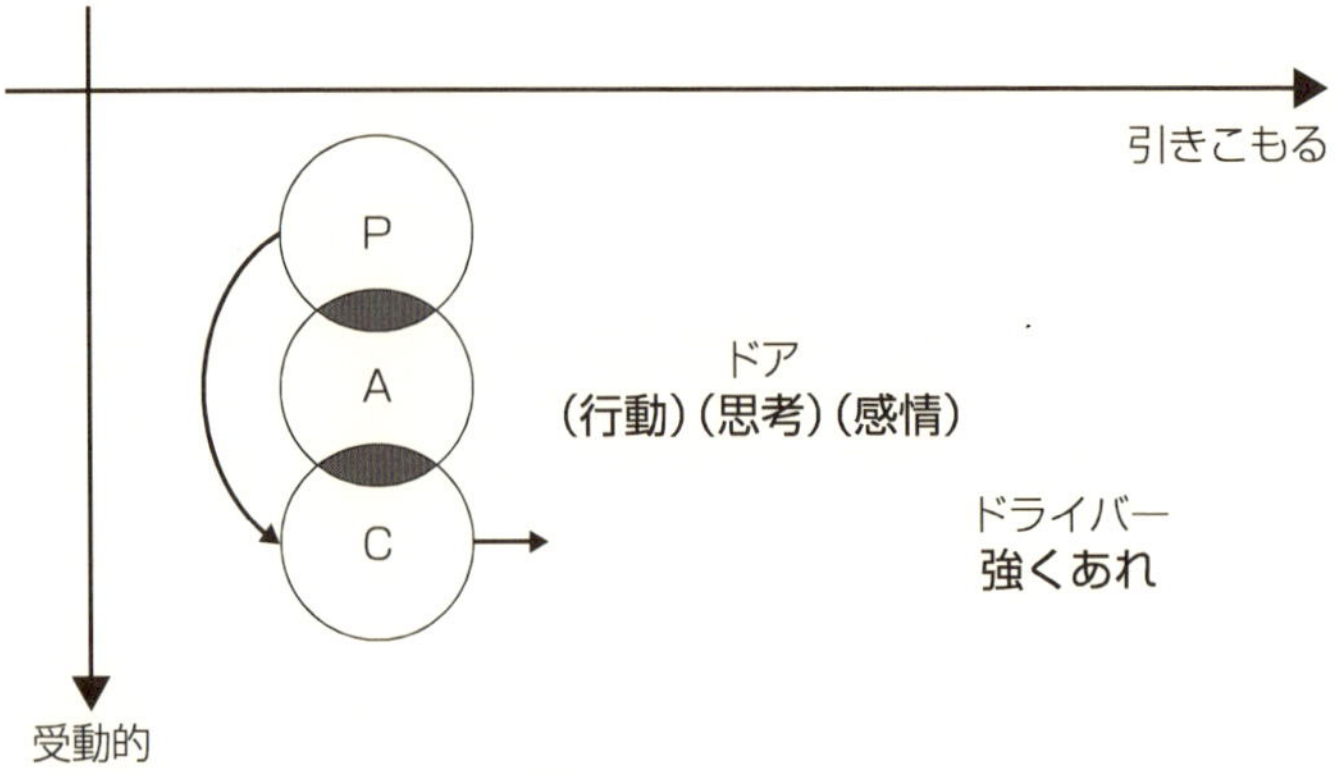

図 5-4　創造的夢想家（スキゾイド型）

ウエア理論

行動、思考、感情。

主なドライバー

強くあれ

身体特徴

両手足は他の人たちと接触を保つために用いられるものであるが、スキゾイド型の人たちは、その両手足にエネルギーが流れないように身体のバランスを保っている。エネルギーは顔、手、足、生殖器には流れていない。スキゾイド型の人たちは体が細く緊張していて、顔に表情がなく、空虚な目をしていることが多い。彼らのエネルギーは、頭の基底、肩、骨盤、股関節で慢性の筋肉緊張によってふさがれている。彼らは他の人に接触し何らかの欲求をして、その欲求で相手を当惑させないかと恐れる。この恐れは、乳幼児期に世話をしてくれた人が求めに応じてくれなかった経験から生じている。この経験は、彼らの存在を脅かすもののように感じられた。スキゾイド型の人が経験するジレンマは欲求と存在の間にあり、「私は欲求をしすぎないかぎり、存在することができる」(Lowen, 1975) ということである。

典型的な難しい領域

創造的夢想家が直面する困難は、彼らが空想に没頭することができるので、考えを実行に移さないことである。彼らは現実の世界で人と関係を結ぶよりも、むしろ空想の世界で生きる傾向がある。彼らはしばしば多くの混乱のなかで育ったか、そのうえ、あるいはそれとも、両親が混乱に圧倒されたような状況のなかで育った。創造的夢想家は、表面に見えなくなること、目立たないでいること、「波風を立てない」ことを学んだ。彼らは両親が欲求を処理できると思わなかったので、彼らに欲求するのが恐ろしかった。他者に支持的になったが、自分自身の欲求は無視するようになった。しばしば、どうしようもなくなるまでは欲求に心を傾注せずにいた。要するに、彼らは子どもとして感情的に無視され、強く欲求なしですまそうと努力した。彼らは真に禁欲的である。

創造的夢想家の人たちは雑談が好きでない。彼らは引きこもるか親密へ移るかを望み、すべてを両者の間で跳躍させる。重要な関係において、彼らはしばしば両親のようではなく彼らの欲求に応えるパートナーを捜すので、依存的な関係を形成する可能性がある。彼らはまた世話人になる傾向があり、他の人にその人が望むものをあげ、自分は欲求をかなえてもらえないことを憤慨する。パートナーからは養育的にされたいが、自分の欲求を認めるのが難しい。スキゾイド型の人は深い感情的なレベルで関わるのが好きで、話すことはそれほど重要でない。しばしば接触と他の非言語的な手段を通して交流するほうを好む。他の人たちは時々、彼らが言語的コミュニケーションが不足していることと、一人でいたがることで困るかもしれない。

ウエア理論

前述したように、創造的夢想家は、主に行動を通して世界と関わっており、行動は彼らのオープン・ドアである。行動は、彼らが最大量のエネルギーを費やすところである。彼らが用いる行動は、引きこもって他からの働きかけを受けることである。彼らとの効果的な交流は、彼らの後についていき、彼らを連れ出し、行動を通して彼らを引き込むことによって得られる。最も効果的なやり方は、彼らが語り、参加し、自分の望みを口に出すことを強く期待していると、彼らに伝えることである。このように関わられると、自分が他の人を当惑させることはないと保証されたように感じる。それゆえ、自分の欲求を人に知られても大丈夫だと感じる。円満な人格を形成するために、彼らが統合する必要がある人格の部分は、思考である。思考は、問題解決と変化のためのターゲット・ドアである。

スキゾイド型の人たちは創造的な思索家である。しかし、考えを行動に移して望みをかなえることによって、考えを終了させることはなく、多くの時間を夢想に費やしがちである。思考は内面で行われ、外部と共有されない。空想を現実の代わりに用いやすい。もしあなたが彼らに思考を外部と共有するように促し、考えることに対してストロークすれば、彼らは現実に関わり始める。次の段階は、彼らが望んでいるものは何か、それを手に入れるためには何ができるのかを考え、次にそれを実行するよう勧めることである。

彼らが思考を行動と統合するとき、最大の変化が感情で見られ、生き生きとして活発になるであろう。この変化は彼らのターゲット・ドアである思考を、適切に用いた結果として生じる。

もし感情を直接処理しようとすれば、あなたはたちまち立ち往生するであろう。感情は彼らのトラップ・ドアであり、最強の防衛があるところである。ＯＫであるために彼らが子どものときに両親から受け取ったメッセージは、〈強くあれ（何の感情も欲求も持つな）〉であり、彼らはそのようにするために、すでに知っていることはすべてやっている。もしあなたが彼らに感情を直接経験させようとすると、彼らは自分は強くないと思い、たちまちＯＫではないと感じる。

具体例：スキゾイド型の二十九歳のある男性クライエントは、セラピー・グループのなかで、自分が何か言う前に誰か他の人が話すのを常に待つのであった。そのため彼はグループで滅多に話さず、常に疲れて見え、たびたび眠った。私は、彼にグループのなかで望んでいることについて考えるよう頼むことによって、彼の沈黙と引きこもりに対決した。それから私は、各セッション中、自分の望むものを少なくとも一つグループに求めることを、グループと契約するように彼に求めた。彼は求めるにつれて生き生きとなり、楽しく感じ、グループと交流し始めた。

幼児期の問題

創造的夢想家は、内面で自分を「親」から批判し、「子ども」は批判から逃れようとして引きこもる。「子ども」が引きこもるほど「親」は批判する。彼らは悪い感情を持ちつつ行き詰まっていく。この問題の始めは、彼らの欲求が満たされなかった口唇期に生じた。彼らの両親は、そのとき起こっていた状況に圧倒されているように見え、子どもであった彼らは両親に何も求めないことを決断した。そうすれば両親は大丈夫になって、自分の世話をしてくれるだろうと期待したのである。彼らは「強くある（欲求を持たない）」ように努力した。禁欲的であることを良いことと考えたので、欲求があるときは自分を批判するようになった。子どもとして無視されたので、もし自分が本当にOKであったなら、最初から欲求を持たなかったのだと確信する。口唇期の発達課題は、基本的信頼感を発達させ、他者に対して安定した愛着を持つようになることである。創造的夢想家はこの課題を達成しなかったので、今そのようにする必要がある。彼らの解決法は引きこもって空想で欲求を満たそうとすることであった。多くの欲求がかなわなかったにもかかわらず、彼らはどうにか生き延びて、多くの内面的な資源を発達させたのであった。

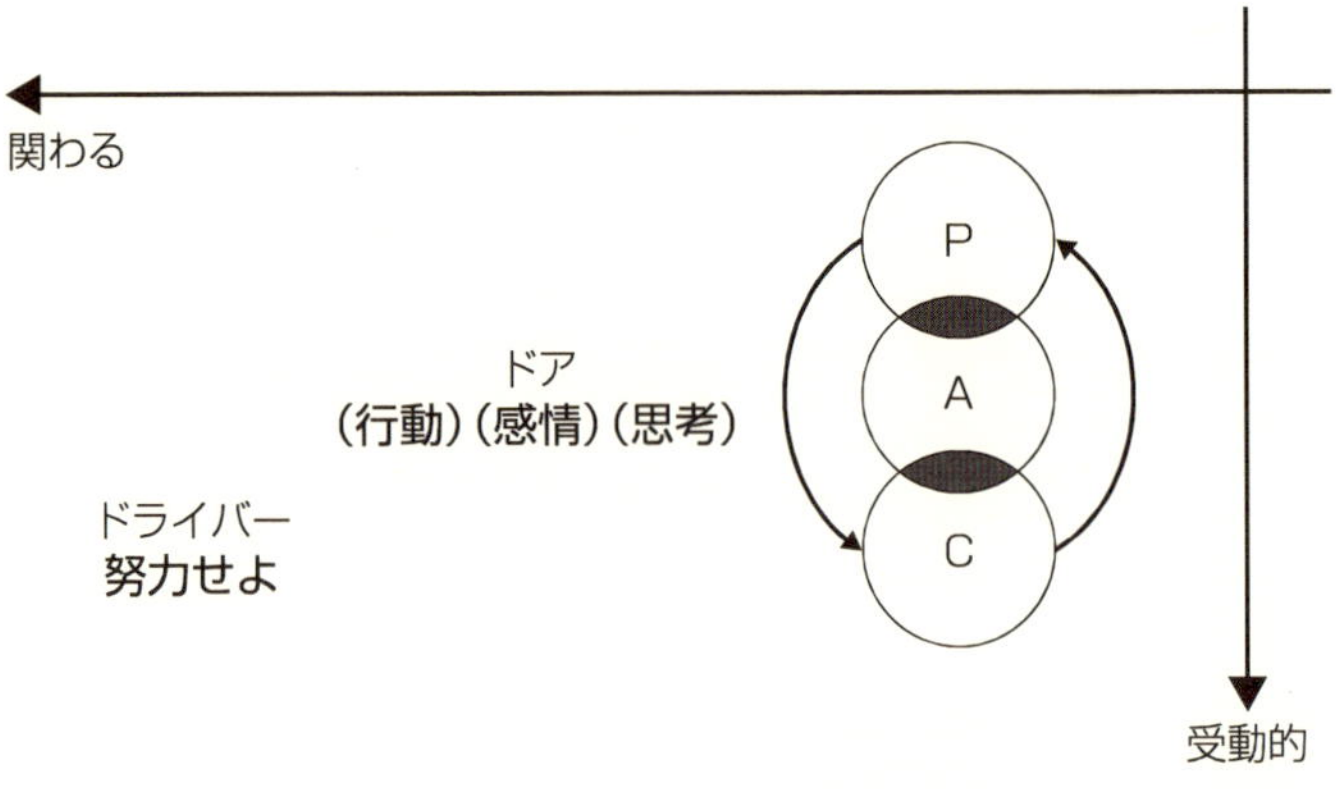

図5-5　おどけた反抗者（受動攻撃型）

おどけた反抗者（受動攻撃型）

おどけた反抗者（受動攻撃型）は、たくさんのおどけた「子ども」のエネルギーを持っていて、楽しむのが好きである。誠実な友人にもなる。状況に何か悪いことがあると気づくのが早く、普通は一番にそれを指摘する人である。彼らは素晴らしい探偵、批評家、調査報告者になる。粘り強く興味を追求する。

服装は一般に、格子縞と縞を一緒に着るというように、少し不調和な要素がある。おどけた反抗者は少しだらしなく見える。たとえば、スーツを着ているときシャツの裾がぶら下がって外に出ていることがありうる。彼らは巧みに「親」に仕返しをするような服装をする。他の人が自分の望み通りにしないときには、よくふくれるか、すねる。誰かがなすべきことをしていないのだという印象をたびたび与えるので、周りの人たちはときどき不快に感じる。

図5-5は、おどけた反抗者についてすでに集めたプロセス・モデル情報を示している。

四分割図上の領域

受動的-他者と関わる。おどけた反抗者の人は、大きなグループで人と関わるのが好きである。しかし彼は、問題解決において受動的である傾向があり、社会的相互作用では、他の人が最初に動くのを待つことのほうを好む。しばしばグループのはずれで待ちかまえていて、メンバーがすでにやっていることに「割り込んで」阻む行動をする可能性がある。この行動によって、彼は自分自身をグループに引き込む。

人格構造

受動攻撃型の自我状態モデルは、「成人」の自我状態が「親」と「子ども」の両方から汚染されている。内面で苦闘し続け、「親」から自分自身を批判して、「子ども」からそれに反発する。

ウエア理論

行動、感情、思考。

主なドライバー

努力せよ

身体特徴

身体のレベルで、おどけた反抗者は、エネルギーが非常に高度に装填され、それが強い力によって押しとどめられている（Lowen, 1975）。彼らは身長が低く太っている。かれらは暴力的な行動に向かって激発することを恐れて、恐怖を強く抑制している。彼は、首を切り落とされるのが恐くて突き出すのを恐れている亀のようである。子どものときに経験したジレンマは、愛と自律の間のものであり、「もし望むことをやれば、私はあなたの愛を失う。あなたの愛を得るためには、自分と手を切らなくてはならない」ということである。

典型的な難しい領域

おどけた反抗者の人たちの難しいところは、他の人からのどんな指導にも反抗する傾向があるということである。彼らは子どものときに支配されすぎて、他の人から受ける支配に似たものに対しては、何にでもアンテナを張っている。彼らは物事を思い通りにやる決心であり、他の誰かのほんのちょっとした指導にも、従うことをしばしば拒絶する。どう前進するかについて内面と外面の権力闘争になることによって、必要以上にずっと物事を難しくする傾向もある。彼らの両親はしばしば「私の言うとおりにしろ、さもないと！」という立場から育児をして、子どもである彼らは、自律の意識を持つために反撃するようになった。

おどけた反抗者は誠実に親しくなるが、権力闘争になる傾向があるので、人との感情的つながりを持つのが困難である。彼らはしばしば世話をしてもらいたいが、望むことを直接頼むのが難しい。一般には自分の欲しいものを明瞭に知らせないから、欲しいものが手に入らないときぼやく。あたかも自分たちは頼まなくてよく、他の人たちが自分たちの望むことをわかってそれを行うべきであるかのように振る舞う。彼らはしばしば「人の鼻をあかす」と記述される。受動的であるし、感情的なつながりに依存的であるという傾向がある。彼らはたくさんの注目を得るのを好むが、しばしば否定的な方法で注意を引く。彼らはまた接近と傷つきやすさに問題がある。親密の代わりにけんかを用いるのである。

ウエア理論

おどけた反抗者は主に行動を通して世界に関わり、行動は彼らのオープン・ドアである。行動は最大量のエネルギーを費やすところである。彼らの行動は攻撃的であって受動的である。たとえば「もう食事の時間ではないですか」と言って、誰か他の人が食事を作るのを期待する。彼らとの効果的交流は、遊び心を持って彼らの行動に接することによって得られる。実際、遊び心はしばしば彼らの協力を得る唯一の方法である。もし彼らに何をなすべきかを話そうとすれば、彼らは抵抗する。もし思考を通して彼らを引き込もうとすれば、彼らは二者択一のジレンマに陥りやすいであろう。もし彼らと冗談を言いながら接すると、彼らはリラックスして安全だと感じる。円満な人格を形成するために統合する必要がある人格の部分は、感情である。感情は、問題解決と変容のためのターゲット・ドアである。おどけた調子から養育的になっていくのが、彼らを感情に誘い込む最も良い方法である。

受動攻撃型の人たちは、自分が感情を感じるのを許し、子どものときあれほど絶えず戦わされたことの怒りと苦痛を経験する。以前は抑圧しなければならなかった感情を経験して表現することによって、彼らは思考において戦うことをやめ、幼児期に陥っていた決して勝つことのなかったジレンマから抜け出す。最も効果的なやり方は、〈養育的な親〉の行動を用いて彼らを支え、彼らをあるがまま受け入れることである。そうすれば彼らは、あなたにとってOKであるために、自分自身について何も変えなくてよいことを経験する。あなたにとってOKであることを経験するにつれ、彼らは物事を二者択一として見なくなる。

もし彼らの思考に直接働きかけようとすれば、うまくいかないであろう。思考は最強の防衛があるところ、すなわち彼らのトラップ・ドアであるからである。OKであるためにしなければならないと、子どものときに親から受け取ったメッセージは、〈努力せよ〉であった。そして、それを彼らは精神的にやっていた。できる限り一生懸命努力していたが、うまくいかなかった。

具体例：受動攻撃型の四十五歳のある女性クライエントは、私が質問すると必ず横道にそらして答えた。私は、彼女が私の質問に答えないのが本当に上手な、「とても愉快な反抗的な『子ども』」を持っていることを彼女に伝え、彼女におどけながら対決した。彼女は明らかに楽しそうに笑った。権力闘争になるよりもむしろ彼女と戯れ続けることによって、私はその後で、幼児期に両親と戦ったとき感じた苦痛について彼女と話すことができた。それに対応して彼女は、セラピストが望むことをするか、あるいは反抗するか、二つに一つしかないと考え続けるのをやめ、自分の望むことを行うために、セラピストからの援助を受け入れる同盟を結ぶことを選択した。

幼児期の問題

おどけた反抗者は、内面で「親」から自分を批判して「子ども」から反撃する。「親」が批判するほど「子ども」は反抗する。「子ども」が反抗するほど「親」は批判する。すべては解決できないジレンマのような感じがする。それは、いかに彼らが思考において行き詰まるようになるかということである。この権力闘争は初めは肛門期に生じた。彼らの両親は過剰に管理していて、彼らをすべて両親が望むようにさせようとし、子どもが自律性を発達させようとしていることを認めなかった。自律性はその段階の発達課題である。おどけた反抗者はその課題を達成しなかったので、今そうする必要がある。彼らの解決法は、両親が望むことを阻止して自分の思い通りにすることであった。この解決法は権力闘争に終わったにもかかわらず、彼らに何らかの自律意識を維持させて、自分を完全には失わせなかった。それはまた両親から多くの注意を引いたし、子どもに、間接的に両親に仕返しをする方法を提供した。

魅力的操作者（反社会型）

魅力的操作者（反社会型）の人たちは、魅惑的でカリスマ的である。彼らはしばしば人前で作り話をする。驚くべき先導者で新しい運動を起こす。資金集めと販売活動がうまい。彼らはしばしば企業家になる。多くの法律家、政治家と実業家はこの型である。彼らは活動と興奮が大好きである。彼らは好きなものを非常に欲しがる。

多くの魅力的操作者の人は、衝撃を与えるため、誘惑するため、印象づけるために服を着るのが好きである。彼らはやけに派手な色や、ピチッと身体に合った服、濃い化粧、けばけばしい装身具をつける。女性はしばしば透けて見えるブラウスや、深い襟ぐりの服を着るだろう。彼女たちはまた指全部に指輪をつけ、多数のピアスや

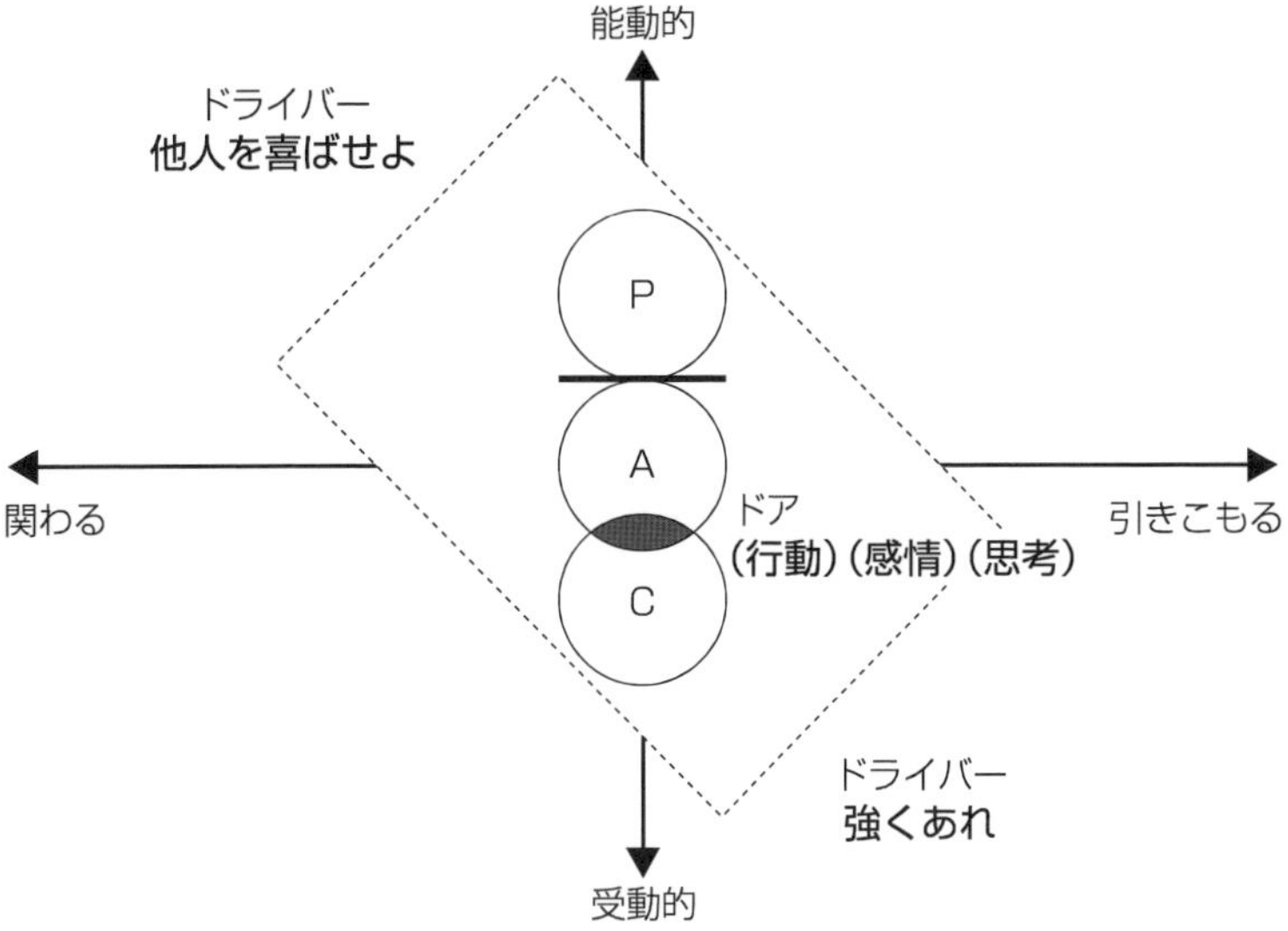

図 5-6　魅力的操作者（反社会型）

イヤリングをする。男性はしばしばシャツのボタンをへそまではずし、金色の鎖、金かダイヤモンドの指輪、ロレックスの腕時計を身に着けるだろう、女性も男性もしばしば入れ墨をし、体のいろいろなところにピアスをすることがあるだろう。

図5-6は、魅力的操作者について以前の章で記述した、プロセス・モデル情報の要約である。

四分割図上の領域

図において、反社会型の領域は、能動的-他者と関わると受動的-他者から引きこもるの四分割図上の領域にまたがる。別の言い方をすればこの適応タイプの人は、能動的で他者と関わると、受動的で他者から引きこもるの間を、あちこち動く。

人格構造

魅力的操作者の自我状態モデルは、「成人」の自我状態が「子ども」から汚染され「親」が除外されている。

ウエア理論

行動、感情、思考。

主なドライバー

他人を喜ばせよ、強くあれ

身体特徴

身体のレベルでは、反社会型の人の力への衝動と感情の否認の結果、上半身が膨らみウエストがくびれ、脚がやせこけて細い。彼らの頭はエネルギーが装塡されすぎであり、目は見開いて用心深い。子どものとき支えを必要としたが、得ることがなかったことを克服しようと努力しているという意味がある。彼らは多くのエネルギーをイメージに費やして、支配し管理しようとする。この試みは、両親との間で経験した支配と管理の競争から来るものである。彼らが経験するジレンマは親密さと自由の間にあり、「もし私が自由をあきらめてあなたに私を管理させ使わせたら、私はあなたと親しくできる。もしあなたが自由をあきらめて私にあなたを管理させ使わせたら、あなたは私と親しくできる」(Lowen, 1975) ということである。魅力的操作者の人たちは、後者を成し遂げようとし、前者を避けようとする。彼らは「掛かり合い恐怖」である。

典型的な難しい領域

魅力的操作者の人たちが直面する困難は、もっと直接的なやり方をとれるときですら、しばしば人を操作してつけ込むことである。彼らは優位な立場になるために、威嚇し唆そうとする。一段優位でありたくて周りの人たちを知恵で負かそうとする。しばしば競争的な状況で育ったので、「人はみな彼らのためにある」という結論に達した。彼らは子どものときに〈見捨てられ〉を経験したので、誰をも二度と信頼しないと決断した。魅力的操作者の人たちは幼いころ、自分の周りで恐ろしい策略がほどこされたかのように感じる。彼らはまたたく間に、親が愛していたのが見せかけであったとわかり、今や突然世話を中止されたのだ。彼らは見捨てられたにもかかわらず、他の人たちを馬鹿にするという表現を使ってまで、生き延びることを決断した。彼らの理想の空想は、なお十分に金、力、影響力などを獲得することであり、そうなれば再び依存的な立場にならなくていいし、他の人たちを彼らのところに来させることができるのである。

魅力的操作者は親密になるのが難しい。彼らはそれを非常に望むが、禁じられている。罠にかけられるとか圧倒されるとか支配されそうで、恐くて確約するのが難しい。人との感情的なつながりでは、唆してから、見捨てられるのが恐くて、その前に自分が見捨てる。彼らはあたかも誰も必要でないかのように行動する。親密さの代わりにドラマと興奮を用い、他者を近づけず警戒し憶測する。彼らが操作、管理できる人を捜す。怪しまれないで奪い取る傾向があり、返礼なしに手に入れられるものを取る。気づかないで、搾取的であることによって、他の人に自分を見捨てさせる。そうなることを恐れていたようにである。

ウエア理論

魅力的操作者は行動を通して世界と関わり、行動はオープン・ドアである。行動は、彼らが最大量のエネルギーを費やすところである。彼らの行動は能動的にして攻撃的である。彼らは、おどしたり唆したりしようとする。もし彼らと効果的な交流を始めたければ、彼らがやっていることにおどけながら直面することによって、彼らの行動を通して彼らを引き込むことが重要である。最も効果的なやり方は、彼らのしていることをユーモラスに明白にすることによって、彼らの「詐欺」（偽り）を単に暴露することである。彼らは見破られたことが気に入り、どのように見抜くことができたかに興味をそそられるようになる。彼らは自分が他の人より利口だと信じているので、あなたが見破ると、あなたを相手にする価値があるとみて、どのようにしてそれができたかを知りたがる。円満な人格を形成するために彼らが統合する必要がある人格の部分は、感情である。感情は、問題解決と変化のためのターゲット・ドアである。

魅力的操作者は如才ない態度であるが、「子ども」の立場からのものである。彼らは「捕まえられるなら捕まえてごらん」と呼ばれるゲームをやっている。ゲームは予言できる一連の交流である。それゆえ、人は誰でも、彼らが行こうとしているところを予想でき、彼らが行き着く前にそこに行ってびっくりさせることができる。この過程の芝居と興奮は、彼らが好むものである。ゲームがいったん暴露されたら、次の段階は、彼らが本当は望んでいるが得られないと思い込んでいるものについて、聞くことである。それがゲームを演じている動機だからである。この段階は彼らを感情に促し、感情は、彼らが問題を解決するのに焦点を合わせる必要があるところである。

彼らが感情を行動と統合し始めるとき、思考に最も大きな変化が見られるであろう。他の人を馬鹿にするために、単に知恵で人を負かし一段優位に立つかということより、長く広い視点から、物事を考え始めるであろう。この変化はターゲット・ドアである感情を扱う結果であろう。もし思考に直接関わろうとすれば、あなたはうまくいかないだろう。思考は、彼らの「トラップ・ドア」である。思考は、彼らの最強の防衛があるところである。OKであるために、子どものときに親から受け取ったメッセージは、〈他人を喜ばせよ〉と〈強くあれ〉であった。彼らは人をだまし知恵で負かすことによって、メッセージに従おうとしている。もしあなたが思考を通して交流しようとすれば、彼らはあなたを知恵で負かしてバカにすることに最善を尽くすであろう。

具体例：反社会型の三十五歳の男性クライエントは、別の話題に切り換えることにより、私が続ける関わりを絶えず避けた。私は「あなたは本当に巧みだ！」と、ニヤッと笑い、戯れながら彼の行動に対決した。彼は私に知恵で負かす試みを見破られたことで、明らかに喜んでニヤッと笑い返した。いつ人を信頼するのをやめたかと私が尋ねると、彼は決断をしたときのことについて私に話した。それは母親が子どもの彼を見捨てたときであった。私は、手に入らないと思いこんで、その代わりにこの言い抜けの策略を使うしかなかったとき、本当に望んだことは何だったのかを、尋ねた。彼は誰かに、自分のように見かけよく振る舞うのではなく、心から世話をしてもらいたかったと答えた。彼はそれから、私を知恵で負かそうとする代わりに、自分にとっての本当の関心事について話し始めた。

幼児期の問題

魅力的操作者の人格構造のモデルを示すとき、われわれはその人の「成人」機能が、「子ども」の自我状態によって妨げられるか汚染されているものとして示す。他方、「親」の自我状態は除外されている。「子ども」は「成人」に、「親」の規範は彼らが望むものを得るのに邪魔になると確信させたので、彼らは「親」を無視あるいは除外する。魅力的操作者にとって目的は手段を正当化する。彼らは直接の利益のために、知恵で他者を打ち負かすことに打ち込むようになった。この問題は口唇期に生じ、感情的に訴えることも、身体を使うことも役に立たない、競争的な環境で育った結果であった。彼らは、〈見捨てられ〉を経験したにもかかわらず、生き残ることを、誰もあてにしないことを、両親との競争に勝ってそれを彼らに「知らしめること」によってやり返すことを決断した。しぶとく、欲しいのに欲しくないように振る舞い、他の人が自分の欲しいものを与えてくれるように仕向けるようになった。彼らは、本当に自分のことを思ってくれる人がいるんだということを信じるのを恐れている。両親がそうでなかったからである。口唇期の発達課題は、基本的信頼感を発達させ、安心して他の人びとと親密になることである。魅力的操作者の人はその発達課題をこれまでに達成しなかったので、今それをする必要がある。彼の解決方法は、とにかく手に入れられる物は手に入れよう、しかも傷つかないでそうしようというものであった。愛されたい、関心を示されたいという基本的欲求が満たされなかったにもかかわらず、彼はなんとか生き延びて、それ以外の物を手に入れるたくさんの計略を身に着けるようになった。

まとめ

どのように他者と関係し問題解決に取りかかるかは、幼児期に発達させた適応タイプによって決められるであろう。それぞれの適応タイプは、その人の生まれ育った家族のなかで、自分自身の世話をするのに役立つ最良の選択を意味する。これらの適応タイプは、現在の状況においていまだに最良の選択でありうる。それぞれの適応タイプはまた、それ自体の独特な人格構造、世界と交流を始める方法、成長のために統合される必要がある領域、最強の防衛が経験される領域を持っている。この情報を知ることによって、あなたは可能な最も効果的なやり方で、それぞれの適応タイプに関わることができる。

この章では六つの適応タイプを個々に検討した。しかし実際には、適応タイプの組み合わせを示す人たちがたくさんいる。これらの組み合わせの適応タイプをいかに認識し、それを持つ当事者にとって、組み合わせの適応タイプはどのような意味を持つのだろうか。これは次の章でわれわれが提出する問題である。

第6章 適応タイプの組み合わせ

前述したようにすべての人は、少なくとも一つの生き延びるための適応タイプと、一つの行動上の適応タイプを持っている。ある人たちは、明らかに一つの適応タイプを最も顕著に示す。しかしほとんどの人は、適応タイプの組み合わせを示す。この章でわれわれは、これらのいろいろな組み合わせによって人はどのように見えるかを述べる。また適応タイプは、組み合わさる他の適応タイプによって、いかに違って見えてくるかについても考察する。

たとえば、演技型と組み合わさる反社会型は、極端に派手であろう。ところが、強迫観念型と組み合わさる反社会型は、もっと抑制されているであろう。このようにそれぞれの適応タイプは、それと組み合わさっている他の適応タイプが何であるかに影響され、それによって幾分か違って見える。

この章では、可能な組み合わせのいくつかと、それらがどのように現れるかについて検討する。それぞれの組み合わせについて、有名な芸能人や政治家を示すが、それは組み合わさった適応タイプの良い例証になると思う。明らかにこの「ある距離を置いての診断」は、その人の公の人柄に基づいたものであるはずである。実際われわれが示す実例のいくつかは、映画やテレビで俳優によって演じられた虚構の登場人物であり、これらの実例での「診断」は登場人物に合っていることを意味し、それを演じている俳優ではない。

生き延びるためのスキゾイド型と、行動上の演技型

創造的夢想家（スキゾイド型）が生き延びるための適応タイプで、熱狂的過剰反応者（演技型）が行動上の適応タイプである場合、その人たちは優しく思いやりがあり、多くのエネルギーを費やして他者を喜ばせ、他者の感情や欲求を支持する傾向がある。しばしば彼らは、自分自身の感情と欲求を損なうまでそうする。他者に対して、自分がその人たちにするように自分へ感情や欲求を気にかけることを期待し、他者がそうでないときに動揺を感じる。他者との関係で何か悪くなると、他者ではなく自分が悪いのだと決め込みやすい。彼らは他者を支持することによって問題を解決しようとし、うまくいかないとき引きこもるか逃げだして、彼らを評価する人を見つけようとするであろう。

この適応タイプの組み合わせの人たちは、かなり「変わって」見えるかもしれない。どっちの適応タイプも思考がターゲット・ドアで、その領域に多くのエネルギーを投じていないからである。彼らは他者に彼らのために考えさせる傾向があり、多くの場合、自分で決められない。他の人に夢中になりやすく、適当な境界線を引かなかったり、自分ではっきりした立場をとらない傾向がある。傷つくと自分を保護するために引きこもり不快に感じるが、それを隠そうとする。このように彼らは、肯定的に感じているときは他者と積極的に関わり、動揺を感じるときは他者から離れるというように動く。この適応タイプの女性は「地母神」になりやすく、他者に対して養育的で世話好きである。この適応タイプの男性は、肯定的には感情反応的であり、否定的には自分がやっていることの因果関係を通して考えることをしない。両者とも一九六〇年代の「ヒッピー族」に似ている。

スキゾイド型と演技型の組み合わせの人たちは、そばにいると陽気で楽しい。多くのコメディアンは、この適応タイプの組み合わせの人たちであろう。彼らは精神的に豊かで、自分の空想からたくさんの演技型の材料を産

み出すことができる。即興的に行動することが上手である。有名な男性ではジョナザン・ウインターズとロビン・ウイリアムズ、有名な女性ではリリアン・トムリンとゴールディ・ホーンで、彼らが公的に見せるものは、スキゾイド型－演技型組み合わせとよく一致している。

生き延びるためのスキゾイド型と、行動上の強迫観念型

創造的夢想家（スキゾイド型）が生き延びるための適応タイプで、責任感ある仕事中毒者（強迫観念型）が行動上の適応タイプである場合、その人たちは優しく思いやりがあり、支持的である傾向があろう。彼らは他者の幸福を案じ、正しいことをしようと努力している。この適応タイプの男性も女性も静かで養育的で責任感がある。「ノー」と言うのが耐え難く、自分を害するまで他者の世話をしがちである。

この人たちは優秀な従業員である。一生懸命長く働き、物事を申し分なくやり、問題を自分で解決する。自分の業績をほとんど自分の手柄にせず、自分のためにものをほとんど頼まない。従順で良心的で、仕事を正しく遂行することで満足する。貧しい人を助けるというような社会的な問題に関心を持ち、他者のために社会で働く傾向がある。ジミーとロザリン・カーターは、この記述に第一に適合する例である。

この組み合わせの人が直面する主な困難は、他者が居合わせているときに自分の欲求を満たすことである。彼らは普通は、自分でするために引きこもる。自分が求めることに集中することができるから、一人きりを楽しむ。空想はたびたび、人との交流と欲求を本当に満たすことの代わりに用いられる。

生き延びるためのスキゾイド型と、行動上の受動攻撃型

創造的夢想家（スキゾイド型）が生き延びるための適応タイプで、おどけた反抗者（受動攻撃型）が行動上の適応タイプである場合、その人たちはエネルギーの表出においては退却しがちである。問題解決の点から見る

と、彼らはかなり受動的である。解決のために他の人を頼りにして、自分で処理するよう直面させられるとき、しばしば無益だという意味のことを伝える。彼らは怒ると強情で、誰かが交流しようとしても頑として動かない。彼らがまたその気になるまでは、普通は一人にしておくのが最も良い。

この適応タイプの人たちは、一般に誠実な友人や従業員になる。穏やかだがむら気でもある。多くの陽気なエネルギーを持っているが、それを抑圧して時に憂うつになるか、すねてふくれっ面をする傾向がある。彼らはたびたび受動的になり、依存的な関係になる。世話をされたいが、望むことを直接頼むことができない。その代わり苛立って見え、深くため息をつく。他の人たちは、彼らが明らかに何かに苛立っているがそれを明示しないので、そばにいてしばしば不快を感じる。彼らはまた、ある状況で正しくないことを見つけること、それを巧妙に発表することにおいて、優れた刑事である。コロンボは、ピーター・フォークによって演じられた刑事であるが、よい例である。

生き延びるための反社会型と、行動上の演技型

生き延びるための適応タイプが魅力的操作者（反社会型）で、行動上の適応タイプが熱狂的過剰反応者（演技型）である人たちは、芝居がかっていて注意を引く傾向がある。この適応タイプの男性は、ひょうきん者でみんなの友達で、常に笑い冗談を言うが、誰とも本当には親しくないタイプである。彼は表面的なレベルで他の人とつながっており、親密になることを恐れている。この適応タイプの女性は、エネルギーが高く誘惑的で、ときどき男に復讐をしようとする。後者は「クロゴケグモ症候群」とときどき呼ばれるプロセスを演じ、おびき寄せて生きたまま食べる「妖婦」か、「サイレン」というギリシャ神話の魔女を演じるかもしれない。彼女は本当に親しくなることを恐れながら、操作にセックスを用いる。*Body Heat* と *Final Analysis* のようないくつかの映画は、このテーマを描いた。どちらの映画でも女は男を誘惑し、彼に犯罪を犯させ罪に陥れてお金を持って逃げる。

この適応タイプの人たちは注目の的であるのを好むが、親しい関係で傷つくのを恐れる。安全な距離を保ち魅了されている観客から、多くの注目を浴びることができる劇場や舞台で、彼らはうまく演じる。多くのロック・スターはこの適応タイプによく適合しているように見える。マドンナとミック・ジャガーは二つの実例である。

生き延びるための反社会型と、行動上の強迫観念型

魅力的操作者（反社会型）が生き延びるための適応タイプで、責任感ある仕事中毒者（強迫観念型）が行動上の適応タイプである場合、その人たちはしばしば事業でうまくやるであろう。彼らは反社会型の発揮する巧みさと、強迫観念型の責任感のある特徴を持っている。製品を売ることができるだけでなく、配達することもできる。この人たちは販売業務、資金集め、広告業、プロモーション活動において特に申し分なくやる。彼らはカリスマ性も信頼性もある。魅惑的で頼りになる。責任感ある仕事中毒者の部分は、魅力的操作者の部分に規則を守らせるのに役立ち、魅力的操作者の部分は、責任感ある仕事中毒者の部分を退屈でうんざりでないようにするのに役立つ。

この適応タイプの人たちの主な難しさは、親しい個人的な関係のなかで不快に感じることである。彼らはしばしば、仕事を距離を保つための手段として用いる。彼らはまたどの一人の人にも傾倒することを避けるために、いくつかの性的関係を持つかもしれない。傷つくのを避けるために感情から逃げる傾向がある。彼らはまた、他の人を知恵で負かして一段優位でいようとする。誰かが自分のために本当にそばにいると信じるのは容易なことではなく、見捨てられることを恐れている。

この適応タイプの男性は、カリスマ性のあるリーダーである傾向があろう。もし反社会型の部分があまりに規則から逸脱すれば、彼らは困難に陥る。ビル・クリントン、ジム・ベイカー、ジミー・スワガートは典型だろう。この適応タイプの女性は、しばしば攻撃的な実業家になり、もし反社会型の部分があまりに規則から逸脱し

ていれば、同様に困難に陥る。*Disclosure* という映画でデミ・ムーアによって演じられた女性の登場人物はよい例である。彼女はその下で働いている男性を誘惑しようとするが、彼が応じないと懲罰的になる。

生き延びるための反社会型と、行動上の受動攻撃型

生き延びるための適応タイプが魅力的操作者（反社会型）で、行動上の適応タイプがおどけた反抗者（受動攻撃型）の人たちは、他者との相互交流に多くのエネルギーを費やす傾向がある。しかしこれらの相互交流は、一般に表面的であまり親しくない。この人たちにとって親密になるのは難しい。彼らは興奮と芝居が大好きで、普通これらを親密さの代わりに用いる。彼らは交流すると陽気で楽しいかもしれないが、他方、執念深く人を傷つけるかもしれない。他者を信頼できず、権力闘争に陥りやすく、たびたび、子どものときに感じた不正に怒って復讐しようとする。このように、彼らは自分の行動を理由付けして、正しいと感じながら大変攻撃的でありうる。

このような適応タイプの人たちは、多くの時間を人と戦って過ごす。彼らは自分のやり方でやりたがり、人を管理しようとする。人との関係は大変闘争的なので、他の人はしばしば関わるのが嫌になる。彼らは生活がうまくいっているよりはむしろ、問題処理に打ち込んだままでいることが多い。他には一般に、自分が経験する困難を忌々しく思って、不公平に取り扱われたことを嘆く人もいる。彼らはたびたび自滅的にやり遂げようとする。彼らはへまをして、自分だけでなく他者をも困らせてしまいがちである。リチャード・ニクソンもローゼンナ・バーもこの描写によく適合している。

この適応タイプの男性は、警察の仕事に惹かれる。女性は家で何もしないでいるということも多い。男性も女性も仕事を続けられないケースも起こる。両者とも不平をいっぱい言いがちである。この適応タイプの人たちには、肥満や大食のような摂食障害もよくある。

生き延びるためのパラノイド型と、行動上の演技型

才気ある懐疑者（パラノイド型）が生き延びるための適応タイプで、熱狂的過剰反応者（演技型）が行動上の適応タイプは、極端な人になる。彼らは考えることなく感じるところから、感じることなく考えるところまで移行する。はじめは開放的で他者を信頼して、自分を保護する適度の限度を置かない。それから傷つくと疑い深く攻撃的な態度に移行し、他者がOKではないことを明確にし、自分を壁で囲って彼らを締め出し、内面では自分をたたきのめしている。

一般にこの人たちは、とても空威張りをして楽しむのが大好きであるが、彼らに逆らわないほうがいいという印象を受ける。彼らが怒るとそばにいて不快であるし、彼らは空威張りと同じくらいに厳しく批判がましくなるであろう。公の「顔」で判断すると、ベット・ミドラーとドン・リックルスがその例である。

才気ある懐疑者でも熱狂的過剰反応者でもある人たちは、頭が切れて楽しく管理的である。彼らは一般に管理の立場でうまくやる。彼らはきちんとしていて人を扱うのが上手だからである。彼らは「主導権を握る」人たちで、強い意見を持っていて、しばしばひょうきんなやり方で交流する。

生き延びるためのパラノイド型と、行動上の強迫観念型

生き延びるための適応タイプが才気ある懐疑者（パラノイド型）で、行動上の適応タイプが責任感ある仕事中毒者（強迫観念型）の人たちは、職業において聡明で成功しやすい。彼らは銀行業のような職業に惹かれ、しばしば地域社会の柱になる。忙しくしていて、ただリラックスしていることができない傾向がある、一生懸命な働き手である。常にやらなければならないものがある。彼らは少し親分風を吹かせがちで、他の人にどうやるかを教えたがる。彼らはまた、感じることと他者と親しくなることを自分に許さない。行動を批判されることに敏感

で、他の人が近くなりすぎて自分の欠点を知るかもしれないのを恐れて、自分を壁で囲って中に人を入れない傾向がある。

才気ある懐疑者でも責任感ある仕事中毒者でもある人たちは、自説を固執する。彼らにとって人生は真剣な職務である。彼らは物事を「正しく」やることに集中し、彼ら自身と周りの者を管理することに多くのエネルギーを費やす。彼らは神経質で動揺しやすく、しばしばたばこを吸うか他のナーバスな習慣がある。絶えず話すのが好きである。彼らは自発的で自由でいることが難しい。

パラノイド型と強迫観念型の組み合わせを示す有名な人物は、マーガレット・サッチャー、ヘンリー・キッシンジャー、映画 *Remains of the Day* でアンソニー・ホプキンズにより演じられた執事である。仕事は彼らの生活の他の側面に優先する。人との感情的なつながりはたびたび悪くなるが、彼らはそれを、義務を行う際に伴う危険の一つであると正当化する。

生き延びるためのパラノイド型と、行動上の受動攻撃型

才気ある懐疑者（パラノイド型）が生き延びるための適応タイプで、おどけた反抗者（受動攻撃型）が行動上の適応タイプの人たちは、強い姿勢で自分の行動をしっかり管理しがちである。彼らはしばしば他者を自分の問題の原因と見て、権力闘争に従事する傾向がある。しばしば何かや誰かに不満を感じる。物事がうまくいっているときは、陽気で社交的でありうる。

才気ある懐疑者とおどけた反抗者の組み合わせの人たちは、よく調べる報告者になる。ある状況で何か正しくないことがあると、彼らは普通それを最初に見つける。バーバラ・ウォールターズとマイク・ウォレスはよい例である。彼らは一般に、他の人の傷つきやすさをあらわにする正に的確な質問を知っている。

この適応タイプの組み合わせの人たちは、社会的接触を表面的にうまくやる傾向があるが、いったん関係が深

くもっと親密なレベルになると、難しくなりがちである。彼らは傷つくのを恐れて、距離をとって傷つくのを避けるために、他の人のあらをしばしば探すであろう。彼らは子どものとき一般に管理されすぎて苦闘した。その結果、傷つけられることから自分を保護するために、事態を管理しようとするようになった。この自分を保護する手段を用いる際、彼らはしばしば他の人たちを駆逐して最後にただ一人になる。

Ordinary People のなかで、メリー・タイラー・ムアーによって演じられた母親は、この適応タイプの組み合わせのよい例である。彼女は、自分自身の傷つきやすさを処理しなくてはならないのを避けるために、最後には夫からも息子からも遠ざかる。

生き延びるためのスキゾイド型と、生き延びるための反社会型

生き延びるための適応タイプとして、創造的夢想家（スキゾイド型）も魅力的操作者（反社会型）も持っている人たちは、「一人だけでいたがる人」でありがちである。彼らはむしろ単独行動のほうを好む、人目に付かない人たちである。人生の初期に自分で生き延びることを決断した。これらの適応タイプの男性はしばしば、多くの時間を森で狩猟や釣りをして過ごし、ときどき町にやってきてしばらく女性と一緒にいるが、それから再び逃げたがる「善良な年取った少年」である。彼らは「口数の少ない人」で、しばしば優しく思いやりがあるが、確約するのを好まない。大工仕事や他の似たような手仕事の職業に惹かれる。これらの適応タイプの女性は、しばしば「ニュー・エイジ」活動のような深遠な仕事に引かれる。彼女らは「モナリザ」の特徴を持っている。すなわち引きこもって神秘的である。歌手で女優であるシェールはよい例である。

創造的夢想家でも魅力的操作者でもある人たちは、服装と習慣においてしばしば少し風変わりである。彼らは注目を求めることと孤独を求めることの間で、分裂している。スキゾイド型-反社会型の組み合わせに適合する他の人の例は、クリント・イーストウッドとシャーリー・マックレーンである。

生き延びるためのスキゾイド型と、生き延びるためのパラノイド型

創造的夢想家（スキゾイド型）と才気ある懐疑者（パラノイド型）を、生き延びるための適応タイプに持つ人たちの顕著な特徴は、引きこもりである。彼らは、自分を多く見せる前に引っ込んで安全にする。彼らは創造的で頭脳明晰な思索家であるが、必ずしも自分の考えを他者と共有せず、一人の仕事のほうをむしろ好む傾向がある。彼らはしばしば、人の世界よりもアイディアの世界に生きる発明家か、研究科学者か大学教授になる。むしろ一人で働くほうが好きである。他者を信頼して近づかせることができない。彼らは幼少の初期に、強いこと、感情と欲求を持たないこと、自分を頼みにすることを学んだ。この描写によく合っている人は、ラルフ・ネーダーとエミリー・ディキンソンである。

生き延びるための反社会型と、生き延びるためのパラノイド型

魅力的操作者と才気ある懐疑者を、生き延びるための適応タイプに持つ人たちは、有能な企業家になる。彼らはパラノイド型の頭脳明晰な思考と反社会型の魅力、カリスマ性、ずるさを持っている。パラノイド型の部分は反社会型の部分に規則を守らせ、反社会型の部分はパラノイド型の部分を、それほど固くならないように抑える。この組み合わせは結果として、非常に聡明でカリスマ性のある人になる。この適応タイプの人はしばしば、彼らの分野でリーダーになり、よく事業、法律、政治、あるいは医学に従事する。彼らが難しいのは親しい関係においてである。彼らは基本的に他の人を信頼せず、傷つかないように一段上の立場にとどまろうとする。力の立場にいて他の人が彼らのところに来なくてはならないことを、その逆よりも望む。

才気ある懐疑者でも魅力的操作者でもある人は、しばしば人格に自己愛的な特性を持つ。彼らはたびたび人びとの間で神話作者で通って、他の人たちが関心を示す神話を創作する。彼らは一般に、法に違反するかしないか

どちらか一方の側にいる。社会のリーダーであるか、犯罪の黒幕かでありうる。この組み合わせに適合している社会のリーダーの例は、F・リー・ベイリー、アン・リチャーズ、リンドン・ジョンソンである。否定的な側では、テレビのシリーズ番組 *Dallas* でラリー・ハグマンが演じた登場人物、J・R・エウィングであろう。彼は一人ではまったく素晴らしく、他の人との関係では破壊的であった。

他の組み合わせ

上述した組み合わせに加え、三番目、四番目、五番目の組み合わせも同じ人に見られうる。これらの付加的な適応タイプは、単に適応タイプの方向において人格をわずかに変えるだけであろう。われわれは皆どの適応タイプの行動もする可能性があるが、社会のなかで相互作用をする際の好みの一つのスタイルがあるであろう。あらゆるいろいろな可能性のために、ある人たちは同じ好みのスタイルを用いる一方、それぞれの人はその特定のスタイルの用い方が独特である。最も有効なことは、それぞれの適応タイプがどのように交流を始め、問題を解決し、脅かされたと感じたとき自分を保護するか、ということを知っていることである。

まとめ

どの適応タイプも、他のどの適応タイプとも組み合わさる可能性がある。適応タイプがどのように現れるかは、それが他のどの適応タイプと組み合わさるかによるであろう。それぞれの主な組み合わせがどのように現れるかを考慮するのは、有益である。適応タイプは滅多に単独では見られないからである。適応タイプをこのように見ることによって、われわれはそれぞれが他のそれぞれに与えている影響を、より敏感に察知することができる。

第1章で述べたように、ポール・ウエア（Ware, P.）は、精神医学の伝統的な診断カテゴリーとしても用いられる六つの適応タイプの名称を、最初に提唱した。精神療法医やカウンセラーにとって、精神医学の同僚と対話できることはしばしば重要である。それゆえ六つの人格適応タイプが、最も広く用いられている診断マニュアルの一つである「DSM-Ⅳ-TR」のカテゴリーと、どのように関係があるかを知ることは有益である。これは次章の主題である。

第7章　人格適応タイプとDSM-Ⅳ-TR分類との関係

先に言及したように、人は人格適応タイプのどれをも持ちうるし、完全な健康からまったくの機能不全まで、精神的健康スペクトルのどこにでも位置することができる。この章では適応タイプが、「DSM-Ⅳ-TR」(American Psychiatric Association, 2000) における種々の分類と、どのように相互に関係があるかを考察し、精神的健康スペクトルの機能不全の最小から最大のところまで見ていく。人は機能不全の端に向かって進んでいくにつれ、適応タイプの否定的な側面をより多く、肯定的な側面をより少なく用いるであろう。

適応障害

精神的健康スペクトルの、健康から機能不全の端に移行するときに、遭遇する最初の障害のタイプは、適応障害であろう。この障害は、失職や離婚や何らかの自然災害などのような厳しいストレス因子のために、普通に機能し続けられない。症状はストレス因子の始まりから三カ月以内に出現し、ストレス因子の終結の六カ月以内に消失するが、悪化が進行中の医学的状況であるとか、離婚によって経済的あるいは感情的に困難であるというような慢性のストレス因子の場合は、例外である。

適応障害は、人格適応タイプのどれかとともに生じる可能性がある。不安や抑鬱気分を伴う適応障害は、演技型、強迫観念型、受動攻撃型、スキゾイド型やパラノイド型の人に最も多く見られ、行為の障害を伴う適応障害は、反社会型の人に最も多く見られるようである。

不安と気分障害

伝統的な精神病理学のスペクトルを降りていくと、適応障害の次のレベルは不安と気分障害であろう（伝統的には「神経症」と呼ばれ、昔のDSM-IIではそう分類されていた）。これらの障害は、精神内部で「親」の自我状態に抑えられている「子ども」の自我状態から主として生じる。支配的な「親」は「子ども」の「上に座って」いて、「子ども」は不安、抑鬱、あるいはその両方で反応する。この「親」の圧迫を最も経験しているように見える人格適応タイプは、行動上の適応タイプ、すなわち演技型、強迫観念型、受動攻撃型である。症状がもっと重い場合、生き延びるための適応タイプであるスキゾイド型とパラノイド型も、関連するようである。反社会型は、不安や抑鬱になるよりもむしろ行動化する。

人格障害、身体表現性／精神生理学的障害、物質関連障害、摂食障害

スペクトルを降りていって次に止まるところは、人格障害、身体表現性と精神生理学的障害、物質関連障害、摂食障害である。これらの障害は環境でアクティング・アウトする（人格障害）か、体で「アクティング・イン」する（身体表現性と精神生理学的、物質関連、摂食障害）。ある程度の反社会型は、一般にそれぞれのタイプにある。

人格障害

人格障害の種々のタイプは、ポール・ウエア（Ware, 1983）が伝統的名称を付けた六つの人格適応タイプと、

それにプラスして、適応タイプの組み合わせを伴うとわれわれが信じるタイプとに対応する。純粋なタイプは、演技型、強迫観念型、パラノイド型、スキゾイド型、反社会型である。受動攻撃性障害は、以前のＤＳＭの版では載せられていたが、ＤＳＭ-Ⅳ（American Psychiatric Association, 1994）における人格障害の存在を示すリストからは削除され、ＤＳＭ-Ⅳ-ＴＲでもそのままになっている。現在「さらなる研究のための基準」(DSM-Ⅳ-TR, pp. 789-790）には載っている。しかし存在を示すリストに入れるべきであると、われわれは確信する。われわれの確信は臨床的経験と、ヴァン・ジョインズ（Joines, V.)（付録Ｂ参照）とテイビ・ケーラー（Kahler, 1972, 1982）による研究の結果に基づいている。

他の人格障害は次のようである。

(1) **統合失調型**　われわれはこれを、スキゾイド型の現れと考える。機能のスペクトルの否定的な最先端に向かっているものである。
(2) **境界性**　このなかで、受動攻撃型と反社会型の組み合わせが、常に示されていると思われる。
(3) **自己愛性**　このなかで、パラノイド型と反社会型の組み合わせが、常に示されていると思われる。
(4) **回避性**　これをわれわれは、スキゾイド型とパラノイド型の組み合わせと考える。
(5) **依存性**　これをわれわれは、スキゾイド型と受動攻撃型の組み合わせと考える。

われわれの経験によれば、右にあげた適応タイプの組み合わせのなかに、他のさまざまな適応タイプも見出されるが、われわれが言及した適応タイプは常に存在すると思われる。たとえば、自己愛性人格障害の人には、行動上の適応タイプのどれかを見るかもしれないが、パラノイド型と反社会型は、常に生き延びるためのレベルとして存在するであろう。境界性人格障害にもどの適応タイプが見られてもよいが、反社会型と受動攻撃型は常に存在するであろう。

境界性と自己愛性障害は、これまでわれわれが考察したような人格適応タイプのモデルの範囲の外にある、一連の追加の特徴を含む。他の著者（Johnson, 1994 ; Oldham & Morris, 1990）は境界性と自己愛性を、適応タイプのような連続体のうえでの人格の型という見方でみた。しかしわれわれの考えでは、この二つは、このテキストの六つの基本的な適応タイプと質的に異なる。適応タイプよりもっと重症な発達的抑止を含むようである。そしてそれらは、症状の程度において軽症から重症への連続体にある一方、本書で論じた六つの適応タイプでは見ることができたような健康な実例を、この二つで見るのは難しい。それゆえ、境界性と自己愛性障害は原因と治療に関して特有の性質を示し、これについては第18章でさらに考察する。

身体表現性／精神生理学的障害

身体表現性と精神生理学的障害に関しては、最も含まれると思われる適応タイプは、演技型と反社会型である。これらの適応タイプの組み合わせを持つ人たちは、体が反応して無理に注目させるまでは体を無視する傾向がある。感情を混乱させるのを経験する代わりに、何らかの形の身体の痛みをしばしば経験するのであろう。

物質関連障害

物質関連障害はすべて感じること、特に苦痛を感じることから自分を逸らすか麻痺させる方法を含む。再度述べるが、最も含まれると思われる適応タイプは、生き延びるための適応タイプである、パラノイド型、スキゾイド型、反社会型である。行動上の適応タイプも存在するかもしれないが、感じることを最も恐れるのは、生き延びるための適応タイプである。

摂食障害

摂食障害を見るには二つの特定の診断法がある。

（1） **神経性無食欲症**　「正常体重の最低限を維持することの拒否によって特徴づけられる」（DSM-Ⅳ-TR, pp. 583-589）。

（2） **神経性大食症**　「自己誘発性嘔吐、下剤や利尿剤またはその他の薬剤の誤った使用、絶食、または過剰な運動のような不適切な代償行動が引き続いて起こるむちゃ食いのエピソードの繰り返しによって、特徴づけられる」（DSM-Ⅳ-TR, pp. 583, 589-594）。

神経性無食欲症に関しては、伴われる主な人格適応タイプはパラノイド型である。パラノイド型の部分は、安全な方法は、自分と自分の周りのすべてのものを管理することだという決断を含む。しばしば、子どもが外の環境を管理できないと経験するとき、完全に管理できると経験する一つの領域が、食べることである。食べることの徹底した管理は、不安を、特に浣腸や押しつけられた摂食のように、性的なあるいは他のタイプの身体的侵入に関する不安を、鎮める方法である。

神経性大食症に含まれる主な人格適応タイプは、受動攻撃型である。むちゃ食い行動は「親」の管理に対して「子ども」が反抗する方法であり、吐き出すこと、特に嘔吐は、幼児期に直接表現することを許されなかった激怒をぶちまける方法である。初めは親と子どもの間で起こった管理闘争は、今や精神内部で、内的な「親」の自我状態と「子ども」の自我状態の間で起こる。

肥満に関しては、その人が少々太りすぎのとき、問題は常に反抗を含んでいる。太りすぎであることは、過剰に管理する親に反抗する方法である。中程度の太りすぎのとき、性の問題を含んでいる。太りすぎであることは、性的問題を処理しなくてはならないのを避ける方法である。太っているとき、問題は常に生存そのものに関わる。肥満であることは自分を間接的に殺す方法である。ひどい肥満には、反社会型と受動攻撃型が一般に見られる。その人の摂食行動は、劇的な「捕まえられるなら捕まえてごらん」のゲームになる。太りすぎのままでいることは、体重を減らすのを援助しようとする人を馬鹿にする方法であり、内的な「親」の自我状態と「子ども」の自我状態の間の、絶え間ない戦いの準備をする。その戦いは、歴史上の親（両親）と子どもの間の最初の戦いを再演するものである。

精神病性障害

精神病理学の伝統的なスペクトルを降りていくと、最後の機能不全のカテゴリーは精神病性障害である。精神病性障害を第一に識別する特徴は、思考障害の存在である（妄想または顕著な幻覚）。

統合失調症では、他の適応タイプに加えて、スキゾイド型の極端な機能不全が見られる。種々の病型は、スキゾイド型と一定の別の適応タイプとの組み合わせから生じる。妄想型では、明らかに極端なパラノイド型が、スキゾイド型と一緒に見られる。解体型（以前は破瓜病として知られる）では、スキゾイド型とともに、極端に反社会型が見られる。緊張型では、スキゾイド型とともに、極端な受動攻撃型が見られる（動くことを拒絶する）。妄想性障害ではパラノイド型が顕著であり、偏執性の妄想の領域以外では、ものの見方や行動はかなり正常である。短期精神病性障害と共有精神病性障害は、どの適応タイプでも生じる可能性があり、特定の適応タイプよりも、個人の機能、状況的ストレスのレベル、外部環境とのほうが関係がある。

第17章で、原因としての種々のレベルの機能と、それがどのように人格適応タイプと関わるかについて見て、その際、ベイラント（Vaillant, 1977）が展開した概念枠を用いる。

まとめ

人格適応タイプはＤＳＭ-Ⅳ-ＴＲのすべてのレベルのカテゴリーで見られる。ある適応タイプはあるカテゴリーで顕著であろう。機能が高いほど適応タイプの肯定的な側面が使われるであろう。機能が低いほど、適応タイプの否定的な側面が慢性の不適応パターンとして用いられるであろう。

カテゴリー診断基準と六つの適応タイプを見てパートⅡは終わる。このパートの焦点は適応タイプの徹底的な記述、すなわちその起点、人格の点から見て意味するもの、個人的変化のために起こす問題であった。

実際この章は、次のパートⅢの主題への無理のない「橋」となる。これから、実際問題として、治療やカウンセリングをしているあらゆる瞬間に、どのように人格適応タイプを診断するのかという問題を述べていく。

パートⅢ

六つの人格適応タイプモデルの診断

第8章 ドライバー行動――診断の鍵

ドライバー行動と呼ばれる特有な行動的手がかりを観察することにより、いかに素早くそして確実に人格適応タイプの診断をするかについて、この章で説明する。この診断には「生育歴の聴取」は必要ない。実際、数分間会話をしてドライバー行動を観察することにより、その人の適応タイプを的確に判断することができる。この診断は内容ではなくプロセスに基礎を置いているので、このときその人が何について話していてもかまわない。

われわれの意見としては、ドライバーを観察することによって素早く診断できるというこの容易さは、プロセス・モデルの最も強力な特色の一つである。

ドライバー・メッセージとドライバー行動

五つのドライバー・メッセージについては、すでに第4章で取り上げた。人生脚本理論において、これらのメッセージは拮抗禁止令として定義される。すなわち、これらは家族の規範に合わせるために子どもがすべきこと、すべきでないこと、そして良い行動と悪い行動についての親の期待を伝える、その人の脚本における一連のメッセージの一つである。

テイビ・ケーラー（Kahler, T.）が五つのドライバーに名付けた、口語体の名前が思い出されるだろう。それらは以下のとおりである。

- ●完全であれ
- ●強くあれ
- ●努力せよ
- ●他人を喜ばせよ
- ●急げ

内的な経験のなかで五つのドライバーのそれぞれを再演しながら、人は自分自身をつくっていくということも、第4章における人生脚本の議論のなかで記述した。

ここで、ドライバーに関するさらなるキーポイントを紹介する。それらは以下のとおりである。

（1）人が内的体験としてドライバー・メッセージを再演しているときにはいつでも、特有な一連の外的な行動上のシグナルも表している。これらの一連のシグナルがドライバー行動である。
（2）ドライバー行動は非常に短い時間で（典型的には一瞬のうちに）表される。
（3）五つの（内なる）ドライバー・メッセージは、各々独自で（外的な）一連のドライバー行動を伴う。
練習することにより、容易に五つのドライバー行動を観察し、区別することができる。
（4）（第4章で）ご承知のように、各人格適応タイプは、一つのドライバー・メッセージ（あるいは特定のドライバー・メッセージの組み合わせ）をぴったりと連想させる。

（5）　したがって、その人のドライバー行動を観察することが、そのまま人格適応タイプの診断につながる。

人格適応タイプの診断において、ドライバー行動を見つけることは主要なスキルである。ある人のドライバーパターンを知ることは、即その人の人格適応タイプを確実に判断することとなる。このことは、ある人とのセラピーやカウンセリングの最良の方針を立てる方法と、その人の脚本についての豊富な情報に直結する鍵となる。これらの特徴の多くについては、すでにパートIIにおいて述べられているが、その他については次章に続く。

すでに述べたように、診断には「生育歴の聴取」や正式な脚本分析は必要ない。セラピーとして問題についてクライエントと話し合う必要さえない。何について話し合ってもよいのである。ドライバー行動を見つけるためには、内容ではなくプロセスを扱う。「何」ではなく「いかに」を観て聴くのである。

どのような会話においても、人は一分以内に何度もドライバー行動を象徴的に示すものである。したがって通常二、三分のやりとりをすることで、その人の主要なドライバー行動を確実に読み取ることができる。

もしもあなたがこのモデルに馴染みがないなら、どのような話題であろうと一般的な会話を二、三分しただけで、確実に人格診断ができることは信じがたいかもしれない。われわれの理論を使って、われわれの主張を信じるように強要しているわけではない。ここで述べていることをあなたが試して、ご自分の結論に達することを、お勧めしているにすぎない。

ドライバー行動を識別するしっかりとしたスキルを上達させるためには、一定の練習が必要である。このスキルの鍵となる点は、次のセクションでも強調し続けるが、内容ではなくプロセスを観察することである。

もしもあなたがスーパーヴィジョンのなかで、あるいはピア・グループのなかで、フィードバックをもらいながらドライバー観察の練習ができるならば、それはあなたのスキル構築のために役立つことだろう。

ドライバーと六つの適応タイプの相互関係

表4-2では、各適応タイプが固有のドライバー・メッセージまたはメッセージの組み合わせに、どのように対応しているかを示した。ここにその情報を再度示す（表8-1）。しかし、ここではドライバーの名前を先に表し、各ドライバーが示す適応タイプの名前を後に表示した。

各人格適応タイプには、一次的（主要な）ドライバーとともに、しばしば二次的ドライバーが存在する。これらは括弧内に示されている。パラノイド型は、〈完全であれ〉と〈強くあれ〉のドライバーが、ほぼ同じ強さの組み合わせで示されている。反社会型の人は、査定図表（第1章と第5章を参照）の〈受動的-引きこもる〉と〈能動的-関わる〉の枠の間を行き来するように、〈強くあれ〉と〈他人を喜ばせよ〉の間を行き来する。

図8-1にこの情報を図にして再度示す。ご覧のように査定図表の「位置関係」を見ることにより、ドライバーと適応タイプの対応をすっきりと理解できる。たとえば左上の枠〈能動的-関わる〉には、演技型と〈他人を喜ばせよ〉のドライバーの両方が含まれる。そして〈他人を喜ばせよ〉は、演技型の診断を導くドライバー行動である。

次の項で、ドライバーを定義する五つの異なる「行動パッケージ」を記述し、それらを実際にいかに見つけるかを紹介する。

ドライバーは「行動パッケージ」である

五つのドライバーの各々の名前は、特定の行動のセットを示している。人は典型的にはほんの一瞬のごく短い

表 8-1　一次的ドライバーと人格適応タイプの対応

主要なドライバー	人格適応タイプ
他人を喜ばせよ （＋努力せよ　または　急げ）	熱狂的過剰反応者 （演技型）
完全であれ （＋強くあれ）	責任感ある仕事中毒者 （強迫観念型）
完全であれ＝強くあれ	才気ある懐疑者 （パラノイド型）
強くあれ （＋努力せよ　または　他人を喜ばせよ）	創造的夢想家 （スキゾイド型）
努力せよ （＋強くあれ）	おどけた反抗者 （受動攻撃型）
強くあれ 他人を喜ばせよ	魅力的操作者 （反社会型）

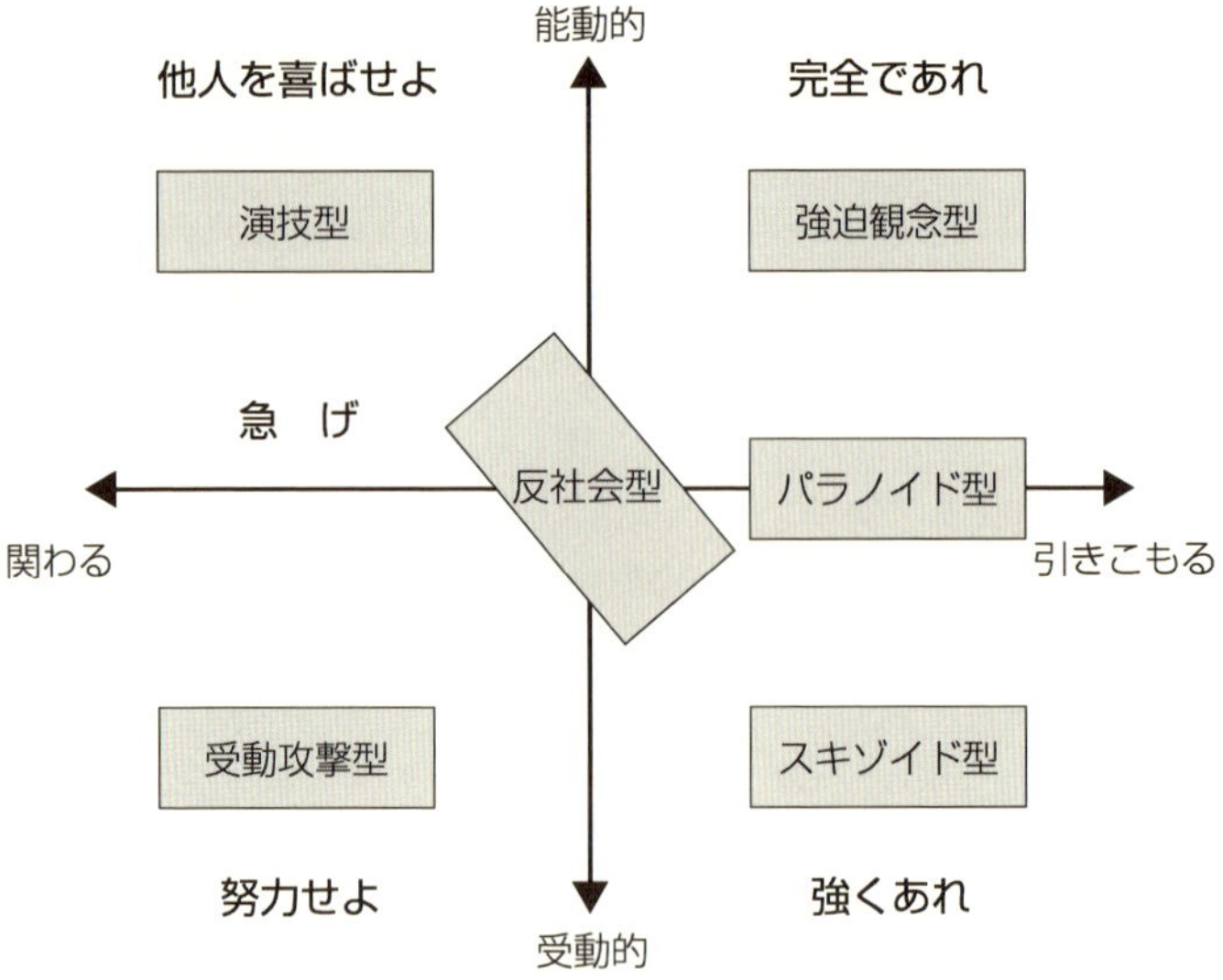

図 8-1　ドライバーと人格適応タイプの関係

時間のなかでさえ、これらの行動を表す。一、二秒これらの行動を観察することにより、ドライバーの違いを確実に診断することができる。

各々の「行動パッケージ」の内容は以下のとおりである。

- 言　葉
- 口　調
- 身振り
- 姿　勢
- 表　情

各ドライバーを定義する、これらの行動のセットを表8-2に示す。

プロセス・モデルに関するわれわれの経験から、ケーラー（1979, 1997a）によるオリジナルのドライバーの手がかりを示す表に、二つの小さな変更を加えた。一つめは、ケーラーがリストに挙げなかったいくつかの行動を加えた。これらは、特定のドライバーの確かな手がかりであるとわれわれは信じている。観察に基づいて、これらの追加をしたことをわれわれは強調したい。つまり、特定のドライバーに対するその他の手がかりとともに、人びとがあまりにたびたび問題のその行動を表すのを見たからである。その行動が特定のドライバーに対応する「べきだ」と考えて、それらを加えたわけではない。表8-2のこれらの加えた手がかりに＊印を付けた。

二つめの修正は、いくつかの行動を強調したことである。われわれの経験では、これらはその問題のドライバーの最も強力な診断的特徴である。これらの行動は表8-2においてはゴシック体で表した。

表 8-2　ドライバー行動の手がかり

ドライバー	言　葉	口　調	身振り	姿　勢	表　情
完全であれ	挿入語句や括弧にくくった言い回し 番号をつけて述べる 「いわば」 「ご覧のように」 「すなわち」	早口で歯切れが良い なめらか よく調整された 明確な発音	指で数える あごをなでる 両手の指先を山型に合わせる＊	直立した 左右バランスのとれた（成人の自我状態に似ている）	会話の途切れに，一方向を見上げる（下を見ることは少ない）＊ 口元はやや緊張し，軽く閉じている＊
強くあれ	(「距離を置く」たとえば，) 「怒らせないで！」 「うんざりさせられた」 「それは良い感じだ」	抑揚がない 単調な 通常低め	身振りはほとんどないか，欠如している	不動の 閉じた（腕を組む，足を組む）	動きがない 感情を表さない
努力せよ	「なに？　ハッ？エッ？」 「～やろうと思います」 「～できません」 「～は難しいです」 「よく注意しなさい」	緊張した 締めつけられたような 口ごもった ためらいがちな	頭の横に手を置く（あたかも精一杯見たり聞いたりしているように）＊ 手を硬く握り締める	身を前へ乗り出す 身をかがめる	眉をしかめる（眉間に皺を寄せる）
他人を喜ばせよ	「(高揚)～しかし～(低調)」 「大丈夫？　いいですか？」 「まぁ，なんて言うか……」 「どう？」(同意を求めるように)	高い キーキー声 文章の最後が上がる	うなずく 両手を伸ばす（手のひらを上に向けることが多い）	肩をすぼめて，前かがみ 相手のほうに身を傾ける	眉毛を上げ，下から見上げる 額に横皺をよせる 歯を出し，大げさに笑う うつむく
急　げ	「早く！」 「急ごう！」 「さぁやろう！」 「時間がない！」	スタッカート 機関銃のような 一気に話す せかせかする	指でこつこつたたく 貧乏ゆすり そわそわする	イライラし，せわしなく姿勢を変える	素早い，頻繁な視線の変化

ドライバー行動を発見する

ドライバー行動を見つけだすときに、気をつけるべき三つのポイントをここに示す。

（1） 数秒以内に観察することに慣れる。
（2） 一連の行動の手がかりを見つける。
（3） その人の一次的ドライバーを見分ける。

（1） 数秒以内で観察することに慣れる

ドライバー発見についての最初の実践的な「ハウ・ツー」は次のとおりだ。何分や何時間、またはセラピーセッション中というより、十五〜三十秒の間の観察に慣れる必要がある。

たとえば、次のやり取りを検討しなさい。

セラピスト　では今日の私たちのセッションで、あなたが望むことを言ってください。
クライエント　ええと……（ほんの少しだけ口元を外側に引いて、両手の指先をそろえて胸の前に置きながら、彼女は右上に目をやった）。良くなりたいです！（彼女の声は次第に速くなり、音節の終わりが上がる。同時に額に横皺ができるくらい眉毛を上げて目を見開き、上の歯が見えるくらい口を開け、そしてセラピストのほうへ体を傾けながら、手の平を上にして手を彼のほうへ伸ばした。

この記述は実際のやり取りよりも読むのに時間がかかる。クライエントがこれらの行動に要する時間は、実際一秒以内である。その間に彼女は、最初は〈完全であれ〉、そして次に〈他人を喜ばせよ〉のドライバーを表した。

この変化を極めて短時間に気づけば、ドライバー行動を発見することは簡単だとわかるだろう。必要な毎秒ごとの観察に慣れるためには、ある程度の練習が必要だ。しかし、ドライバーを発見するのに微細なミクロ行動を扱う必要はない。ドライバーはたやすく観察できる最初のマクロ行動で決められる。

(2) 一連の行動の手がかりを見つける

ケーラーは「一つの行動的手がかりが一つのドライバーを導き出すのではない」(Kahler, 1979) と強調する。確かなドライバーを見つけるためには、言葉、口調、身振り、姿勢そして表情という五つの行動の領域すべてから引き出された一連の手がかりを、観たり聴いたりする必要がある。一般的なガイドラインとして、ドライバーの手がかりを同時に少なくとも三つ観察したときに限り、そのドライバーを診断することを薦める。表8-2で、ドライバーの「強力な診断的特徴」として挙げられた手がかりには、特に重きを置くことができる。

(3) 一次的ドライバーを見分ける

人格適応タイプの診断のためにドライバーを発見しようとしているとき、その人の一次的ドライバーが何であるかを診断することが重要だ。実際の会話に最も頻繁に示されるのがこのドライバーだ。そのドライバーは、あなたとのやり取りの最初の反応として示されることも非常に多い。

ドライバー行動は、特徴的にやり取りの端々に頻繁に示される。二分間の会話のなかに、その人の一次的ドライバーを判断するのに十分なドライバーの手がかりを、観たり聴いたりすることが常である。

繰り返すが、その時間にクライエントとあなたが何について話しているかは関係ない。内容(「何が」)でなく、プロセス(「いかに」)を観察しているのである。

あなたがクライエントに何か言ったり質問したりした後に生じる沈黙に、特別な注意を向けることは助けになる。その沈黙の間に一次的ドライバーが示されることがよくある。

ほとんどの人が明らかな一次的ドライバーとして、五つのドライバー行動のなかの一つを示す。同じ頻度で二つのドライバーを示す人の数は少ない。三つあるいはそれ以上のドライバーを一次的ドライバーとして示すというのは、さらに少数派である。

われわれの経験上、〈急げ〉のドライバーは、ドライバー行動のなかで「仲間はずれ」のことが多い。一次的ドライバーとして観察されることは滅多にない。しかしたびたび二次的ドライバーとして表れ、一次的ドライバーの補強役を務める。

ドライバーの手がかり――おまけのヒント

ここにドライバーを発見するための追加のヒントのいくつかを提示する。

(1) 刻々とあなたのクライエントを観察するとき、どのドライバー行動でもない多くの他の行動的手がかりを表していることにも気づくだろう。たとえば頭をかいたり、洋服の糸くずを取ったり、椅子の上で左右に重心を動かしたりなどである。これらの非言語的手がかりが、クライエントやあなたにとってそれ自体の意味があるとしても、五つのドライバーを識別するのはあくまでも表8-2のなかの特別な行動の「パッケージ」である。ドライバー行動のシグナルと一貫して一緒に生じる、五つの特有な手がかりのセットを区別する技術は、練習することですぐに上達するだろう。

(2) 括弧に入れた言葉使い、すなわち挿入句のように用いられる言葉は、特に〈完全であれ〉のドライバーの手がかりを物語っている。括弧の効果は話し手が文章を終える前に、一つまたはそれ以上の的確な情報を与えることである。例を挙げると以下のようになる。

「私の意向は（今日のミーティングで述べたように、そして以前から機会があるごとに明らかにしてきたように）この状況に対しての処置をとることだ」
「この本は（ご存じかもしれませんが）、パーソナリティーを理解するための実践的なガイドです」

（3）「～しようと思います」という言い回しは、しばしば〈努力せよ〉のドライバーを連想させるが、それだけではそのドライバーの確かな診断とはならない。判断する前に「～しようと思います」が〈努力せよ〉を示しているか、口調、身振りなどからの補助的な手がかりをチェックする必要がある。

（4）〈他人を喜ばせよ〉のドライバーを示す人は、「高揚-（しかし）-低調」という文章のパターンを使うことが多い。文章はその人にとって何か良いことについて、興奮気味に始まる。そして「しかし」の言葉で代表される転換点がある。その人にとっての好ましくない何かについて、「低い調子」で文章が締めくくられる。例を挙げると以下のようになる。
「ねぇ、僕は本当にこのパーティーを楽しんでいるよ。でも、まったく二日酔いになりそうだ」

「あなたの教え方は素晴らしかったと思いました。しかし私がしっかり理解したかどうかはわかりません」

重要――ドライバーは内容ではなく、プロセスの観察により発見する

われわれは、ドライバーを発見するためにはプロセスに焦点を当てなくてはならないと、再度強調する。その人がとる行動の内容を観察することによっては、ドライバーを発見することはできない。このポイントを例証するために、ここに四つの短い事例を紹介する。

例 1

学生のジャネットは今度の試験を心配してセラピーに来た。最初のセッションで彼女は私（イアン・スチュ

アート）に、どんなに彼女が良い成績を取りたいかを述べた。しかし、彼女は合格しないのではないかと不安だった。「両親は二人とも私が良くできることを熱望しているんです。そして良い点を取ることは私にとっては、とってもとっても重要なことなんです。学期の小論はよくできたんですが、本番でおそろしい失敗をするのではないかと心配なんです。おわかりいただけますか」と彼女は言った。

ジャネットが言っていることを聞くと、「すべてをしっかりしたい」と彼女が望んでいることは明らかだった。もしも私がこの内容から、彼女の一次的ドライバーを診断しようという間違いを犯したなら、それは〈完全であれ〉であると言ったかもしれない。しかし実際は、彼女の主要なドライバーは〈完全であれ〉ではなく〈他人を喜ばせよ〉だった。

これは、彼女が話すプロセスのなかに観たり聴いたりすることができた。彼女が話すとき〈他人を喜ばせよ〉のドライバーを示す行動の「パッケージ」を、彼女は毎秒のようにたびたび表した。彼女はときどき眉毛を上げ、上の歯が見えるような大げさな微笑みを浮かべ、そしてうつむきかげんで上目使いなので、彼女の額には横皺が寄っていた。同時に耳元まで肩を上げて、そして時には両手で抱き寄せる動作で私のほうに傾いたりもした。彼女は前述のような「高揚-(しかし)-低調」の文章のパターンをたびたび使った。彼女はよく「～ですよね」というような「言い方」で文を終えた。これらの言葉を彼女が言うときは声の調子が上がり、時にはほとんど金切り声だった。

その他のドライバーの行動的手がかり（表8-2）も探そうとした。しかしジャネットは〈他人を喜ばせよ〉を示すほどには、他は表さなかった。時には一、二秒、彼女は〈強くあれ〉の無表情な間を取ることがあった。そこでジャネットにとってそのドライバーは、重要性の面で〈他人を喜ばせよ〉の次に来ると私は判断した。

例 2

サミールは、彼自身がやめられるとは思えない頑固な働きすぎのパターンを訴えて、セラピーにやって来た

（彼は第16章で再度登場する）。セラピーの初期のセッションでサミールは、彼がいかに駆り立てられそして悩まされているかを私に語ることに、多くの時間を費やした。「これらの二つの仕事、えーと私が書かないといけないこの記事を考慮すると、実際三つの仕事を同時に抱えて、すべてに割り振る時間をどう見つけだしたらいいか私にはわからないのです。実際これらを終えるためには一日が、一日とは起きている時間で、つまり寝る時間はさらに見つけなければならないということですが、私には二十四時間以上が必要だということになるのです」と彼は話した。

この内容から、サミールの一次的ドライバーを診断しようとする間違いを犯したとしたらどうだろうか。それは〈急げ〉であると私は言ったかもしれない。なぜならサミールは確かにいつも猛進していた。しかし事実は、彼の主要なドライバーは、〈急げ〉ではなく〈完全であれ〉だった。

サミールとのコミュニケーションのプロセスから、このことを観たり聴いたりできる。彼が話すとき、彼は何回も文章に括弧を入れた。彼は一つの考えで始めるが、他の考えに切り替え、その前後に「精神的カンマ」のようなものを置いて、それから文章を終えるために最初の考えに戻る。前述の例のように彼はたびたび、次々と括弧に入れる。サミールは話しながらよく指で数を数えた（前述の例でも彼は「二つの仕事」について話し、それを三つに変えたときにも、彼は指で仕事を数えていた）。頻繁に彼は〈完全であれ〉の目印である表情も示した。口元をやや緊張させて閉じて、一方を見上げた。私が彼に質問をして彼が答えるまでの間に、彼は特によくこの表情を示した。

サミールは〈急げ〉のドライバーを、内容のなかよりもプロセスのなかに示しただろうか。答えはイエスである。彼は最もよくある形で〈急げ〉のドライバー行動を示した。すなわち〈急げ〉の一、二個の指標とともに、同時に他のドライバーを示す形である。サミールのケースでも〈急げ〉の手がかりは、右足の貧乏ゆすりだった。しかし彼がこの手がかりを示すのは〈完全であれ〉の行動を示すときに限られていた。私にとっては〈完全であれ〉が彼の一次的ドライバーであることに変わりはない。

例　3

アニーはうつ状態になって個人セラピーに現れた。彼女の問題は、パートナーとの一対一の関係に満足できないことにあるようだと述べた。初期のセッションで彼女がこれについて話すときは、声は平坦で抑揚がなかった。彼女の顔は動きがなかった。ほとんどの時間を彼女はじっと黙って座って、そしてたびたび腕を組んでいた。「私は一生懸命長続きする関係を見つけようとしたのです。人には人間関係が必要ですから。そうでしょう？　しかしなぜか私はそれを避けてしまうのです。それで私は落ち込むのだろうと思います。実際のところ、この人間関係の問題が、私の上に覆いかぶさっているのです」と彼女は言った。

アニーのコミュニケーションのプロセスは、明らかに彼女の一次的ドライバーが〈強くあれ〉であることを示していた（この手がかりについては表8-2に要約されている）。「一生懸命努力する」という言葉を彼女が使うにもかかわらず、これは真実だった。私が間違えてプロセスでなく内容に注意を向けたとすると、彼女の行動が〈努力せよ〉を示していると診断間違いをしたかもしれない。

例　4

リロイは私のところに電話をかけてきて、継続中のセラピーグループに空きがあると聞いたので、参加してみたいと言った。この可能性について彼と私が「検討」できるように、私はグループ参加のための話し合いの予約を入れた。彼は今、面接室で私の反対側に座っていて、そして私は彼にグループメンバーとしての「基本ルール」の説明をしていた。

まず、出席できないセッションの扱いのための調整について話し始めたところ、「えっ、何ですって？　どうも納得がいきません」とリロイは私をさえぎった。こう言いながら彼は私のほうに乗り出して、握りこぶしを彼の耳に押し当てていた。彼は顔をしかめ、眉間に二本の縦皺ができるほど眉毛を寄せた。彼が話すときの声は、緊張して締めつけられた調子だった。それはまるで彼が喉の筋をぴんと張っているようだった（実際に彼はそうだった）。リロイはこれらの行動を、会話をしている間に何回も示していた。そして彼は、次の数分間にもたびたびそれらを繰り返した。毎回彼は一瞬の間に、この特有な行動の「パッケージ」を示した。

この時点でリロイは治療的な内容については、まだ一言も話していなかった。しかし彼のコミュニケーションのプロセスから、私はすでに彼の一次的ドライバーが〈努力せよ〉であることを理解していた。

まとめ

五つのドライバー行動を観察することによって、あなたは人格適応タイプを素早く確実に診断することができる。効果的なドライバーの発見のためには、内容ではなくプロセスに焦点を当てる必要がある。典型的には、一秒以内の時間で生じる各ドライバーを決める特有な「行動パッケージ」を、あなたはすぐに識別できるようになるだろう。

ドライバー行動は素早い診断の鍵となるが、それらはある人の人格適応タイプの判断に使うことができる唯一の観察上の手がかりではない。次の章で、さらに有用な手がかりについて説明する。

第9章

適応タイプの診断に関する他の手がかり

ドライバー行動の鍵となるシグナルと同様に、適応タイプの区別をするための助けとなる他の手がかりがある。各適応タイプには、行動と自己表現のなかに観察可能な典型的な特色がある。この章では診断のための追加の手がかりを見てみる。それは以下のとおりである。

- 社交上のスタイルの好み
- 脅威に対する反応
- 時間の構造化の好み
- 歩き方
- 総合的な「行動上の」と「生き延びるため」の行動様式

社交上のスタイルの好み

査定図表の四分割図（第1章）を紹介したときに、社会的状況における人間関係のとり方には、各適応タイプによって各々の好みがあることを説明した。他の人びとに働きかける能動型の人もいれば、最初の動きを他の人がとることを待つ傾向がある受動型の人もいる。大きなグループに入るのを好む関わり型かもしれないし、一、二名と関わるか、または一人でいるのを好む引きこもり型かもしれない。

第1章において、思考・感情・行動の三つの「コンタクト・ドア」について説明した。これらの「ドア」は、他の人に関わってほしい好みの領域を表している。「ドア」の順番——ウエア理論——が、適応タイプの違いによって異なることをあなたはすでに学ばれた。

各適応タイプにとって「オープン・ドア」は、他の人から最初にコンタクトされるのを好む領域で、最もエネルギーがある領域である。典型的には彼らはコンタクトするために、その同じ領域に他の人びとを誘い入れる。たとえば、責任感のある仕事中毒者のオープン・ドアは思考である。他の人が思考の領域で彼と最初のコンタクトをとることを彼は好み、そして彼も典型的には同じ思考の領域で他の人とコンタクトするのを好むだろう。

この情報をすべてまとめて、異なる適応タイプの人が社会的状況で他の人と交流する典型的な方法の描写を、われわれは発展させた。それを図9-1に示した。

●熱狂的な過剰反応者（演技型）は、〈能動的-関わる〉の枠の中にあり、最初に情緒を示す。彼らは情緒的なニュアンスで会話を始めながら、微笑みを浮かべて親しげなスタイルで他の人のほうへ歩み寄る。彼らは大きなグループに属することを楽しみ、そして実際しばしば彼らの周りにいる大勢の人びとを引きつける。

●責任感ある仕事中毒者（強迫観念型）は、〈能動的-引きこもる〉の枠の中にあり、思考が先行する。社交の場では、彼らはグループのなかの一人、またはせいぜい多くても二、三人の人を見つけて、コンタクトをとるためにその人（たち）のほうへ能動的に動く。そして彼らは、情緒的というよりも思考的問題を取

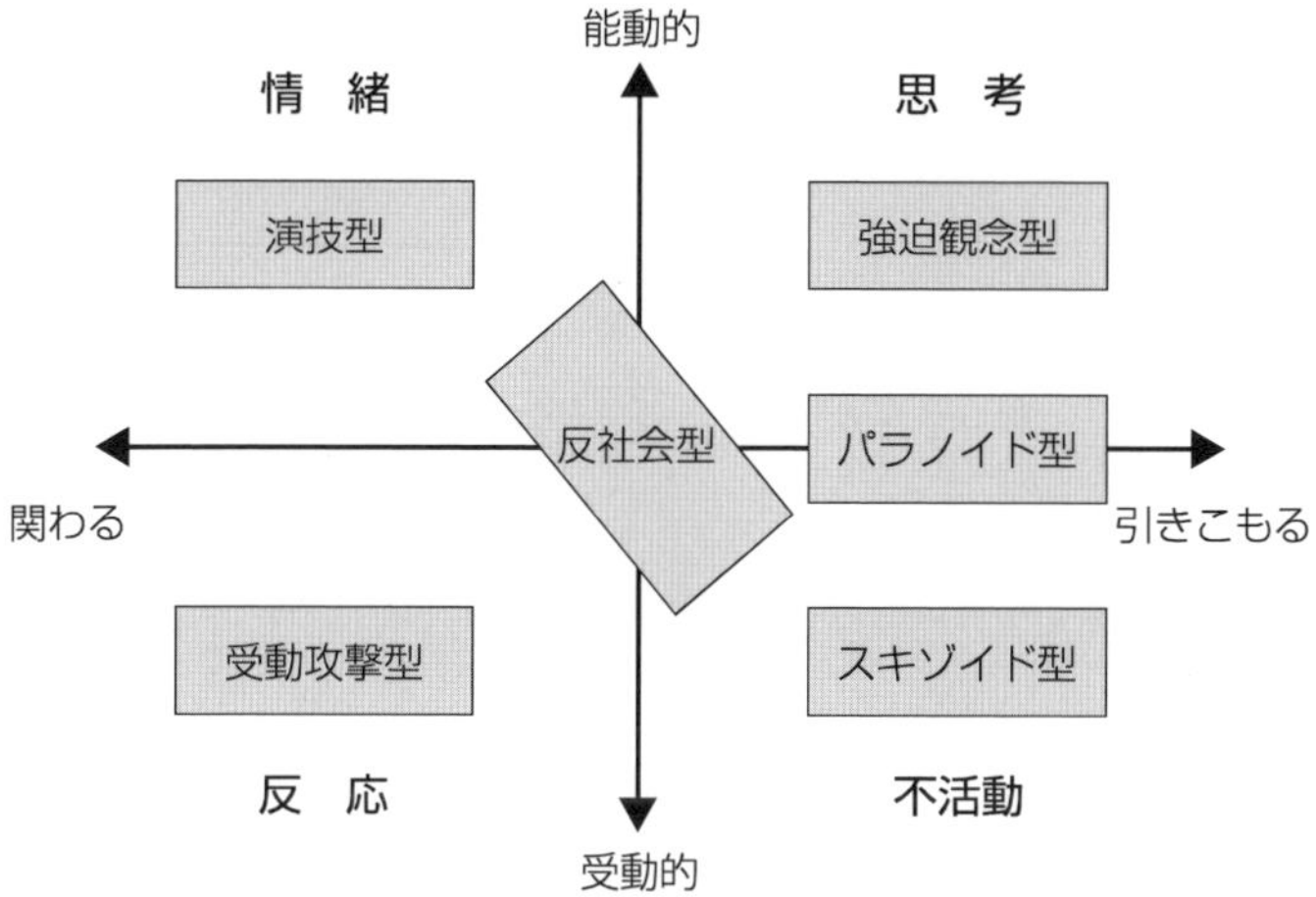

図 9-1 六つの人格適応タイプにおける社交上のスタイル

り上げて会話を始めるだろう。

●才気ある懐疑者（パラノイド型）は〈引きこもる〉側にあり、〈能動的と受動的〉の中間に位置している。彼らは能動的または受動的に動き出す前に、状況をまず最初に確かめて評価するだろう。彼らが他の人びとと関わろうと決めると、彼らは責任感ある仕事中毒者と似たスタイルをとる。彼らは個人または小さなグループに歩み寄り、多くの場合、真面目な態度で思考モードの会話を始めるだろう。

●創造的夢想家（スキゾイド型）は、〈受動的-引きこもる〉の枠の中にあり、他の人と会話をするというよりも内気な態度を示すだろう。つまり彼らの社会的態度は活動しないスタイルである。もしも一人または数人の人が近づいてきて、その人（たち）が話を止めるまでは彼らは会話をするが、その後また彼らは一人に戻るだろう。もしもスキゾイド型の人が大きなグループに「いなければならない」ときは、典型的には彼らは隅のほうに移動して黙っているだろう。

●おどけた反抗者（受動攻撃型）は、〈受動的-関わる〉の枠の中にあり、感情や思考というよりも行動をとるだろう。彼らの社会的態度は反応するスタイルだ。つまり典型的には彼らは大きなグループの隅に行き、耳を傾け、そしてそのグループが言ったりすることについて、何か「邪魔をする」ようなことをする。彼らはしばしばとてもおどけて、そしてうるさくやりすぎる傾向があり、ときどきそのことで他の人をいらいらさせる。

●魅力的操作者（反社会型）は、〈能動的-関わる〉と〈受動的-引きこもる〉の枠の間でシフトする。彼らは能動的または受動的な方向をとる前に、まずは状況を評価するだろう。もしも彼らが状況を操作するのに有利と見れば、彼らは他の人びとを脅したり唆したりするために攻撃的態度に出る。もしも彼らに得るところが何もないとなれば、彼らは引きこもりそして受動的になるだろう。

脅威に対する反応

脅威を感じる状況では、各々の適応タイプの典型的な反応の仕方による、独特な相違を観察することができる。

●演技型適応タイプの人は、彼らの感情をエスカレートするだろう。
●強迫観念型適応タイプの人は、「超理性的」になるだろう。
●パラノイド型適応タイプの人は、剃刀のようにシャープな知性で対立者をアタックするだろう。
●スキゾイド型適応タイプの人は、かがみこんでいるだろう。
●受動攻撃型適応タイプの人は、泣き言を言い、不満を言ってあがくだろう。
●反社会型適応タイプの人は、状況を有利にしようとして、他の人びとを脅したり唆したりするだろう。

時間の構造化の好み

適応タイプの違いによる他の興味深い特徴は、彼らが好む時間の構造化の方法である。人が二人またはグループでいるときの時間の構造化には、六つの可能な方法があるとエリック・バーン（Bern, 1966）は指摘した。要約すると以下のとおりである。

（1）**引きこもり**　他の人（たち）と交流しない。身体はここにあるが、心ここにあらずの状態である。

（2）**儀式**　ここでは、人は前もって決められた社交的なやりとりを交わす。たとえば「お元気ですか」「はい、元気です。あなたはいかがですか」

（3）**暇つぶし**　時間の構造化のこのモードでは、人は何かについて話すが、それに関して行動を起こすつもりはない。彼らは「ちょっとした会話をしている」のである。典型的な暇つぶしの話題は、スポーツ、子どものこと、または天気である。

（4）**活動**　ここに関わる人は、何かについて話すというのとはまったく反対に、ゴールを達成しようとする対象を持っている。例としては、ビジネスプランについての集中したディスカッションなどである。

（5）**ゲーム（そしてラケッティアリング）**　第4章でゲームについて論じた。ゲームは繰り返される一連のやり取りで、そこでは各関係者が典型的には悪い感情（ラケット感情）を持ち、そして相手を批判して終わる。実際のゲームにはプレーヤーたちが突然役割を交替し、切り替える瞬間が必ずある。ゲームをすることにとても似ているものにラ、ケ、ッ、テ、ィ、ア、リ、ン、グ、がある。ここではプレーヤー間でのやり取りにラケット感情を伴うが、しかし切り替えがない。

（6）**親密**　バーンは「親密」という言葉を、普段辞書が意味するのとは違った意味で使った。人が検閲抜きに「隠された議題」なしにお互いを求め、オーセンティック・フィーリング（本物の感情）を表現し合うやり取りを記述するために、この言葉は使われている。

人が引きこもりから親密へと動くにつれて、ストロークの強度が増す傾向がある。ストロークの強度とは、相手から受け止められたと人が知覚する、コンタクトと認知の程度である。含まれる精神的リスク（知覚された拒絶のリスク）の程度も、同様に増える傾向がある。どれにも固執せずに、適切に六つの方法の各々を利用することが目標である。しかしながら各適応タイプによって、明らかな時間の構造化の好みがある。

●熱狂的な過剰反応者（演技型）の適応タイプの人は、暇つぶし、ゲーム、親密を好む。暇つぶしをすることで彼らは他の人びとと交わり、そのことが最も彼らの満足を満たす。彼らが最も好んでするゲームは「ラポ」と呼ばれ、「思わせぶり」として普通説明される。ラポのゲームをすることで、熱狂的な過剰反応者は性的に面倒な問題のない、そして彼らが最も好むたくさんの注目を集めることができる。親密のなかで彼らは安全を感じ、深い癒しのスタイルとして他の人びとと接触することができる。

●責任感ある仕事中毒者（強迫観念型）の適応タイプの人は、活動、ゲーム、親密を好む。何かをすることに大きな価値を置き、忙しくしていることを「良し」とするところがあるので、活動は彼らにとってのナンバーワンである。彼らが最も好むゲームは〈急げ〉と呼ばれるゲームで、彼らができること以上のことをやろうとして、そしてそのことに不平を言うゲームである。〈急げ〉のゲームは他の人から同情され、ストロークを得ることにもなり、そしてさらなる責任は避けることができる。親密によって彼らは仕事から離れる価値を感じるが、その変化は彼らにとって受け入れがたい。しかしひとたび彼らが実行すれば、楽しむことができる。

●才気ある懐疑者（パラノイド型）の適応タイプの人は、儀式、暇つぶし、ゲームを好む。才気ある懐疑者は不意打ちが苦手で、儀式は構造化されて予測可能なので、彼らは儀式を好むのである。彼らは暇つぶしも好きだが、状況をコントロールできるように、他の人びとを聞き手にして会話を支配したがる。彼らがよく行うラケッティアリングのテーマは、他の人の欠点を捜す「あら捜し」である。あら捜しによって他の人を支配し、安全な距離を保つことを正当化できる。しかし他の人びとが支配されるのに疲れ関係を切るとき、才気ある懐疑者はたびたびこの非難するゲームのリバウンドを受けることになる。そうするとパラノイドの人は、うつ気分とともに見捨てられたと感じる。彼は、あら捜しから〈足蹴にしてくれ〉のゲームに切り替えたのである。

●創造的夢想家（スキゾイド型）の適応タイプの人は、引きこもり、活動、親密を好む。引きこもりによって、彼らは孤独のなかで平和と回復を体験できる。一人で働くスタイルが、普通彼らの好む活動のタイプである。彼ら好みの他の人びととの接触の仕方は、非言語的な親密である。彼らは理想的には引きこもりから親密に、間にあるすべてを飛ばしていこうとする。彼らはグループのなかで影響し合うことを好まない。その代わりに彼らは独りぼっちでいるか、一人の人と深い親密な関係を持つことを望む。彼らは話さずに親しくなろうとして、シンプルに感情のレベルで他の人びととの本質と関わろうとする。しかし彼らはこのことを非言語的に行うので、他の人びとはしばしば彼らのしていることに気づかず、彼らの関係はそのまま終わるということになるかもしれない。

●おどけた反抗者（受動攻撃型）の適応タイプの人は、暇つぶしとゲームを好む。暇つぶしのなかでプレイフルなスタイルで他の人びとと接触できることは、彼らにとって最も満足できることである。彼らは楽しいことが大好きだ。おどけた反抗者はよく〈こうしてみたら、はいでも〉と呼ばれるゲームを演じる。このゲームは、彼らが解決を求めているかのような問題を提示し、そして提案されたことを拒否することによって生じるもめごとである。その他の彼らのお好みのゲームは〈私に何かして〉で、これは彼らが望むことをはっきり頼まずに、彼らの世話をすることを他の人びとにさせようとするゲームである。

●魅力的操作者（反社会型）の適応タイプの人は、ゲームと暇つぶしを好む。彼らはゲームが好きである。なぜならゲームには彼らが最も達成感を感じる、興奮とドラマがあるからである。彼ら好みのゲームの一つに「捕まえられるものなら捕まえてごらん」がある。これはいつも他の人びととの警戒を解くようにだまして優位に立ち、そして他の人びとを馬鹿にするゲームである。これによって彼らは勝利感とともに対等感を得る。しかし時によっては、反社会型の人は実際に捕まってしまい、「警官と泥棒」のゲームに切り替える。魅力的操作者が演じる他のゲームは「ＷＯＬＦ」（気をつけろ！　嘘つき野郎にだまされるな）である。ここではゲームプレイヤーは、実際嘘をついているときに本当のことを言っているふりをしたり、実際には本当のことを言っているときに嘘をついているふりをする。問題は他の人びとにはどちらなのかがわからず、馬鹿げて見える。そのうち人びとは彼らのことを信用しなくなる。暇つぶしのなかで彼らはおどけて愉快なスタイルで、他の人びとと接する。より大胆でエキサイティングなほうがよい。魅力的操作者は退屈を嫌う。彼らにとって退屈は、死よりひどい運命なのだ。

歩き方

いかに人が歩くかを観察するのは、適応タイプを比較する楽しい遊び心のある方法である。適応タイプの違いにより、人の歩き方がいかに異なるかを注意してみると、著しい相違が発見できる。このことをチェックするためには、空港やショッピングモールに行って、単にそこにいる人びとを観察すればよい。以下に典型的な手がかりを示す。

●熱狂的な過剰反応者（演技型）の適応タイプの人は、軽く弾むようなステップや、スムーズなスウィングのある歩き方の傾向がある。
●責任感ある仕事中毒者（強迫観念型）の適応タイプの人は、過度な動きをコントロールする傾向がある。
●才気ある懐疑者（パラノイド型）の適応タイプの人は、背中に鋼鉄の棒でも入れているような硬直した歩き方をする。
●創造的夢想家（スキゾイド型）の適応タイプの人は、ぼんやりしているように見える。彼らの体はよく統合されているようには見えない。彼らはあたかもハンガーに掛けられて、宙に吊るされているかのようだ。
●おどけた反抗者（受動攻撃型）の適応タイプの人は、ぎくしゃくした動きのある歩き方をすることがよくある。
●魅力的操作者（反社会型）の適応タイプの人は、映画の『サタデイナイト・フィーバー』でジョン・トラボルタが演じた役のように、威張って歩く傾向がある。彼らの歩き方は、骨盤がリードすることが多い。

熱心に観察することにより、単に歩き方からいかに早く適応タイプを区別できるようになるかを、あなたは体験できるだろう。

総合的な「行動上のため」と「生き延びるため」の行動様式

適応タイプの見立ての最後のオプションは、行動上のためと生き延びるための適応タイプの違いを考慮することである。すべての人が両方を持つので、三つの行動上のためと三つの生き延びるための適応タイプの、典型的な総合的行動パターンのようなものを見つけることができる。

行動上のための適応タイプ

行動上のための適応タイプを見立てるためには、その人が知覚するところの他の人の期待に合わせるために、その人が何をするかに注目すればよい。

●周りのすべての人の幸せと心地良さを保つことに、エネルギーを注いでいるか（熱狂的な過剰反応者？）
●すべてを正しくそしてうまくいくように、ベストを尽くそうとしているか（責任感ある仕事中毒者？）
●自分のやり方でできるように、他の人の期待に対して常に争っているか（おどけた反抗者？）

生き延びるための適応タイプ

同様に生きるか死ぬかのように感じるストレスのもとで、その人が何をするかについて考えることで、生き延びるための適応タイプの見立てをすることができる。

●まず慎重に状況について考え、そして確実に自分の手の内でことを進めていくように動くだろうか（才気ある懐疑者？）
●引きこもって、ことが収まるのを待つ傾向があるだろうか（創造的夢想家？）
●まず状況を判断して、そして有利になるように画策するだろうか（魅力的操作者？）

まとめ

六つの各適応タイプを見分ける観察可能な手がかりはたくさんある。それらの手がかりとは、人といかに関わるか、脅威に対する反応、時間の構造化の好み、そして歩き方などである。行動上の、そして生き延びるための適応タイプそれぞれに、典型的な総合的行動パターンがある。これらの違いを知ることにより、直接的観察と直感的手がかりを通して、速やかな適応タイプの診断が可能となる。

この章でパートIIIは終わりである。このパートと前のパートにおいて、六つの適応タイプを記述し、いかに診断できるかについて述べた。あなたはすでに適応タイプを「見分ける」多くの方法を理解していると実感できるだろう。あなたは第1章に記述された適応タイプの「寸描」から始めることができる。そしてあなたはパートIIで述べられているような、子どもの発達、人格構造、脚本の問題についての性質的詳細を加えることができる。これらの情報は面接室内で提示される問題と同様に、生育歴や脚本分析から得ることができる。

さらにその他の診断チェックとして、このパートIIIに記述したようなドライバー行動や、その他の手がかりを観察することができる。適応モデルの枠組みのなかで　これらのすべての情報を常に関連づけることにより、あなたのクライエントの人格を深く理解することができる。われわれの意見としては、この異なる情報のセットを関連づける能力は、このモデルの大きな強みの一つである。

あなたはこのモデルにおける診断について、まだ「述べるべきこと」があると思われるだろう。しかし次のパートでは、主な焦点を診断から応用に移す。あなたのクライエントと最適なラポールを築き維持するために、このモデルをいかに使うかについて記述することからパートIVを始める。

パートⅣ

ラポールの構築とその維持

第10章　ドライバーからの誘惑を避けるには

パートⅣでは、セラピストがセラピーやカウンセリングにおいて、クライエントと良いラポールを築きそれを維持していくために、人格適応タイプの知識をどのように使うことができるかを見ていく。

しかし、「良いラポール」とは何だろうか。そして、セラピストが「良いラポールを築きそれを維持している」かどうかを、どのように判断できるのだろうか。ほとんどすべての治療的なアプローチが、このスキルを強調している。いくつかのアプローチは、「ラポール」を明確に定義している。しかし、なかには定義しないままセラピストが持っているかどうかわからない資質、つまり感情や直感によってでしか判断することのできないものとしているものがある。

人格適応タイプのモデルでは、「ラポール」の概念を明確に定義している。このモデルは、セラピストがクライエントと「良い関係」を保つために、いかに上手にやっているか、セラピストに知らせる観察可能な基準ばかりではなく、ラポールを築き維持していくためにセラピストが行う、特定の行動についても説明する。その方法で、「ラポールを維持すること」は観察可能で再生ができ、しかも学ぶことができるスキルとなる。われわれは、このことはこのモデルのもう一つの利点であると考える。

「良いラポール」の基準

人格適応タイプのモデルにおいて、「良いラポール」は二つの関連した基準によって定義される。それは次のとおりである。

（1）セラピストは、クライエントの優先的なコンタクト・エリアとコミュニケーションのスタイルに合ったやり方で、コミュニケーションをとる。

（2）セラピストは脚本に入る行動ではなくて、脚本から抜け出す行動を促すやり方で、コミュニケーションをとる。

私たちは（1）についてはすでに、前章の「コンタクト・ドア」についてのウエア理論と、査定図表の四分割図の議論のなかで、その詳細を見てきた。本章では、セラピストがそのときどきにラポールを維持するために、これらの考えをどのように使ったらよいかを述べる。五つのコミュニケーション・モードについて詳細は第11章で述べる。それは、各適応タイプの好みのコミュニケーション・スタイルに合わせるために、セラピストが何をどのように伝えるのかを選択する方法である。

上記（2）に関しては第4章で、人生脚本について次のように説明した。脚本は子ども時代につくりあげた人生の物語である。特にストレスのあるときには、人は意識しないでその子ども時代の物語を生きることを始める。脚本の理論では、この瞬間にその人は、「脚本に入る」という。人は脚本のなかにいるときにはいつでも、目の前の問題を解決することにすべての注意を集中させるよりも、子ども時代に覚えた戦略を使うために自分のエネルギーを使う。

したがって、セラピストやカウンセラーにとって、現在の良いコンタクトを維持していくための鍵の一つは、クライエントが脚本から抜け出すことを促す方法で、コミュニケーションをとることである。同様に、脚本へ入っていくことを誘うようなコミュニケーションを避けることも、重要である。

セラピストは、クライエントが脚本に入っていこうとしているかどうかを、その時々にどのように見極めるかすでに学んだ。まず、ドライバー行動に注意を払うことである。人はドライバー行動を表面に出すたびに、内面では自分自身に、「もし私が〜〈他人を喜ばす〉〈完全である〉〈強くある〉〈もっと努力する〉〈急ぐ〉なら、私はＯＫだ」と繰り返し言い続ける。時には、それからさらに深く自分の脚本に入っていくかもしれない。そしてラケット感情を味わい、ゲームやラケッティアリングを始める。そうでないときにはドライバーから抜け出し、脚本でない思考や感情、行動に入るかもしれない。

しかしドライバーのなかにいる瞬間ですら、クライエントは頭の中の「親」の命令に対処することに、ある程度没頭している。そのような状況では、〈今・ここ〉での出来事や人びととの出会いに関わり、問題を解決するために使えるエネルギーをなくしてしまう。このようにして、ドライバー自体が「良いラポール」の侵害となる。

これまでクライエントがドライバー行動に入っていくことについて述べた。しかし、いうまでもなく、セラピストが自分自身の行動に注意を向けることも、同じように重要である。クライエントと最高のラポールを維持するために、セラピーを行っている間は、セラピストができる限りドライバー行動の外に留まることが重要である。セラピストがそれを達成できる方法を、本章で示す。

ドライバー行動はカウンタースクリプトへと招く

セラピストがクライエントと対応するときにドライバー行動を示したら、おそらくクライエントは別のドライバー行動でセラピストに反応するだろう。これはクライエントが本来持っているドライバーかもしれないし、セラピストが示したドライバーがどんなものであれ、それへの反応かもしれない。テイビ・ケーラーが言っているように、「ドライバーはドライバーを招く」(Kahler, 1981) のだ。

なぜこのようなことが起こるのだろうか。ドライバーに関連した脚本について考えることで、答えが出る(第4、8章参照)。ドライバー行動を表出するたびに、セラピストは心の中で、セラピストの拮抗禁止令の一つを再演している。

たとえばセラピーのなかで、セラピストは〈完全であれ〉ドライバー行動に陥るかもしれない。そうするときに、セラピストは自分の拮抗禁止令を心の中で述べている。「ここにOKでいるためには、私はすべてのことを完全にわかっていなくてはならない」と。きっとこのセラピーのなかでこのことは、「私はクライエントが少しでも良くならないと、このセッションを終えることができない」のように解釈されるかもしれない。

意識しないところで、クライエントはセラピストのドライバー行動を記憶に残す。クライエントは心理的なレベルでセラピストの脚本の信条を取り上げる。そしておそらく、クライエントは自分自身に無意識のうちに言うだろう。「ここにOKでいるためには、物事を完全に理解しなければならない」(あるいはおそらく〈努力せよ〉、あるいは〈他人を喜ばせよ〉、あるいはクライエントが自分自身の子ども時代に一番よく聞いていたメッセージのどんなものでも)。言い換えれば、クライエントは心の中で自分の拮抗禁止令を述べ、外に向かっては、ドライバー行動の一つを示すことによって、このことを知らせる。

これが、セラピストがドライバー行動を示すたびに、セラピストはクライエントを、セラピスト自身の拮抗禁止令へと誘っていくという理由である。これはセラピストが極力避けたいことである。セラピストがクライエントを脚本へと誘うときはいつでも、セラピストはセラピーの目的を不注意にも妨害している。

特に、セラピストが診断の助けとしてドライバーの観察をしているときに、もしセラピストが自分自身のドライバー行動を示すならば、正確な判断が難しくなるかもしれない。そのような場合、クライエントのドライバー行動は、セラピスト自身のドライバー行動を単に反映しているだけということになる。

セラピスト個人のワークの重要さ

ドライバー行動は脚本の一つの表現なので、セラピストが脚本から自由になることで、セラピストのドライバーの強さや頻度を少なくすることができる。もちろんセラピストは、自分自身のセラピーを受けることでこのことを可能にする。

しかしながらケーラーは、たとえ脚本から最も自由になった人でさえも、日常会話のなかで膨大な時間を使って、今までどおりドライバー行動を示すと断言している（Kahler, 1981）。このように、ケーラーは個人のセラピーだけが、臨床家としてのセラピストのコミュニケーションを確実に脚本から自由にするわけではないと言っている。そうであるなら、ゆっくりと時間をかけてドライバー行動から抜け出る練習をするというのは、良い考えである。

どんな人でも、最も経験を積んだセラピストでさえ、一〇〇％の時間をドライバー行動から抜けていられるわけではない。しかしこれは、結果を見越して行動するかという問題なのだ。セラピストがドライバーから抜けることに成功すればするほど、クライエントはセラピストと共にドライバーから抜けやすくなる。

典型的なドライバーへの誘いを避けるための言語パターン

ドライバー行動から抜けるのに役立つものとして、セラピー中にセラピストが、ドライバーへの誘いを効果的に避けることができる言葉の一般的な使い方がある。セラピストが使う最も一般的なドライバーを含んだ言い表し方がある。傍点のついたものが、ドライバーの鍵である。それぞれの例の後に、ドライバーを含まない言い方を示す。

（1a）「具体的に欲しいもの教えて」〈完全であれ〉を誘っている）
（1b）（ドライバーフリー）「何が欲しいか教えて」
（2a）「そのことがあなたにどんなふうに感じさせますか」〈強くあれ〉を誘う）
（2b）（ドライバーフリー）「そのことについてどんなふうに感じますか」
（3a）「どんな考えがわいてきましたか」〈強くあれ〉を誘う）
（3b）（ドライバーフリー）「何を考えていますか」
（4a）「どういう意味か説明できますか」〈努力せよ〉を誘う）
（4b）（ドライバーフリー）「どういう意味ですか」
（5a）「何を言っているのか私に説明してみてください」〈努力せよ〉を誘う）
（5b）（ドライバーフリー）「どういう意味か説明してください」
（6a）「続けたいですか。それともやめたいですか」（一度に二つの質問。〈努力せよ〉を誘う）
（6b）（ドライバーフリー）「あなたは今続けることができますし、やめることもできます。どちらにしたいですか」
（7a）「どんな気持ちか言ってほしいのですが」〈他人を喜ばせよ〉を誘う）
（7b）（ドライバーフリー）「気持ちを言いたいならどうぞ言ってください」

非言語的なドライバーのシグナルを避ける

言葉の組み合わせをすべて純粋にドライバーフリーにするなら、さらにセラピストは質問をするときに、ドライバーのほかの行動のシグナルも、避ける必要がある。

たとえば、セラピストが前に挙げたドライバーフリーの言い方、「気持ちを述べたいなら、どうぞ言ってください」を使ったとする。しかし、この文章を言うときに、次のようにしたらどうであろう。

●いつもの音域より高く、そして最後の言葉をいっそう高く上げた声の調子を使った。
●クライエントのほうに身体を傾けた。
●クライエントのほうへ「抱きしめようとする」ジェスチャーで、手掌を上にして両手を伸ばした。
●眉を上げてクライエントを見上げた。
●上の歯を見せるように、わざとらしく「笑った」。

もちろんセラピストは、これらの行為で、〈他人を喜ばせよ〉のドライバーを示した。このようにして彼女はクライエントから、お返しに〈他人を喜ばせよ〉のドライバー（あるいは、可能性は少ないが他のドライバー）を誘おうとしたことになる。

この一連の行動は、セラピーという状況では、「暖かい」あるいは「受容的な」ものとしてしばしば述べられているものである（よかったら鏡の前でロールプレイをしてみてください）。このことは、セラピストがクライエントのドライバー行動を誘う可能性のある行動を、学べるということを強調している。これらの行動のいくつかは、セラピーのトレーニングで教えられ、モデルとしても使われている。

伝統的な「ポーカーフェース」を続けるとか、姿勢、動き、動作や声の調子にほとんど感情を表さないセラピストやサイコセラピストの行為は、まさに卓越した素晴らしいものであるというのは事実である。しかし、実際には意識しないところで、クライエントはセラピストの「無表情な顔」をした行動を、〈強くあれ〉ドライバーへの誘いとして読み取ることがある。

まとめ

セラピー中にセラピストがドライバー行動を示すたびに、クライエントをセラピスト自身の拮抗脚本へと誘っている。このことを避け、そしてセラピストの仕事の効果を強めるために、そしてできるだけドライバー行動の外にいるために、セラピストは言葉の選択と非言語的な行動に注意を集中しなければならない。

本章では、ドライバーを誘い出すコミュニケーションを避ける一つとして、セラピストの役割を述べた。これはそれ自体、役に立つスキルである。しかしながらプロセス・モデルは、セラピストがドライバーを避けるばかりではなく、ドライバーに代わる、良いコミュニケーションの方法を積極的に選ぶことを促す。セラピストがそれをどのようにすることができるのかを、次章で具体的に述べる。

第11章　コミュニケーションの五つのモード

この章では，セラピストが物事をどのように語るかを，いろいろなことを理解したうえで選択することによって，さらにいっそうクライエントとのラポールを強くすることができる方法を述べる。テイビ・ケーラー（Kahler, 1979, 1997a）は明確なコミュニケーションを成し遂げるために，セラピストがただ単にドライバー行動を避けるだけではなく，もっと多くのことができると断言している。ドライバーの代わりに，セラピストは五つのコミュニケーションのどのモードを使うかを積極的に選ぶことができる。

ケーラーの五つのモードは，コミュニケーションのプロセスに関するものである。それらは，セラピストが何を，どのように語るかについてのものである。

次章で述べるように，セラピストは相手の人格適応タイプに従って，コミュニケーション・モードを選ぶ。一般的に，セラピストはその人の主要なドライバーを観察することによって，その人格適応タイプを診断する「近道」を得ることができる。

表11-1　五つのコミュニケーション・モード

モード	「自我状態」行動	コミュニケーション・スタイル	例
感　情	+FC → +FC	感情や遊びを表現する	「君のことを怒ってるんだ」 —「私だって怒ってるよ」
養　育	+NP → +FC	世話をする	「ギュッと抱いてほしい？」 —「うん!!」
要　求	A → A	頼む，要求する（そして質問や要求に応える）	「何が欲しいか言って」 —「はい」
支　配	+CP → A	支配する，伝える	「コピーを5枚とってください」 —「はい」
中　断	+CP → +AC	命令する（行動や意識への働き）	「じっとしていなさい！」 —(そうする)

コミュニケーションの五つのモード

表11-1は、五つのコミュニケーション・モードの特徴を示している。

そのモードは、感情モードが表の一番上に配置されている。コミュニケーションが下から上のモードにいくにつれて、ストロークの密度が増えていくということを意味している。

「自我状態の行動」とコミュニケーション・モード

ケーラーが伝統的な「自我状態の機能モデル」の言葉を使って、各モードにおけるコミュニケーションに名前を付けているのが表11-1でわかるだろう。第3章を参照すると、これらの機能的な分け方は、私たちが自分の自我状態をどのように使うかということについて、直感的な理解を与えることになる。「親」にいるときには、私たちは〈支配的親〉（表11-1ではCP）として、あるいは〈養育的親〉（ここではNPと表す）として機能する。「**子ども**」にいるときには、私たちは〈順応した子ども〉（AC）として、あるいは親の支配下にいない〈自由な子ども〉（FC）のやり方で存在しているかもしれない。「**成人**」は細分化されない。

伝統的なやり方を使って、ケーラーは「**親**」と「**子ども**」を細分化して、その各々のネガティブな機能とポジティブなものを区別した。このようにポジティブな〈支配的親〉（表では＋CP）、あるいはポジティブな〈順応した子ども〉（＋AC）を例に挙げた。「機能モデル」の他の特徴に共通して、「ポジティブ」な行動と「ネガティブ」なものとのはっきりした相違点は、交流分析の文献では明らかな定義はされていない。だから、第3章で述べたように、「機能モデル」は、人びとが彼らの自我状態をどのように使うかについて考えるための、簡単に理解できる直感的な方法として最も良いものと見なされている。

どんな場合でも、ケーラーがここで名付けた「機能的な自我状態」は、行動のより複雑な状態の省略的な呼び方である。コミュニケーション・モードを使う包括的な視点は、セラピストが何を語るか、どのように語るのかをセラピストが選べるということである。セラピストが〈今・ここ〉での選択をしているときには、たとえセラピストがどのモードを選ぼうと、実際には「**成人**」にいるに違いない、ということが定義によってわかる。しかしながら、「**成人**」とは異なる（要求モード以外のすべてのモードにとって）固有の「機能的な自我状態」を表す典型的な行動のシグナルを使うために、セラピストはじっくりと考え抜いた選択をする。

たとえば、養育モードでのコミュニケーションを始めるために、セラピストが何を話したいとしても、話している間、セラピストは静かで温かな声の調子でクライエントに微笑みかけ、彼女のほうに身体を傾けているだろう。これらのすべてが、伝統的な〈養育的親〉の自我状態にいる人に特徴的な行動である。現実には、セラピストはその間ずっと「**成人**」から行動を選んでいる。

もちろんクライエントは、おそらく表11-1に示された自我状態へ実際に移動することによって、このことに反応するだろう。実に、これは目で見ることができるコミュニケーションである。この例で、もしセラピストが養育モードを選んだことが正しいなら、クライエントは「子ども」の自我状態へと動いていくだろう。子どものときをもう一度経験しながら、セラピストが熟慮して選んだ行動を「ポジティブな〈養育的親〉」として、セラピストを通して体験する。

前述したモードの説明、われわれが挙げた引用例のすべてが、セラピストがドライバー行動の外にいることを示すものである。したがって先に挙げた例では、セラピストの微笑みは本当の微笑であり、〈他人を喜ばせよ〉のドライバーの指標になる作り笑いをしていないことが必要である。

各モード行動について詳細の追加

感情モード

感情モードでのコミュニケーションは、セラピストの「心からの率直な」感情を表出することを選んでいることを意味する。これは、交流分析でいう機能的な〈自由な子ども〉と伝統的にはつながる行動である。実のところ、感情モードへの効果的な方法は、セラピストが感じていることをクライエントにただ伝えるということなのだ。もしセラピストがクライエントに怒りの気持ちを感じていたら、あるいは彼女が言ったことについて悲しいと感じたら、感情モードでのコミュニケーションは、セラピストがこの感情を表現するということである。このモードは感情を表現するということを意味していて、ただ単に感情を報告するものではないことを心に留めておく必要がある。

もしかしたらセラピストの感情は、自分自身の「子ども」が経験したものの一つなのかもしれない。しかしながら、感情モードにいるときも、セラピストが「子ども」の自我状態の行動を選んだときでさえも、「成人」で自分の感情表現を監視する必要がある。

この「成人」の監視の役割として、セラピストの感情がラケット感情ではないことをチェックする必要がある。もしセラピストが恥ずかしいと感じ、あるいは罪悪感、あるいは非難がましさ、あるいはそのほか無数の感情のどんなものでも、ラケット感情として感じているなら、その感情を、感情モードとして使ってはいけない。セラピストがもしそのようなことをしたら、それは、コミュニケーション・モードを使っているのではなく、クライエントをクライエント自身のラケット感情へと誘っていくことになる。それゆえ、セラピストが表現しようとしている感情が、交流分析の伝統的な言い方をすれば「怒り、悲しみ、恐れ、そして喜び」の四つの本物の感情の一つであるかどうかチェックしなさい。

感情モードを示すもう一つの活動が、遊びである。セラピストはいつも、私はOK-あなたもOKのスタンスを保ちながら、〈小さな教授〉を使ってクライエントをちょっとからかったり、ジョークを飛ばしたりするやり方を創造することができる。この楽しいやり方は、主な人格適応タイプがおどけた反抗者の人たちとのコミュニケーションには、特に有効である（表11-2の下部参照）。

養育モード

養育モードを特徴づける一連の典型的な行動の例は、すでに示した。このモードでは、育つときに役に立った、親やその代わりの人びとから世話をされたそのやり方を、セラピストが使えるようにする。さらに繰り返すが、セラピストがドライバー行動の外にいることを強固にするために、「成人」から常に監視することが必要である。養育モードの危険は、本当の意味で養育することから外れて、セラピスト自身の〈他人を喜ばせよ〉のドライバーを通して、「私はただあなたを助けようとしているのです」といったゲームに入っていくかもしれないということである。

要求モード

要求モードを使うということは、相手に何かを依頼する、あるいは人にある方法で行動したり、考えたり、感じたりすることを要求するということである。頼まれた問題や要求に、セラピストが事実上〈今・ここで〉の反応をする場合、セラピストはこのコミュニケーション・モードにいるといってよい。「成人」の行動のシグナル――特に、平らな声の調子、じっと目を見つめること、そしてまっすぐでほぼ垂直にバランスの取れた姿勢――を使う。セラピストが〈完全であれ〉とか〈強くあれ〉のドライバーに移らないように、油断なく警戒しなさい。

要求モードでは、疑問符で終わるように各々の質問について考えることは意味がある。このことを伝えるために、疑問を表す動作で文章の最後で声の調子を上げる。要求モードでの要求や疑問に答えるときには、終止符で終わるように文章を考える。これを伝えるために声は平らに保つ。

支配モード

〈支配的〉なコミュニケーション・モードでは、指導とか教育を与える。言い換えると、特定のやり方で行動したり、考えたり、感じたりしなさいと命ずる。伝統的な「良い〈支配的親〉」の機能的な自我状態の行動的なシグナルによって、これを伝える。支配モードでは、文章の初めから終わりへと調子が下がっていく明確な声の調子を使う必要がある。このモードでセラピストは、尋ねるのではなく告げているのである。

もし社会的なレベルでセラピストが柔らかなやり方を望むなら、支配モードの命令の一部として「すみませんが」という言葉を使うことができる。「すみませんが」のような言葉ではなく、セラピストの声の抑揚とほかの行動のシグナルから、支配モードと要求モードの区別をつける。このことを経験するために、「どうぞお座りください」という文章を二つの言い方で言うことができる。一つは要求モードで、要求を伝える上がり調子のもの。もう一つは（ていねいな）命令を述べる確固たる下がり調子、したがってこれが支配モードである。

中断モード

中断モードは、命令を伝える支配モードに似ている。しかしながら、中断モードはもっぱら相手の動作や感覚に向けられた、故意にぶっきらぼうな命令である。セラピストの意図は、相手が〈順応した子ども〉のやり方で自覚した考えやためらいなしに、その人がセラピストの要求に従うべきだということである。セラピストの声の調子や高さは、命令の終わりに感嘆符をつけて伝えなくてはならない。たとえば以下のようにである。


「座りなさい！」

「私を見なさい！」

「息を吸って！」

「止めなさい！」


中断モードは、感情や行動が危険な状態にまでエスカレートする可能性を中断するため、滅多にない状況でだけ使われるものである。たとえば、クライエントが過呼吸発作を始めた場合に、あるいは暴力で脅すように大声を上げてセラピー室から飛び出そうとしているなら、セラピストはそれを使ってもいい。中断モードのコミュニケーションのときには、「すみませんが」という言葉は使ってはいけない。セラピストの目的は、ていねいさではなくて衝撃なのだ。

人格適応タイプに合ったコミュニケーション・モード

ある人の人格適応タイプがわかっているときに、その人のお好みのコミュニケーション・モードへの素晴らしい道しるべがある。対照は、表11-2に示している（Kahler, 1996）。図11-1は査定図表の「地図」に同じ情報を図で示している。

表11-2　各人格適応タイプのためのコミュニケーション・モード

人格適応タイプ	好みのモード
熱狂的過剰反応者（演技型）	養育（感情）
責任感ある仕事中毒者（強迫観念型）	要求（支配）
才気ある懐疑者（パラノイド型）	要求（支配）
創造的夢想家（スキゾイド型）	支　配
おどけた反抗者（受動攻撃型）	感　情
魅力的操作者（反社会型）	感情，養育，支配

（注：中断モードは一つの人格適応型に限られるものではない）

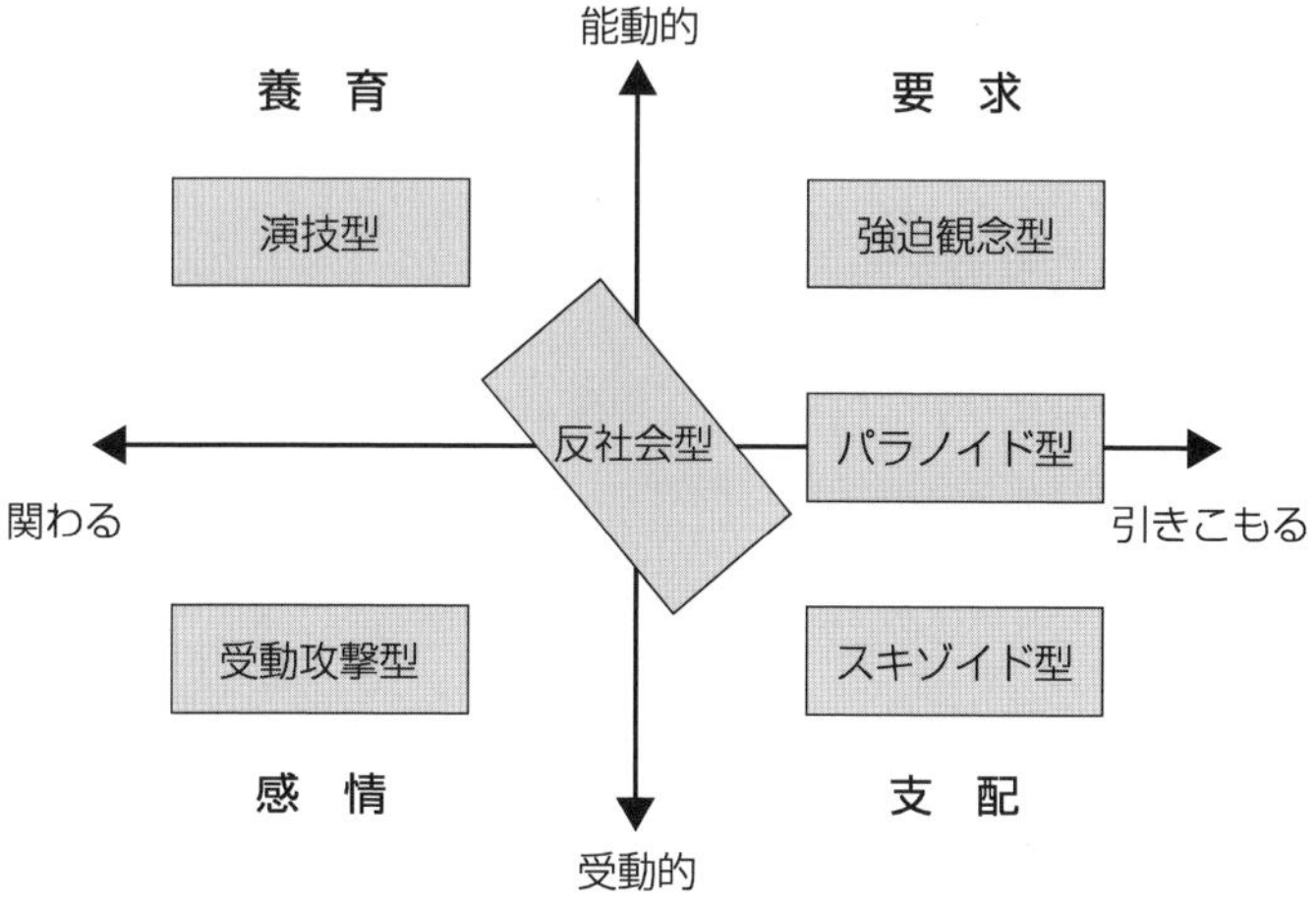

図11-1　六つの人格適応タイプのための最初のコミュニケーション・モード

例：才気ある懐疑者にコミュニケーション・モードを使う

クライエントの主な人格適応タイプが、才気ある懐疑者だと判断したとする。これは、セラピストが要求モードで、つまり何かを聞くことによって、この人と最初のコンタクトをうまくつくることができるということを示している。たとえば、「あなたが何を考えているか話してください」、あるいは「あなたが何を考えているか話しなさい」といった支配モードでの単純な指示に、彼は積極的に答えるだろう。

反対に、セラピストが感情モードを使ってこの人とコンタクトを取ろうとすると、何が起こるだろうか。セラピストが笑いながら遊び心たっぷりに、「やあ！　きっとあなたの〈小さな教授〉は、今日いっぱい話すことがあると思うよ」と始めたとする。この人はきっと「黙り込み」、〈完全であれ〉あるいは〈強くあれ〉のドライバーに入っていくことで応じる。子どものころに彼は、「ここでいろんなことが本当に安全なのかどうか調べてからでないと、自由に振る舞えない」と決心したのである。今の彼の「子ども」の経験では、セラピストに遊び心を誘われるのはあまりにも早すぎるということである。

コミュニケーション・モードを試す

セラピストがクライエントの人格適応タイプがはっきりわからなくても、その人の好みのコミュニケーション・モードを直接チェックすることができる。クライエントにいろいろ異なったモードでコミュニケーションをしてみて、その人の反応の仕方によって簡単にわかる。セラピストが使っているモードが「的中」すれば、その人はセラピストにモード（たいていはセラピストが使ったと同じモード）で反応するだろう。一方、もしセラピストがその人に間違ったモードを使ったならば、ドライバー行動でやり返してくるだろう。

セラピストも気づいているように、「コミュニケーション・モードのテスト」のプロセスは、セラピストがクライエントの主な人格適応タイプを診断するうえで、ダブルチェックをすることができる――つまりプロセス・

モデルへの「もう一つの方法」なのである。

コミュニケーション・モードの変換

クライエントと初めの関係を築いてしまえば、セラピストは別なコミュニケーション・モードへと変換することで、変化を起こすことができると直感的に感じるだろう。たとえば、責任感ある仕事中毒者のクライエントとのセラピーで、セラピストは要求モードを使って良いラポールを築いている。ここで「良いラポール」というのは、セラピストとクライエントがドライバー行動をほとんど使わないで、要求モードでコミュニケーションを交わすという事実によって示される。それでクライエントが、ウエア理論で思考（オープン・ドア）から感情（ターゲット・ドア）へ移動するときに、セラピストはよりいっそう、養育的なコミュニケーションのやり方（養育モード）が適当だと感じるかもしれない。別のオプションは、セラピストが要求モードから養育モードへ変え、それによってクライエントが思考から感情へと動くように誘うことによって、切り替えを教えるということである。

原則としては、コミュニケーションのモードのどれも、どのコンタクト・エリアにも使うことができる。しかしながら、モードと一般的な使い方として有効なコンタクト・ドアには、直感的な「適合性」がある。一つは、今出した例である。あなたがクライエントとのやりとりを思考から感情へ移行したとき、質問をすること（要求）から養育すること（養育）にモードを変化することもまた、自然のように感じる。第12章でこの話題に戻り、各人格適応タイプの人とのワークの経験から、最も有効であったモードとコンタクト・ドアとの組み合わせについて述べる。

クライエントの人格適応タイプに照らして、可能性のある組み合わせを使って試してみることが、常に鍵となるのである。セラピストがクライエントと良い関係にいるかどうかを知るには、セラピストはいつものようにドライバー行動をチェックしさえすればよい。

まとめ

五つのコミュニケーション・モードで、セラピストが何をどのように語るかについての意識的な五つの選択肢を述べた。異なった人格適応タイプを持った人びとは、それぞれに異なったコミュニケーション・モードで話しかけられることを好む。人びとのコミュニケーション・モードと、彼らがどのような適応タイプを持っているかを知ることで、セラピストはセラピーやカウンセリングのなかで、クライエントとの最善のラポールを築き、維持していくことができる。

本章では、ウエア理論をコミュニケーションのモードとどのように結びつけることができるかについて語った。この話題を次章でも広げていく。セラピストは、クライエントとの良いラポールを築いてそれを保っていくために、そのときどきに応じてウエア理論をどのように使うことができるだろうか。

第12章 ウエア理論を使ったラポールの構築

これまで、ポール・ウエア（Ware, P.）のコンタクト「ドア」の考えを述べてきたが、各々の人のコンタクト・ドアは、思考・感情・行動の三つのコンタクト・エリアに相当していることが理解できたと思う。好みのコンタクト・ドアの順番は、それぞれの人格適応タイプによって異なる。これが適応タイプのためのウエア理論である。

そのときどきのウエア理論の適応

本書でこれまで、ウエア理論が、いかに治療の長期的な戦略の指針を与えたかということに焦点を当ててきた。長期的な治療において、クライエントの人格適応タイプが、セラピーの初期、中期、そして後期の治療戦略上、最も有効に働きかけることができるコンタクト・エリアをどのように示すかについて、議論してきた。

本章では焦点を変えて、各セッションのなかで、ウエア理論を使ってクライエントとの最善のラポールをどのように築くことができるのかを見ていく。その時々で、セラピストはクライエントの〈オープン〉〈ターゲット〉〈トラップ〉の各ドアに注意し続けることによって、そしてまたクライエントに適切な順序で話しかけることによって、クライエントとのコンタクトを続けることができる。引き続き、ドライバー行動に注意を向けることによって、クライエントがセラピストと一緒に動いてきているかどうかを突き止めることができる。

ウエア理論の基本構造は、長期でも短期でも同じものである。初めのコンタクトをつくるとき、オープン・ドアに一致した領域に話しかけるのが最も有効なのである。オープン・ドアでラポールを築いたら、ターゲット・ドアへと進むことができる。ここがセラピーのなかで、変化するために統合する必要のある人格の部分である。トラップ・ドアは、人が最も防衛的になっていて、かつ最も行き詰まりになりやすい領域である。しかしながらそれはまた、クライエントの最も深い人格の変化が見られる場所でもある。ターゲット・エリアでワークしていると、クライエントはこうした変化をするだろう。

もしセラピストがこの順番でないドアに話しかけたならば、クライエントはセラピストを締め出すかもしれない。トラップ・ドアから最初のコンタクトをしようとしたときに、特にこのようなことが起こる。クライエントがセラピストを「締め出している」かどうかは、どのようにわかるのだろうか。答えは、セラピストがドライバー行動を探すということである。もしセラピストがクライエントの間違ったコンタクト・ドアに話しかけていたら、クライエントがドライバーを示す機会となる。それから引き続きラケット感情を味わい、そして／あるいは、ある種の脚本の行動あるいは思考に入っていくかもしれない。

例：熱狂的過剰反応者へのウエア理論の適応

たとえば、主な人格適応タイプが熱狂的過剰反応者の場合、その人の感情のオープン・ドアに最初に話しかけることで、セラピストは最も有効なコンタクトを築くだろう。その人がセションに来るときに、セラピストは優しく「こんにちは！　はじめまして！　ところで今日はどんな気持ちですか？」と言って始めたらどうか。「前回のセションでやったことについて考えていますか？」と問いかけることは、あまり効果的ではないだろう。そのことについてセラピストが知りたいならば、彼らがどのように感じているかをセラピストに伝えるのを待って、それから質問をするようにしたほうがよい。

さらに効果のない始め方は、「このセッションで何をしたいですか？」である。熱狂的過剰反応者はこう聞かれると、初めから嫌な感情を持つことが多い。この人格適応タイプの人は、自分の人生の役割は、他人の望みに沿って他人を喜ばせることだと、子ども時代に決めている。彼らはまた、他人を喜ばせるには何が必要なのか、それを知るために他人の心を読む必要があるということも感じ取っていた。

だから、セラピストが彼らに何が欲しいかと尋ねたときに、彼らが子ども時代のやり方を再演しようとすることがあるのだ。彼らはセラピストを喜ばせるために、自分が何を期待されているのかと思い巡らせ始めるだろう。彼らは頭の中で、「他人を喜ばせるなら、その時だけここにいていいよ」と話す「親」の声を聞いて、〈他人を喜ばせよ〉というドライバー行動をとるだろう。そういうわけで彼らは、セラピストを喜ばせるために正しいことをしていないのではないかと恐れて、自分は無能だと感じ、混乱（ラケット感情）することがある。もしセラピストがトラップ・ドアである行動にしつこく話し続けるならば、今度は彼らが「馬鹿じゃないの」とか「まあ、あなたはなんて素晴らしいのでしょう、教授」といった調子でラケットを用いて、嫌な感情をエスカレートさせることは確実だ。

だからこの種のクライエントと良いラポールを築くには、オープン・ドアである感情に話しかけることで最初のコンタクトを築くのが一番良い。彼らが、同じ領域でドライバーにとらわれない自由なコミュニケーションでセラピストに反応するときに、セラピストはターゲット・エリアである思考へと移ることを試すことができる。クライエントがセラピストと一緒に動いていることに気をつけながら、彼らのペースで事を行うのが賢いやり方である。いつもドライバー行動に気をつけていることで、このことをチェックすることができる。クライエントがドライバーに入り、他の脚本のシグナルを見せるなら、セラピストの一番良いやり方は、元に戻って前のコンタクト・ドアで再び良い関係をつくることである。

セラピストは、決してクライエントのトラップ・ドアに直接話しかけないだろう。セラピーの効果はターゲット・ドアで達成され、そして最も著しい脚本の変化は、トラップ・ドアで起こるのである。

コンタクト・エリアのテスト

もしセラピストが人格適応タイプの診断について不確かなら、テストを行うことで試行錯誤することによって、ウエア理論を簡単に当てはめることができる。もしクライエントがドライバー「行動」から、あるいはラケット感情から自由になって反応するとしたら、セラピストがそのクライエトのコンタクト・エリアに的確に話しかけたということである。反対に、クライエントがドライバーに入り込み、ラケットを示したなら、十中八九セラピストは間違ったコンタクト・エリアを選んだことになる。

たとえば、セラピストがクライエントのオープン・ドアが行動かどうか試そうと決めたとする。セラピーセッションを始めるときに、セラピストは次のように言って始めるとよい。

「さて、あなたがこのセッションでしたいことを言ってみてください」

もしクライエントが簡単に先へ進み、そしてしたいことを言うなら、あなたは行動がまさにその人のオープン・ドアであるという確証を得る。

しかしながら、その代わりにクライエントは、ほぼ垂直に体を伸ばして注意深く椅子に腰かけたとする。彼は間を置いて、天井の右側の隅を見上げる。その間自分の前で両手の指を強く押さえつけている。彼は答える。

「ええ……正直言って実際のところまったく、何をしたいかまだはっきりしないのです」。

これらの〈完全であれ〉のドライバーのシグナルに注目すれば、セラピストはクライエントが創造的夢想家よりむしろ、責任感ある仕事中毒者か、才気ある懐疑者の人格適応タイプであると判断できる。このことは、彼のオープン・ドアは、「行動」ではなくて「思考」であることを意味している。その結果、セラピストはやり方を変えて次のように再テストをする。

「わかりました。あなたはセラピーに来て何をゴールにするか、考える時間を今取りたいのですね」

ウエア理論の適応――七つのポイントのまとめ

ここにウエア理論を使うときの備忘録を挙げる。

（1）クライエントの人格適応タイプを判断する。セラピストは人格の特徴を挙げることによって（表1-1）、あるいは一次的なドライバーのはっきりした徴候によって（表8-2）、あるいはこの両方で判断できる。

（2）セラピストは人格適応タイプを判断して、クライエントの感情・思考・行動の三つのコンタクト・エリアに、最も有効に話しかけることができる順番を読み取りなさい（表12-1参照）。セラピストは異なったコンタクト・エリアを試し、クライエントの反応を観察することで、さらにこのことをチェックすることができる（本章、上述）。

（3）オープン・ドアで、クライエントと初期のコンタクトをつくりなさい。

（4）コンタクトを築けたら、クライエントと共にターゲット・ドアに進みなさい。

（5）トラップ・ドアは、クライエントが最も著しい変化をする可能性のあるところである。この変化は、セラピストがクライエントとターゲット・ドアでワークをしているときに起きる。

（6）順番を外れたコンタクト・エリアに話しかけてはいけない。順を追ってクライエントに話しかけているときに、クライエントがセラピストと同じ順序に従っているかどうか、たびたびチェックしなさい。ドライバー行動がないことに注意して、このことをチェックしなさい。もしクライエントがセラピストと一緒に進んでいなかったら、前の領域に戻りなさい。

（7）これらの提案は、セラピストがより長期の治療の筋道（戦略）を計画し、またそのときどきに介入するやり方（短期の作戦）を選択することにも適応される。

「ドア」と五つのモードを使っての治療

ラポールをさらにいっそう強化するために、第11章で述べたコミュニケーションの五つのモードと一緒に、ウエア理論を使うことができる。次節で、ウエア理論と人格適応タイプのそれぞれに合ったコミュニケーションのモードを使うことによって、セラピストがどのように有効にラポールを築けるかについてまとめる。

熱狂的過剰反応者

熱狂的過剰反応者の人と初期のコンタクトを築く最良の方法は、養育的に遊び心を持って彼らの感情（オープン・ドア）に話しかけることである（養育あるいは感情モード）。彼らの一番知りたいことは、セラピストが彼らの感情に関心を持っているということなのだ。

次に、変化を起こすために、何を感じているのか質問をすることによって（要求）、クライエントがより深く感情を探求するように誘いなさい。こうすることで、クライエントが感情について考える（ターゲット・ドア）ように導いていく。クライエントが何を感じているのかについて深く考え始めるときに、クライエントは過剰に反応する（トラップ・ドア行動）のをやめる。

責任感ある仕事中毒者

初めに適切な質問（要求）の形で、思考（オープン・ドア）に話しかけることで、責任感ある仕事中毒者の人との最良の関係をつくることができる。彼らは、自分自身がとてもよく使う領域である思考を使うことが好きなのだ。

効果的な変化のために要求モードに留まり、クライエントが考えているものが何であれ、そのことについて考えているときに、何を感じているのか（ターゲット・ドア）質問することによって、いっそう深く彼らの考えを探求するように誘う。クライエントが考えていることについての感情が明らかになるときに、彼らはとても緊張している状態から自由になって、リラックスし始める（トラップ・ドア行動）。クライエントとの良い関係を築きながら、セラピストもまた養育モードへと変えていくことができる。

才気ある懐疑者

才気ある懐疑者の人と初期に良い関係を持つ最良の方法は、彼らの思考（オープン・ドア）を通して同じように行うことである。思考は、彼らが最も多くのエネルギーを注いでいる場所である。彼らは要求モードに対して、初めに最もよく反応する。

効果的な変化を起こすためにはこのモードでいなさい。そして他人について自分自身に言っていることが正しいのかどうか、他の人に確認して見極めるようにクライエントに勧めなさい。彼らは何が真実であるのかを気づいて（オープン・ドア）、自分たちが考えてきたことについての感情（ターゲット・ドア）が現れてくるにつれて、彼らが持っている疑い深さ（トラップ・ドア行動）は減っていく。責任感ある仕事中毒者の人と同じように、才気ある懐疑者は、いったん感情の領域で居心地が良くなると、セラピストが養育モードからコミュニケーションをするのを受け入れようとする。つまり「子ども」で、クライエントはセラピストが自分の世話をしてくれると信じるようになる。

創造的夢想家

創造的夢想家の人と初期の関係を築く最も効果的な方法は、彼らが積極的（支配モード）に話したり参加したりすることを期待しているのだということをはっきりと伝えながら、彼らが引きこもって受動的でいること（オープン・ドア行動）に積極的に働きかけることである。引きこもるという受動的な行動は、彼らが最大量のエネルギーを注いでいる場所なのである。彼らが動き出すまで待つというのは望ましいことではない。つまり「受身でいる彼らより、もっと受身になる」ことはほとんど効果がない。

効果的な変化のためには、彼らが必要としていることや望んでいることを考え（ターゲット・ドア）、それらを叶えるために必要な行動をとるように求めなさい。彼らが必要を満たすために考えて行動するとき、彼らはいっそう生き生きとして活気に満ちあふれて、嫌な感情を感じる（トラップ・ドア）のをやめる。

おどけた反抗者

感情モードを使い、おどけた反抗者の人と、その反応しやすい行動（オープン・ドア）でふざけることによって、彼らとの最も良い打ち解けた関係を持つことができる。彼らはそのエネルギーの最大量を、おどけた行動に使う。

効果的に変化させるためには、養育的であることで彼らの感情（ターゲット・ドア）を探求するように導きなさい。感情を体験することは、彼らが思考（トラップ・ドア）のなかで葛藤するのを止める助けとなる。

魅力的操作者

魅力的操作者の人との関係をつくる最良の方法は、いかに彼らが賢いか（オープン・ドア行動）を指摘することで、彼らに遊び心を持って向かい合うことである（感情モード）。彼らが最も多くのエネルギーを費やしている行動は、相手を知恵で打ち負かすことである。

次に、養育的に関わることによって彼らの感情（ターゲット・ドア）を味わうように促しなさい。彼らが心から欲しいもの、しかし直接的なやり方では手に入らないと思い込んでいるものを見つけだしなさい。彼らが感情を味わい、そしてセラピストをだませないと気づくことで、彼らはより正直になるだろう。彼らは思考（トラップ・ドア）でいつもセラピストを出し抜こうとするのをやめる。

以上は、魅力的操作者が査定図表で、活動的で人に関わるところで機能しているときに適応される（第1章）。この適応タイプの人が、受動的で引きこもる状態のときの、適切なウエア理論とコミュニケーション・モードは、スキゾイド型と同じである。

適応タイプの切り替えに合わせてついていく

これまで述べてきたように、〈オープン・ドア〉を通してアプローチすることで、クライエントと触れ合い、ラポールを築いていくことができる。もしクライエントが、ある適応タイプから別なものへとスイッチを切り替えていくならば、セラピストは有効なコンタクトを築くためにすぐにアプローチを替えることができるし、また変化するのに最も有効になりそうな〈ターゲット・エリア〉に向けて直接的な治療を続けていくこともできる。たとえば、もしクライエントが演技型で始めて、それからパラノイド型に切り替えたなら、セラピストは養育的に感情のレベルでコンタクトをつくることで始め、それから思考について問いかけることによって〈ターゲッ

表 12-1　六つの人格適応タイプのためのドライバー，ウエア理論とコミュニケーション・モード

人格適応タイプ	主要なドライバー	ウエア理論	好みのモード*
熱狂的過剰反応者 （演技型）	他人を喜ばせよ	F，T，B	養育（感情）
責任感ある仕事中毒者 （強迫観念型）	完全であれ	T，F，B	要求（支配）
才気ある懐疑者 （パラノイド型）	完全であれ ＝強くあれ	T，F，B	要求，支配
創造的夢想家 （スキゾイド型）	強くあれ	B，T，F	支　配
おどけた反抗者 （受動攻撃型）	努力せよ	B，F，T	感　情
魅力的操作者 （反社会型）	強くあれ 他人を喜ばせよ	B，F，T	感情，養育， 支配

＊コミュニケーション・モードというのは最初のコンタクトのためのものである

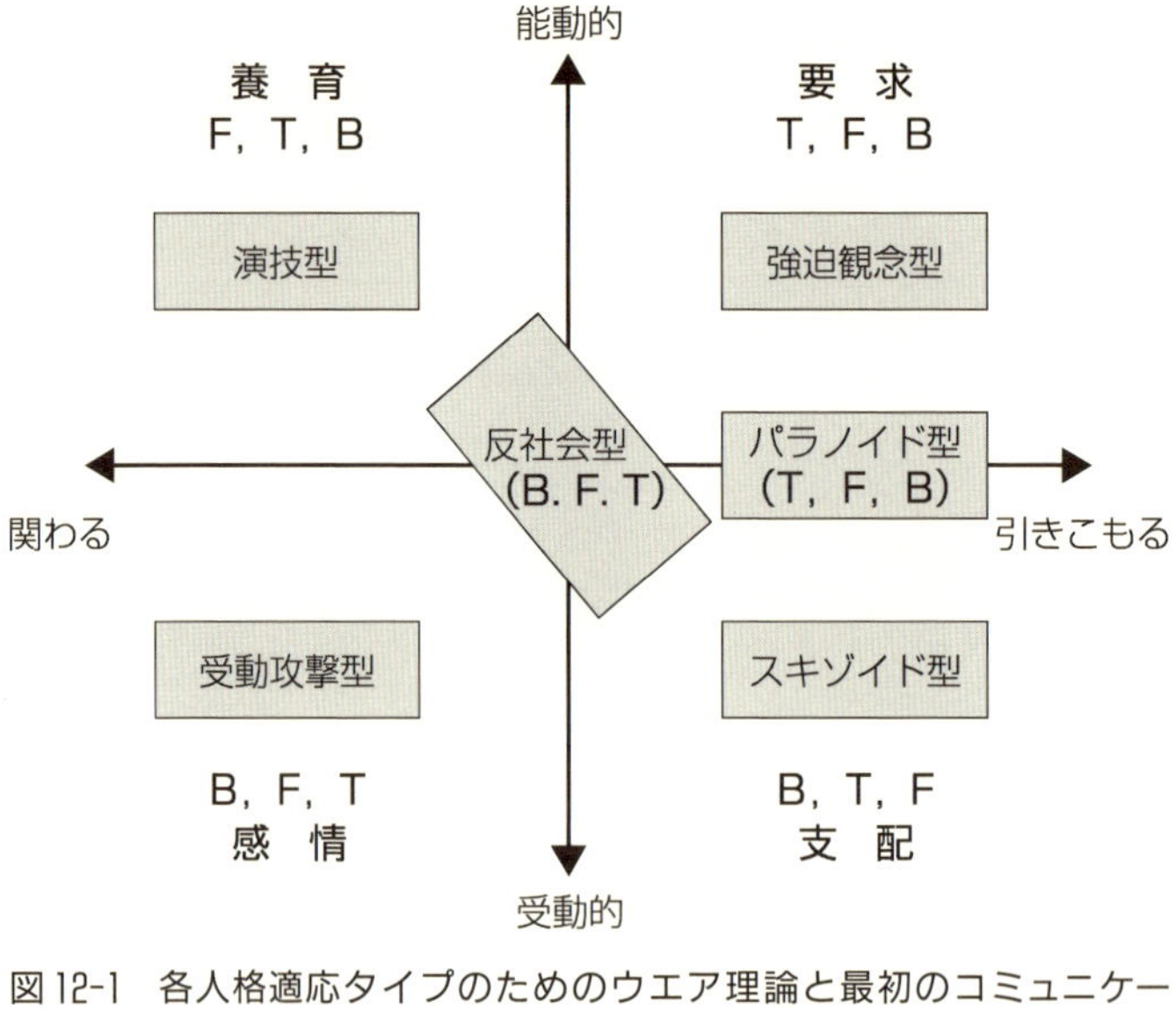

図 12-1　各人格適応タイプのためのウエア理論と最初のコミュニケーション・モード

ト・ドア〉に入っていける。クライエントが適応タイプを替えたときには、セラピストはその人と一緒に切り替えて、クライエントと思考で接触を試み、次には感情について問いかけることで〈ターゲット・エリア〉へと移っていくだろう。〈トラップ・ドア〉を避けることで、セラピストは窮地に陥るのを防ぐことができる。

第14章では、私たちは人格適応タイプによってやり方を切り替えていくスキルについて、さらに言及する。そして、パートⅦでは、各適応タイプの人との治療の実例を逐語録にして詳しく述べる。これまでの六つの適応タイプに対して使われる、ウエア理論とコミュニケーション・モードに関して、表12-1と図12-1にまとめておく。

まとめ

クライエントの人格適応タイプを査定することは、長期にわたる治療への指針を与えると同時に、セッションのなかでその時々に最善のラポールを築く方法をセラピストに提供する。私たちの経験では、セラピストが「窮地に陥った」、クライエントとの「関係を失った」と感じるときには、それはしばしばそのときにクライエントが必要としているものと適合していない〈コンタクト・ドア〉、あるいはコミュニケーション・モードを使っているからなのである。最悪の場合では、セラピストはクライエントの〈トラップ・ドア〉で治療をしようとするかもしれない。それはクライエントがすでに試していて、効果のないものなのだ。元に戻って〈オープン・ドア〉を通って〈ターゲット・ドア〉へと行くことによって、そして適切なコミュニケーション・モードを使うことによって、セラピストはラポールを再び築き直すことができるし、効果的な治療を再開することができる。

この適合と不適合の全体的な問題は、治療においてラポールを築くために重要であるばかりでなく、また人間関係の一般的な場面でも大切なのである。人格適応タイプを知ることで、どんな人間関係が「うまくいく」のか、どんな人たちが難しいことをいっぱい抱えているのかといったことを、私たちが予測するのをどのように助けてくれるのだろうか。この疑問には次章で答える。

第13章 人格適応タイプ間の相互作用

人格適応タイプの概念を見ていくなかで、重要で興味深い要素は、それぞれの人格適応タイプがいかにお互いに影響し合うかを考えることである。たとえば、誰が誰に惹かれているか、誰が誰と難しいのか、そして誰が誰とうまくいくのか、といったことである。

私たちは、自分自身の適応タイプは「正しい」もので、他の人は私たちのやり方でするべきだし、そしてもし他の人がそうしないなら、彼らに何か悪いところがあるからに違いないと考える傾向がある。人格適応タイプを学んで、私たちはそれぞれの人の特徴を理解し始める。そして各適応タイプは、与えられた状況に有効な最高のオプションであることを十分に理解する。明らかにされたように、各人格適応タイプの価値を私たちが正しく認識することを学ぶときに、どのように各適応タイプが互いに関連しているかということや、それぞれから学ぶ必要性をより簡単に理解することができる。私たちは、他の人を私たちのようにさせるよりもむしろ、人びとの多様性をいっそう楽しむことができるようになる。

惹かれ合う適応タイプ

私たちは皆、自分と同じ適応タイプの人とうまくやっている。この人たちは、私たちが一緒にいてとても居心地の良い感じがするし、友達として選びがちである。彼らは私たちの好みのやり方で物事をする。私たちはまた、私たち自身と同じオープン・ドア、ターゲット・ドア、そしてトラップ・ドアを持っている適応タイプの人たちと、うまくやる傾向がある。たとえば、強迫観念型とパラノイド型の人は、共にオープン・ドアとして思考を、ターゲット・ドアとして感情を、トラップ・ドアとして行動を持っている。受動攻撃型と反社会型の人は共に、オープン・ドアとして行動を、ターゲット・ドアとして感情を、トラップ・ドアとして思考を持っている。

しかしながら、私たちが仲良くなれる人を探すときには、自分自身の未発達な面を発達させたいと願って、自分とは違った人に惹きつけられることがあるかもしれない。たとえば、一方が当たり前にしていることでも、他の人にはそのやり方を学ぶ必要があるので、演技型の人と強迫観念型の人は、しばしばお互いに惹かれ合う。演技型の人は大げさにやることをやめるために、思考を使うことを学ぶ必要がある。そして強迫観念型の人は、働きすぎをやめるために、感情と遊び心を使うことを学ぶ必要がある。

強迫観念型の人はお世話係になる傾向があるし、受動攻撃型の人は世話をされるのを待っている傾向があるので、強迫観念型の人と受動攻撃型の人は互いに惹きつけ合う傾向がある。

パラノイド型の人は、生活のなかでもうちょっと興奮してみたいと密かに思っているし、反社会型の人は、実はもう少し、きちんとコントロールしたいと思っているので、パラノイド型の人と反社会型の人は、互いに惹きつけ合う傾向がある。

演技型の人はスキゾイド型の人を助けて活気づけるし、スキゾイド型の人は演技型の人を助けて落ち着かせるので、演技型の人とスキゾイド型の人は互いに惹きつけ合う傾向がある。一般に、正反対の適応タイプを持った

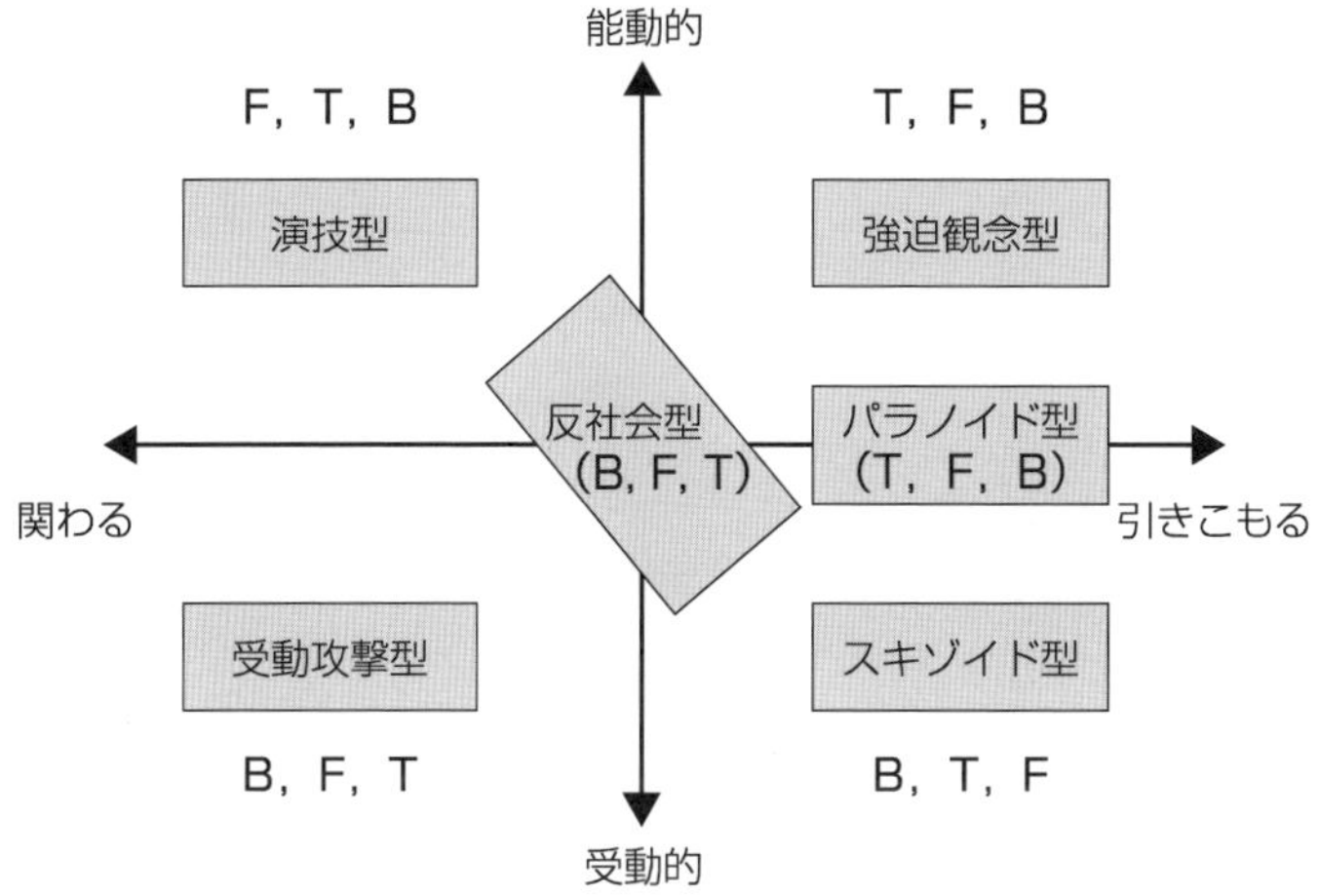

図 13-1　人間関係におけるコンタクト「ドア」

カップルは、彼らが少なくともほかの適応タイプの一つを共通して持っているときに、最高にうまくいく傾向がある。

友情とか情事に至るときには、人びとは、自分が元気づけたり、慰めたり、理解し合うことができる、自分自身ととてもよく似た人を選ぶことが多い。その意味で人びとは、反対の人と結婚をして、似たような人と恋をするのである。これには、特別の意味があるので、後にもう少し詳しく述べる。

困難を伴う適応タイプ

互いに最悪の難しさを持った人たちは、査定図表（図13-1）でお互いに斜め正反対の人たちである。だから友達として人びとを惹きつけるものは、また反発するものでもある。彼らはオープン・ドアとトラップ・ドアが互いに正反対だ。興味深いことに、彼らのターゲット・ドアは同じなのである。たとえば、強迫観念型の人とパラノイド型の人は、オープン・ドアとして思考を、トラップ・ドアとして行動を持っている。一方、受動攻撃型の人と反社会型の人は、オープン・ドアとして行動を、トラップ・ドアとして思考を持っている。ある人が自然にしていることが他の人にはトラップになる。強迫観念型の人とパラノイド型の人は、受動攻撃型の人や反社会型の人に彼らと一緒に考えるようにさせようとするだろうが、どうにもならない。一方、受動攻撃型の人と反社会型の人は、強迫観念型の人とパラノイド型の人と闘い、操縦しようとしてもどうにもならない。この四つの適応タイプは〈ターゲット・ドア〉として感情を持っている。彼らの感情を直接扱うことを学んだときに、彼らは問題を解決し、はじめて人間関係のなかで成長する。

演技型の人は、オープン・ドアとして感情を、トラップ・ドアとして行動を持っていて、スキゾイド型の人は、オープン・ドアとして行動とトラップ・ドアとして感情を持っている。繰り返すが、一人の人が自然にしていることが他の人にとってはトラップになるのだ。演技型の人は、スキゾイド型の人を自分と一緒に興奮させようとするが、どうにもならない。一方、スキゾイド型の人が演技型の人の気分を鎮めようとするが、どうにもならない。ターゲット・ドアは共に思考なのである。彼らが思考を直接に扱うことを学んだら、彼らは問題を解決して共に成長する。

人間関係で最も破壊的な結びつき

特に危険性の高い困難と問題を持っている人間関係がある。だからこれらの組み合わせは、パートナーとして選ぶときには最も避けたいものである。それは次のような組み合わせである。

(1) パラノイド型の男性と演技型の女性

パラノイド型の男性は嫉妬深い傾向があるし、演技型の女性は恋をもてあそぶ傾向がある。演技型の女性は、セックスよりもむしろ注目されることを望んでいる。パラノイド型の男性は、演技型の女性に性の衝動を投影して演技型の人の目的を誤解し、怒り狂うようになる。結果はしばしば配偶者への虐待である。

(2) 反社会型の男性とパラノイド型の女性

反社会型の男性は、「捕まえられるなら捕まえてごらん」を演じ、本来懐疑的なパラノイド型の女性は、何度も彼を捕まえて、「あなたはなんてひどい男なの」と言う。彼は、「彼女がどんなふうに彼を支配しているか」と文句を言い、そして彼女は「彼がいかに信じるに足りないか」と訴える。人間関係は、母親と悪ガキの関係になりかねない。

(3) 反社会型の男性とスキゾイド型の女性

スキゾイド型の女性は、もし自分がとても支持的で男性を十分に喜ばせるならば、彼はお返しに自分を愛して世話をしてくれると信じている。反社会型の男性は、彼女を気にかけていると信じさせるようにもっていく。しかし、その後彼女を利用し、使い、彼女が一生懸命彼を喜ばせようと努力しているのに、虐待する。結果はしばしば加虐的な主人と奴隷の関係になる。

(4) 強迫観念型の男性と受動攻撃型の女性

強迫観念型の男性は、すべてのことをできるだけ完全にするだろう。しかし彼がどんなによくやっても、受動攻撃型の女性は、いつも何かしら彼が正しくやっていないと言って指摘するかもしれない。強迫観念型の男性は、それを正しくやろうとして死ぬまで働く可能性がある。結果として欲求不満と怒りで煮えたぎった関係になるかもしれない。

人間関係でとてもよく機能する組み合わせ

すでに述べたように、結婚相手としてうまくやっていく傾向のあるものは、最低一つの適応タイプを共通して持っている人たちである。たとえば、あるパートナーは強迫観念型の適応タイプを持っていて、相手は行動上のレベルで演技型の適応タイプを持っているかもしれない。同時に、お互いが生き延びるためのレベルで、スキゾイド型の適応タイプを持っているかもしれない。共通した適応タイプを持っていると、お互いをより良く理解し合い、パートナーと一緒にいて「ほっとした」感情を味わえるようになる。

適応タイプが互いに補い合うことで、さらにうまくいく可能性は増えていく。たとえば前記の例のように、適応タイプが演技型と強迫観念型がありうるし、パラノイド型と強迫観念型、あるいは反社会型と受動攻撃型といったものである。さらに、パートナーが適応タイプを知れば知るほど、彼らはパートナーがどのように自分と異なっていて、それがどんな理由なのかということについて、正しく認識するようになるだろう。そして、起こってくる問題を協力して解決する必要があるということについても、認めるようにもなるだろう。適応タイプを知ることはまた、相手に近づき、問題を解決するように促し、むきになって闘うことを避けるための最善の方法を各々のパートナーに知らせることでもある。このことは、職場でのチーム作りや、セラピストとクライエントの関係、友達を選ぶことなどにも適応する。

カップルセラピーの経過で、適応タイプを知っていると、お互いがどんなにユニークか、お互いのやり方がどんなに価値があるか、そしてどのように良いコミュニケーションを築き、問題解決をすることができるのかといったことを、それぞれが理解する手助けとなる。

まとめ

適応タイプの各々は、ある決まった他の適応タイプに惹かれるし、また心が通じ合う。同じように各適応タイプは、ほかの一定の適応タイプにはねつけられて難しい関係になる。この事実によれば、一定の適応タイプの組み合わせが、ほかの組み合わせよりもより良い関係を持つことになるだろう。結婚の相手を選ぶことになったときにこの事実を知ることで、たくさんの悲劇を防ぐことができるかもしれない。そしてまたこの事実は、治療者や、仕事のパートナーや友人となる人を選ぶのに役立てることができる。

このパートの四つの章で、人格適応タイプを知っていることが、良い関係をつくり保持していくこと、そして成長する関係をつくるのに役に立つということがわかった。これらの方法で、私たちは効果的な治療の基礎を考察する。パートVで、セラピーそれ自体の経過をさらに綿密に進めていく。このモデルを理解することで、あなたが早くて効果的で長続きする個人の変化を迅速に起こすのを、どのように助けることができるだろうか。

パートⅤ

個人を変容へと導くために

第14章 各人格適応タイプを用いたセラピー

どのようなセラピーを行っても共通に経験することは、同じアプローチを使っても順調に治療が進むクライエントもいれば、行き詰まってしまうクライエントもいることである。つまり、治療に使われるある技法が有効なクライエントもいれば、そうでないクライエントもいるというのは、よくあることだ。

しかしながら、私たちはこうした難しさの原因がセラピストの技法選択の過ちではなく、むしろクライエントに対するアプローチの方法から生じるものと考えている。われわれの経験によれば、この人格適応タイプによる情報は、セラピーのあらゆる場面で「膠着状態」を起こさないようにするための力強い手助けとなる。このモデルは、クライエントとコンタクトを取るときの最も良い方法や、どのようにすれば最も効果的な領域に介入できるのかを示す。さらに、クライエントの防衛の罠にはまるのを避けるのに役立つ有効なガイドも供給する。

本章では、人格適応タイプの知識がどのように治療の有効性を拡げていくかを説明する。また、再決断療法が私たちの最もよく使うモデルなので、ここではそれを重点的に扱う。たとえあなたが異なる治療上の技法を使っていても――交流分析であろうとなかろうと――この適応タイプの情報を使うことによって、治療がいっそう充実することを理解されるであろう。

本章の概要

本章では、交流分析以外のモデルを使う読者の便宜のために、交流分析のいくつかの際立った特徴を説明する。まず初めに、再決断療法について取り上げる。これは交流分析のさまざまなセラピーのなかで、主要な学派の一つである。

次に、人格適応タイプの知識がセラピーの効果をどのように高めるかを述べる。まず個々の適応タイプと治療との関連を見る、次いで複数の適応タイプの組み合わせを持つクライエントに対し、どのように効果的な治療を行うことができるかを示す。最後に、査定図表上で一つのポジションから他のポジションに移動するクライエントに対して、どのようにすれば最も効果的な治療ができるかを説明する。

治療のための枠組み

交流分析のいくつかの際立った特徴を説明したいと思うが、交流分析とは異なる治療モデルを使っている読者には、はじめは少しなじみのない内容かと思う。われわれはここで交流分析の実際の治療について、総合的な紹介をしようとは考えていない。われわれの意図は、本章以降で引用される交流分析療法の中心的な考え方を説明することである。もし交流分析療法一般についてさらに知りたいと思われる読者は、広く知られている次のような文献を参照していただきたい。バーン（Berne, 1966）、クラークソン（Clarkson, 1991）、グールディング夫妻（Goulding & Goulding, 1978, 1979）、シフら（Schiff et al., 1975）、スチュアート（Stewart, 1996, 2000）、スチュアートとジョインズ（Stewart & Joines, 1987, pp. 260–277）、ウーラムズとブラウン（Woollams & Brown, 1979）。

契約の方法

交流分析療法では、セラピストとクライエントは、クライエントが望む変化がどのようなものであれ共同責任を持つ。このことはセラピストとクライエントは同等の関係にあるという前提に基づいている。両者が変化の過程で同等の役割を担うので、二人の間で仕事がどのように分担されるかを明確に知っていることが重要である。そのために両者は契約を結ぶ。このことをエリック・バーンは、「明確に表明された一連の行為に対する、両者の明確に表現された責任ある関わり」(Berne, 1966, p. 362) のように定義した。

全体的契約とは、クライエントの中心的で長い時間に関する契約を意味する。これはしばしば重要な脚本の変更のためのものである。多くのセッション、あるいはセラピーの全期間を通じて、クライエントとセラピストはこの全体的契約に取り組むことになる。セッション契約はその名前が示すように、一回のセッション、あるいは一つのセッションの一部のために交わされる契約である。

契約は「石に刻まれた」(訳者注：変更不能なもの) ものではなく、変更可能であることを心に刻むことは重要である。それどころか、契約の再考はクライエントとセラピスト間の合意により、いつでも行われる。クライエントが成長するにつれて、契約も共に変化する。

治療方針

交流分析は人格変容への行動的アプローチである。セラピストは、「治療関係」そのものが望ましい変化を引き起こすとは考えていない。その代わりに、セラピストはクライエントの問題が何であるかを分析し、クライエントが望む変化を達成するための契約に同意をする。そこでこうした変化の達成を手助けするために、計画され構成された方法で積極的に介入する。この計画された介入の過程については、治療方針のなかで説明する。

治療方針は「クライエントに対するセラピストの診断に基づき、同意された契約を達成するための手助けとなる選択肢」(Stewart, 1989, p. 9) のように定義することができる。

契約、診断および治療方針の間には連続的な三つの相互作用がある。たとえば、あなたがクライエントをより理解し、あるいはクライエントがすでに治療の過程で変化した場合には、いつでも診断を修正してもかまわない。診断を変えたことで契約の再交渉が必要になるときには、新しい診断、および新しい契約を検討することができる。

「対決」の意味

クライエントの脚本に対決することがセラピストの仕事である、というのが交流分析療法の公式である。交流分析で使われる「対決」という用語は、攻撃的あるいは過激な介入方法を意味しているわけではない。対決の意味は、クライエントが自分の脚本信条が〈今・ここ〉での現実に対して適切なものであるかどうかを、再検討するための働きかけである。

逃げ道を閉じる

逃げ道を閉じるで知られている技法は、交流分析療法の際立った特徴である（Holloway, 1973；Drye et al., 1973；Mellor, 1979；Boyd & Cowles-Boyd, 1980；Stewart, 1996, pp. 54-58；Stewart, 2000, pp. 93-105）。クライエントは自ら逃げ道を閉ざすために、どのようなことがあろうと決して自殺をしたり自傷をしたりしない、殺人や他人を傷つけたりしない、正気を失ったりしないという決断をし、宣言をする。交流分析を使うセラピストはクライエントに対して、さらに特定の、無条件な決断を行うように勧める。たとえばヴァン・ジョインズは、クライエントに「自分を殺してくれと人に頼まないし、どのような状況でも私は決して逃げない」のような決断を下すように要請をする。

大切なことは、これらの表明がセラピストに対する約束ではないということである。クライエントのための、クライエントによる決断なのである。セラピストの仕事は、セッションのなかで、クライエントが不一致のサインを示したときにはいつでも、それを指摘し約束が実行されるように援助することである。

逃げ道を閉じることは二つの目的がある。第一の目的は、自殺、殺人、あるいは正気を失うという悲劇的な結末を、現実的に予防することである。第二の目的は、脚本からの脱却を促すことである。脚本分析を通してみると、多くの人の脚本はこれらの悲劇的結末を引き起こす最終章（脚本の精算）に向かっている。このような場合、子どもの早期決断は「もし事態が十分に悪くなったら、ぼくはいつでも～（自殺をしたり、誰かを殺したり、正気を失うことができる）」となる。逃げ道を閉じることによって、こうした悲劇的な結末を追い払うための、無条件の「**成人**」からの決断が可能になり、こうした悲劇的な結末を防ぐのに役立つ。このような効果はセラピーをより容易にして、脚本の構造全体を揺さぶることができる。

クライエントはこうした治療上の変化によって、一時的にある種の不快感を味わうことになるだろう。「子ども」のなかで、クライエントは「ぼくの気持ちの良い逃げ道」がもはや利用できないと思って、パニック状態に陥るかもしれない。しかし、私はセラピストとしての経験から、次のようなことを確信している。それは、もしクライエントが逃げ道を閉じなければ、クライエントのある部分――認識の外側――で、依然としてこれらの悲劇的な選択肢を「正当化」するため、セラピーの進展を阻害する。

クライエントに三つの逃げ道をすべて閉じるように促すことは、セラピストとして当然の行為である。これは、クライエントの主な人格適応タイプ（複数でも）がどのようなものであれ、適応される原則である。それぞれの適応タイプはどれか一つの逃げ道を持っていて、それがクライエントの脚本の「ホット・スポット」（訳者注：問題の核心）となっている。各適応タイプの主要な逃げ道は、各適応タイプの項で記載される。

再決断療法

再決断療法（Goulding & Goulding, 1978, 1979 ; Kadis, 1985）は、行動、認知、感情の様式を統合した有効な短期セラピーである。これは一九六〇年代の初めに、ロバート・グールディング博士とメリー・グールディング医療ソーシャルワーカーが、フリッツ・パールズ（Perls. F.）博士とエリック・バーン博士の研究成果を結びつけて発展させた。グールディング夫妻は、バーンの交流分析（1961）とパールズのゲシュタルト療法（1951, 1971）を統合すると、強力な組み合わせになると考えた。すなわち、交流分析は認知についての明確な理論を持ち、ゲシュタルト療法は経験に基づく有効なツールを提供するからである。そしてグールディング夫妻が考案したかずかずのユニークなワークを加えて、再決断療法が生まれた。再決断療法と人格適応タイプの情報が結合されると、さらに効果的なアプローチとなる。

インパスと再決断

再決断療法の中心的な考え方は、インパス、すなわち「行き詰まった状態」からの脱却である。そこでは二つの異なる情動がぶつかり合うが、クライエントはそのどちらかに従って行動することもない。そしてその膠着した状態のなかで、たくさんのエネルギーを使い果たす。

パールズは、ゲシュタルト療法の公式のなかで、インパスを「勝ち組と負け組」の内面的葛藤と定義づけた(Perls, 1971)。グールディング夫妻はパールズの考え方を交流分析理論に組み込み、インパスを二つの自我状態の間で繰り広げられる葛藤と提示をした。たとえば、「一生懸命働け」とせき立てる「親」の声と、「やりたくないよ」という「子ども」の返答との衝突を味わうかもしれない。

グールディング夫妻の人格変容のモデルでは、脚本の決定のあり方が重視される。「子ども」が脚本の初期決断を下したので、〈今・ここ〉で初期の決断を最も強力に変えることができる人格は、「子ども」の自我状態である。このような「子ども」での新しい決断を、再決断と呼ぶ。

セラピーの比較的初期の段階で、セラピストもクライエントも、クライエントが立ち往生している――インパスのなかにある――のに気がついていながら、何についての立ち往生なのか、はっきりしていないことがよくある。行き詰まった状況を好転させるのに必要なことは、その内容についての情報を見つけだすことである。このプロセスをインパスの明確化と呼んでいる。

再決断療法の枠組み

再決断療法は、契約、インパスの明確化、そして再決断のワークの三つの段階で成り立っている（McNeel, 1977）。契約は、治療の目標をはっきりと定めることで、心理的なゲームになることを防ぐ。インパスの解決は、「親」のプログラムを作り直し、「成人」の汚染を除去し、「子ども」の混乱を取り除いて、再決断のワークに対する準備をする。再決断のワークは、早期の体験を通して感情に働きかける治療なので、「子ども」の自我状態で再決断が可能になれば、行動の変容が現れる。

再決断のアプローチは、クライエントが変わりたいと思っていることを具体的な行動として提示して、契約を取り決めることから始まる。クライエントは自分の能力や責任をディスカウントするやり方や、無意識な防衛の表れ方を注意深くたどり明らかにしていく。このときセラピストは、いつもクライエントの頼りになる自我、すなわち〈自然な子ども〉に寄り添い、クライエントの〈自然な子ども〉が活性化するように促す。そして、クライエントに自分の問題のなかで、最近の経験を話すように勧める。その話を〈今・ここ〉での体験とするために、一人称、能動態、現在形を使って話すように求める。次にクライエントに、今感じていることや、心の中で自分自身や周りの人や自分の運命についてどのようなことを言っているのか話してもらう。

人は困った状況に直面すると、子どもの頃に下した自分自身や周りの人との関係や自分の運命に対する早期決断から生じる、慣れ親しんだ実存的な立場を再体験すると思われる。この決断は、その当時自分を守るために行った最上の選択であった。だが今問題になっているのは、目の前にある状況に対して他の選択肢のほうがもっと有効に働くのに、早期決断の選択肢に縛り続けられていることである。再決断の過程は、こうした過去の決断から自由になることを許し、現状に最も適した新しい選択肢を求めてもよいと、認めることである。

セラピストはクライエントに、今自分がいる状態はこれまで慣れ親しんできた感情のあり方かどうか、そして子どものときにそのような場面で誰と一緒にいたかを尋ねる。それからクライエントは、その早期の場面に「入って」、そこで何が起こっているのかを再び、一人称、能動態、現在形を使って話すことが求められる。また、セラピストはクライエントに、子どもとして生きてゆくために、どんなことをしようと決めているのかを尋ねる。そこでセラピストは、ゲシュタルト療法で使う対話（訳者注：空の椅子の対話など）を使ってクライエントに働きかけ、そのとき解決されなかった感情についての問題を、子どもの頃に戻って徹底的に話し合う。この目的は、クライエントが今問題を解決し、現状でどのように自立していくのかについて、新しい決断――再決断――に至ることである。

セラピストはセッションのなかで、クライエントの身体の様子や、感情の状態や、エネルギーの移動を観察することで、クライエントの変化の兆しを捜す。クライエントにとって、今この瞬間の変化を経験することが目標である。そこでクライエントは、セッション外のときでも同じように新しい決断をどのように実行していくかを具体的に尋ねられる。起きている変化がしばしば迅速で劇的なので、そのプロセスはどこか神秘的に見えるかもしれないが、アプローチ自体は系統的であり、教えやすく学びやすいものである。再決断療法は、不安やパニック、恐怖症、早期の心的外傷、憂うつ、自殺の問題や喪失を含むさまざまな問題を扱うのに有効である。

再決断療法は通常グループで行われる。それは、クライエントへのたくさんのサポートや、前向きなストロークを提供するためである。しかし、グループと同様に個人、カップル、および家族療法でも使うことができる。クライエントが変わるための養育的な環境をつくるために、再決断療法特有の様式や技法が使われる。セラピストは常にクライエントの〈自然な子ども〉（NC）の側に立ち、個人の持っている力や責任を強め、現実と思い込みを切り離し、不一致と対峙し、区別する力を育て、健全な態度をつくることを援助する（McNeel, 1977）。適切な時間があれば、たいていのクライエントはこうした養育的な環境のなかで、再決断のプロセスに入るための十分な支援を体験する。しかし、なかにはグループに入ることに安全を感じなかったり、かつてグループの経験から、自分の弱さを見せるのを強く防衛するクライエントもいるだろう。一対一のセッションでも、クライエントが十分に心を開く前には、長い時間とセラピストの多くの働きかけが必要なこともある。このような場合でも、人格適応タイプの情報によって、セラピストは再決断療法を用いてクライエントの変化を促す最も良い方法を見つけることができる。さらに、人格適応タイプの資料は、セラピストがさまざまなタイプのクライエントと、より容易に再決断療法を使うことを可能にする。

「罠」を見つけ、直面すること

バーン（1972）は、あらゆるゲームは「罠」で始まると提案した。これは表面上は無難なものに見えても、実はゲームへの誘いという隠された意味を伝える。たとえば、クライエントがセラピストから「あなたは、ご自身について何を変えたいですか」と尋ねられて、「私は上司への恐れに対する問題について取り組みたい」と答えたとする。ここで「取り組む」という言葉がまさに罠である。クライエントの発言は「子ども」からは、「ぼくはこれをやり始めるけれど、なんにも変えるつもりはないよ。だって、もしそれを変えちゃったら、それ以上取り組めなくなっちゃうもん」という意味で、もしセラピストがこの罠に気がつかなければ、「私に何かして」あるいは「はい、でも」のようなゲームを、ほぼ確実に始めることになるのである。

再決断療法の発案者のグールディング夫妻は、罠――特にワークの初めに出される「最初の罠」に気がつくことの重要性を強調している（Gouldings, 1979, p. 90）。それぞれの人格適応タイプには、特に頻繁に現れる罠がある。それについては後の項で触れている。このリストは完全なものではないが、あなたが各適応タイプの人の示す罠を正しく判断する手がかりとなる。

再決断療法と人格適応タイプ

人格適応タイプは一般的なものであり、治療に来るどのクライエントも、一つまたはそれ以上の適応タイプを使っている。クライエントが使っている適応タイプ（一つまたはそれ以上）を判別することで、クライエントとラポールをつくる最も良い方法や、最良の効果を得るためにセラピーのあらゆる段階で（行動、感情、あるいは思考に）働きかけるべき領域は何かがわかる。同様にクライエントの防衛によって行き詰まらないために、避けるべき領域が理解できる。

第2章で見たように、誰もが少なくとも一つの「生き延びるための」適応タイプと、少なくとも一つの「行動上の」適応タイプを持っている。生き延びるための適応タイプは、スキゾイド型、反社会型、パラノイド型である。これは人生の最初の十八カ月に、信頼が崩れたり自分の生存の危険を感じたとき、自分の身を守る方法としてつくられはじめた。行動上の適応タイプは、受動攻撃型、強迫観念型と演技型である。自分の存在がＯＫであるため、親や同じように意味のある人の期待に合わせる方法として、十八カ月〜六歳までにつくられはじめる。

本章のこの節では、まず一つの優勢な適応タイプを持っているクライエントへ効果的な治療をするのに、人格適応タイプの考え方がどのように役立つかを説明する。次節では、適応タイプが組み合わさったクライエントと、どうしたら最も効果的な治療ができるかを考える（クライエントの治療上の問題は多くの場合、生き延びるための適応タイプと行動上の適応タイプの両方からのものである）。そして最終節で、適応タイプの間を移動するクライエントを考察する。こうした動きの追跡の仕方や最も効果的な介入をするために、クライエントにいかに寄り添うかを説明する。

演技型

第1章で見たように、演技型のオープン・ドアは感情である。主として感情を通して世界と向き合うので、円滑な生活を送るためには思考と感情を統合する必要がある。したがって、思考が治療にとってのターゲット・ドアではあるが、まず感情から入って思考に通じる道を見つける必要がある。熱狂的過剰反応者は表面的な感情で反応することが多いため、感じていることを深く掘り下げて話すように促すことで、結果的に思考の領域に入る。

はじめに演技型の感情と関わるための最も良い方法は、養育あるいは感情モード、つまり優しく包み込んだり感情を共有したりするコミュニケーションの方法である。交流分析の用語では、〈養育的親〉や〈自然な子ども〉から働きかける。

次に、クライエントの思考に働きかけ「成人」の自我状態を導き出す。思考を使うことで、「子ども」の思い込みからの「成人」への汚染を除去する手助けとなる。行動はこの適応タイプの人にとってトラップ・ドアなので、直接的に行動を取り扱うことは勧めない。演技型の人は〈他人を喜ばせる〉ためにできることはすべてやっているので、行動は最も傷つきやすい領域なのである。したがって、演技型のクライエントと行動について対決をすると、防衛的になったり、治療が行き詰まったり、あるいは治療を止めてしまうことになる。明らかに対決するようなコミュニケーションや、支配的なコミュニケーションをとらないようにすることが賢明である（交流分析の用語でいえば、〈批判的親〉を使うことは控えるべきである）。

治療の結果、演技型のクライエントは感情的に過剰な反応をする代わりに、〈今・ここ〉での状況に対応して、よりふさわしい方法で行動し始める。しかし、こうした行動面での変化は、演技型のクライエントの行動に直接働きかけた結果というよりは、彼らの思考（ターゲット領域）に対する治療の成果である。

再決断のプロセスは、演技型のクライエントにとって多くの場合スムーズに流れる。というのは彼らにとってこのプロセスが自然に感じられ、契約やインパスの解決のワークが、彼らの思考を引き出すからである。

セラピーの主な目的

治療上の変化を達成するために、演技型のクライエントは自立すること、つまり自分の力を取り戻すことを学ぶ必要がある。彼らは怒りの感情を使って他者との適切な境界を設定する必要がある。もう一つの重要な問題は、逃げ出そうとするときの逃げ道を閉じることである。クライエントが嫌な感じのところで治療を止めるのではなく、むしろそこで何を感じているのかを、セラピストと話すという契約を結ぶ必要がある。同様に、たとえ今は他者が自分に注目していなくても、自分は重要な存在であり、愛されている存在であるということを学ぶ必要がある。

そこで熱狂的過剰反応者には、思考や成し遂げようとすることに励ましや承認が必要である。このことで、自分が愛すべき人物であり、また同様に素晴らしい能力があると彼らが感じることを促す。他の人が考えてくれるのではなく、自分の考えで行動することが求められていると認識することも重要である。

罠、ラケットと主な禁止令

演技型のクライエントとのセラピーで対決する第一の罠は、おおむね「私は〜だと思う」あるいは「私は〜できない」である。典型的なラケットは悲しみ、混乱、心配、および恐怖で、たいていの場合、怒りという本物の感情を覆い隠している。

通常、主な禁止令は〈考えるな〉〈成長するな〉〈重要になるな〉そして〈自分であるな〉である（演技型の適応タイプの男性では、最後に示された禁止令はしばしば〈自分の性であるな〉と形が変わる）。しかしながら、これらは治療での変化の過程で焦点となる重要な領域である。演技型のクライエントにとって閉めるべき重要な〈逃げ道〉は逃亡で、これは自殺という最終的な「逃避」も含む。

強迫観念型

責任感ある仕事中毒者、あるいは強迫観念型のクライエントは、主として思考（オープン・ドア）を通して社会と接触する。こうした人びとは調和を図るために、感情と思考を統合する必要がある。感情が治療のためのターゲット・ドアなので、思考を通して感情への道筋をつくる。このタイプのクライエントに、深い思考を促せば感情が浮き上がってくる。最初の関係をつくるために、考えていることを話してもらうといった、要求モードを使うことが最適である。以後のセラピーで、ターゲット領域である感情にクライエントを招き入れているときには、〈養育的親〉あるいは〈自然な子ども〉からの行動（コミュニケーション・モードは、養育あるいは感情モード）をとることが大切である。

行動がトラップ・ドアなので、〈批判的親〉での対決はしない。強迫観念型のクライエントはどうすれば〈完全であれ〉なのかを知っていて、もうすでにすべてのことをやってきている。いったん治療に反応すれば、強迫観念型のクライエントは打ち解けて、くつろぎ、楽しんで、そして完璧であることを見せようとはしなくなる。行動面の変化に至る方法は、彼らの行動に対決しないで感情を引き出すことである。

オープン・ドアが思考で、ターゲット・ドアが感情なので、強迫観念型のクライエントとの再決断療法はいつも明快である。治療はいつも契約を結ぶことからインパスの解決へ、そして感情を解放する再決断療法に移る。

セラピーの主要な目的

責任感ある仕事中毒者のクライエントは、自分のしていることは別として、自分が魅力的な存在であることを経験する必要がある。ありのままであっても魅力的であることを感じるために、単に「存在する」ことに対しての承認やストロークが必要である。彼らは「ほどほどに良い」ことを受け入れることや、完璧でなくてもよいことを学ぶ必要がある。

強迫観念型のクライエントは、自分の立場を明確にする方法や、理不尽な要求に「ノー」と言う方法を習得する必要がある。また、あまりにも早く成長しなければならなかったし、あまりにも幼い頃に大きな責任を負わねばならなかった子ども時代の損失を、深く悲しむことも大切である。彼らは楽しみを体験し、彼ら自身に価値があり重要であることを経験する必要がある。

罠、ラケットと主な禁止令

注意すべき罠は、「もっと」「もっとよく」、そして「できる」である。典型的なラケットは、他の人に向けられた怒りや苛立ちと混ざり合った不安、罪悪感と憂鬱である。主な禁止令は、〈子どもであるな（楽しむな）〉〈近づくな〉〈重要であるな〉、そして〈感じるな〉である。閉めるべき主な〈逃げ道〉は自殺で、一般的には死ぬまで働くという形をとる。

パラノイド型

才気ある懐疑者、あるいはパラノイド型のクライエントとの治療は、強迫観念型の〈オープン・ドア〉〈ターゲット・ドア〉〈トラップ・ドア〉が同じなので、よく似ている。主な相違は、パラノイド型のクライエントのほうが、利用できる「**子ども**」の自我状態が、さらに少ないことである。〈完全であれ〉に加えて、〈強くあれ〉とも教えられているので、ひ弱な感情はまったく持ち合わせていないかのように行動する。彼らは明晰な思考力を持っているが、ときおり他者からの刺激を読み間違えて妄想に陥る。最初の関係をつくるために最も有効なコミュニケーション・モードは、要求である（すなわち、より交流分析の用語では、「**成人**」の自我状態の言動を使う）。

治療の目標である感情を導き出すには、〈養育的親〉（養育モード）を使うことが最良である。治療の初期段階で、パラノイド型のクライエントは、〈自然な子ども〉をたわいもない子どもじみた冗談とみたり、セラピストの動機づけを疑ってみたりするので、あまり反応はしない。そして、自分に向けられる〈批判的親〉からの指示には対決し戦う。セラピストは時としてクライエントの〈自然な子ども〉を垣間見る。信頼とラポールを築き「子ども」が安心して出てこられるように、「子ども」への前向きなストロークやサポートをすることが重要である。その結果、最も大きな変化はクライエントの行動に現れる。これは感情への働きかけによって達成される。

パラノイド型のクライエントが、セラピストやセラピーのプロセスを信頼するまでにかなりの時間がかかるので、再決断療法の過程はおおむねゆっくりと進む。彼らはセラピストをコントロールしようとするし、二つの椅子のワークや、自分の感情のなかに入ることに二の足を踏む。そのために、セラピストの初期の努力は、セラピストが一貫していて信頼できることを示して、セラピストとの間に関係を築き、維持することに費やされるだろう。ひとたびパラノイド型のクライエントが、あなたといても傷つきやすい自分の存在が安全だと感じると、自ら進んで再決断の過程に入る。

セラピーの主要な目的

治療の大部分は、「子ども」が安心して現れるように「成人」への汚染を除去し、「親」のプログラムをつくり直すことに関わる。重要な再決断のワークでは、クライエントが自らの恐れを経験し、それを感じてもよいものと受け入れ、同時にセラピストからのサポートを体験し、必要な保護を受け入れることで、自分を強くコントロールすることから解き放つことができる。

罠、ラケットと主な禁止令

注意すべき罠は「親」からの「～すべき」「当然～すべき」や「～する必要がある」と、「子ども」からの「～できると思うよ」である。パラノイド型は、他者に対する怒りのラケット感情をよく示す。これは、否定されることへの「子ども」の恐れを覆い隠すものである。他の一般的なラケットは不安や、嫉妬や、疑惑である。

主な禁止令は、〈感じるな〉〈近よるな（信じるな）〉と、〈子どもであるな（楽しむな）〉である。パラノイド型とのワークで閉めるべき重大な〈逃げ道〉は、殺人である。

スキゾイド型

創造的夢想家、あるいはスキゾイド型のクライエントにとって、行動はオープン・ドアである。彼らの行動は引きこもりがちで受け身である。思考はターゲット・ドアであり、調和のとれた人間になるために統合する必要がある領域である。思考は内面的で外には現れない。スキゾイド型の人は、自分の考えを他者と共有することや、思考にストロークを受けることが必要である。そして問題を解決することや、自分の欲求に合わせた行動をとることで、治療の終結につながる。

スキゾイド型のクライエントにとって、〈活動的になる〉というはっきりした期待を伝える確固とした〈支配的親〉（支配モード）から、まず関係をつくることが重要である。スキゾイド型が自分の世界で内的思考に入り込むことを遮って、外の世界へ連れ出すことが最初の目的である。次に、要求モードを使って、「**成人**」の自我状態を導き、標的となる思考に働きかける。

避けるべき領域はトラップ・ドアの感情である。スキゾイド型は、〈強くあれ〉で感情や欲求を持つべきではないと信じている。不愉快になるとその感情を無視しようとするが、うまくいかずに行き詰まりを感じる。セラピーで標的となる思考にエネルギーが注がれると、感情面で最も大きな変化が現れる。引きこもったり不愉快さを感じるよりも、問題の解決に向かい自分の欲求が満たされるにつれて、生き生きとして元気になる。

セラピーの主な目的

創造的夢想家タイプの人は、自分の立場を認めたり、居場所を求めたり、他の誰とも同じように自分の欲求が重要であることに気づく必要がある。今経験しているものは何か、望んでいるものは何かについて考える必要があるし、自分が望んでいるものを他者に頼む練習も必要である。他の人に協力するように、自分自身に対しても支持的になることが必要である。そして他者は自分の欲求に対して適切な対処ができ、そのことで迷惑を感じるようなことはないと経験する必要がある。

インパスの解決は、スキゾイド型のクライエントが再決断をする過程で鍵となる部分である。それは、明確な契約を結ぶ前に常に必要である。彼らは問題を解決するよりも避けようとするので、問題を解決する能力を十分持っていることを強く伝えることが必要である。そうすることで、彼らを絶えず現在の問題に引き戻す。これがセラピーの鍵である。困難な状況で自分の力と責任を実感させることが大切である。再決断のワーク自体においても、感情と同じように思考を重視して扱う。

罠、ラケットと主な禁止令

スキゾイド型が頻繁に使う罠は、「私」の代わりに代名詞の「それ」を使うこと、能動態よりむしろ受動態の動詞を使うことである。典型的なラケットは、無感覚と混乱である。スキゾイド型のクライエントは、多くの禁止令を受けている。主なものは〈考えるな〉〈重要であるな〉〈感じるな（怒りや興奮を）〉〈楽しむな〉〈属するな〉〈やり遂げるな〉〈成長するな〉、そして〈正気であるな〉である。スキゾイド型のクライエントの閉じるべき〈逃げ道〉は、おかしくなる（正気でなくなる）である。

受動攻撃型

おどけた反抗者、あるいは受動攻撃型のクライエントにとって、スキゾイド型と同様に行動がオープン・ドアである。これらの人びとは受け身的な攻撃性で強引に関わりを持とうとするので、どちらかといえば扱い難い。たとえば、受動攻撃型のクライエントが腹立たしげに、「申し訳ないが、あなたのおっしゃっていることにはまったくついていけない」と言いながら、あなたが話を先に進めて意図を明らかにすることを期待しているかもしれない。感情は治療のためのターゲット・ドアであり、トラップ・ドアは思考である。彼らの人生脚本のテーマは〈努力せよ〉であり、いつも心の中での権力闘争に振り回され、どこにもたどり着かない。

受動攻撃型のクライエントと初めに関わりを持つには、〈自然な子ども〉の言動を使って遊ぶこと（感情モード）が最良である。もしあなたが「親」のスタイルを使えば、クライエントは直ちにあなたとの権力闘争に乗り出すだろう。「成人」を使うあらゆる試みは、いつも「親」からのものとして受け取られる。

いったん〈自然な子ども〉を使った信頼関係を確立すれば、ターゲット領域の感情に働きかけるために、〈養育的親〉からの取り組み（養育モード）を交えることは有効である。受動攻撃型のクライエントの感情、特に傷ついた感情に対応すると、最も大きな変化は思考で現れる。二者択一の立場から退き、苦闘から解き放たれる。

セラピーの主要な目的

おどけた反抗者タイプの人は、あるがままの自分でOKであること、そして受け入れられるために何も変える必要がないことを経験することが大切である。また、欲しいものを手に入れるために互いに協力し、生き延びるための闘争をしなくてもよいことを、知る必要がある。待っていて、そのうえ違ったものを受け取って狼狽するよりは、自分の欲しいものを直接頼むことも学ぶ必要がある。その結果、本来の自分でいることができるし、他の人からの援助を受けることができることも学ぶ。

受動攻撃型に再決断療法を行うための第一の方法は、〈自然な子ども〉の側に立って絶えず彼らと遊ぶことである。直接的な方法で思考に働きかける契約やその他の働きかけは、おおむね成果が上がらない。逆説的になるが、〈反抗的な子ども〉をストロークしたり、変化などしなくてもよいのでは、と遊び心を持って忠告することは、常により実りある結果をもたらす。セラピストのとるべき最良のスタンスは、足蹴りにされたまま、引きずりまわされ、セラピーの間中悲鳴を上げ、クライエントが変化への第一歩を踏み出そうとするたびに抗議することである。セラピストがクライエントの抵抗を譲り受けると、クライエントは自分のエネルギーを防衛のためでなく、前向きの方向に自由に使うことができるようになる。受動攻撃型は自分のインパスが痛いほどにわかっている。治療のなかでの遊びは、それを棄てることの助けとなる。この点で再決断のワークは、幼いころの親との権力闘争と結びついた痛みを解き放つことに役立ち、戦わずとも自分には生き残る力があると経験するのに役に立つ。

罠、ラケットと主な禁止令

受動攻撃型の主な罠は、「私にはわかりません」と「しかし」の使用である。典型的なラケットは欲求不満と混乱である。主な禁止令は〈成功するな〉〈成長するな〉〈感じるな〉〈楽しむな〉そして〈近づくな〉である。受動攻撃型の閉じるべき重要な〈逃げ道〉は、「正気を失う」である。

反社会型

魅力的操作者あるいは反社会型は、行動がオープン・ドアのもう一つの適応タイプである。彼らは積極的な行動で活発に関わる。自分の立場を優位にするために、他の人たちを魅了するか脅迫しようとする。成長のために、ターゲット・ドアの感情を統合する必要がある。トラップ・ドアは思考である。反社会型のクライエントは主に〈小さな教授〉（「**子ども**」のなかの「**成人**」）を使って、他人を出し抜いたり、馬鹿にしたりしようとする。相手をだましながら〈強くあれ〉や〈他人を喜ばせよ〉を達成しようとする。長期的な見通しを考えるのに「**成人**」を使わない。

そうさせないために、反社会型のクライエントがあなたをだまそうとする試みに対決したり、明らかにするために、セラピストの〈小さな教授〉を効果的に使うことができる。彼らは予測可能な一定のパターンのゲームを使うので、さらに「**成人**」を加えて対応すると、セラピストはいっそう有利になる。クライエントの言動が予測できるので、先回りをして、彼を驚かすことができる。そこで、反社会型のクライエントは好奇心をそそられ、どうやってそれができるのかを突き止めるために、セラピーに取り組むようになるだろう。〈養育的親〉の言動で、彼が本当に望んだことや、直接手に入らないと思い込み、その代わりに彼が不誠実な行動をとるようになったことを聴くことから、ターゲット領域である感情に入り込むことができる。もしセラピストが「成人」だけから働きかけようとすれば、反社会型のクライエントはセラピストの周りで堂々巡りをする。また「親」のスタイルをとると、セラピストははるか後方に取り残されることになる。

反社会型のクライエントは、セラピストが誠実でずっと信頼できるかどうかを判断するために、治療のプロセスに入る前にたくさんテストを試みる。彼らが本当の感情を感じ、装うよりは本当の自分でいることを許すときに、最も大きな変化が彼らの思考のなかで現れる。彼らは、他人を出し抜こうとする代わりに、長期的な見通しを考えたり、他者との協力のもとに自分の欲求を満たしていくために、「成人」を使い始める。

セラピーの主要な目的

魅力的操作者の適応を持つクライエントは、自分たちの行動を改め、他人を騙そうとするのをやめる必要がある。他人の犠牲の上にではなく、それぞれの欲求を満たそうとしている人たちと協力して、自分の欲しいものを手に入れていくことで、人生はうまくいくという事実を学ぶ必要がある。彼らは子どものときに持てなかった絆や愛着を経験する必要があるし、自分の欲しいものを手に入れるときには、他者と協力しなくてはならないことを学ぶ必要がある。彼らは親密になっても依然として自由でいられること、すなわち二者択一的な考えをしなくてもよいことを知る必要がある。最終的に、見せかけの自分よりありのままの自分であることを学ぶ必要がある。

反社会型のクライエントは、自分が傷つきやすい状況にいることを恐れて戦うので、初めは再決断の治療に参加しないか「見せかけ」としてのワークをするだろう。その結果、ありのままの交流が始まるまで、反社会型のクライエントとの再決断療法は、初期において罠に向き合うことが主になる。したがって、イムパス解消が治療の大部分を占める、その後再決断のワークは、彼らが小さいころに失った大切なものを、今悲しむことの手助けをする。

罠、ラケットと主な禁止令

反社会型のクライエントにとって、セラピーの初めはほとんどすべての行動が罠である。したがって、自分がしたいと思っている変化について、ありのままに話し始めるまで契約を待つことが重要である。そのときでも、自分の言動に対して誠実であり、それに対して責任を負うことが大事であることを、はっきりと伝えることは大切である。典型的なラケットは怒りと混乱である。主な禁止令は、〈近づくな（信じるな）〉〈成功するな〉〈感じるな（怖れや悲しみ）〉〈考えるな（言い換えれば、問題を解くことを考えるな、出し抜いたり馬鹿にすることを考えろ）〉。閉じるべき重大な〈逃げ道〉は、殺人である。

複合した適応タイプとのセラピー

ほとんどの人が異なった適応タイプの組み合わせを示す。クライエントがある適応タイプから他の適応タイプへの移動したとき、セラピストはそれについていきながら、対応するアプローチを変えることで、最も効果的な治療ができる。異なった適応タイプの組み合わせを示すクライエントとの治療では、異なった方針をとる必要がある。さらに、セラピストの人格適応タイプによって、クライエントとうまくいったりいかなかったりすることが起きる（第13章参照）。しかし、やがてどのような人格適応タイプへの治療にも、熟達することができる。

すでに第6章では、最もよく見られる組み合わせと、それを実際にどう見分けるのかを示した。以下の項では、複合した適応タイプへの最も効果的なアプローチを示す。

スキゾイド型と演技型

思考は、どちらの適応タイプでもターゲット領域である。感情は、演技型にとってオープン・ドアであるが、スキゾイド型にとってはトラップ・ドアである。行動は、スキゾイド型にとってオープン・ドアであるが、演技型にとってはトラップ・ドアになる。

生き延びるための適応タイプがスキゾイド型で、行動上の適応タイプが演技型のクライエントの治療で最も効果的なアプローチは、まず養育モードのコミュニケーションを使い、次に「成人」と関わる質問をして考えることを促す。時としてきちんと制限をする「親」の働きで、「子ども」の無力感の増大を防ぐ。彼らが考え始め、自分の力を取り戻し、問題を解決し、他者との適切な距離を置き始めると、彼らは前向きな感情を維持し、必要なときに適した言動をとり、他者と関わり続けることが可能となる。

スキゾイド型と強迫観念型

こうした人たちとの治療は、自尊心を取り戻し、社会で相応の位置を占める権利や、社会にさまざまな要求をする権利を自分のものにすることを促す。思考は強迫観念型にとってオープン・ドアであるが、スキゾイド型にはターゲット・ドアである。また、感情は強迫観念型のターゲット・ドアであるが、スキゾイド型のトラップ・ドアである。したがって通常最も有効な治療は、思考から始めることである。そして、クライエントがはっきりと強迫観念型になっているときだけ、感情に移ることができる。セラピストの明確な「成人」や揺るぎのない〈養育的親〉は、クライエントの思考と関わり、クライエントが他者に対して、自分の権利を主張してもよいのだという許可を与えるのに重要である。積極的になり自分の要求を大切にしてほしいというセラピストの期待を知ることで、クライエントは自己主張をしてもよいと理解する。より積極的に、社会で自分の居場所を求めるようになれば、結果として人との関わりのなかでより生き生きとなり、人との関わりを楽しむようになる。そして、自分の欲求を満たすために一歩下がる必要がなくなる。治療のなかでワークが進めば進むほど、彼らはよりたやすく自分の感情に触れて、そこに留まることができるようになる。

スキゾイド型と受動攻撃型

こうしたクライエントとの治療で重要な課題は、問題を解決するために、感情と思考の統合を促すことである。思考は、スキゾイド型にとってはターゲット・ドアであるが、受動攻撃型にとってはトラップ・ドアである。また感情は、受動攻撃型にとってターゲット・ドアであるが、スキゾイド型にはトラップ・ドアである。そして行動は、両者にとってオープン・ドアである。クライエントとの信頼関係を確立するためには遊び心が役立つ。また、クライエントが積極的になろうと決意するためには、セラピストが、セラピーの目標をきちんと伝えることが役立つ。ラポールが確立した後、感情と思考を統合するために、まずクライエントに考えていることを口に出してもらい、それから徐々に感情に進むことで、最も効果的に思考に焦点を当てることができる。その結果、より積極的に人との関わりを持つようになる。何か問題が起きたとき、気が動転したり、引きこもったり、消極的になるより、むしろ行動を起こそうとする。その結果、クライエントの振る舞いは全体として明るい印象を持つようになる。

反社会型と演技型

このタイプのクライエントに対する治療上の主要な問題点は、クライエントの親密になることへの恐れを解消する手助けである。信頼感があり養育的な関係を結ぶことは彼らにとって重要であり、危険のない安全な状況で親密な関係を経験することができる。このような関係を発展させるには時間がかかるし、クライエントはあなたがそれに値するかどうか、テストをする。行動は、反社会型にとってはオープン・ドアであるが演技型にとってはトラップ・ドアである。思考は、演技型にとってはターゲット・ドアであるが、反社会型にとってはトラップ・ドアになる。クライエントが本来の自分になったとき、感情は最も実りのある領域となる。

治療で最も効果のある介入をするために、セラピストは注意深く適応タイプの変化を追跡することが必要である。クライエントは内心とは裏腹に、親しさを装う。彼の巧妙な罠とゆっくり対決しなければならない。そして人に対して正直になろうとするのを、徐々に促していかなくてはならない。感情を通しての治療で、子どもの頃に見捨てられた経験を受容し、〈二度と決して誰も信用しない〉という幼児決断を翻すことを援助する。クライエントは、現在の人間関係で傷つけられたとき、仕返しをしようとする代わりにどのようにその痛手を回復するかを学ばなければならない。このようにしてクライエントが人を信じ、感情レベルでの問題を解決すると、本来の自分を取り戻し真に人間らしく見え始める。彼らはもはや人との親密さを恐れず、納得のいく人間関係を結び始める。

反社会型と強迫観念型

こうした適応タイプのクライエントとのセラピーは、感情の扱い方や人との心地良い親密さを、どうやってつくるかを学ぶことが中心となる。感情は、二つの適応タイプにとってターゲット・ドアである。行動は、反社会型のオープン・ドアであるのに対し、強迫観念型のトラップ・ドアとなる一方で、思考が強迫観念型のオープン・ドアとなり、反社会型のトラップ・ドアとなる。そのために、クライエントとラポールを築くのは難しい。クライエントの巧みな物言いに気をつけて、感情の忌避と徐々に対決する。クライエントを自分の感情へ導き、どのように感情を使って人と交流し、問題を解決するかを教える必要がある。このプロセスは時間がかかり、クライエントとセラピストの間に安全で信頼感のある関係が築かれることが求められる。クライエントが感情を思考や行動と統合することや、人との関係で感情を使うことを学ぶと、親密で納得のいく関係をリラックスして楽しむようになる。

反社会型と受動攻撃型

このタイプのクライエントとのセラピーは、遊び心を持ち、思いやりのある立場から対決し、自他の境界線を明確にしていくことである。二つの適応タイプはともに、行動をオープン・ドア、感情をターゲット・ドア、思考をトラップ・ドアとしている。信頼が築き上げられるまで、クライエントはありとあらゆる方法でセラピストをテストするだろう。それに応じて、辛抱強く、信頼性があって、一貫している態度をとる必要がある。いったんテストが終われば、クライエントはセラピーのプロセスへしっかり入ることを決意する。セラピーは、クライエントが自分の感情に取り組むことや、他の人の感情に気を配ることを促すのが目的である。その結果、社会に対するクライエントの思考や態度が変わる。円満になり他者に対して思いやりを持つようになり、より満ち足りた関係を持つための方法を学ぶ。

パラノイド型と演技型

パラノイド型と演技型を持つ人に対する主な治療上の問題点は、思考と感情を統合することである。その結果、こうした極端な反応をやめる。彼らは自他の間に適切な境界を設けることで、他者が自分を中傷すること許さず、また自らの過剰な反応をやめる。感情と思考が統合されると、彼らは自分の力がOKであることを認め始め、もはや行動に関する非難で傷つかなくなる。

オープン・ドアが、パラノイド型では思考、演技型では感情なので、効果的な関わりを持つためには、彼らがどの適応タイプに入っているのかを知ることは重要である。最終的な目標は、思考と感情を統合する援助である。行動はこの両者の適応タイプにとってトラップ・ドアであるから，行動について対決は避けることが大切である。

パラノイド型と強迫観念型

こうした人たちの治療では，彼らが間断なく仕事をするのをやめて自分の感情に触れ，「自制」を保つよりは，自分が感情を持ってもかまわないという経験を促すことが必要である。多くの場合，セラピストと一緒にいることが安全で，信頼できると感じるのにある程度の時間がかかる。こうした信頼感は，セラピストがいつでも信頼できて首尾一貫した態度を示すことで高められる。扱うべき最も重要な感情は，恐れである。脅えるのと同時に，自分が必要とするサポートや保護される経験を受け入れると，人と親密になることへの安全を感じ始める。思考がいずれの適応タイプにとってもオープン・ドアで，感情がターゲット領域なので，どちらの適応タイプにいるときでも同じように治療ができる。行動は両方の適応タイプにとってトラップ・ドアなので，行動についての対決は避けるべきである。

パラノイド型と受動攻撃型

パラノイド型と受動攻撃型の組み合わせを持った人たちへの治療は，彼らがセラピストのあら探しをしている間も，セラピストが落ち着いて一貫した態度をとり続けることで，クライエントとの間に信頼を築いていくことである。それから，自分は感情を持ってもかまわないという経験を，徐々に重ねることを促すことである。彼らの経験すべき最も重要な感情は，恐れと苦痛である。セラピーのなかでこのような感情を再体験するときには，子どものときに受けることができなかった保護と慈しみが必要となる。その結果，他の人といても安全と感じ，親密となることができるようになる。この適応タイプの人との治療は油断ができない。というのは，思考がパラノイド型のオープン・ドアであるのに対して、受動攻撃型のトラップ・ドアになっているからである。さらに遊び心があることは受動攻撃型と関わりを図る方法であるが、パラノイド型にとっては、遊び心がある態度は不愉快なものである。適度な遊び心で関わるのかあるいは思考に介入するのか、必要に応じて選ぶことが大切である。また、ラポールをいかにつくるかが問題であり、そしてそれはいつも手間がかかる。感情はいずれの適応タイプにとってもターゲット・ドアであるが、いずれの適応タイプのクライエントも自身の傷つきやすさに対して防衛をしているので、感情にたどり着くのは困難である。治療は信頼が築かれるまで通常ゆっくり行われる。

スキゾイド型と反社会型

これらの適応タイプを持つクライエントとの重要な問題点は、まずクライエントが心を開いてセラピーに取り組む関係をつくることである。思考はスキゾイド型のターゲット・ドアとなるが、反社会型にとってはトラップ・ドアとなっている。また、感情は反社会型のターゲット・ドアであるのに対して、スキゾイド型のトラップ・ドアとなっている。一方、行動はいずれの適応タイプにとっても、オープン・ドアになっている。こうしたクライエントに働きかける最も良いアプローチは、引きこもった受動性に遊び心をもって介入することである。そして、本当は欲しくても手に入らないと思い込んで、自分とは無縁のものとしてきたものを見つけることである。他者が、自分たちのことを本当は気にかけているとか、自分たちのためにいるのだと信じることは、彼らにとって難しい。治療関係のなかで早期の体験を修正する機会を与える。セラピストは、クライエントが本物になる心構えができて、本当に自分が欲しいものについて語り始めるまで、遊び心で関わることが最善である。ひとたび心を開くと、今まで長い間抑圧し続けてきた多くの痛みを経験するようになる。失ったものを悲しむことによって、喜びを取り戻し、他者と一緒に人生への参加者になる。したがって、ウエア理論を彼らに適応する場合には、行動から入って感情、そして思考に移動することである。このようにして、他者の協力を得て、彼らは必要なものを手に入れるための行動をとる。

スキゾイド型とパラノイド型

この組み合わせを持つクライエントの治療上の重要な焦点は、人を信用することを学び、感情や欲求を持つことがOKであるという経験をし、自分の考えを他の人たちと分かち合うことである。そして問題解決や行動を起こすことによって、治療を終結に導く。こうした行動を通して彼らはもっと自由に人と触れ合うようになるし、子どものころに必要だったものを手に入れ始める。クライエントとの信頼を確立するために、セラピーは初めはゆっくりとしたペースで進みながら、セラピストは信頼ができて常に一貫した態度でいることが望ましい。

この組み合わせは、治療にとってかなり難しい組み合わせである。というのは行動がスキゾイド型のオープン・ドアであるのに対して、パラノイド型のトラップ・ドアとなっているし、感情がパラノイド型のターゲット・ドアなのに、スキゾイド型のトラップ・ドアになっているからである。クライエントが今使っている適応タイプを慎重に突き止めて、その都度それに従って介入する必要がある。セラピーの初期で最も良い対応は、クライエントが心を開いても安全であると感じるまで思考を通じて関わり、それからクライエントが適応タイプを変えるのに応じて、思考と感情の間を移動することである。

パラノイド型と反社会型

この二つの適応タイプのターゲット領域は、感情である。こうした適応タイプを持つクライエントとのセラピーでは、彼らの信頼感を育て、他者が近づくことを許し、感情を表しても安全であることを経験する必要がある。問題は、どのようにしてそこに行きつくかである。思考は、パラノイド型のオープン・ドアであるが、反社会型にとってはトラップ・ドアである。遊び心のある対決は反社会型にとってはオープン・ドアであるが、パラノイド型にとってはトラップ・ドアである。したがってセラピーはゆっくりと進む必要がある。クライエントが誰に対しても壁を作り、他者を閉め出すのをやめさせるために、クライエントの感情への共感的な反映と思考への解釈を結びつけながら、セラピストは信頼ができて首尾一貫した態度を続ける必要がある。クライエントが心を開くにつれて、子どものときに経験した感情面での喪失を取り戻す。そのために「子ども」の自我状態が使えるように、セラピストは養育的に関わっていくことが求められる。その結果彼らは、自分が傷つかないために特別な場所に引きこもるのではなく、肩の力を抜いて他者と近づき、そして親密になりたいという欲求を満たす方法を学ぶ。

複数の適応タイプ

今までに説明したいろいろな組み合わせに加えて、三番目そして四番目の適応タイプが同じ人のなかで生じる場合もある。クライエントはそれぞれの適応タイプに合わせて、少しずつ人格を変える。それぞれの適応タイプについての包括的な情報を持っていれば、それにしたがってアプローチを調整することができる。それぞれのクライエントが特別な存在として尊重されるのは当然であるが、適応タイプのさまざまな組み合わせを持つクライエントとの治療経験を積むことで、治療のプロセスを容易にする総括的な戦略を学ぶことができる。

プロセス・モデル周辺でのムーブメントを追跡する

クライエントが二つ以上の適応タイプを示している場合、今まで述べた適応スタイルの組み合わせを考えることで効果的な治療ができる。しかし、なかには二つの適応タイプの間をはっきりと往き来しているように見えるクライエントもいる。このように適応タイプ間を移動するとき、各適応タイプに当てはまるすべてのプロセス・

モデルのデータは、それに従って変化する。この項では、クライエントが〈モデル〉の周りを移動するとき、クライエントと共に動くことで治療の有効性が改善できることを提示する。

短期そして長期のプロセス・モデルの動き

プロセス・モデルでの移動には、二つの異なった種類がある。それは短期と長期である。

「短期」の動きとは、ごく短期間にプロセス・モデルのある部分から他の部分に移る可能性があることを意味している。たとえば、ある瞬間クライエントの示す、ドライバー、コンタクト・ドア（訳者注：ウェア理論を適応するドア）、コミュニケーション・モードは、才気ある懐疑者に当てはまる。しかし、次の瞬間には創造的夢想家からの信号に変わるかもしれない。

対照的に、「長期」の動きは、脚本の変更を成し遂げている人びとだけに見られる。これはカウンセリングかセラピーを通して成し遂げられるか、あるいは、新しい人間関係の始まりのような、何か人生での重要な出来事に応じて起こるかもしれない。人が変化すると、その人のドライバーのパターンも変化を示す。これらに加えて人格適応モデル、好みのコミュニケーション・モード、ウエア理論も対応して変化する。この章の後半では、プロセス・モデル周辺でのこうした長期の移動のパターンについて述べる。

クライエントの短期の移動に従う――事例

私（イアン・スチュアート）のスーパーバイジーの一人が、あるクライエントとの治療を進めるのに苦労していることを相談してきた。彼が言うには、セラピストが「うまくいっている」と感じるときはいつでも、クライエントがなぜか立場を変え、セラピーの進行がゆっくりと止まってしまう。

スーパービジョンで、私たちはプロセス・モデルからこの問題を分析した。スーパーバイジーが最初にプロセス・モデル診断したとき、クライエントが〈完全であれ〉のドライバーの信号を頻繁に示していることに気がついた。そこで、クライエントの中心となる行動上の適応タイプを、思考、感情、行動というウエア理論や、〈要求〉のコミュニケーション・モードを好むことから、「責任感ある仕事中毒者」とした。

しかし、彼とクライエントとのワークのテープを聴いていると、クライエントが時折このパターンを変えているのに気がついた。主たるドライバーとして、〈完全であれ〉の代わりに〈努力せよ〉を示し始めたのである。スーパーバイジーは、クライエントが主たるドライバーとして、〈完全であれ〉を「持っている」とすでに決めつけてしまったので、こうした変化を割り引いてしまったことに気づいた。

また、私たちは主たるドライバーのこうした変化が、偶然には起こらないという面白い観察を得た。こうした変化は、クライエントが脚本のうえでとりわけ重要な変化に直面し始めると、まさにそのときに起きる。

私はスーパーバイジーに、クライエントが主たるドライバーのこうした変化を示すときに、介入をする新しいパターンを試してみることを提案した。クライエントが〈努力せよ〉を示しているときではいつでも、セラピストはクライエントの主たる行動上の適応タイプが、責任感ある仕事中毒者ではなくおどけた反抗者であるかのように行動すべきである。したがって、行動、感情、思考というウエア理論を採用し、感情を表すコミュニケーションのモードを使うことが求められる。私のスーパーバイジーはこの新しい試みをやってみることにした。

次回のスーパービジョンで、彼は新しいアプローチを使ってみたところ、「見事に成功した」と報告した。クライエントが責任感ある仕事中毒者からおどけた反抗者に変わったときに、彼はクライエントと一緒について動き、関係をとり続けた。そして、クライエントは重要な再決断をすることに進んだ。

しかし、次のセッションでスーパーバイジーは、またクライエントとの接点がなくなったように思うと報告した。今回は、最初のスーパービジョンから深めてきた知識によって、クライエントのドライバーが示す信号をさらに調べてみた。すると、確かにクライエントは、再びおどけた反抗者から責任感ある仕事中毒者へ戻っていた。もう一度、このスーパーバイジーはクライエントと合わせるために、コミュニケーション・モードとコンタクト・エリアを変えた。その結果、治療が再び効果的に進んだことが報告された。

この例のように、しばしばクライエントは自分の脚本を守る方法として、決定的な瞬間に二つの適応タイプの間を移動する（こうした変化に対する動機づけは、その出来事の後やスーパービジョンのなかで初めて明らかになる可能性がある）。時として、クライエントは脚本を守るための明確な動機づけがなくても、もっと迅速に適応タイプを変える。そのため、クライエントはセッションのなかで、主たるドライバーや適応タイプを文字通り刻々と変えているように見える。

幸運にも、この種の変化を見失わないようにする、比較的に簡単な「親指の決まり」（訳者注：経験則）がある。それは以下のとおりである。

●交流を重ねていくなかで、クライエントが今示しているドライバーに合わせて、セラピストはコミュニケーション・モードとウエア理論を選びなさい。

たとえば、クライエントが〈完全であれ〉のドライバー行動を示したときはいつでも、ほんの一瞬、責任感ある仕事中毒者の適応タイプのなかにいる、と想定をする。したがって、クライエントの直接の反応を選んで、〈要求〉のコミュニケーション・モードを使い、そして思考、感情、行動のウエア理論を用いる。次の交流で、もしクライエントが〈強くあれ〉のドライバーを示したら、即座にコミュニケーション・モードを変えて〈支配〉を使い、行動、思考、感情というウエア理論に従う。すなわち、瞬時に、クライエントが創造的夢想家のなかにあるという仮定で介入する。

これは一見すると複雑そうに思えるが、多少練習すればすぐに自動的に感じ取れる。覚書として表14-1に、クライエントが見せる五つのドライバー行動と、コミュニケーション・モード、およびウエア理論に対応する最も効果的なコンタクト・エリアを示す。これは、クライエントへの反応で最も効果的に使うことができるコンタクト・エリアの対応を示している。

オープン・ドアとターゲット・ドアのどちらを扱うかは、いつものように、あなたとクライエントの治療がどのぐらい進んでいるかによる。もしターゲット・ドアを扱っていて、クライエントの反応のなかに別のドライバー行動があるのに気づいたら、そこで、いつものようにオープン・ドアに戻る。

表 14-1　各ドライバーに対応するウエア理論と初期のコミュニケーション・モード

ドライバー	モード（初期）	オープン・ドア	ターゲット・ドア	トラップ・ドア
他人を喜ばせよ	養育	感情	思考	行動
完全であれ	要求	思考	感情	行動
強くあれ	支配	行動	思考	感情
努力せよ	感情	行動	感情	思考
急げ	養育	感情	思考	行動

長期的なプロセス・モデルの追跡

クライエントがセラピーの途中で変容するときには、プロセス・モデル上で占める位置も特有の変化を示す可能性が高い。こうした変化の最も重要な意味は、さまざまな人格適応タイプを特徴づける行動、思考、感情のレパートリーのなかから、より多くのオプションをクライエントが手に入れることなのである（Kahler, 1997c）。

セラピーの初めでは、通常クライエントは主たる一つの「ホームベース」となる人格適応タイプから始める。クライエントの人格の変容が起きるにつれて、二番目の適応タイプにもどんどん慣れていく。こうしたときでも、初めの適応タイプの特徴を失っていないことに注目しなくてはいけない。つまり、クライエントは初めの適応タイプを、以前と同じように流暢に使うことができる。クライエントがさらに深く変容すると、これら二つの適応タイプを「十分に」使い続けながら、三番目の適応タイプに入るかもしれない。ケーラー（Kahler, 1997c）は、以前の適応タイプのレパートリーを維持しながら、次の適応タイプに変わる現象を表す言葉として、段階的変化という用語を使ってる。

われわれの経験では、〈生き延びるため〉あるいは〈行動上の〉どちらの適応タイプ（第2章参照）でも、「ホームベース」はその人にとって最も心地良い場所である。脚本が変化する過程で、自分が子どものころに取り入れた他の適応タイプに移る。どの適応タイプにどういう順で移るかは、その人その人に特有である。しかしジョインズの「人格適応タイプ質問紙」（「付録C」）といった測定用紙を使えば、クライエントの持つさまざまな適応タイプの相対的重要度の大きさがわかる。その結果、個人の変化の可能性を予測することができる。

私たちが「人格適応タイプのレパートリー」というときには、人格適応タイプの典型的な特徴（表1-1参照）だけではなく、プロセス・モデルの特徴すべてを意味する。したがって、責任感ある仕事中毒者の適応タイプを「ホームベース」としているクライエントが、最も頻繁に見せるドライバー行動は、〈完全であれ〉である。彼のウエア理論は、思考、感情、行動で、コミュニケーション・モードは〈要求〉である。彼の脚本信条および典型的なラケット感情は、責任感ある仕事中毒者の適応タイプ（表4-3参照）の典型とほとんどピッタリと一致する。

そして彼が、人格適応タイプのレパートリーを二番目の適応タイプ、たとえば熱狂的過剰反応者まで広げても、責任感ある仕事中毒者の特徴は一つも失っていない。しかし、以前よりももっと頻繁に、〈他人を喜ばせよ〉のドライバーも示す。さらに、感情、思考、行動のウエア理論を加えることで、クライエントはセラピストと進んで関係が持てるようになるし、コミュニケーションにおいては養育モードで満足を感じるだろう。脚本の内容では、熱狂的過剰反応者の典型的な問題が、責任感ある仕事中毒者の問題と結びつく。

もしこのクライエントが人格の変化を続けて三番目の適応タイプ、たとえば創造的夢想家に入ったらどうなるか。そこで、今度はよく見せるドライバー行動に〈強くあれ〉が加わる。そして、行動、思考、感情というウェア理論、コミュニケーション・モードとしては〈支配〉が加わるだろう。脚本の内容についての問題は、創造的夢想家の適応タイプの典型的な問題と結びついて、さらにいっそう広がる。

診断に対する影響

こうした説明から、クライエントが次々と人格の変化を遂げると、プロセス・モデル上での「位置づける」ことがますます難しくなる。すでにはっきりとした人格変容のワークを経験した人が、セラピーのために来談したとすると、この〈位置づけ〉が当座の重要な問題となる。この場合、最初のプロセス・モデル診断は難しく、「ぼやけている」ように見えるかもしれない。そこで再び「人格適応タイプ質問紙」(「付録C」)を使うことで、クライエントが持っていそうな、主な適応タイプがより高い精度でわかる。

どんな場合でも、明らかに問題と思われることを突破口に変えることができる。このように適応タイプを変更していくクライエントは、プロセス・モデル上ではっきりとして強固な「ホームベース」にいる人よりも、コミュニケーションのやりとりで、はるかに多くの選択肢を持っていることを覚えておくとよい。

治療方針への影響

適応タイプを通して、クライエントのこうした長期にわたる動きの可能性に注意し続け、個々のクライエントの治療を計画し、検討することは賢明である。クライエントは、セラピーの最中に脚本を変更しているかもしれない。そのとき、クライエントはプロセス・モデル上での位置も変えているであろう。

私たちはケーラー(1997c, 1999)の提案に賛成する。彼の提案によれば、治療ではクライエントの「ホームベース」の適応タイプで初めの接触をとる。それから、クライエントがプロセス・モデル上で位置を変えれば、治療の焦点は新しい適応タイプ――ちょうど今入っている――の問題に移すこととなる。

プロセス・モデルのなかで移動し、多くのオプションを発展させたクライエントとのセラピーでは、本章や前章で述べたように、セラピストがドライバー行動の変化を追跡し、各ドライバーに対応するコミュニケーション・モードや、コンタクト・エリアで対応することが特に有効である。セラピストは、頻繁にコミュニケーション・モードやコンタクト・エリアをテストすることができる（第11章および第12章参照）。

長期の治療方針を計画するときには、このケーラーの提言を心に留めることが大切である。クライエントにとって、特別なコミュニケーション・モードやウエア理論を多く用いなくてもよい人もいる。これはオープン・ドアで初めの関わりをつくるのにあまり時間を使わず、比較的早くその人のターゲット・ドアに移ることができることを意味している。もしクライエントが、変化のためのワークをあなたと一緒にやってこなかったとしても、これは使える。実際には、クライエントは盛んにターゲット・ドアにあなたを招いているかもしれない。そうであるならば、それに見合うドライバー行動を示さなくても、セラピストのするべきことは、もちろん彼についていくことである。

まとめ

再決断療法は、人格の変容を可能にするための強力なツールである。異なる人格適応タイプを持つクライエントに対する再決断療法の効果は、再決断療法がアプローチ全体のどの部分で使われたか、そしてどんな状況で使われたのかによって決まる。信頼は、多くの適応タイプにとって基本的な問題である。すぐに再決断の過程に入るのが難しい場合だけでなく、クライエントがあなたをテストする時間が必要な場合でも、セラピストが信頼できて終始一貫した態度でいることを、クライエントが確認する時間が必要である。そうしてはじめてクライエントは、自分の最も傷つきやすい問題に取り組むプロセスへ、自ら進んで取り組む。

人格適応タイプについての情報と、異なる組み合わせの基本的な特徴を知ることで、クライエントとの関係をつくり、信頼を高め、最も解決と結びつきそうな領域に治療を向けることが可能となる。同時に、クライエントがいつも最後には陥ってしまう罠を回避することを促す。このように、人格適応タイプの理論は、再決断療法や他の治療方法の効果を非常に高める。

ご存じのようにそれぞれの人生脚本は、内容（「何」）と過程（「どのように」）の二点について分析することができる。人格の変容を促す効果を高めるために、脚本の内容を扱っているときでもプロセス脚本にも取り組むことが重要である。次の章では、私たちは人生脚本のタイプを再検討して、どのように対決することができるかを提示する。

第15章　プロセス脚本に対決する

前章では、異なる適応タイプのクライエントとのセラピーを検討し、クライエントの脚本の内容に対するワーク、すなわちクライエントを助けて脚本の内容を変える治療に注目した。

この章では、プロセス脚本に対決することで、治療の有効性がいっそう高められることを論じることから始める。このことは、人はどのように自分の脚本を実現し続けるかを明らかにし、クライエントが望む脚本の変化を達成する援助を意味する。

人生脚本については、第4章ですでにプロセス脚本のさまざまなパターンを示し、どのように六つの人格適応タイプに関連するかを示した。また、ドライバーとプロセス脚本との関連についても検討した。

本章では、まず第4章の要約の主題を繰り返すことで簡単に振り返ってみる。初めに表15-1でプロセス脚本を列挙し、あわせてそれぞれを特徴づける脚本の「モットー」（標語）と生活パターンを一覧にする。

ドライバー行動によるプロセス脚本の診断

それぞれのプロセス脚本のパターンは、特定のドライバー行動に直接関連している。表15-1の第3列では、ドライバーとプロセス脚本の間での対応を挙げている。

すでに第8章で、どのようにドライバー行動を見つけ、それを人格適応タイプの診断に使うことができるのかを示した。クライエントのドライバ行動を表15-1のデータを使って観察することで、プロセス脚本のタイプを即座に査定することができる。

誰もが五つのドライバーすべてをある程度持っているが、そのなかで主となる一つのドライバーをほとんどの人が持っていることは、今までの経験からわかっている。プロセス脚本についても同様で、多くの人はすべてのプロセス脚本の特徴を持ちながら、そのなかの一つの優勢なプロセス脚本を持っている。プロセス脚本は主となるドライバーと結びついている。モデル上でのプロセスの特徴同士の関連のように、プロセス脚本と主たるドライバーとの関連は、確率の問題ではなく一対一の対応である。

三つのプロセス・パターン〈〈もう一歩のところでI〉〈もう一歩のところでII〉〈結末のない〉〉は、ほとんど同じ二つのドライバーを持った人のなかで主として観察される。これらのプロセス脚本とドライバーとの特定の組み合わせは、表15-1に示されている。〈もう一歩のところでII〉と〈結末のない〉の脚本は、どちらも〈他人を喜ばせよ〉と〈完全であれ〉のドライバーの組み合わせである。しかし、〈結末のない〉の脚本を持っている人は、〈もう一歩のところでII〉の脚本を持っている人よりも、より強く両方のドライバーが現れる。

プロセス脚本と人格適応タイプ

ドライバー行動から直接プロセス脚本のタイプを診断するもう一つの方法は、クライエントの人格適応タイプの査定を通して行うことである。表15-2はプロセス脚本と六つの人格適応タイプとの間の相関を示している。この表でも、ドライバー行動から直接に診断したのと同じ結果が得られる。これはまさにもう一つの「迂回路」なのである。

図15-1は人格適応タイプ、プロセス脚本およびドライバー行動の関連が示されている。

表 15-1　異なるプロセス脚本の特徴

名　前	モットー	生活パターン	ドライバー
～までは	「私は仕事をすませるまでは，楽しむことはできない」	良いことは，それほど良くないことがすむまでは起こらない	完全であれ
決して～ない	「自分の一番欲しいものは決して手に入れることはできない」	始めるな，成功するな	強くあれ
いつもいつも	「ベッドを整えた，すぐに寝なければいけない」	どんなにいやなときでもその境遇にいる	努力せよ
～の後で	「私は，今日は楽しむことができるが，明日になったらその償いをしなければならない」	何か楽しいものを手に入れる，でもその後で何かいやなことで罰せられる	他人を喜ばせよ
もう一歩のところでI	「もう一歩で頂上に着きそうになるが，また麓まで滑り落ちてしまう」	始める（計画など），でも必ずしも終わらない	他人を喜ばせよ＋努力せよ
もう一歩のところでII	「頂上に着いたら，すぐにもっと高い山に向けて出発する」	終わらせる（計画など），そして休むことなしに他の仕事を続ける	他人を喜ばせよ＋完全であれ
結末のない	「時間の流れのなかのある特定のポイントに来た後，自分で何をしたらよいかわからない	人生や，計画などであるポイントまで到達する，それから「どうしていいのかわからない」	他人を喜ばせよ＋完全であれ

表 15-2　人格適応タイプのためのプロセス脚本

適応タイプ	プロセス脚本	主なドライバー
熱狂的過剰反応者 （演技型）	～の後で （もう一歩のところでⅠ，Ⅱ）	他人を喜ばせよ
責任感ある仕事中毒者 （強迫観念型）	～までは （もう一歩のところでⅡ，結末のない）	完全であれ
才気ある懐疑者 （パラノイド型）	～までは ＋ 決して～ない	完全であれ＝ 強くあれ
創造的夢想家 （スキゾイド型）	決して～ない （いつもいつも）	強くあれ
おどけた反抗者 （受動攻撃型）	いつもいつも （もう一歩のところでⅠ）	努力せよ
魅力的操作者 （反社会型）	決して～ない （いつもいつも，もう一歩のところで）	強くあれ 他人を喜ばせよ

（注　カッコ内は補助的なプロセス脚本タイプを示す）

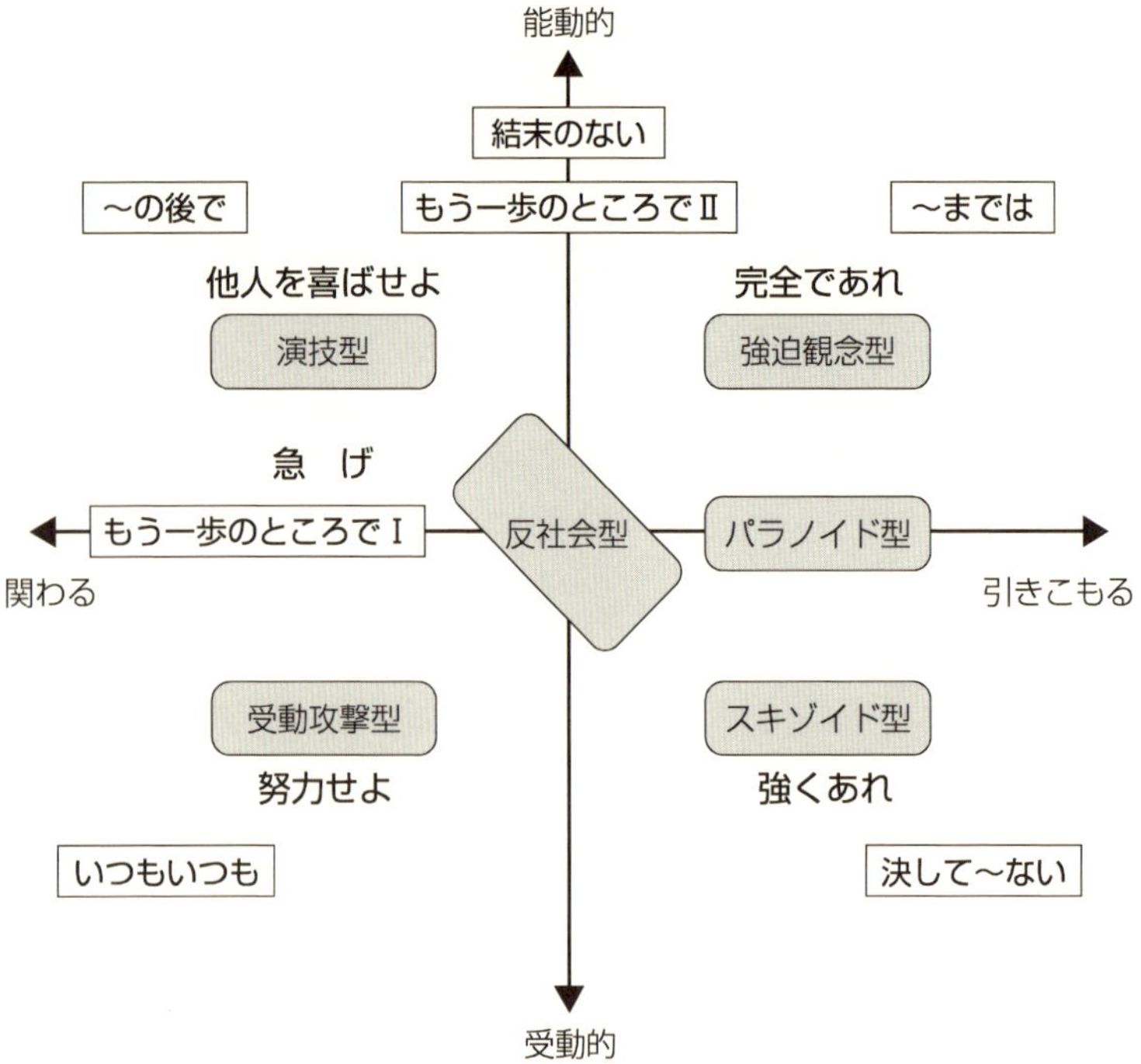

図 15-1　プロセス脚本，ドライバーと人格適応タイプとの関連

プロセス脚本の時間経過

人が脚本のなかにいるとき、一般的に自分のプロセス・パターンを、短期でも長期でも最後までやり抜く。すべてのプロセス・パターンを数秒で行うかもしれないし、数日、数カ月、数年で最後までやるかもしれない。これは、人生脚本全体の進め方にも当てはまる。

たとえば、主要なプロセス脚本が〈～までは〉の人を考えてみると、彼は四十歳ですでに退職に向けての計画を立てる。そして、将来に向けて十分に大きな蓄えをつくるために、今は一生懸命働き、人生を楽しむために多くの時間を割くことはしない。毎日毎日、彼は午後六時まで机に向かい、帰宅をすると自分宛の手紙を整理し、夜くつろぐ前にジョギングをしに行く。友人から、一杯飲まないかという誘いの電話があると「いいよ、すぐに行くよ。この書類を片づけたらね」と答える。

他の脚本の特徴と同じように、プロセス脚本パターンは否定的にも肯定的にも使われる。たとえば、上の例の男性は、〈～までは〉のパターンをフィットネスのプログラムを続ける動機づけに使う。プロセス脚本が、その人にとって受け入れがたい結果を引き起こす場合のみ、セラピーの対象となる。

どのように脚本の過程に対決するか

原則として、クライエントのプロセス脚本に対決することは、単刀直入に行う。セラピストは、クライエントの注意を行動パターンに向け、違った行動をとる契約を結ぶかどうか尋ねる。セラピストはまた、クライエントがプロセス脚本パターンと異なる行動をとったときには、きちんとストロークを与えることができる。

注　意

脚本に対決するときには、クライエントが逃げ道を閉じるまで（第14章参照）、プロセス脚本に対決するのを避けることが賢明である。この点はプロセス脚本に対決するときに、心に留めておくことが特に大切である。というのは、クライエントがここで持ち出している問題は、常に自殺や殺人や正気を失うという問題から遠く離れた場所にあるからである。

たとえば、先ほどの〈～までは〉が脚本の男性は、やむにやまれぬ働きすぎという現在の問題でセラピーにやってくる。彼は、無意識のうちに〈完全であれ〉という「親」の要求に従い続けているし、「すべてきちんとやるときだけOKである」と信じている。このようにして、彼は〈～までは〉のパターンに従い続け、本当にすべてが終わる待望の時間まで働き続けるのである。今、彼は居心地が悪くなってきたので、セラピーにやって来た。しかし、彼は自殺をしたり、人を殺したり、正気を失うというようなごくわずかな衝動に、ほとんど気がついていない。

だが、第4章でおわかりのように、この人はより深い早期決断をしていたかもしれない。それは次に示すようなものである、「一生懸命働いてすべてをきちんとやる限り、私は存在してもよいのだ」。もしそうであれば、〈完全であれ〉や〈～までは〉の拮抗脚本のパターンは、破壊に対する防衛として、「子ども」のなかに実際に生かされていることになる。同じことが、他のプロセス脚本パターンにも当てはまるだろう。したがって、クライエントのプロセス脚本での行動の変容を促し始める前に、慎重に脚本分析や適切な保護を行う必要がある。

セラピストによるモデリングの重要性

セラピストは、効果的にプロセス脚本の変化を促すために、セッションではクライエントのモデルとして、自分のプロセス脚本にできるだけ影響されないことが必要である。これはまた、セラピストがドライバー行動とは関わらないということである。第10章の「ドライバーはドライバーを招く」を思い出すだろう。セラピストがドライバー行動を示すときにはいつでも、クライエントはそれをドライバーへの誘いと受け取るかもしれない。もしクライエントが誘いに乗れば、プロセス脚本は強化される。逆に、クライエントがドライバーに入り、セラピストが自分自身のドライバー行動で応えたときにも、同じことが起こる確率が高い。どちらのケースでも、「子ども」の自我状態で考えていることは、「このあたりでドライバー行動に入っちゃえば、前から欲しかったものが手に入るぞ。この次はもっと準備しよう」である。

各プロセス脚本タイプへの対決

スタン・ウーラムズとミカエル・ブラウン（Woollams & Brown, 1979, p. 213）は、各プロセス脚本タイプに対決する方法を列挙した。以下に示す提言のほとんどは、彼らがつくりだしたものであり、彼らに負うところが多い。

彼らの助言は「有効なセラピーは、脚本から自由になるプロセスと結びついた、効果的で適切な介入の戦略の結果である」（Woollams & Brown, 1979, p.213 傍点は原典による）。

(1) 〈～までは〉脚本

(a) 「後まで」待つよりは、今やるように促す。

(b) 特に、クライエントが脚本やラケットやゲームの細かいところまでやり遂げる前に、自分が変わってもOKであることを伝える。

(c) 治療は短く、意味のある変動が起きたらすぐにそれを明らかにする。「もう一つ変化をするまで頑張ろう」という誘惑を退ける。

(d) 契約について話し合うときに、自分の望むことをはっきり言わずに「道草を食ってやろう」というクライエントの「子ども」の戦略に、セラピストは注意する。クライエントが契約を持ち出すのを待つより、具体的な契約を提供する準備をする。

〈2〉〈決して〜ない〉脚本

（a）どんな小さなものでも、自立性を自分のなかに取り入れようとする意欲的な足取りに、直接かつ豊富なストロークをする。

（b）もしクライエントが引きこもれば、セラピストが行動を起こす準備をする。すなわち、クライエントがあなたのほうにやって来るのをのを待つのではなく、クライエントのほうへ自ら行く。

（c）クライエントの「代替案の間で決める」ための契約は受け入れない。その代わりに、まだついていない決心をするのに必要な何かを、クライエントと一緒に考え出す。

（d）クライエントが何を望み、それを得るために何をするか、そしてその行動をしている間に何を感じ、考えているかを、言葉できちんと言うように捉す。

〈3〉〈いつもいつも〉脚本

（a）クライエントの自発性にストロークをする。望ましい変化をする手段として、それを使うように（遊び心で）促す。

（b）以前の否定的な行動（人間関係など）を繰り返す、クライエントのパターンに気をつける。クライエントに「成人」を使うように求める。たとえば「今回はきっと違うだろうという証拠は何ですか」とか、「以前と違うようにするために何ができますか」。

〈4〉〈〜の後で〉脚本

（a）肯定的な気づきで治療を終える。セッションの後で、否定的な感情が増大する可能性を考慮して、クライエントが保護されていることを保証する。

（b）（a）を言い換えると、治療のなかでまず否定的な感情の上昇が起こり、次に肯定的なものを得るようにクライエントを促す。

（c）（「でも」や否定的な言葉が続く前に）クライエントの肯定的な発言に対して、直ちにストロークをする。

（d）クライエントが「高い（けれども）低い」という発言をしたら、二つの部分の順番を入れ替えて、もう一度言うように促す。たとえば、クライエントが次のように言うとする「私は今日のセッションを楽しみました、でも、明日はもっと良い気分になるか確信はありません」。このとき、クライエントに次のような発言をするように促すことができる「明日もっと良い気分になるかは確信がありませんが、今日のセッションを楽しみました」。もう一つの手は、発言のなかの「でも」を「そして」に代えるように求める。その結果、両者は同じ重要性を持つことになる。

(5) 〈もう一歩のところで〉脚本

（a）「もう一歩で終わる」とか「もう少しでわかる」など、クライエントのパターンに対決する。クライエントがやり始めたことを成し遂げる、という契約を求める。課題や契約をきれいに成し遂げたときには、クライエントにストロークをする。

（b）セラピーのセッションで、何か新しいものに移る前に、そのセッションのワークを終える。もしワークの一部を終えることができないのなら（時間がないとか、クライエントが先に進むのをいやがったりしたため）、そこまでで成し得たことをクライエントに要約してもらう。

（c）（〈もう一歩のところでII型〉のために）前の課題がすでに達成されたことに気づかずに、次の課題に急ぎたいというクライエントの願い（セラピーの内でも、またそれ以外でも）に対決する。クライエントが成し遂げたことに対してストロークをし、何かを成し遂げたらすぐに喜びを表すようにクライエントを促す。

（6）〈結末のない〉脚本

（a）長期・短期の両方で、クライエントに目標を設定する技術を使うことや、自分の目標を頻繁に検討することを促すことで、〈結末のない〉脚本タイプに対決をする。

（b）脚本のなかの「空白のページ」が、見せかけの贈り物だということをクライエントに指摘して、脚本を組み直す。つまり、「空白のページ」はクライエントが望むもので満たすことができる、自分のものであることを告げる。

まとめ

クライエントの脚本の内容に焦点を当てるのと同時に、プロセス脚本に対決することで、セラピーの有効性は高まる。人格適応タイプとドライバー行動の知識で、速やかにそして確実に脚本プロセスを診断することができる。

次の章では、プロセスモデルのすべての特徴をまとめ、総括をする。日々のセラピーやその一瞬一瞬を有効なものにするための完璧なモデルの使い方は、どのようなものであろうか。

第16章

心理療法におけるプロセス・モデルの使用とその概観

本章ではプロセス・モデルのすべての特徴を集め、一つの図表に表す。そして、事例を通して、このプロセス・モデルの完成図が、治療計画を作成するうえで迅速かつ信頼性が高いガイドとなることを説明する。

プロセス・モデルの完成図

図16-1は、プロセス・モデル（Kahler, 1996, 1997a）の完成図を示している。一見これは複雑に思えるかもしれないが、そのつくられ方がわかれば、簡単に理解できる。この図は、前の章で見たプロセス・モデルのあらゆる特徴でつくられていて、査定図表の四分割図の上に「多層に」展開されている。六つの性格適応タイプは、それぞれが分割図上で独自の位置を占めている。各ドライバー、プロセス脚本、コミュニケーション・モードも同様である。

したがってこの図は、一つのプロセス・モデルの特徴と他のモデルの特徴との相互関係が一目でわかる、「地図」となる。たとえば、あなたが責任感ある仕事中毒者の適応タイプ（図の右上）の場所を見つけると、すぐにその適応タイプの五つのプロセス・モデル特徴を読み取ることができる。

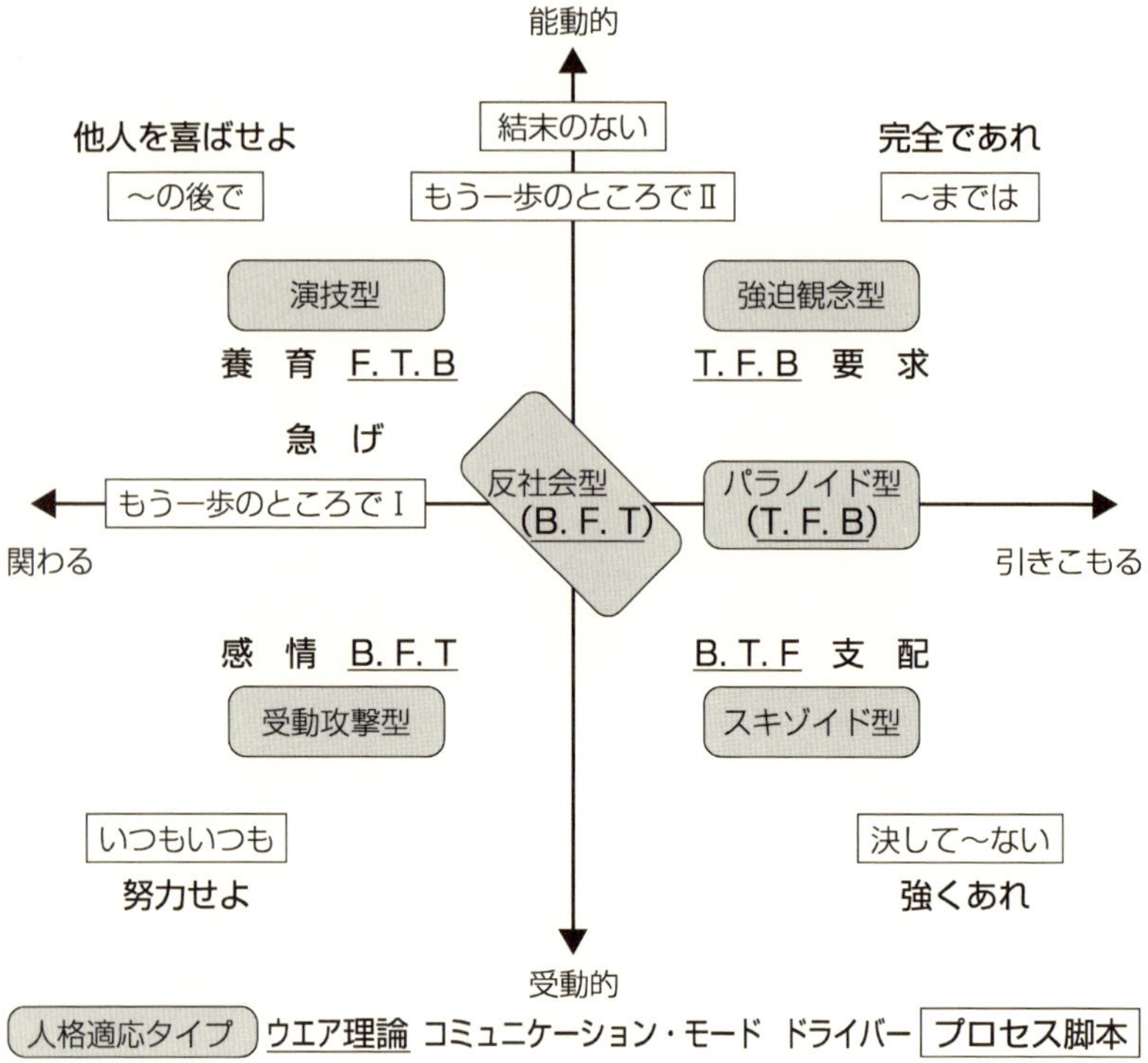

図 16-1　完成したプロセス・モデル

●社会との接触で好むスタイル：活動的だが引きこもる
●一次的ドライバー：〈完全であれ〉
●主なプロセス脚本：〈～までは〉
●初期に好ましいコミュニケーション・モード：要求
●ウエア理論：思考、感情、行動

この図を使うのに、初めに人格適応タイプを見つける必要はない。どのプロセス・モデルの特徴からでも、出発することができる。たとえば、初めに〈努力せよ〉ドライバーの位置を見つければ、関連するプロセス脚本が〈いつもいつも〉であること、初めに関係を作るための「ドア」が〈行動〉であることが確認できる。もし、〈養育〉のコミュニケーション・モードの位置を見つければ、一次的ドライバーが〈他人を喜ばせよ〉である人に適することがわかるなどである。

治療計画の手引きとしてプロセス・モデルの使用

図16-1から、プロセス・モデルの完成図は、セラピストが治療計画を立てるうえでの助けとなることがわかる。それは以下の二点においてである。

（1）プロセス・モデルの完成図は、クライエントの一次ドライバーを観察することによって、迅速な診断の方法を提供する。

（2）契約と治療方針が診断と一致しているか、即座にそして目に見える形でチェックする方法を提供する。

効果的な心理療法では、契約、診断、治療方針の三つの間に連続的な相互作用がある。したがって、治療計画ではこれら三つの主要な要素が、適切な関連性を保つことが重要である。このプロセス・モデルの完成図で適切な組み合わせを、迅速かつ確実につくることができる。そして治療を進めるとき、その組み合わせが妥当かどうかを絶えずチェックするのに役立つ。

プロセス・モデルに慣れる間は、図16-1のポスターを作ってカウンセリングルームの壁に掛けてみると役に立つことがわかるだろう。

最初のプロセス・モデル診断をする

あなたがクライエントに初めて会った最初の数分間で、性格適応タイプの最初の診断をすることができる。つまり、彼のドライバー行動を観察することで診断をする。会話の内容には無関係で、クライエントが昔話や現在の問題について言葉を発する前に、ドライバーの読み取りをすることができる。

事　例

サミールは心理療法を求めて私（イアン・スチュアート）に電話をしてきた。いつものように、私はどちらにも都合のよいとき、三十分の初期面接に来るよう頼んだ。このセッションがちょうど始まったところで、サミールは心理療法で解決を望んでいた問題の概要を述べ始めた。

彼の話の内容を聞いているさなか、わずかな時間で彼のコミュニケーションのプロセスに気づいた。彼は指先で「スティープリング」（訳者注：指先を尖塔の形にする）という仕草をしながら、話の合間にしばしば上や右を見ていた。彼は頻繁に、「私が話しているように」「いわば」「ある意味で」といった挿入句を使った。こうした言い回しを使うとき、声の調子は速い速度で、抑揚がなく単調だった。サミールが見せたこうした一連の手掛かりを注意してみると、〈完全であれ〉のドライバーを示していることに気がつく（表8-2）。

頻度は低いものの、サミールは〈強くあれ〉というドライバー行動の信号も出す。そのときには、顔つきは平板になり無表情になる。そして腕を組んだり足を組んだりして、「閉じられた」姿勢をとる。発声は一本調子で、「そのせいで、私は〜と感じる」といったような表現を使う。

サミールは他のドライバーシグナルをめったに出さないが、時折〈他人を喜ばせよ〉のドライバーを出す。そのとき、彼は、〈他人を喜ばせよ〉特有の「作り笑い」で、上の歯を見せながらほんの一瞬眉を上げていた。サミールは、〈努力せよ〉のドライバーはほとんど示さなかった。貧乏揺すりをしたり指でコツコツたたいたりして〈急げ〉のドライバーを示した。別のドライバーを示している間にも、このような行動は常に見てとれた。

ちょっとした短い会話のなかで、しばしば繰り返されたこれらの手がかりから、〈完全であれ〉がサミールの、主たるドライバーであるという読み取りに確信を持った。そして、プロセス・モデルの完成図を思い浮かべて、主に機能している適応タイプを、責任感ある仕事中毒者と読み取った。

また、サミールの出す〈強くあれ〉のドライバー・シグナルから、最も主要な生き延びるための適応タイプが、創造的夢想家であることにも気づいた。セラピーのどこかで、この微妙な差違を扱うことが重要であると、私は考えた（彼の、責任感ある仕事中毒者という行動上の適応タイプから、サミールは物事をきちんとこなしたり、他の人たちの要望を満たすために一生懸命働いていると、私は想像した。同時に、創造的夢想家という〈生き延びるため〉の適応タイプから、彼の「子ども」の信条は、自分の欲求を満たすための唯一の方法は自分自身の欲求を諦めることであった）。

本章では便宜的に、責任感ある仕事中毒者という彼の主要な〈行動上の〉適応タイプだけを扱うということで、事例の検討を行う（第14章では、複合した適応タイプと、プロセス・モデル上の複数の位置を持つクライエントの扱い方を示した。さらに第25章では、複合した適応タイプのクライエントとの心理療法の逐語録記録を提供することで、この話題に戻るつもりである）。

契約と診断を適合させる

契約を結ぶ計画を立てるにあたっては、プロセス（どのように）と内容（何を）の両方を考えるだろう。契約の内容はもちろん、クライエントの今の問題や、心理療法で望んでいるものに依るところが多いだろう。同時に、異なる人格適応タイプのための脚本内容の典型的な特徴について、プロセス・モデルに示された徴候を参考にすることができる（表4-3で要約されている）。このことで、セラピストはクライエントの問題や欲求の根底にある、普遍的な問題についてさらなる気づきを得て、その結果、治療が進むにつれて契約の焦点も変化する。

契約を結ぶ過程を計画すること

契約を結ぶ際の「どのように」を計画するときに、ウエア理論はセラピストに貴重な手がかりを与えてくれる。セラピストは治療プロセスの全体を見通しながら、クライエントのオープン・ドアを扱う契約から始めるかもしれない。セラピストとクライアントが、オープン・ドアで効果的な変化があったと判断したら、次のねらいとなる領域、つまりターゲット・ドアを中心とした契約目標に移ろうとするだろう。クライエントが治療を続けて、ターゲット・ドアの領域での契約を果たしたならば、最も根本的な脚本の変更をトラップ・ドアにおいて取りかかるかもしれない。罠となる領域に、直接向かう契約は決して結んではいけない。

事　例

初回の面接の終わりに、サミールと私は一緒に取り組むための契約を結んだ。彼が帰った後に、私は最初の治療計画を組み立て始めた。

サミールの中心となる人格適応タイプは、責任感ある仕事中毒者である。私は完成したプロセス・モデルの査定図表を思い浮かべて、彼に最も当てはまるウエア理論を読み取った。彼のオープン・ドアは思考、ターゲット・ドアは感情、トラップ・ドアは行動である（表12-1）。

このように、サミールとの契約を結ぶプロセスに取りかかるとき、彼のオープン・ドア、つまり思考の領域で、初めの契約に基づく取り組みを設定することを考えた。可能性のある初期の契約はこうかもしれない。

「次のセッションまでに時間をつくって、自分が慣れ親しんでいる嫌な感じを感じるのに、どのように関わってきたかを考えること。そして気がついたことを書き留めて、セラピストと話し合うために持ってくる」

「セッションのなかで脚本分析を完了し、心理療法のなかで変わりたいと望んでいる一つの脚本決断を選ぶ」

治療の後半で、サミールの準備ができたころに、私はオープン・ドア（思考）からターゲット・ドア（感情）へと移動するための契約を結ぶプロセスを、彼に勧めるだろう。たとえば、彼はこのようなセッション契約を結ぶかもしれない。

「このセッションのなかで私がどのように感じているのか、それに意味があってもなくても、少なくとも四回あなた（セラピスト）に話す」

「二つの椅子に私の母が座っていると想像して、彼女が『本当の私であるな』と私に命令することに対して、どんな感じがしているかを彼女に話す」

治療方針と診断の適合

人格適応タイプの診断によって、治療方針に対する一連の初期構想が得られる。完成したプロセス・モデルの査定図表から、これらの選択を直接読み取ることができる。介入の選択を計画しながら、セラピストはもう一度、内容（「何を」）と同様にプロセス（「どのように」）を考える。これらの両者の選択について、プロセス・モデルは助言を提供する。

事例――プロセスについて

サミールの中心となる人格適応タイプが責任感ある仕事中毒者である、という判断から出発した。まずこのことから、「どのように」つまりプロセスの領域で、彼と共に行う最初の治療方針の項目を計画した。それは以下のとおりだった。

（1） サミールの主要なプロセス脚本タイプ、すなわち〈～までは〉の脚本（表4-2および表15-2）に対決する。すべてのレベルでの彼と関わりのなかで対決を行う。「あなたが自覚している問題を、すべて『論じ尽く』さなくても、あなたが変わることや欲しいものを手に入れることは、OKなのだ」。

（2） 機会があれば、サミールの〈完全であれ〉の拮抗脚本信条の中身にも直接対決する（第4章）。私がモデルを示すことや言葉の内容で彼に伝える。「ときには間違いを犯しても、あなたそのものはOKなのだ」。

（3）サミールに適したウエア理論つまり思考、感情、行動の配列（表12-1）を心に留めておく。コミュニケーションの内容が何であれ、その時々の彼との会話でこの配列を即座に適応する。

同時により長期的な治療でもまた、ウエア理論を利用する。契約を結ぶためのセッションで、この長期的な手順の輪郭をすでに描いている。私はまず、思考と分析を必要とする治療を始めるつもりである。オープン・ドアでサミールと私の間に安全な関係ができると、感情を伴うワークで彼をターゲット・ドアに移るように促す。治療が進むにつれて、行動のトラップ・ドアで最も重要な変化を待つ。契約では、この三番目の領域を決して直接には扱わない。

（4）治療の初期段階でほとんどの場合、サミールの一番好きなコミュニケション・モードの要求（表11-2）を使ってコミュニケーションをとる。具体的には、サミールに「彼の考え方」や彼のやり方で、まず私と一緒に考えるように依頼する。その後、彼が感情についてのワークに移れば、コミュニケーション・モードの変更を試してみる。すなわち、感情の領域では養育のコミュニケーション・モードを使う。

事例――内容について

私は、サミールの提起している問題が、彼の拮抗脚本の内容から生じていると考えた。事実、彼はどうにもならない働きすぎに居心地が悪くなって、私のところにやってきたことがわかった。これに加えて慢性の疲労、筋肉の張り、および胃酸過多が進んだ。主治医によってこれらの症状はすでに診察され、身体的な原因はすべて取り除かれていた。

エリック・バーン（Berne, 1972, p. 37）が述べているように、「どうやってもっと気楽なカエルになるか」

〈訳者注：もっと気分が楽になるか〉について、サミールは私のアドバイスをもらいに来たのかもしれない。あるいは、毎日もっと多くの仕事をするためや間違いなしにやるための、手助けを求めたのかもしれない。もし彼がそうだとしても、プロセス・モデルの知識によって、セラピーとかけ離れた脇道へ彼と一緒に入り込むのを防ぐことができる。しかし、サミールが私のところに来たときには、すでにこうしたレベルを超えていた。彼は「猛烈に働くのをやめる」ための援助を求めていた。

私は、この拮抗脚本パターンの下に、脚本のより初期の部分により基本的な問題が横たわっていると考えた。サミールの責任感ある仕事中毒者の適応タイプを考えると、最も可能性のある禁止令（表4-3）が浮かんだ。子どもの頃に、〈子どもであること〉あるいは〈楽しむこと〉〈近づくこと〉、または〈感じること〉、特に喜びや性的なことへの禁止令を聞いていた確率が高い。治療を続けながら、私は彼の人生を最も制限しているこうした禁止令を検討することを、サミールに促した。

彼にとってはまずこれらの禁止令について考えることが、最も受け入れやすい（思考は彼のオープン・ドア）。そこで、彼に交流分析についての優れた入門書を買って、宿題として読むことを求めた。脚本についての説明を読み、どの禁止令が最も自分自身のものと一致するか、見つけ出すことを促した。次にターゲット・ドアとなる感情での治療では、二つの椅子を使うかあるいは幼児期の場面に戻るといった、再決断のワークに彼を誘うことを考えた。それによって、これらの親の禁止令に対して抱いてきた抑圧された感情が、表現されるかもしれない。

〈存在するな〉を扱う

すべてのクライエントと同様に、サミールの禁止令のなかに〈存在するな〉が含まれているだろうと、私は考えた。プロセス・モデルのなかに、〈存在するな〉を特定するための明確な証拠はない。またこの禁止令が、どれか一つの適応タイプに特別に付随するわけではない。

しかしいずれにせよ、私は自殺、殺人、あるいは正気を失うという問題が、サミールとの治療のなかではっきりと浮かび上がってくるのを待つことなく、彼の準備ができ次第、逃げ道を閉じることを彼に求めるつもりだ（第14章）。

絶え間なく治療計画を修正する

プロセス・モデルから「読み取る」予測のすべては、初めの診断と治療計画を作成するものである。もちろんこの最初の読み取りは仮のものであり、一応予測できそうな多くの項目を大まかに書き入れた、「道路地図」の下書きと考えればよい。クライエントとの治療を続けていくと、この地図にはたくさんの修正や書き直しが必要となる。

ある部分においては、他の診断方法でこの書き直しをすることができる。たとえば、全面的な脚本分析を行うかもしれない（Stewart & Joines, 1987, pp. 99–106, 146–147 参照）。これは、プロセス・モデルからの予測よりも、ずっと詳細な読み取りを脚本内容に提供するだろう。〈ラケット・システム〉の分析（Erskine & Zalcman, 1979 ; Stewart, 1989, pp. 15–29）は、現在のクライエントの脚本パターンについて特別な情報を提供する。クライエントの〈生き延びるため〉と〈行動上の〉人格適応タイプの完全な査定図を得るために、ヴァン・ジョインズ（Joines, V.）によって編集され、本書の「付録C」に再録されている「人格適応タイプ質問紙」を使うことができる。

とにかく、治療計画をより良いものにする最もよい方法は、まずどの方法であれ使い始めてみて、それから絶えず計画を修正していくことである。初めに行ったプロセス・モデル診断に基づいて、まず治療方針の最初の筋書きをつくってみることができる。これがこの章で書かれた事例で、セラピストが行ったことである。

あなたはこうした試験的な考えを応用し、セラピーを始めることができる。そして、対応するクライエントの反応を、絶えず観察する。それによって、あなたの行った初期診断の妥当性について、より多くの証拠を得ることが可能となる。その結果、診断を変更するかもしれない。それに従って、治療計画も修正することができる。そして、修正された計画を用い始める、さらに反応を観察する――これを幾度も繰り返す。

ま と め

診断、契約、および治療方針は決して固定的なものではない。また、お互いに独立しているわけでもない。絶えず流動的で互いに影響し合っている、一つの変化は、残りの一つまたは二つの変化を促す。完成したプロセス・モデルはこれらの変化を追跡するのに使う、信頼性の高い道路地図を提供する。

次の章では、人格適応タイプのより深い理解、つまりどのようにつくりあげられ、どのように働くかを示す広範なモデルについて述べる。人間間の距離という観点から、六つの適応タイプを見る。それぞれの適応タイプにとって、自己意識を分類する境界の経験は何であろうか。そして、関係性において自己と他者の間を分けているものは、どのような境界であろうか。

パートⅥ

人格適応モデルをさらに応用する

第17章 六つの人格適応タイプを用いた診断と治療計画[*1]

心理療法を効果あるものにするには、診断と治療計画をどう作成するかということが重要になる。正しく診断し、わかりやすい治療計画を立てるには、正確に記述された手引きとなるモデルが必要になる。理解しやすい言葉、明確な概念、総合的な視点によって書かれた人格適応モデルは、クライエントとの間に進行中の出来事をどう解釈し、彼らが変化するのをいかに援助するかを考える際に最良の選択を与えるであろう。

基本的枠組み

診断・治療計画のために私（ヴァン・ジョインズ）がつくった枠組みは、交流分析の領域で開発されたいくつかのモデルに手を加え、それらを統合したものであり、第4章ですでに紹介したバーン（Berne, 1969）の〈人生の四つの基本的構え〉の概念をスタート台にしたものである。一九七一年、フランクリン・アーンスト

＊1　この章は *Transactional Analysis Journal* Vol. 18, Number 3, July 1988, pp. 185-190 にすでに掲載されているが、本書のスタイルと文脈との適合性を考慮し、多少の修正を行った。

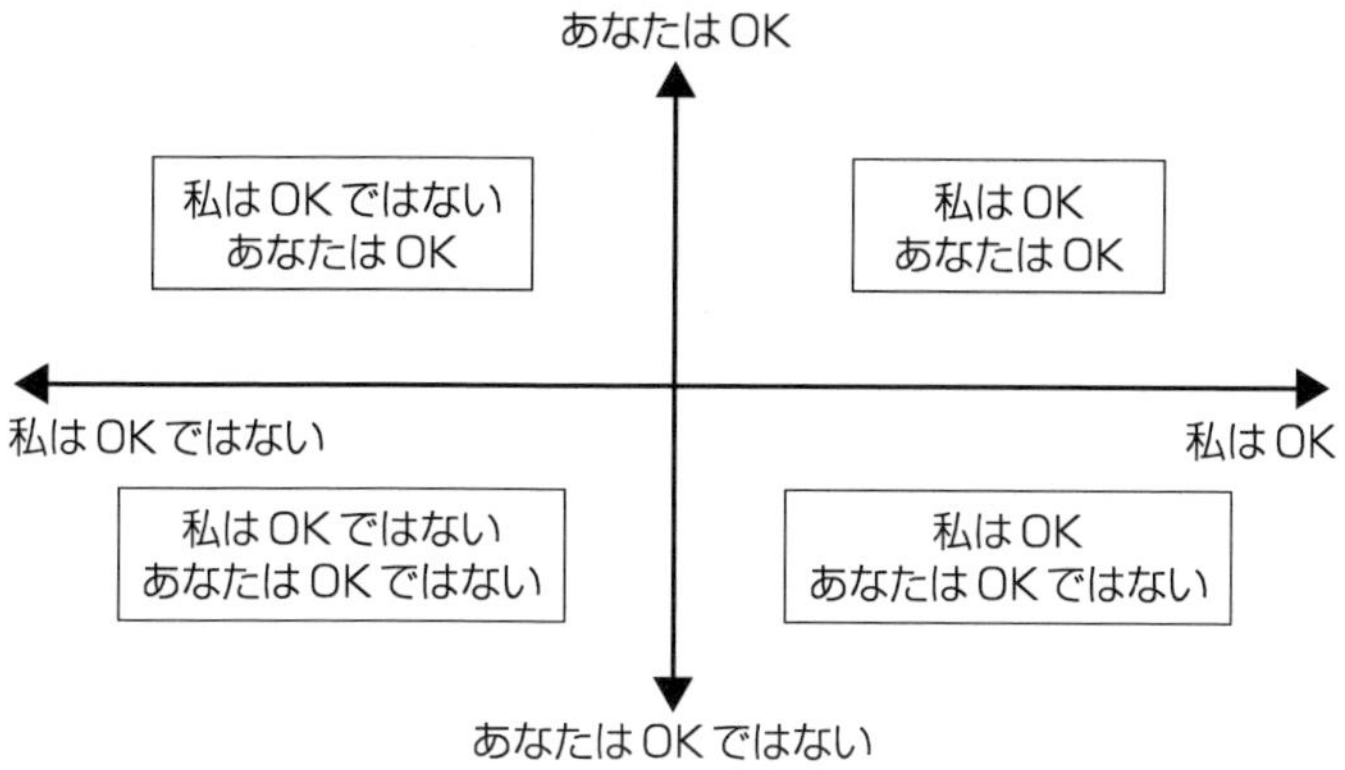

図 17-1 「OK 牧場」の軸線と 4 分割図

(Ernst, F.) はこの概念を四分割図のグラフを用いて図示し、これに「OK牧場」という名を付けた（図17-1）。アーンストの図において、縦軸を上にいくと「あなたはOK」、下にいくと「あなたはOKではない」ことが示され、横軸を右に行くと「私はOK」、左に行くと「私はOKではない」ことが示される。こうして、二本の線で区切られた四つの領域はそれぞれ四つの人生の構えを表すことになる（図17-1参照）。

注　釈

図17-1は一見、前章まででおなじみの2×2の査定図表と同じに見えるが、実際には、両者はまったく異なっていることに注意していただきたい。後者は、ある社会的状況において、人びとが他人に働きかけるときの性格のタイプを示すのに対して、図17-1を含め第17章に出てくる四分割図は、バーン、アーンスト、などこの章に引用する研究者の提案する、四つの人生の構えを示すものである。

カプランら（Kaplan et al., 1984）は、アーンストの〈OK牧場〉の一部に手を加えた改訂版を提案した。彼らの改訂版では領域に関して新しい提案がなされている。私は私の四分割図に彼らのアイデアを取り入れ、それを少し拡大した。また私の四分割図に、ポール・ウエア（Ware, 1983）の人格適応論も取り入れた。さら

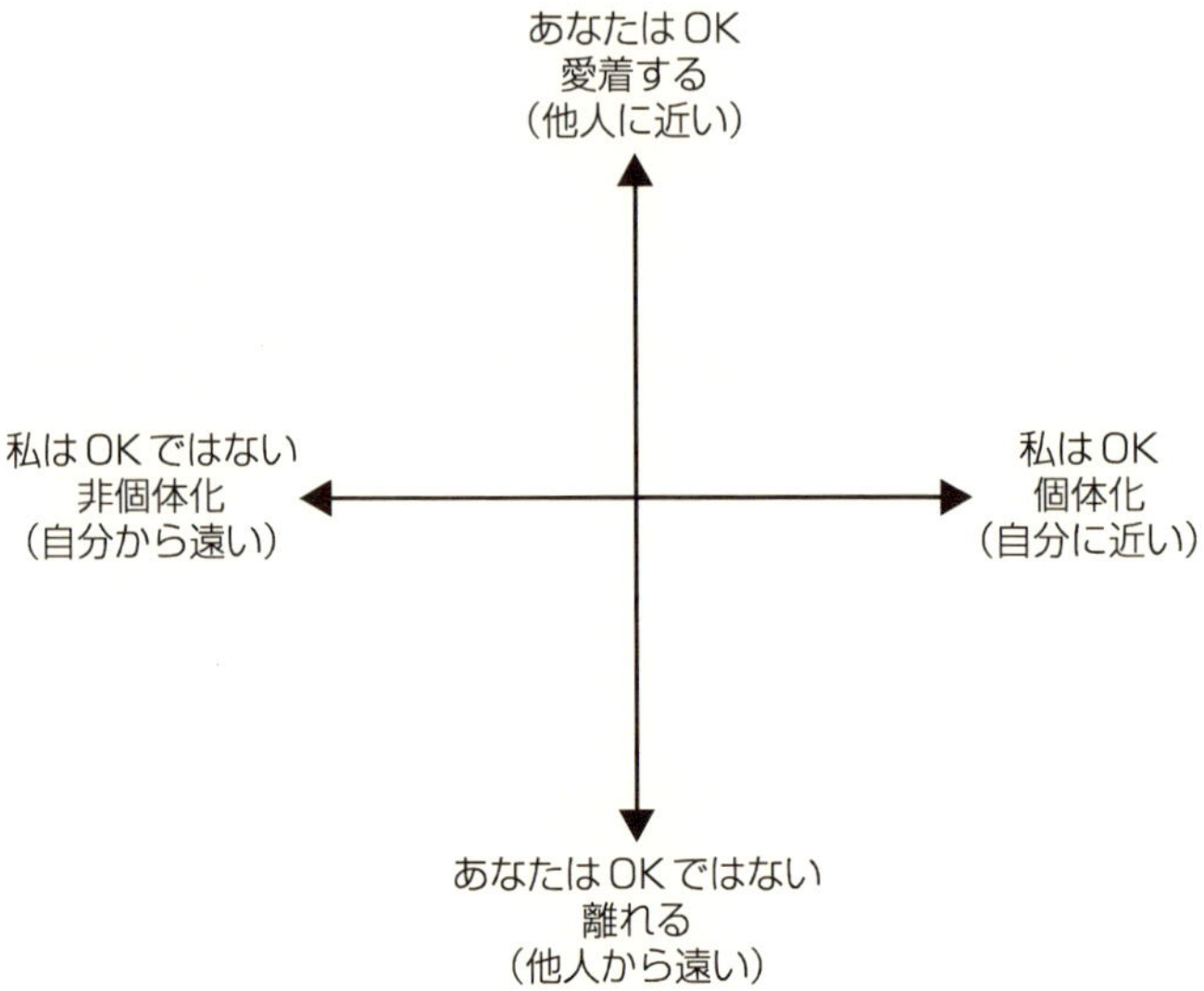

図17-2　二次元で表された人間間の距離

に、機能水準についてのステファン・シュルツ(Schultz, 1984)の考えも採用して四分割図に取り入れ、その際、シュルツの診断の枠組みをDSM-Ⅳ(1994)、DSM-Ⅳ-TR(2000)と関連づけるため、私自身のアイデアも加えた。その結果は、次に述べるように、治療計画の作成に特別な示唆を与える、包括的な診断モデルができたと考えている。

改訂版

カプランら(1984, pp. 114-115)は、よく知られた〈OK牧場〉の図に、「二次元で表された人間間の距離」を縦横両方向に示す機能を加え、図17-2を作製した。

横軸は自分自身への距離を表し、「私はOK」の端(右端)に近いほど自己に近いことを、「私はOKではない」の端(左端)に近いほど自己から遠いことを表す。

一方、垂直方向で彼らは愛着という概念を表した。「あなたはOK」の端(上端)に近いほど、他人に対する愛着を示し、「あなたはOKではない」の端(下端）に近いほど、他人に対する愛着のない状態を示す。

カプランら（1984）は、さらに、自己を他人から区別する機能を持つ自己と他者の境界、他人を遠ざけるための他人への壁という新しい考えを紹介している。彼らが言うには、「自己意識の境界」を持たない場合に〈他人への壁〉が造られるのである。彼らは、〈自己意識の境界〉〈他人への壁〉のいずれについても、存在する、しない、の二段階の分類をするが、私は、〈自己意識の境界〉〈他人への壁〉のいずれについても、三段階の分類がより有益ではないかと考え、ミニューチン（Minuchin, 1974）にならって曖昧、明確、硬直の三段階を採用した。

図17-3は〈自己意識の境界〉〈他人への壁〉の概念を取り入れた四分割図であるが、この図はカプランら（1984, p.116）の図に基づくものである。図17-3において、〈他人への壁〉は四角で、〈自己意識の境界〉は円で表されている。四角、円のいずれについても、明確、硬直、曖昧な境界が、それぞれ破線、実線、点線で示されている。この図に私は、四つの領域に該当する人びとの主な人生脚本の内容を書き加えた（人生脚本については第4章を参照されたい）。四つの領域については、以下で詳しく述べたいと思う。

〈私はOK-あなたはOK〉の領域

〈私はＯＫ-あなたはＯＫ〉の領域にある人は（図17-3）、明確な自己意識を持ちながら、破線で示される自己意識の境界に存在する多くのスペースを通して、自己を成長させるのに役立つ自己に関する新しい情報を取り入れることができる。また、自己と他人の間に明確な境界を持つので、他人を傷つけるような行為をしないであろうし、他人が自分に有害な行為をしようとするときには、「やめてください、そのようなことはすべきではありません」と言ってやめさせるであろう。上記のスペースの存在は、また、自分がこのスペースを通って他人に近づき、他人がこのスペースから入ってくるのを許すであろう。

彼らの基本的な対人関係は、他人と「協調していく」というもので、身の周りのどんな関係、どんな行為でも

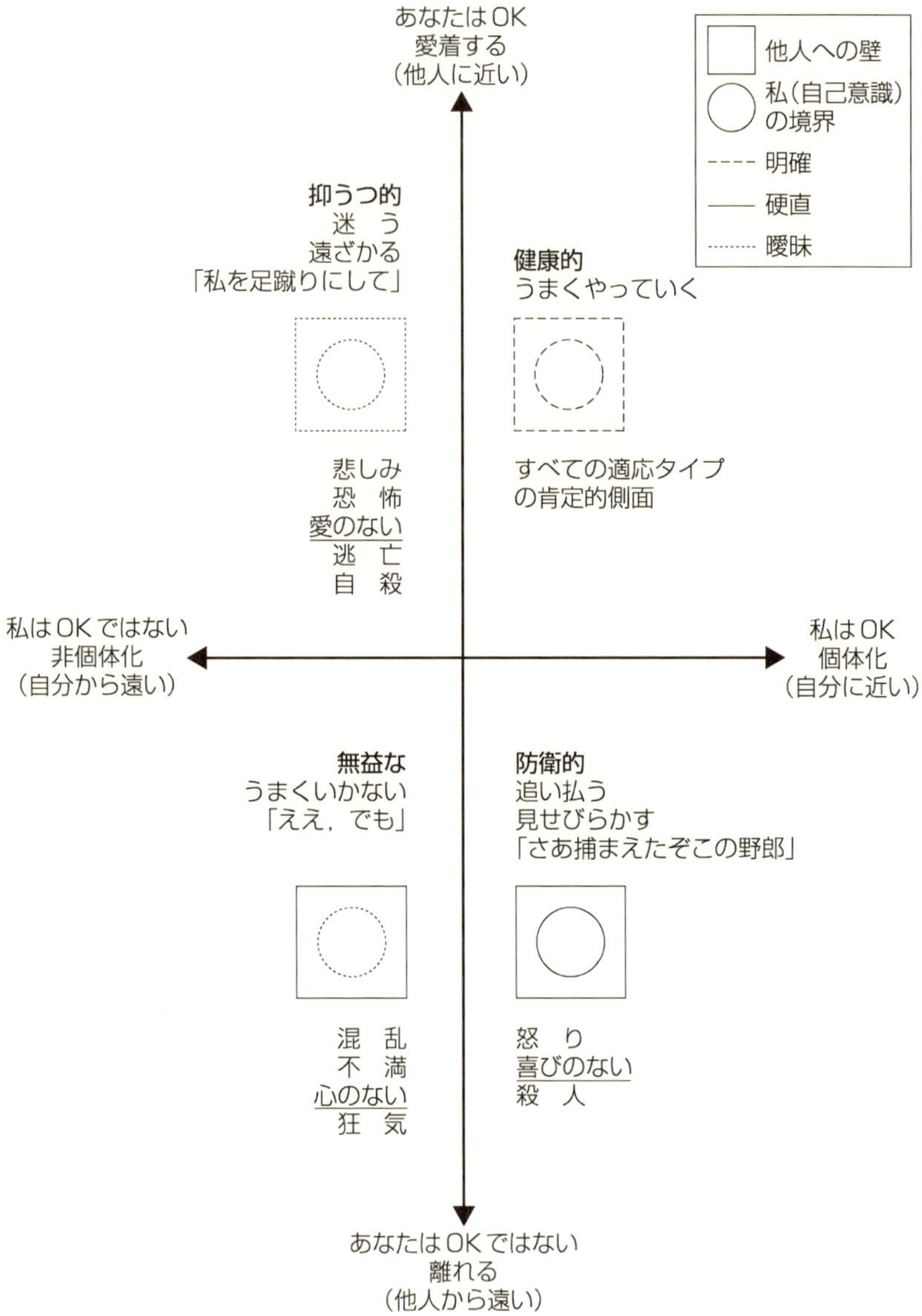

図 17-3 「他人への壁」および「私（自己意識）の境界」と脚本の関係

うまく処理してゆく。また、この構えにある人は、真実な感情を経験し、ラケット感情を経験しない。彼らは心理的なゲームを行わず、ラケット感情を表出させない。以上の理由から、アーンストはこの領域を「人生に対する健康な構え」と呼ぶ。

〈私はOK-あなたはOKではない〉の領域

図17-3の〈私はOK-あなたはOKではない〉の領域にある人は、「私は絶対的にOK」という自己意識の周囲に硬直した境界を張りめぐらす。彼らは自己に関するいかなる新たな情報も手に入れようとはせず、自己を振り返ってみようともしない。他人はOKではない存在であるから、自己と他人の間には硬直した境界が引かれている。彼らは壁を造って他人を遠ざけ、汚染されることを恐れて他人と交わろうとしない。すなわち、他人に何かの悪を見ることを恐れて、彼らが壁の中に入ってくるのを許さない。

彼らの他人との基本的な交流パターンは、初めは相手を「追い払う」というものであるが、そのうちに淋しく感じてカプランらが言うように、自分を「顕示する」ことによって他人と何らかの交流を持とうとする。アーンストが言うように、これらは基本的に防衛的な姿勢である。この構えにある人が用いるラケット感情は、まずは怒りであり、怒りによって他人が遠ざけられる。演じられる心理的ゲームは、「さあ、捕まえたぞこの野郎」の変形である。彼らの基本的経験は、クロード・スタイナーによれば、「喜びを伴わない経験」である（Steiner, 1974）。というのも、彼らは他人と親しくならないからである。この構えをとる人の行きつく先は、殺人である。

〈私はOKではない-あなたはOK〉の領域

次は、図17-3のこれまでとは反対側の領域であるが、まず、〈私はOKではない-あなたはOK〉の構えにある人は、自己意識に関しては曖昧な境界を持っている。彼が他人を見るのは、他人によって自分がOKであることを確認したいがためである。「あなたが私のことを喜んでくださり、気に入ってくださるなら、私はＯＫなのです」。他人はＯＫに見えて、自分はＯＫではないので、自分と他人との間の境界は曖昧である。彼らは誰に対しても門戸を開いていて、誰が安全で誰が危険であるかを区別しようとしない。また、適切なルールを設けずに、あらゆる批判や自分への否定的な行為を受け入れる傾向がある。

他人との交流の基本的パターンは、カプランらによれば、「他人のなかに迷いこむ」であり、虐待されたことに気づくと「人びとから遠ざかる」となる。アーンストが指摘するように、このような姿勢は、抑うつに通じる。この構えをとる人びとが用いるゲームは、「私を足蹴りにして」の変形である。ラケット感情は、悲しみ、恐怖、罪悪感である。これらの人びとが共通して経験するのは、スタイナーによれば「愛なき経験」である。行きつく先は文字通り〈逃亡〉であり、さらにその先には〈自殺〉がある。

〈私はＯＫではない-あなたはＯＫではない〉の領域

この領域にある人は、自己意識に関して曖昧な境界を持っている。自分がＯＫであることを確認したくて他人に近づくが、他人もＯＫではないので、壁を造って彼らを追い出してしまう。結果は、他人に近づくが、差し出された援助は拒否することとなる。

こうして、彼らの基本的交流パターンは、「うまくいかない」となる。「私がＯＫでないのならば、あなたもＯＫではない」のである。アーンストによれば、彼らの基本的構えは、無益ないしは絶望である。彼らの用いるゲームは、「なぜあなたは～しないのですか。ええ、でも」の変形である。ラケットは混乱と不満。スタイナーによれば、彼らの共通する経験は「心のない経験」である。彼らの行きつく先は、狂気である。

四つの構えと関連する適応タイプ

六つの人格適応タイプは、図17-3に示された、明確、硬直、曖昧な境界とそれぞれどのように関連するのか。私は図17-3に示されたすべての情報に自我状態に関する図形を追加し、図17-4とした。ここに追加された自我状態に関する図形は、各人格適応タイプにおける人格構造のモデルとなるものである（第3章参照）。

まず、すべての適応タイプの肯定的側面は、〈私はOK-あなたはOK〉の領域に一致していることがわかる。逆にいうと、すべての適応タイプは、適応の肯定面に関していえば、〈私はOK-あなたはOK〉の領域の中にあることを意味している。

〈私はOK-あなたはOKではない〉の領域と一致するのは、パラノイド型と反社会型の否定的側面である（図17-4）。パラノイド型は、「子ども」の自我状態をOKではないと位置づけ、「子ども」の自我状態を取り除こうとする。一方、反社会型は「親」の自我状態をOKではないと位置づけ、「親」の自我状態を取り除こうとする。両者ともに、他者を壁の外に追い出そうとし、追い出した淋しさの穴埋めに自己顕示によって他者に接近しようとする。彼らは、個体化された存在であり、他者への接近を恐れる。

〈私はOKではない-あなたはOK〉の領域に一致するのは、強迫観念型と演技型の否定的側面である。強迫観念型の人は、他者に近づくことによって他者がこの自分を認めているかどうかを確かめようとし、演技型の人は、自分が他者を満足させているかどうかを見ようとする。両者ともに、他者が何を考え、何を感じるかをもっぱら重視し、自分の力で自分がOKであることを主張しようとしない。両者ともに、他者との限界を定めることに困難があるので、自分が肯定されないで傷ついたときの解決法は、他者ないしはその場から「逃げ出す」ことである。彼らは愛着を求め、個体化を恐れる。

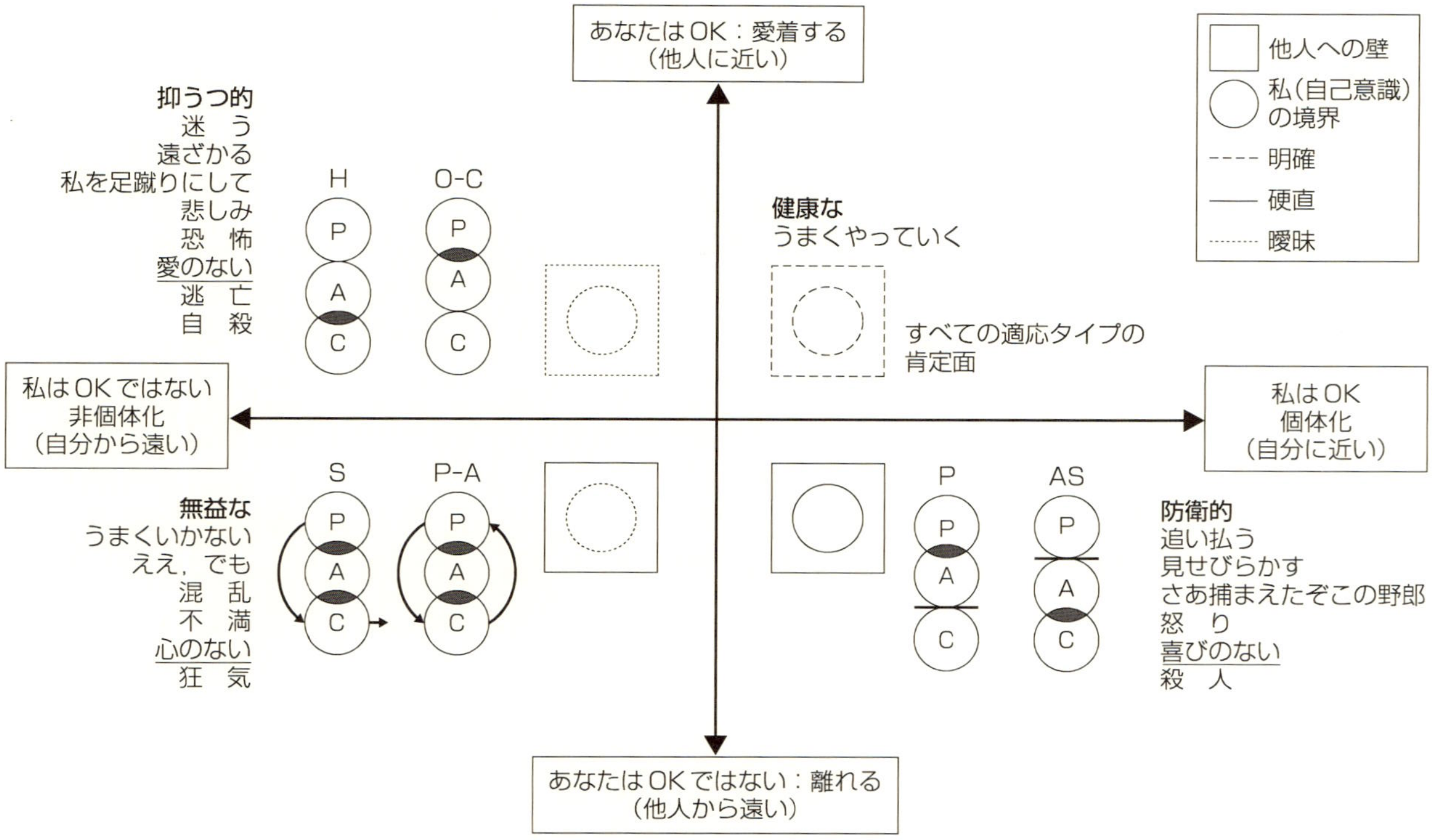

図 17-4　4 分割図と六つの人格適応の構造図

〈私はＯＫではない-あなたはＯＫではない〉の領域に一致するのは、受動攻撃型と、スキゾイド型の否定的側面である。受動攻撃型の人は、答えを求め、答えが与えられるとそれと戦う。スキゾイド型の人は、自分から人びとに働きかけるが、人びとが応じてくれないときは引き下がり、人びとが応じてくれるときは人びとを恐れる。両者共に、他者との交流において行き場がなくなり、個体化と愛着のいずれをも恐れる。

二つの領域にまたがる人格適応タイプ

大部分の人は少なくとも二つの人格適応タイプを持つという事実を知ると、そこに興味ある結果が見えてくる。たとえば、ある人の適応タイプが、〈私はＯＫではない-あなたはＯＫではない〉の領域と、〈私はＯＫではない-あなたはＯＫ〉の領域の二つである場合、どちらの領域にも私はＯＫではないの要素が存在しているので、治療の最初の課題は、自己をしっかりと立て、そこで自己のＯＫであることを主張することになる。第二の課題は、他人との間にはっきりした境界を持つことである。そうすれば、他人のなかに迷い込むことと、頑丈な壁を造って他者を締め出すことの間を行きつ戻りつすることはなくなるであろう。カプランら（1984）が言うように、他者との間に境界を持たないときに、他者との間に壁を造ってしまうのである。

また、二つの適応タイプが、〈私はＯＫ-あなたはＯＫではない〉と、〈私はＯＫではない-あなたはＯＫではない〉の二つの領域である場合、治療の最初の課題は、愛着への恐れを取り除き、他者がＯＫであることを許すようにすることである。というのは、いずれの適応タイプにも、あなたはＯＫではないの要素が含まれているからである。その場合、他人であるセラピストもまた、最初は疑いの目で見られているであろうから、自分が信頼できる人物であることをクライエントに証明することから始めなければならない。治療の第二の課題は、自分自身に対する評価の分裂を統一することである。そうすれば、自己のＯＫであることに自信をなくして迷うのをやめ、自己のＯＫであることの絶対性が守られるであろう。

二つの適応タイプが、〈私はOK-あなたはOKではない〉と、〈私はOKではない-あなたはOK〉の領域である場合には、治療の主要な課題は、二つの適応タイプの二種の要素が互いに異なる状況に統一を与えることである。この統一がなされない限り、この組み合わせの人は以下の二つの状況間、すなわち、他者のなかに迷いこんで傷つくことと、頑丈な壁を造って他者を締め出し、自己のOKの絶対性を「誇示して」他者に復讐することの間を行きつ戻りつするであろう。

二つの適応タイプが、ともに〈私はOKではない-あなたはOKではない〉の領域である場合には、治療の主要な課題は、愛着と個体化の恐怖を共に克服することである。この適応タイプの人は、自己の構えを保つのが困難であり、それゆえ他人に近づくことも困難である。

機能レベル

各適応タイプにおいて、個人の機能レベルを見定め、さらにDSM-Ⅳ-TR（2000）のどの人格障害に該当するかを判断するのは、それぞれの否定的側面がどの程度用いられるかということによる。第7章で、六つの適応タイプがDSM-Ⅳ-TRとどのように関わるかを、すでに見てきた。シュルツ（1984）が指摘しているように、異なる機能レベルの成因を理解するのに、ヴェイラント（Vaillant, 1977）の精神病、未成熟、神経症、成熟の分類が役に立つ。これらの分類は、大まかにいって、個々人がどの程度正常の発達過程に近いかを基準にして決められる。

精神病のレベルにある人は、自分と他人を区別することができない（「親」と「子ども」の自我状態は区別されていない）。他者との交流は的外れになることが多いが、そのことの結果として自他を区別することが防げられ、さらには葛藤の生じる状況を防ぐことができる。彼らは、葛藤が起これば生命の危機が生じると感じるのである。これらの結果は、精神病である。

未成熟なレベルにある人は、自分と他人の区別はつけられる。しかし、必要なときに協力を申し出てくれる人を受け入れることができない。別の表現をすると、必要を満たす協力を申し出ている「親」の自我状態を、「子ども」の自我状態に合体することができないのである。そのため、他者との交流において、あるときは、周囲に向かって「行動化」して、他者を自己の行動をコントロールするフィードバックの働きとし、他の場合には、行動を自己の内面に「押し込み」、自己の生理を自己の行動をコントロールするフィードバックの働きとする。これらの結果は、人格障害、精神生理的障害、薬物関連の障害、摂食障害等である。

神経症のレベルにある人は、必要を満たしてくれる人を受け入れることができる。しかし、代償を払ってのことである。たとえば「愛しているよ、でも、成長させないよ」などのような。言い換えると、このレベルの人は、頭の中で威圧的な「親」からのメッセージを受け入れているので、今、ここで起きている他者とのやりとりでは、自分を閉ざしてしまうことが起こる。結果は、伝統的な神経症であり（気分および不安障害と表示されている）、その症状は、不安と抑うつである。

成熟したレベルにある人は、欲求を自由に満たしてくれる人と（自己の「親」の自我状態で）合体することに成功する。あるいは、最初はそうでなくても、セラピーの結果そうなる。他者との交流においては、自己の必要を満たしてくれる人びとと協力して、それを満たす道を求める。これらの人びとがうまく反応できないことがあるのは、ストレスが生じる特殊な状況下でのことであり、その結果は適応障害と呼ばれる。

契約の重要性

治療を始めるにあたって、治療者とクライエントの間に契約が交わされるが（第14章参照）、治療者による臨床評価は、クライエントの変化への希望およびクライエントの動機と、一体になっている必要がある。契約は互いの同意を必要とする。したがって、治療者は、クライエントの治療に対する希望と、治療者とクライエントの両者が認めた治療上のゴールを達成するために何が必要と考えるか、この二点を文章化することが重要である。これらの点が曖昧であれば、人格障害の治療の場合によく見られるように、初期の治療の大部分が、治療者とクライエントが協力するための舞台作りに費やされてしまう。

それゆえ、治療計画の大筋は、治療者から見たクライエントの臨床査定によるのであるが、その査定はクライエントの述べるゴールの視点からの評価でもある必要がある。しかしながら治療計画は、クライエントの動機、変化、それに、治療過程で生じる新たなデータによって絶えず手を加えられる。人格適応論の知識は、治療者とクライエントの両者に、クライエントの選んだゴールに到達するのに最良の道は何かという点で、価値ある情報を追加してくれるであろう。

まとめ

実存的構え、他人への壁、自己の境界、ラケット、ゲーム、人生脚本、逃げ道などに関する情報を人格適応論と結びつけることによって、私たちは、診断と治療計画に素晴らしい手段を得たことになる。すなわち、これらの手段の繊細かつ明確であることが、現状はどうであれそれをどのように改善すればよいかという点で、治療者とクライエントの双方の助けとなるであろう。契約することの意義を強調することは、心理療法を治療者とクライエントの共同作業とし、そのことがクライエントの治療への強い動機となり、成功の確立を高める。クライエントと治療者は見やすい地図を手にしている。その地図はＯＫの状態にあることを強調し、偏見を除き、その結果、旅をこれまでよりも容易に、かつ楽しくしてくれる。

ここまで読んでこられて、人格適応論が自己愛性人格障害と境界性人格障害に明確な位置を与えていないことがわかり、驚かれるかもしれない。しかし、そのことには理由がある。その理由を次章で、この二つのタイプの障害について述べることを通して説明したいと思う。

第18章

境界性人格障害と自己愛性人格障害

境界性人格障害と自己愛性人格障害の特徴を、六つの人格適応タイプと同列に分類することができるかのように書いている人びとがいるが（Millon, 1999 ; Johnson, 1994 ; Oldham & Morris, 1990）、われわれはそうは考えない。われわれの考えでは、これら二つの人格障害の構造は、本書でこれまで述べてきた六つの人格適応タイプとは種類を異にする。この章では、両者が互いにどう異なっているかを探求したい。

境界性人格障害および自己愛性人格障害の構造と六つの人格適応タイプ

境界性人格障害および自己愛性人格障害の構造と、六つの人格適応タイプには、共通する点があるが、他方、重要な相違点がある。両者の共通点と相違点を、次のようにまとめることができよう。

（1）六つの適応タイプに付けられた名称の場合もそうであるが、「境界性人格障害」「自己愛性人格障害」という診断名は、はっきりした人格特性の存在を示す。

（2）六つの適応タイプの場合と同様に、どのような人格にも境界性、自己愛性という要素が、ごくわずかな場合もあろうが、ある程度含まれている。したがって、「境界性人格障害」あるいは「自己愛性人格障害」、あるいはその両者と診断される人は、それらの要素の存在が著しいことを意味する。

（3）六つの人格適応タイプと同じく、境界性、あるいは自己愛性構造と定義される人格特性も、機能不全（機能の低い）の状態から、機能的にはほとんど問題のない（機能の高い）状態まで、連続したものと考えられる。

（4）しかし、この連続性における機能の高いほうの一端を考えてみると、境界性、自己愛性のいずれの場合も、どう考えても「健康」であるということはできない。この点が、この二つの人格障害と六つの人格適応タイプの決定的な違いである。六つの適応タイプの場合は、人びとは連続性の機能の高いほうの一端において、人格の特性を肯定的に用いる。すなわち、自分自身と周りの人びとのために、彼らの欲求を効果的に、気持ち良く満たすように働かせる。ところが境界性ないしは自己愛性人格障害の場合は、そうではない。

（5）成人におけるこのような機能の差は、幼児期に彼らの直面した問題に、どのように対処しなければならなかったかという生育歴に由来する。この問題は第19章以降で取り上げる予定であるが、以下に要点を述べると、六つの適応タイプと同じように、境界性、自己愛性と定義される人格特性は、幼児期になされた決断を反映する。これらの幼児決断は、生き残るために、また自分の欲求を満たすために、当人にとっての最善と幼児が受け取った決断である。けれども、やがて境界性ないしは自己愛性構造に発展した人びとにおいては、幼児決断によって支払った「代償」は、六つの適応タイプのそれに比べてより大きい。

（6）境界性、自己愛性構造は、査定図表に書き入れるのに適当な場所がない。この点が、これら二つの構造と六つの適応タイプ間の決定的に異なる第二の点である。六つの適応タイプと違って、境界性、自己愛性構造は、特殊な人生脚本、好みとする交流のやり方、特別なウエア理論、その他これまでの章で述べてきた何らかのプロセス情報などのいずれとも、関連性を持たない。

六つの適応タイプは普遍的な性格を持っているので、境界性ないしは自己愛性構造を顕著に示す人びとであっても、同時に、六つの適応タイプの一つか二つ以上の特徴を示すであろう。その場合、基本的には、六つの適応タイプのいずれでも、またどのような組み合わせで表れてもよいのである（Divac-Jovanovic & Radojkovic, 1987; Haykin, 1980 参照）。とはいえ、実際には第7章で述べたように、境界性ないしは自己愛性人格障害によく見られる適応タイプがある。境界性の場合は、反社会型、受動攻撃型の適応タイプが必ずといってよいほど見られる。一方、自己愛性においては、パラノイド型と反社会型の適応タイプが、生存するのに必要な程度に必ず見られるであろう。境界性あるいは自己愛性人格障害のいずれかに、上に述べた以外の適応タイプが見られることもある。しかし、繰り返しになるが、六つの適応タイプのどれかが境界性、自己愛性構造において見られるからといって、六つの適応タイプが二つの構造と同じであるということではない。

「健康な」あるいは「病的な」発達について

六つの人格適応タイプはいずれも、幼児期ないしは小児期に、自分を守るのに最善の選択をしたことを意味する。これらの選択は成人した現在でも、同じように自己を守るのに最も適した選択である。この意味において、六つの人格適応タイプは〈健康な〉適応であり、生きていく上での正常な適応過程の一部であるということができる。

それに対して、境界性ないしは自己愛性構造の場合は、幼児期に本当の自己を否定するような適応をせざるを得なかったのである。すなわち、境界性の場合は、周囲の人びとから分離、個体化し、自分の力で生きようとしたとき、叱られるか、少なくとも支援を与えられることがなく挫折を経験した。自己愛性の人びとは、落ち込んだり人に頼りたいこともあるありのままの普通の子であるときには、肯定されることも認められることもなく、大げさで偽りの自己であるときにのみ評価された。一言でいって、境界性の人びとは自己の能力を、自己愛性のの人びとは自己の弱さを否定しなければならなかった結果、いずれも、本当の自己でいることができなかった。自己愛性うして彼らは、自己の現実を否定する行動を取り続けねばならなかった。その意味で、それらの行動は病的といわねばならない。幼児期に選択されたこうした生き残るための戦略には、意味があった。しかし成人となった今は、本当の自己を否定することが積極的な働きをなすとはとうてい思われない。

以上述べた点から、境界性あるいは自己愛性構造の延長上にある性格を、まったく「健康な」性格であるということはできない。われわれは境界性ないしは自己愛性行動を、常に機能障害と見る。自己の本当の姿——自己の本当の感情と欲求——を否定するという点において、六つの人格適応タイプにおけるような適応のタイプの問題とは異なるのである。

境界性、自己愛性人格障害の人格構造

第3章で、六つの人格適応タイプの構造を、バーン（Berne, 1961）の自我状態の構造モデルを用いてモデル化することを述べたが、そのことを思い出していただきたい。一九八五年、モイソ（Moiso, 1985）は、境界性ないしは自己愛性人格障害は、六つの適応タイプのいずれとも異なる特徴的な人格構造を示すと述べた。モイソは、これらの人格障害において幼児は「親」の自我状態と一体となるが、成長するにつれて「親」の自我状態は分裂するという。分裂は、子どもが経験する「良い親」と「悪い親」の間で起こる。「良い親」は、子どもが空想する、万能で理想的で誇張された親のイメージである。「悪い親」も否定的に誇張された親のイメージであり、モイソの言葉を借りると「どうしようもない悪であり、最も深刻な欲求不満の源であり、また、それゆえ、怒りと暴力の対象となる親のイメージである」（Moiso, 1985, p. 199）。

ブラックストン（Blackstone, 1993）は、〈境界性〉ないしは〈自己愛性〉人格障害の自我状態をモデル化するときは、「親」の自我状態と同様に、幼児期の「子ども」の自我状態も分裂していることを明記すべきであると、確信を持っていう。そうすることによって、その人物の自己表現に、同じように「まったくの善」か「まったくの悪」という二極化の存在することが示される。

成人に達した境界性ないしは自己愛性人格障害は、いまだに幼児期に経験した「親」の自我状態の分裂と「子ども」の自我状態の分裂を、そのまま持ち越しているのである。この点が、境界性ないしは自己愛性人格構造を、六つの人格適応タイプと同じレベルで扱えないもう一つの理由である。

境界性人格障害

境界性という言葉は、伝統的精神分析による治療効果を得られそうになく、また神経症でも精神病でもない患者に対して一九三八年、アドルフ・スターン（Stern, A.）によって初めて用いられた（Linehan, 1993）。こうしてこの言葉は、神経症の境界に位置する患者を意味するものとして使われてきた（Stern, 1938 ; Schmideberg, 1947 ; Knight, 1954 ; Kernberg, 1975）。

「境界性人格障害」の診断は（自己愛性人格障害の場合がそうであったように）、これらの研究者がそれぞれの考えを進展させてゆくにつれて、次第に組織的になってきた。最近のＤＳＭ-Ⅳ-ＴＲ（2000）において「境界性人格障害」は、以下のように定義されている。すなわち、対人関係および自己イメージと感情において見られる全般的な不安定さ。また、成人期初期までに始まり、以下のうち五つ（以上）に当てはまる顕著な衝動性。

（1） 現実の、または想像上の見捨てられる恐れを避けようとする、常軌を逸した試み。

（2）極端な理想化と極端な無価値化を行き来する不安定で強い特徴的な対人関係のパターン。
（3）自己同一性障害：自己の感覚すなわち自己のイメージの不安定な状態が著しく持続する。
（4）自傷の可能性がある以下の領域の二つ以上で見られる強迫傾向（浪費、性、薬物、無謀運転、暴飲暴食）。
（5）繰り返される自殺未遂、自殺の素振り、自殺の予告、または、自己の身体に障害を与える行為。
（6）周囲の雰囲気に対する過敏反応による情緒不安定（たとえば、強い発作的身体違和感、いらいらなど、普通は数時間持続し、数日続くことはまれな不安症状）。
（7）慢性の空虚感。
（8）不適切な強い怒り、あるいは制御することの困難な怒り（たとえば、しばしば癇癪を起こす、いつも怒っている、繰り返される殴り合いなど）。
（9）一過性のストレス関連パラノイド思考、重症の分離症状（DSM-IV-TR, 2000, p.710）。

境界性人格障害は、おそらく「分離個体化障害」と呼ばれるべきものである。というのも、境界性人格障害における主要な発達上の問題は、親がいないか、いても発達の分離個体化過程の再接近期に、子どもが親から離れ周囲の世界になじんでいく過程を、親がうまく援助できなかったことにあるからである（Mahler et al., 1975）。この再接近期に、子どもは二つの相反する願望を同時に持つ。一つは、もともとそうであった親との生物学的共生に立ち返り、親の全面的な庇護のもとに留まりたいという願いであり、もう一つは、自分の望むときにいつでも親から離れて自立し、自分の望むことを自由に行いたいという願いである。これら二つの相反する願いは、子どもと親の双方に大きな悩みと不安を与える。子どもは親に問題をうまく解決してくれることを望む。しかし、親がうまくやれることは何もない。

健康な発達の場合は、親が親の役割を十分に、しかも忍耐強く果たしていくなかで、子どもはやがて親から離れること、そして親の元に戻ってきて親から充電してもらい、親から離れて経験してきたことを親と共有することを学ぶ。その間に子どもは周囲の世界を探険しても大丈夫という確信を得る。なぜならば、疲れたとき、お腹の減ったとき、淋しいとき、病気のときは、いつでも帰るところがあり、そこに帰って世話をしてもらえるからである。親から離れている間に、子どもは次第に親のイメージを心のなかに持つことができるようになっていく。そのイメージが薄れていくと、親の元に帰ってイメージを鮮明にするのである。やがて子どもは、親のイメージを心のなかに揺るぎない確かなものとして維持するようになり、どんなことがあっても親は自分のためにそこにいるという内心の感覚が備わってくる。同時に子どもは、外界を探求して自分のものにできることに大きな喜びを感じるようになる。

境界性人格障害の場合は、以下に述べる理由で、子どもは外の世界に乗り出すことに恐れを感じてしまったのである。すなわち、親がいなかったり、いても親か子の病気のため親の役割を果たすことができなかったり、あるいは、わが子が外の世界の探求に乗り出すのに耐えられなかったりする。親は実際に、子どもが親に頼り、親にすがりつくようにしているならば誉め、外の世界に踏み出そうとすると罰したり、引き戻したりする。その結果、子どもは親に頼り、親に密着している状態が「良く」、親から離れて自立に向かうのは「良くない」ことであると考えるようになる。こうして、正常で健康な親子の分離の過程は逆転される。子どもは外の世界に冒険に出て、親を失うことを恐れる。失うことに耐えた経験がないので、子どもは失うことは絶望的な状態であると考える。そのことが境界性人格障害の場合に、親との分離ストレスが引き金となって症状を発症する理由である。

境界性人格障害が、人と話ができないか、相手をまっすぐ見ることができないときは、相手が存在しないと同じことになる。外界を探求することも支持されていないので、外界探求の満足感も存在しない。その結果、彼らは実際に、正常の成熟過程を経過した人にとっては比較的容易な物事を処理することができないと感じる。以上のように、子どものなかには、親を頼り、親に密着する子を誉める「良い親」と、分離と個体化を目指す子を引き止めたり、罰したりする「悪い親」という、分離したイメージがある。

すでに述べたように、境界性人格障害がどれほどうまく周囲に適応しているか、すなわちどれほど機能的であるかはさまざまであって、ごくうまく機能している人から、ほとんど機能していない人までである。けれども、最もうまく機能している場合でも、六つの人格適応タイプのような意味で「健康」であるとはとてもいうことができない。うまく機能している境界性人格障害の場合は、捨てられることを恐れ、それを防ぐために他人に密着しようとする。うまく機能していない場合は、飲み込まれることを恐れ、それを防ぐために怒る。どちらの場合も、以上に述べたこととは逆の防衛に頼ることもありうる。しかし通常、主として頼りとしている防衛がある。離れすぎた場合には密着しようとし、密着しすぎた場合には怒りだす。クライスマンの一九九一年刊行の『憎いお前よ、捨てないでくれ』(Kreisman & Straus, 1991) は、この間の事情を語っている。

これと対照的に六つの人格適応タイプの場合は、うまく機能している場合に困難を感じるのは、ストレスが滅多にないほど大きな場合だけである。それ以外の場合、彼らはうまく機能し、〝正常〟で〝健康的〟な人と見なされる。うまく機能していない人格適応の場合は、他人との交流に困難を感じるであろうが、それでもその困難は、境界性人格障害の場合とは比較にならないほど軽い。

自己愛性人格障害

「自己愛」という言葉が心理学的に重要な意味を込めて使われたのは、一八九八年と一九三三年にハヴロック・エリス (Ellis, 1898/1933) によって使われたのが最初であったが、彼は自己愛を、オートエロチシズム (他人からの刺激なしに性的満足を得る) と考えた。ポール・ナッケ (Nacke, 1899) もこの言葉をエリスと同じ意味に用いて、自己の肉体を見て満足する性的倒錯を示すものとした。一方、フロイト（Freud, 1910/1957；1910/1925）は自己愛を、オートエロチシズムと他人を対象とする愛の中間に位置する、正常の発達過程であると考えた。後にフロイト（1931）は、リビドー的自己愛について書いたが、それは一九三三年のライッヒ（Reich, 1933）の記述と共に、最近の「ＤＳＭ」の記述（たとえば、DSM-Ⅳ-TR, 2000, pp. 714-717）にごく近い描写となっている。オットー・カーンバーク（Kernberg, 1967, 1970a, 1970b）、ハインツ・コフート（Kohut, 1966, 1968, 1971）、テオドア・ミロン（Millon, 1969, 1981, 1990）、ジェームス・マスターソン（Masterson, 1981, 1988, 1993）らはすべて、現在の自己愛性人格障害の概念の形成に寄与している。

ＤＳＭ-Ⅳ-ＴＲには、自己愛性人格障害は以下のように定義されている。すなわち、「（空想または行為における）称賛を欲し、共感を欠き、大人の初期に始まり、下記のうちの五つ（ないしはそれ以上）に該当する支配的な誇張の性格傾向」。

（1）自分が重要人物であるという誇張された感覚（たとえば、自分の業績や能力を特別なものと思い、客観的な業績がないのに特に認めてもらうことを期待する）。
（2）自分が限りない成功、力、知能、美、愛を手にするという幻想に心を奪われる。
（3）自分が「特別」にしてたぐいまれなる存在であり、同じような特別で高い地位の人びと（あるいは団体）でなければ自分を理解することができず、彼らと交流して当然であると思う。
（4）根拠のない称賛を求める。
（5）特別な待遇を受けて当然との感覚を持つ。たとえば、理由がないのに特別な取り扱いを期待したり、自分の期待することは自動的に受け入れられると考える。
（6）他人を不当に利用する。たとえば、自分の利益のために他人を利用するなど。

（7）他人への共感を欠き、他人の感情や欲求を認めたり、承認するのを嫌がる。
（8）しばしば他人を妬み、他人も自分を妬んでいると信じる。
（9）傲慢で横柄な行動と態度（DSM-IV-TR, 2000, p. 717）。

発達過程からすると自己愛性人格障害は、境界性人格障害より早い時期に発症の源を持つ。けれども、周囲の人びとから見ると、前者は後者より「良い状態」に見える。自己愛性人格障害はしばしば社会的に大成功を収めるのに対して、境界性人格障害のほうは、持てる能力を発揮できないことが多い。自己愛性人格障害は、自己活性化の傾向が強いように見える。しかし、その自己とは本当の自己ではなく、誇張された偽りの自己である(Masterson, 1993)。すなわち、弱みを持った人間ではなく、完全でいかなる問題も持たない人間としての自己である。彼らは、分離個体化過程の一部である「練習期」に発達を停止したものであり(Mahler et al., 1975)、この練習期は再接近期の直前に位置している。

練習期に学習するとき、子どもは誰でも健康な自己愛の期間を経験する。そこでは自分が世界の中心であり、真珠貝の真珠である体験をする。その子にとって、世界は自分の欲求を完全に満たしてくれるために存在しているように感じる。子どもが大声を出しさえすれば、世界は言うことを聞いてくれる。この期間を持つことは、子どもが自己尊厳の感覚を持つために重要な意味を持つ。正常な発達においては、子どもはやがて、自分が世界の中心ではないという残酷な事実――自己愛の傷を知るに至り、自分が大いなる存在であるという思いは次第に消えてゆく。そして、他の人びとの感情と欲求も考慮しなければならないことに気づく。子どもは幾度もこの事実に、自己を適応させていかねばならない。そして、それぞれの欲求を実現させようとしている他人と協力して、自己の欲求を実現させることを学ぶ。

ところが自己愛性人格障害の場合、自己愛性外傷期を通過することは決してない。というのも、いくつかの例において見られるように、彼らの親は自分の自己愛的欲求を満たすため、子どもが実際よりも大きく特別な存在であってくれる必要がある。その場合、親は、自分自身自己愛性人格であって、子どもに天才の萌芽を見いだしたと思い込んで、あるいは子どもの何か変わったところに目を付けて、自分の自己愛的大望と大志を子に転移させるのである（Masterson, 1993）。そうした例では親は子どもを甘やかし、以下のように育て上げる。すなわち、自分のあらゆる願いは守るべき絶対命令であり、自分はお返しすることなく何でも手に入れることができ、少しの努力もせずに優れた存在である、と子どもに信じ込ませるようなやり方である。

また、別の例では、子どもの自己愛的行動は、捨てられたり、軽視されたりする恐れに対する防衛反応と考えられ、自分は優れた存在であり、他人より突出していることを示そうとする試みであると考えられる。いずれの場合も、こうした子は実像よりも大きな存在として見られ、等身大の正常な存在とは見られない。実際、その子が自分は弱い存在であり、たいした価値はないと感じているならば、周りから見て、彼の存在は欠陥のある、好感の持てない人物と映るであろう。こうした子が受け取るメッセージは、「すべてか無か」すなわち、あなたは完全であるか、欠陥があるか、のいずれかであり、その中間はない。それでその子はいつも、自分が素晴らしい存在であるかのように見せようとする。誇張された偽りの自己の裏にあるのは、自分が特別で非凡な存在であることをやめると存在しなくなるという恐怖である。

あるクライエントはこの恐怖を、文字通り、体が消滅してしまうような恐怖であると表現している。別のクライエントは、マザーグースに登場するあの壊れやすい卵、「ハンプティ・ダンプティ」のように、一度壊れたら無数の破片となって元に戻らない恐怖であると表現している。自己愛性人格障害は対人関係において、相手を自分の自己愛を満たしてくれる自己の延長であるかのように見なし、彼ら自身の権利と感情と欲求を持っている存在とは見なさない。

マスターソン（1993）は、自己愛性人格障害を、「自己顕示者」と「隠れ自己愛者」に分類する提案をした。

「自己顕示者」は、いつも誇張された偽りの自己を周囲に示し、他人は自分を称讃する観客でいることを望む。「隠れ自己愛者」は、他人がそれぞれにユニークで特別な存在であることを認めるのであるが、彼らの栄光のおこぼれにあずかりたいと望む。隠れ自己愛者も元は自己顕示者なのであったが、親または他の誰かの嫉妬によって深く傷つけられ、それ以上の被害を防ぐため「隠れ自己愛者」に転じたのである。しばしば見られるのは、片親が自己顕示者であり、もう片親が隠れ自己愛者の場合である。子どもは、はじめは特別でユニークな存在として扱われるが、そのうちに隠れ自己愛者である片親が嫉妬し始め、「自分の位置に子どもを追いやる」ことになる。子どもは、自己顕示者である親とのつながりがある間は、自分がまだ特別な存在でありうることを知る。しかし、後には、特別な存在でユニークな人物に憧れ、その人物と関わりを持つことを願う。その人物と関連していることにおいて、自分も特別な存在になった気持でいられるからである。

自己愛性人格障害の場合も、どこまで周囲に適応して生きているかという点で、ほとんど適応できない人からよく適応している人までさまざまであるが、六つの人格適応タイプとは違って、彼らの適応を「健康的」であるとはいうことができない。適応の悪い自己愛性人格障害は反社会型の適応とよく似ている。実際のところ、自己愛性人格障害の生存のための適応形態の一つが、典型的には反社会型の適応なのであり、犯罪者集団のなかにこうした例がしばしば見られる。適応の良い自己愛性人格障害は、反社会型に加えてパラノイド型の性格を形成してゆく。その場合、企業家、法律家、政治家、カリスマ的指導者などになってかなり成功することがある。しかし、周囲の人びとを自己の目的のために利用したり、虐待したりする。はなはだしい例は、カルトの指導者である。

これと対照的に、六つの人格適応タイプにおける適応の良い場合は、周囲から「健康」あるいは「正常」と見なされる。適応の悪い場合はそれなりに苦労は多いと思われるが、それでも自己愛性人格障害に比べると、はるかに本当の自己（自分の弱さから来る感情や欲求）の問題と取り組んでいるといえよう。

自己顕示者は表面的には比較的成功しているように見えるかもしれないが、彼らにとっての自己とは、真の自己ではなく誇張された偽りの自己であることを忘れてはならない。隠れ自己愛者は、誇張された偽りの自己のイメージを維持することが困難になり、その結果、自己の能力を開花させることのできない境界性人格障害に似てくる。これら三者はいずれも、真の自己を推進することに恐れを抱いている。その意味において、機能不全といえる。

治療

どのような種類であれ、およそ人格障害を持つ人びとの心理療法は、周囲によく適応しているクライエントの心理療法とは異なる。彼らは自己の感情から逃れようとしてさまざまな防衛手段を用いるので、一般に、実際に彼らが体験しつつある出来事に触れようとはしない。したがって、治療として最初になすべきことは、彼らの防衛の実態を明らかにし、彼らがいかに自己の感情に触れることを自ら防ぎ、そのことで高価な代償を払っているかに気づかせることである。とりあえずのゴールは、彼らが防衛を取り去り、自分自身や他人との真実な触れ合いからもたらされる恵みに気づく経験をすることである。防衛を取り去ると彼らは、真実でいることが自分の欲求を満たすのに適していることを体験することができる。また、これまで彼らを安全地帯に留める働きをしていたものが、今は、彼らが本当に欲しいと思うものの入手を妨げる働きをしている事実も体験するであろう。こうした体験は、セラピスト-クライエントからなる治療のための同盟の結成を促進する。この同盟は、人格障害を持つ人とセラピストが協力して、古い機能しない生き方を変える方向に向かう。

人格障害を持つ人びとの心理療法の中心は、クライエントとセラピストとの関係にある。彼らは両親との間に、信頼できる良い関係を持つことができなかった。それで、他人との間にそうした関係を持ちうるという可能性を、「子ども」の自我状態のレベルで信じることができない。その結果彼らは、生きるために以下の二つの手段のいずれかを選択することになった。一つは、他人を失う恐れから自分の欲求を捨てて他人に密着することであり、他の一つは、他人に頼りたい思いを認めれば捨てられる恐れから、他人との距離を保ち他人への依存欲求の一切を遠ざけることであった。セラピストとの関係を通して、クライエントには新たな経験が可能になる。その経験によって、もっぱら他人にすがりつくことでも、一切他人に頼らないことでもなく、自立と依存を時に応じて自由に使い分けることが可能になる。セラピストとの新たな関係は、また、クライエントに自分の気持ちを話し合える人を得たという経験を与える。そのことがクライエントに、自分の心にやすらぎを与えてくれる親を持たなかったという、過去の損失を思って嘆くことを可能にする。

境界性人格障害の治療

境界性人格障害の中心的な問題は、分離-個体化を体験すべき幼児期に、その体験を支持してくれる親を持たなかったことにあるが、心理療法は、過去に与えられなかった支持を、今与える役割を果たしてくれる。境界性人格障害はふつう、以下のようないくつかの大きな禁止令を受ける。〈成長するな〉〈考えるな〉〈成功するな〉〈親しくなるな〉〈信頼するな〉など。そして、彼らがしばしば受けるドライバーは、〈努力せよ〉である。一般に、仕事か人間関係のいずれかに問題を持つ人はある程度いるであろうが、境界性人格障害はその両方に問題を持つ。彼らは、分離-個体化過程の再接近期に、今も留まっているのである。彼らは、頼りとする人に見捨てられることを恐れて冒険に乗り出すことができず、彼らに飲み込まれることを恐れて親しくなることもできない。彼らが元気を出して積極的に生きる方向に動きだそうとすると、幼児期に見捨てられた体験が、当時感じた深刻な分離不安と抑うつ気分を伴って生々しく思い出されてくる。彼らはこの不安と抑うつにはどうにも耐えられないと感じるので、それらの感情から目を逸らすのに役立つ行動に出る。彼らはまた、能力ある者として行動することをやめる。彼らの「子ども」の自我状態は、幼児期にそのように生きようとしたことが、すべての損失の始まりとなったと信じているからである。マスターソン（1981, 1988, 1993）は、これらを「境界性人格障害の三徴候」と呼ぶ（すなわち、自己活性化が見捨てられ抑うつを生み、見捨てられ抑うつがさらに行動化を生む）。

境界性人格障害の治療にあたり、セラピストは、クライエントが成熟した存在であり、責任能力を備えた人物であるとして対応することが重要である。セラピストがそのように振る舞わない場合には、なぜそうしないのかを正面から問いただすのがよい。クライエントはいまだ自分を能力ある者とは見なせないでいるが、セラピストのほうでは、さまざまな方法によって、クライエントを能力ある者として対応することができる。治療に際しては、偏らない態度を保つことも大切である。対決は「成人」の自我状態をもってなし、クライエントに自分の行動をどう意味づけるかを尋ねるのがよい。クライエントの行動について「成人」の自我状態の立場からなされる問いは、クライエントにも「成人」の自我状態から自分の行動を眺める機会を与えることになり、その結果、クライエントは自分の行動を自分でも説明できないことに気づくことになる。やがて次第に、クライエントは自分の行動の意味を問うこうしたやり方を取り入れ、「成人」の自我状態によって自分の行動を制御することを学ぶ。こうして徐々に、見捨てられ抑うつから目を逸らすためになされる行動は、治療の間だけに出現するものに限定されてゆく。

治療がうまくいって良い方向に進むと、次の治療でクライエントは必ずといってよいほど、たとえば治療の場に姿を見せなかったり、遅刻したり、終始口を閉じていたり、セラピストに密着したり、怒ったりする。そんなときはもう一度、「成人」の自我状態からの質問を、「これはどういうことだと思いますか」と、「このことをどう理解しますか」などと聞いてみるのがよい。こうした問いをなすことが、クライエントに境界性人格の三徴候である、自己活性化、見捨てられ抑うつ、防衛、が互いに関連していることに気づかせることになる。クライエントがセラピストとの対決を内面化し、境界性人格障害の三徴候を理解するようになると、自分の行動を制御する力を増す。この過程はゆるやかであり一，二年を要することもある。セラピストの休暇といった分離ストレスが生じるたびに，クライエントは退行したように見えるが，セラピーを再開すると過去の進歩が取り戻される（Masterson, 1990）。

境界性人格障害のクライエントが治療に来るのは，良くなるためではない。良くなるためには見捨てられ抑うつの問題を取り上げねばならないが，彼らは見捨てられ抑うつはどうしようもない問題だと思っているので，触れずにすますことを願っている（Masterson, 1990）。彼らが治療に来るのは，話を聞いてもらうため，ないしは，〈怒りを吐き出す〉ため，あるいはその両方である。境界性人格障害は〈被害者〉の位置をエスカレートし，セラピストに〈迫害者〉か〈救助者〉の役割を与えようとする（第4章の「ドラマの三角形」参照）。セラピストはふつう，どちらかの役割を引き受けようとする強い誘惑を感じるが，治療者としての中立性を維持し，「成人」の自我状態からの問いを発してその行為と対決することによって，どちらの役割もとらずにすませることができる。

攻撃的な対決は，境界性人格障害の場合，良い結果をもたらさない。そうするよりは中立的構えから，クライエントに自分の行動をどのように理解しているかを尋ねるのがよい。この方法によって，セラピストはクライエントの「成人」の自我状態の代役をすることができる。境界性人格障害は，自分の幼児期のことはほとんど覚えていない。しかし，現在の人間関係のなかで過去の出来事に由来する行動を繰り返していく。自分の現在の行動の意味を問われれば，その時，彼らは過去の出来事を思い出す（Masterson, 1990）。

治療の場では，セラピストがリードするのではなく，クライエントに先に動いてもらうのがよい。中心的な問題は分離-個体化にあり，セラピストがリードを減らすほどクライエントがなさねばならないことが増す。すなわち，クライエントがリードするには，自己活性化をする必要があり，そのことが見捨てられ不安を呼び起こすので，クライエントは不安を避けようとして行動を起こす。「成人」の自我状態を用いた対決によって，以上のパターンが確認され、保持される。

治療の最初の段階から、クライエントが過去の記憶、夢、幻想などから脱却することも重要である。そうすれば、セラピストとの間に治療同盟が形成されやすく、クライエントは見捨てられ抑うつに対応するのに必要な手段を手に入れることができる。見捨てられ抑うつは、強い分離不安、殺人に向かう怒り、自殺に至る絶望よりなるが、クライエントの見捨てられ抑うつに対処しうる力は徐々に大きくなり、治療に耐えられるようになる。治療が進行していくにつれてクライエントの自己の行動に対する姿勢に変化が現われ、自我とは異なるものとなる。また、抑うつは中心段階に達し、記憶も、初めは最近の分離ストレスに関する記憶から、やがてもっと古い記憶に向かって回復していく（Masterson, 1990）。同時に、認知状態にも変化が表れ、事実が自己に活力を与えるようになる。境界性人格障害にとっての事実とは、子どものときに支持されることのなかった力と関連する弱さの問題である。

クライエントがひとたび見捨てられ抑うつの心理療法に十分な時間耐えられるほどの力を得たならば、次の目標は、これらの感情の治療である。初めクライエントは、一回のセッション（心理療法）ごとに自分が悪くなっていくように感じるであろう。そしてついに、殺人へ至る怒りと自殺へ至る絶望という最悪の状態に向かって落ち続ける。クライエントの恐れは、「もし私が母親から分離したら、私は死ぬだろうし、母も死ぬ」というものである（Masterson, 1990）。これらの感情を治療していくにつれて、クライエントは、今度はセッションごとに気持ちが楽になってゆく経験をする。そして、彼女の個体化は花開く。治療がこの段階にさしかかったならば、クライエントは週二、三回のセッションによるセラピストの強い支えを必要とする。

セラピストにとって最も難しい問題の一つは、逆転移反応にどう対処するかということである。セラピストは自分の未解決の問題を容易にクライエントに投影し、クライエントの救済幻想を行動化させやすい。境界性人格障害は、自己を防衛するためにセラピストの弱点を利用するのがうまい（Masterson, 1990）。たとえば彼らは、セラピスト自身がまだ気づいていないセラピストの変化に気づくことがある。私の知り合いのセラピストがあるクライエントの治療をしていたとき，そのクライエントが「セラピストが自分を見捨てようとしている」と言いだした。それはセラピストが遠くに引っ越しをしようと意識する前のことであった。

神経症のクライエントが治療に来るときの問題は，セラピスト自身であるということになる。境界性人格障害のクライエントが治療に来る場合の問題は，「そこに」存在しているが，境界性人格障害は投影によって周囲の人びとに関わるので，セラピストは治療の中立性と客観性を維持しなければならない。そのため，セラピストは明確なガイドラインを持ち，常に信頼に足る，矛盾のない姿勢を示し，治療の枠を変えないようにしなければならない（Masterson, 1981）。境界性人格障害のクライエントは大切にされているという気持ちになりたいので，繰り返し治療の枠を変えさせようと試みる。たとえば，治療の時間を延長させたり，時間外の治療を望んだり，その他ふつうはやっていないことをやってもらおうとする。スーパーバイザーか同僚に治療の経過を監視してもらって，問題が起きないように気をつけ，逆転移をうまく処理してもらうのは賢明なやり方である。特に，境界性人格障害を初めて治療するセラピストの場合には，こうした配慮が必要である。

境界性人格障害の治療はしばしば困難なものであるが，報いは極めて大きい。マスターソン（1981）が言うように，彼らの哲学は「人生は甘くあるべきだ。自分の人生のためにつらい思いをして働きはしない」である。しかし，とマスターソンはさらに言う。セラピストの哲学は「人生は甘くない，自分の人生のために労しない者は，大きなツケを払うことになる」でなければならない。境界性人格障害は，彼らの人生にすでに大きなツケを払って生きてきたが，彼らが自分の人生を自分の手で変えようとして歩みだすならば，大きな報酬を受けるであろう。危機的な有様で生きていた一人の人が，見捨てられ抑うつを治療によって乗り越えて，突如，人生の花を咲かせるのを見るのは感動的であり，忍耐を要する仕事が報われたという思いがする。

自己愛性人格障害の治療

自己愛性人格障害の主要な問題は、彼らが普通である限りＯＫとは見なしてもらえないという点にある。ＯＫと見なされるには、自分が特別に優れたまれなる存在であるとアピールしなければならない。彼らは、他人に頼りたいという正常で自然な欲求、すなわち、時々悲しみや落ち込みを感じて他人に支えてもらいたい、との願いを持つことを許されなかった。最もしばしば受けたドライバーは、〈完全であれ〉〈強くあれ〉であり、彼らの受けた典型的な禁止令は、以下のようなものであった。

- 自分自身であるな（お前はこうあれ、と私が考えるお前であれ）。
- 人に近寄るな、人を信用するな。
- 自分が感じるように感じるな、私が感じるように感じよ。
- 自分が考えるように考えるな、私が考えるように考えよ。

彼らは素晴らしい、ないしは卑しむべき存在のいずれかと見なされる。こうした人びとの治療において、セラピストとクライエントの関係が、再び誤りを正す経験をもたらしうる。セラピストが適切な鏡の役割を果たすことによって、自己愛性人格障害は、誇張された偽りの自己、または理想化された自己のイメージではなく、本当の自己を発見し、開拓し始めることが可能になる。

治療の焦点は、クライエントとセラピストの関係でなければならない。境界性人格障害の治療の場合と同じように、セラピストはクライエントにセラピーをリードさせ、クライエントのかすかな悲しみや、小さな落ち込みの感情をも見逃さないことが重要である。鍵は、クライエントに落胆の表情が表れるときである（Masterson,

1990)。その時、クライエントに何が起こったのか把握する必要がある。セラピストはその時、鏡の役割を果たし、クライエントの自己愛に起因する弱さを示し、同時にクライエントがその弱さから身を守ろうとした方法についても示すことができる。ここでも、境界性人格障害の場合と同様に、自己愛性人格障害の投影に対処するため、治療上の中立性を保つことが必要になる。

自己愛性人格障害の治療を良い環境の下で行うのは難しい。事実によって彼らの自己愛的傾向が補強されると、治療はさらに難しいことになる（Masterson, 1990）。一般に、クライエントが年取っているほど、治療しやすいクライエントである可能性が高い。若ければ若いほど、彼らの自己愛的な願望に周囲の状況を従わせる力を持つからである。彼らがセラピストの門をたたくのは、手ひどい自己愛性外傷を経験したときだけである。彼らは、セラピストにどうすればもっと楽な気持ちになれるかを語ってもらいたいと願う。それも、治療で少し気持ちが楽になると、すぐにも治療をやめようとするのがふつうである。治療を続けることは、見捨てられ抑うつと取り組むことを意味する。しかし、見捨てられ抑うつのことには触れてもらいたくないのが通常である。それで、自己愛性人格障害が治療に留まりワークを続けるのは、彼らの人を引き付ける魅力に陰りが出て、後輩に追い抜かれる経験をしたり、他人からの称讃や賞嘆がめったに得られなくなるとき、そのようなときのみとなる。

本当の自己を活性化することにおいて、自己愛性人格障害は境界性人格障害と同じ困難を持つ。前者は後者より「良さそう」見える。しかしそれは、自己愛的エネルギーの補給を追い求める偽りの自己なのである。本当の自己を活性化しようとすると、いつでも見捨てられ抑うつに出会い、その感情を避けるために行動化をする。こうして、自己愛性人格障害の三徴候が生まれる。すなわち、嫌な出来事が痛みを伴う感情を生み、ついで、その感情を否定する（Masterson, 1990）。自己愛性人格障害はふつう嫌な感情から自己を、誇張あるいは引きこもり、さもなければ矮小化のいずれかによって守ろうとする。こうして、防衛の水面下で彼らは、粉々になった自己感覚と弱さの極みを経験している。

自己愛性人格障害の治療には、よい手がかりを与える小さな窓がある。その窓は、彼らの痛み、彼らの自己に集中する困難、そして彼らの引きこもりを解釈することからなる。セラピストがこれらの窓より接近すると、彼らは理解されたと感じ、本当の自己についてこれまで以上に語り始める。自己愛性人格障害はセラピストを自己を映す完全な鏡とみて、セラピストの失望の兆候に異常に敏感になる。境界性人格障害は共感を得られなくとも許すが、自己愛性人格障害は許さない（Masterson, 1990）。

自己愛性人格障害の治療におけるセラピストにとっての最大の問題は、境界性人格障害の場合と同じく、セラピスト自身の逆転移反応である。誉められても、けなされても、セラピストには複雑な感情が生じる。治療の進展が遅ければ退屈になる。セラピストが共感し損なうときは、そのことに自分で気づいていなくてはならず、同時に、そのことでクライエントがいかに深く傷つくかを知っていなくてはならない。自己愛性人格障害は、感情を害されるとセラピストの仕事に苦情を言い攻撃を仕掛ける。彼らの怒りは冷たく、治療関係を崩壊させる。対照的なのは、境界性人格障害の怒りは暖かく、関係を強めることである。境界性人格障害の治療をしていると、セラピストは自分がクライエントにとって貴重な存在であると感じる経験をするであろう。ところが自己愛性人格障害の治療においてセラピストが経験することは、クライエントにとって自分は何の価値も持っていないということである。

セラピストは治療の場における〈今・ここ〉での出来事に集中し、対決よりもクライエントの自己愛性人格障害の弱さに対して行う鏡のように忠実な反応、すなわちミラーリングを行うのがよい。クライエントに弱さの徴候が表れたならば、たとえば次のように言うことができる。「私の言葉に失望なさいましたか。私が申し分なく反応することを期待されていて、それが満たされないと嫌になってしまうのですね」（Masterson, 1990）。自己愛性人格障害はまた、自分の内部で起こっていることについて語るよりは、外部の出来事に注意を集中することが多い。そのことを、次のように解釈して語ることができる。「ご自分のことに注意を向けるのはとてもつらいことなのですね、それで、いつも気を逸らして外部のことを気になさるのですね」（Masterson, 1990）。

境界性人格障害は、対決によって自分の生活がこれまでよりもよくコントロールされていると感じ、自己愛性人格障害は、ミラーリングによって理解されたと感じる（Masterson, 1990）。自己愛性人格障害にとって本当の自己を活性化することは、自分の親を殺すことに等しい。それで、ワーク（治療）はゆっくり進む。感情は、しばしばまず肉体の変化として外部に現われる。過去を探らないことも重要である。過去はクライエントを通して現われるのを待たねばならない。その過去が現われるのは、彼の防衛が解釈されるときである。繰り返すが、クライエントが自分の自己愛的外傷に気づくまで、介入するのを控えるのが一番よい。そのときセラピストは、外傷とそこから生まれる痛み、そして痛みから身を守るためにクライエントが用いた防衛について、ミラーリングを行うのがよい。たとえば、「皆さんから注目や称賛を受けなくなるのはとてもつらいことなので、その話題を避けようとし、ここに治療に来る必要性さえ疑い始めたのですね」（Masterson, 1990）。

境界性人格障害の場合もそうであったが、自己愛性人格障害がこれまで味わうのを拒否してきたつらい感情を治療の場に出し始めたなら、週に二、三回のワークを実施して、治療を継続するのに必要な支持を受ける必要がある。自己愛性人格障害が痛みを伴う感情と向き合うことを拒否しなくなると、クライエントは自分自身に共感を抱き始める。自分に対する共感はやがて他人への共感へと拡大されてゆき、次第に誇張された偽りの自己ではなく、本当の自己を活性化し、他人と真実な関係を持つ力を貯えるようになる。境界性人格障害もそうであったが、ひとたび、自己愛性人格障害が本当の自分を活性化し始めると、その人格に大きな変化が起こり、治療に費やされたすべての時間と労力は意義あるものとなる。

まとめ

境界性人格障害と自己愛性人格障害を、六つの人格適応タイプと同じ地図上に位置させることはできない。人格適応については、重症な病的状態からまったくの健康に至るまで機能の連続が観察されるが、境界性人格障害と自己愛性人格障害については、機能がかなり良い場合でも、精神医学の用語で「健康」と表現することはできない。この差は、子どものときに対処しなければならなかった発達問題の比較的重症度を反映している。

境界性人格障害と自己愛性人格障害の人格構造は、六つの人格適応タイプのいずれか一つないしは複数のものと共存している。そこで、二つの人格障害の最良の治療を考えるにあたって、人格適応タイプについての情報が時に役に立つと思われる。とはいえ、二つの人格障害の治療には、六つの人格適応タイプの治療だけではなく、それに加え、それとは異なる治療戦略が必要となる。境界性人格障害と自己愛性人格障害は、本当の自己であることをほとんど大部分、放棄し続けてきたので、セラピストは、クライエントが自分にとって何が根本的な問題なのかに気づくためのよく考えられた介入法を必要とする。中立的構えからなされる治療としての対決は、境界性人格障害と治療のための同盟を組むのに最も適した方法であり、これによって初期の見捨てられ抑うつは治療の場に持ち込まれる。一方、自己愛性人格障害の場合は、中立的構えからなされるミラーリングが治療のための同盟を組むのに最適であり、これによって初期の見捨てられ抑うつが治療の場に持ち込まれる(Masterson, 1990)。二つの人格障害に共通するゴールは、子どものときに放棄した本当の自己を回復することである。

人格適応モデルについては、基礎から、第17、18章で述べた進んだ段階まで、これでそのすべてを学んだことになる。本書の最終パートであるパートⅦでは、人格適応モデルの実際を体験することができるであろう。適応モデルの本当の「感じ」をつかんでいただくために、次の章からは、各適応の治療に関する逐語録を示したいと思う。

パートⅦ

臨床における人格の変容
——治療の実際

第19章　演技型のクライエント——自分のパワーを取り戻す

　パートⅦは、各人格適応タイプの治療の実際を明らかにするために、より長い逐語録を載せる。本章から第24章までは、六つの適応タイプを順番に見ていく。各々の症例の逐語録にはその適応タイプのクライエントにとって、基本的で重要なテーマが織り込まれている。最終の第25章では、複合した適応タイプをとるクライエントの治療について説明する。

　それぞれの章の最初に、その適応タイプの典型的な特徴を簡単に説明する。詳細はすべて、これまでの章ですでに説明されているので、ここでの要約は、読者が前章で適応タイプの治療について読んだことを、思い起こしてもらうためのものである。

　続いて、各章ではその適応タイプにとって、治療上鍵となるような主題を挙げてある。そして、今問題となっている典型的な初期の値引きについて要約する。「値引き」とは、交流分析理論の専門用語だが、人が、〈今・ここ〉での現実を何らかの形で歪曲し、無視したりすることを意味する。たとえば、それは自分自身についてかもしれないし、他の人、現実の状況についてかもしれない。脚本のなかでは、人は何らかの値引きを行っているものである。各人格適応タイプはいくつかの典型的な値引きをする。もしあなたがこれらの値引きを前もって知っていて、クライエントが値引きをしたときに対決できるならば、あなたやあなたのクライエントのラケット行動や、ゲームを最小限にとどめることができる。これが、クライエントが真の人格の変容を遂げるのに一番良い援助の方法である（第14章で使っていた「典型的な罠」という言葉を思い出すであろう。「罠」は、ここでいう値引きと同じ意味である）。

さらに、逐語録はすべて、実際の症例の治療中に記録されたものである。治療者はヴァン・ジョインズで、治療方法は再決断療法である。ここでも症例はすべて仮名であり、個人の秘密を守るために、本人を特定できるような記述は変えてある。

❏治療コメントのような形で、治療経過や内容にコメントを付け加えてある。

これらコメントは治療中における治療者の考え、反応や意図をはっきりさせることを目的としている。ねらいはクライエントの人格変容を促すために、治療者がいかに人格適応タイプの知識を使うかにある。

演技型クライエント

演技型クライエント、すなわち熱狂的過剰反応者は、生き生きとしていて、エネルギッシュで外交的である。他者から見ると、温かく、一緒にいて楽しい人で、共感的で優しい人である。人と一緒にいるのが好きで、自分の周りに元気な人たちを引きつける。

演技型は治療者にも、自分が人に近づくのと同じやり方で近づいてほしいと思っている。それは、優しく楽しい方法で、感情を込めて導いていってほしいし、彼らの気持ちに共感的であってほしいと思っている。

彼らが治療に来るのは、しばしばある状況やある人間関係で、過剰反応をしたためだろう。ある感情に強く引っ張られて、衝動的行動をとってしまったのかもしれない。そして混乱し、または自分が他者を喜ばせることができなかったと、不全感を抱いているのかもしれない。

治療を通じて変化をするならば、自分の感情は何かと考え始めるだろう。クライエントのなかで、感情と思考の統合がなされると、過剰反応の代わりに、毅然とした問題解決へ向けての行動がとれる。心の深いレベルでクライエントは、自分のパワー、重要さ、そして自分自身の権利をしっかりと意識した自分らしさを取り戻すことができる。

演技型への治療上の重要なポイント

(1) 嫌な感情のまま治療室から出ないという契約

演技型の人が傷つき怒ったとき、彼らはまず、自分を怒らせた人たちの前から逃げたいと思う。そして彼らの気持ちをもっと気にかけてくれる人を見つけようとする。彼らは「地理的治癒」という方法をとる。「自分がこれだと感じるもの」を見つけるために仕事から仕事へ、またはある人間関係から他の人間関係へと移る傾向にある。ゆえに彼らが怒ったときに、去るのではなく自分の感情を話し合って、治療者と問題解決の道を探るという契約をすることが重要である。

(2) 性的境界線をはっきり引くこと

治療者がクライエントと異なる性ならば、クライエントは治療者に近づいてもよいが、治療者はクライエントと性的関係は持たないとはっきりさせておくことが大事である。なぜならば、彼らは多くの関心と親密さを望んでいるが、性的関係を結ぶことは恐れているからである。はっきりと性的境界を引くことが重要である。そうすればクライエントはリラックスでき、安全だと感じることができる。

(3) 感情と現実との区別をつける

熱狂的過剰反応者は、しばしば感情と現実とを混同する。何かを感じたとしても、それが現実になるということはないと理解することが重要である。また、ある感じ方をしたとしても、それを現実化させることはできないということを知るのも大事である。

(4) 自分の怒りに気づき、パワーを取り戻す

演技型は他者を喜ばせようとするので、自分の怒りを抑圧する傾向が強い。そして怒りを使って、他者との境界をきちんとつけないことが多い。彼らが子ども時代にいかに自分のパワーを断念したか、そのことを理解するように援助することが大事である。自分のパワーを取り戻して、怒りを使って適切な境界線を引くことを援助することが重要である。

(5) 彼らの考える力や能力にストロークを出す

熱狂的過剰反応者は、自分のかわいさや愛らしさは認めてもらったが、考える力や能力は子ども時代にしばしば無視されてきた。その結果、彼らは自分の思考力や能力への自信に欠けるところがある。持てる力を発揮できるように、思考力や能力へストロークを出すことは効果的である。

初期の値引き

演技型は、「私は〜と想像するんだけれど」とか、「〜したいと思うんですが」というような言い方で、自分で考えずに他の人に考えてもらおうとする。その隠された意味は、他の人が彼らのために決めてくれるだろうということだ。自分で考え、自分の立場をはっきりさせるために、「はっきりさせていいですか」のように聞くことが大事だ。彼らは自分がOKかどうかを確認するために、他の人の顔色をうかがう。もし、他の人が喜んでいてくれれば、自分自身もOKと感じることができる。また、怒りの感情を覆い隠すために、悲しみや恐れ、罪悪感、混乱などを使う。重要なポイントは自分の怒りやパワーに直接触れること、自分が自分自身の主人公になり、他者を喜ばせるよりもむしろ、自分自身を喜ばせることである。

治療逐語録――メリー

メリーは三十代で、週単位で行われる再決断療法ワークショップの参加者の一人だ。彼女の契約は、自分自身のために考えること、母親のやり方でやるのではなく自分自身のやり方をとること、そして自分が重要であると思えるようになることである。

ヴァン 今日、あなたの何を変えたいですか。

メリー 先日やったことの続きみたいなものですが、私には混乱していることがたくさんあるんです。でも今、それについて混乱しているわけではないと思うんですけど、でも……考えないということと本当に適応的になることの間には、そして重要な存在ではないこと、またそれらの一つは、うん……このあいだワークをしたとき、先生が私に質問したと思うんですが、結果として何をするつもりですかって。話さないことについて、それで私は話さないと答えたんです。後で考えたんですが、本当は私は話したいのだろうと。だけど話す方法が……話さないか、またはお母さんが私に期待するようなことを言うだろうと、お母さんのやり方で私はやるだろうと。それ以上のことだったと思うんです。私やっぱり話すだろうけれど、私は重要な存在ではないだろうし、お母さんのやり方でやるでしょう。そう、これが私がまだしていること。私はお母さんのやり方でしているの。

❏ メリーの混乱というラケットは、演技型を決定する主要な指標である。要するに、彼女のために考えて〈助けてほしい〉と治療者を誘っている。「たぶんそう思うんだけど」と言うことで〈考えるな〉の禁止令をここで呈示している。彼女はまた、〈重要であるな〉の禁止令にも言及している。彼女の母親に過剰適応していることが読み取れる。

その代わりに何をしたいですか、と問うことによって、私は彼女の〈助けてほしい〉という誘いに対決する。

ヴァン　その代わりに何をしたいの？

メリー　自分のやり方でやりたい。

ヴァン　どういう意味？

メリー　その意味は私なりに考えること……自分のやり方でやりたい……私の方法で話したい、そのことが重要な存在となることを意味するとしても……重要でありたい……

ヴァン　それは後から考えて、付け足した。

メリー　（笑い）それを言うのは難しいわ……重要な存在であると言うのは。

❏　ここで再び、彼女の〈重要であるな〉の禁止令が見てとれる。

ヴァン　うん、なぜ、本来重要であるはずなのにそう思えないのでしょう？

メリー　（悲しそうに）なぜかって、重要な存在でないことになっていたから。

ヴァン　なぜ？

メリー　（しばらく間を置いて）たぶん思うんだけど、姉より私が重要であってはいけなかったのよね。

❏　「たぶん、思うんだけど」という言い方で、〈考えるな〉の禁止令をここでも示している。自分が考えることは確かなはずがないということだ。このとき、私は彼女のオープン・ドアである感情に直接働きかける。

ヴァン　そう言いながらしっくりきていますか？　「たぶん思うんだけど」と言っていますね。

メリー　うーん……彼女よりも上というのは……順位というのがあって……たとえば兄は一番上で、二人の姉がいて、そして私なんです。きょうだいのなかで彼らより重要じゃないことになっていたんです。私は末っ子だし。みそっかすだったんです……母との場合も同じで……だから思うに……

ヴァン　誰かが、年齢が重要だと思ったわけね。

メリー　ええ。

ヴァン　それはお母さんですか？　つまり、この図式を最初に思いついたのはお母さんですかという意味なんですが。

メリー　うーん、ええ。（うなずく）

ヴァン　それではお母さんをここに連れて来るのはどうですか（椅子をクライエントの前に引き寄せる）あなたは何歳？　昨日のワーク場面では、そのときあなたはいくつでした？

❏　想像で、自分が重要でないと決断したときに戻ってもらう。その意図は自分で考えてもらうことである。それは以前に放棄してしまった彼女自身の一部を取り戻すためである。

メリー　だいたい、八歳か九歳。

ヴァン　オーケー、その場面を思い浮かべてみて、あなたはどこにいて、そこで何が起こっていますか。

メリー　ええと、もっと聴覚的な感じ。台所のテーブルのところにお母さんが見えて、家族全員がいるわ。私にはそこで何が起こっているかわからないけれども、おもしろそうなことがたくさん、笑いや騒々しさ。うちにはそういうことがいっぱい起こっていたのよ。私はそういうこと本当に好きだった。この時期、皆が私に耳を貸してくれなかった……そう、うん、それで……

ヴァン　一番ちっちゃい子にはそうですよね。

メリー　うん、そう、だから話そうとするとき、たぶん大声を張り上げたんだと思うわ。そして皆は、「やめなさい、そんなに大声を張り上げるのは」とか「静かにしていなさい」と言ったんだと思う。そのようなやめさせる言葉を。「そんな大声を出さないの」とか「話しすぎよ」とか。混乱するわ。〈喋るな〉とか〈喋りすぎるな〉とか、ずうっと言われ続けてきたから。ある程度は話すこともあったけど、ええ。

❏　これは〈重要であるな〉の禁止令が与えられたよい例である。

ヴァン　それで、八歳のメリーが感じていることは何？

メリー　うーん、最初は興奮しているわ。そしておもしろいって、それから本当に打ちのめされて、悲しい。

ヴァン　そうでしょうね。それで自分自身に何と言っているの？

メリー　ええと……たぶん……自分に二つのことを言っているわ。何も言わないでおこうって、そして完全に引きこもろうって。だけど決してそうしていたわけではないの。少しだけ引きこもって、それからまた出てきて。でもその場にうまく適応してやっていたのです。

ヴァン　八歳のころ、つまり適応という言葉を知らないときには何と言っていたの？

❏　メリーは子ども時代のシーンから、今は「成人」にいる。そして自分の行動を分析している。私の質問の意図は、八歳のときの自分に戻るようにというものだ。しかしながら彼女は「成人」にとどまることを選んだ。八歳のその時点に身を置くというよりも、子ども時代の経験を報告している。

メリー　そう、彼らは私にもっと静かにしていてほしかったんです……もっと控えめで、そして実際私がそのことを考えるとき……なんかこう、ときどき……そんな感じで私が引っ込んでいると、父は気がついているだろうって。実際父はわかっていてくれただろうし、私と遊んでくれようとしたし、私を外へ連れ出そうとしてくれていました。ええ、私は自分が正しいことをしているんだってことに気がついていたんです。だって、そうすればお父さんから関心を払ってもらえるってこと、それはすごい力があることだって。気がついたんですけど。そうね、私が笑ったり、その類のことを始める前に長い間、静かにしていたわけです。ええ。

❏　母親は〈重要であるな〉というメッセージを出していることがわかる。一方、父親は特別な関心を払うことで、行動を強化している。このシナリオは演技型の人にとってよく見られるものである。

ヴァン　再び、生き生きと活発になり始める前にね。

メリー　そう。私がよくしていたことだと思うけれど。私はたわいもないことを言っていたわ。ほとんど何かについての話をして……それほど重要でないことをね。私が本当に言いたいことは……私がそれを言う前に自分が正しいかどうかを確認してね……うん……自分について気がついたことは今週ラケットについて混乱しているなって感じていること（ラケットとは、問題を解決するために直接的に行動を起さないで、むしろ馴染みのある、嫌な感情を持ち続けること）、そして同時にうん……質問をしていていい気分だったわ。私でさえ間違いを犯すリスクを楽しんでいる……以前は同時にこんなこと、したことがなかった。

ヴァン　おめでとう。

❏ 彼女の新しい行動を強化するためにストロークを出す。

メリー　ええ、ありがとう。いい気分だわ。

ヴァン　そうですね、心が動いたようですね。

メリー　ええ、そうです。

ヴァン　よかったですね……よく自分をきちんと世話しましたね。

メリー　ええ、そのとおりです……まあ……今まで間違ったことをするリスクを冒そうとしなかった……たくさん質問したんだけれども、自分が正しいかどうかはっきりしなかったわ……私本当に考えてなかった。でもそうしていたのよね。それでそうしていたことで気分よかったから。

ヴァン　いいね。（少し間を置き）それで、このことをお母さんに聞きたいですか……他の人と同じ程度に、あなたが好きなだけ騒いだり、好きなだけ質問ができなかったことを。

メリー　ええ……自分ではわかっているつもり。でもお母さんに聞いてみようかしら。それで、お母さん、これはどういうことだったの？　彼女の母親として答える）他の人と同じように騒々しくしたり、好きなだけ質問ができなかったのは？

メリー　（母親として）まず、あなたがとってもうるさすぎたからよ……私はあなたに他の子よりも静かにしていてほしかったの。どうしてかっていうと、皆がとってもうるさいのに耐えられなかったからよ。

ヴァン　「うるさすぎる」ってどういう意味ですか。

メリー　（母親として）そうねえ……うるさすぎて頭が働かなくなるのよ。

ヴァン　オウ……どんなにうるさいか想像してみてください！（笑う）（母親に向かって）じゃあ、娘さんの声があなたの心をコントロールするってこと？（もっと笑う）

❏ 彼女の禁止令〈考えるな〉の元になっているところに、〈自然な子ども〉で対決する。母親はメリーが騒々しいと、自分が考えられなくなるというように行動している。

メリー　（母親としてメリーについてコメントしている）彼女は本当にパワフル！（笑い）

ヴァン　まったく！（笑い）うわー！

メリー　（母親として）うーん……私は他の子どもたちに対してイライラするよりも早く、あの子に苛立っちゃうの……あの子は私によく似ているし、子ども時代、私はいつも……

❏ これは、両親がいかに自分自身の解決されていない禁止令を、子どもに手渡してしまうかのよい例である。次の介入でよりこのことをはっきりさせる。

ヴァン　もっと言って。「あなたは私の子ども時代に似ている」

メリー　（母親として）うーん……そう、あなたはいつだって私そっくりだった。そして、あなたがまだ小さいころ、あなたは私のお気に入りの子だった。お前には私にそっくりになってほしかった。ときどき私以上の人間になっちゃったって思うわ……あなたが私より立派になるのが嫌だった。

ヴァン　「だから、騒々しいときは私が考えないように、あなたも考えなさんな」

メリー　（母親として）うん、だから私はあなたに考えてほしくないわ。私が考えないように。

ヴァン「そうすれば、あなたは私にそっくりになるわ」
メリー（母親として）うん、そう、あなたは私の分身よ。だから私が生きてきたように人生を生きていってほしかったの。
ヴァン うん、ちょうどお母さんのへその緒があなたの脳味噌に繋がっているようにね。
メリー（母親として）ええ、そう、そのとおり（笑い）うん、そう、まったくだわ。
ヴァン いい想像力だね！　あなたも自分が重要な存在だとは考えにくかったの？
メリー（母親として）ええ、とても考えにくかった。自分が重要だとはとても考えられなかった。誰も私を認めてくれはしなかった。本当にたくさん重要だと感じることをね……今まで考えたことなかったわ。
ヴァン 一体全体どういうことだったんだろうね。最初からどうして自分が重要だって感じなかったんだろうね。
メリー（母親として）私の末の妹が家では一番重要だったの。
ヴァン ふーん……誰がそう言ったの？
メリー（母親として）えー……私の両親が。両親は妹を一番好きだったの……そしてよく可愛がったわ……両親は帰宅すると、まず妹のところへ行くの。
ヴァン それで、あなたはメリーとあなたの末の妹と混同しませんでしたか。
メリー（母親として）うーん、そうかもしれない。よくわからないけど、たぶんそうね。
ヴァン うん、彼女は末っ子だね。
メリー（母親として）それに、皆の関心を浴びていたわ……特にお父さんからね。
ヴァン どこかでやきもちを焼いているように聞こえるけれど。

❏ 両親はしばしば、自分自身が手に入れていないものを子どもが手に入れることに、耐えられないものである。

メリー　（母親として）ええ、ええ、父親に合わせていれば、彼のお気に入りの子だったから……（自分自身になって）お母さんはときどき私に嫉妬していたと思うわ。

ヴァン　それに関心を集めるということと、重要な存在だということをゴチャゴチャにしているように聞こえるけれど。その二つが一つのもの、または同じものというように。

❏ 重要であることと関心をひくこととの混乱は、演技型によく見られることである。

メリー　（母親として）うん、うんそうね、そのとおりだわ。もしあなたが注目を浴びていたなら、それは重要だということで、うん、そう、そのとおりね。（彼女自身として）そっちに戻ろうと思うわ。（自分の椅子に戻る）

メリー　（自分自身として）お母さん、それは私には悲しいことだわ……お母さんにとって……なぜかって、お母さんは本当に頭がいいっていうのが現実だから。（少し間を置いて）私、本当に、本当に……お母さんのために何かしたかったの。

ヴァン　「願わくば、もし私がお母さんを十分満足させていたなら……」

メリー　もし私がお母さんを十分満足させたなら……これほど私を叱らないでしょう。そして私はすごく怖いわ。見捨てられるのではないかと。実際には見捨てられるってことはなかったけれども。だけどそれらしいことはときどきあったし、お母さんは車に乗ってどっかへ行っちゃうかもしれないし。すぐ帰ってくるんだけど。私が少し大きくなったとき、そういうこと一回か二回あったわ。だけど私はお母さんが私を見捨てるってことを恐れていたの。でもお母さん、そんなことしたことなかったのよね。

ヴァン　だから、あなたは十分お母さんを満足させないと見捨てられる、って恐れていたんだね。

❏ 私はメリーに演技型の典型である恐れについて話す。つまり、それは彼女が両親を喜ばせていないと彼女は愛してもらえないし、見捨てられるだろうというものだ。

メリー　ええ、でも変ですよね。お母さんは一度も見捨てるような素振りは見せなかったのに。お母さんは家事に引きこもっていたんです。それが愛情だったと思うんだけど。お母さん、いつもやることが山のようにあったんです。

ヴァン　お母さんに言って。（母親の椅子を指しながら）

メリー　お母さん、いろんなことをしていたわね。そういう点で愛情を引っ込めていたのよ。私には愛情をかけてもらえないと思っていたの。

ヴァン　お母さんにあなたの言いたいことを言って。

メリー　ええ、あまりにもお母さんが忙しすぎて、家を切り盛りしていたり、いろんなところへ行っていたり、いろんなことをやっていたり……私が問題を起こさない限り私に関心を向けてくれないのではないかって感じていたんだと思うわ。本当は私だって、そんなやり方で関心を払ってもらいたくなかった。私はお母さんを喜ばせたかった。本当にもお、今も私、お母さんを喜ばせようとしているわ。

❏ メリーのコメントは、〈他人を喜ばせよ〉のドライバーがどのように取り入れられたのかを示すよい例だ。彼女の最後の言葉に示されているように、ここで「**子ども**」の戦略を「**成人**」の気づきへともっていっている。そしてそれを吟味している。私はこの動きを強化するために働きかける。

ヴァン　いい気づきだね！

メリー　そしてそれに頭にきているわ。すごくね。腹が立っている。

❏ メリーは脚本からの脱却をさらに示す。混乱というラケット感情の代わりに、潜在していた本物の感情である怒りに触れ始めている。私はそれをより促進させるよう励ます。

ヴァン　お母さんに「それ」が何か言って。

メリー　私は怒っているの。特にお母さんが私の存在を必要としていなかったから、私は自分が重要でない人間のように行動したことに。それに変わったことをしようとお母さんに言ったときに、お母さんは「あなたは他の子とすごく違うのね」と言ったわ。何か私が間違っているんじゃないかって思っちゃう。それに腹を立てているの。

❏ これが両親からOKと承認されるために、子どもたちがいかに自分を値引きしていくかの図である。

ヴァン　うーん、そう、他に怒っていることは？

メリー　（ため息をついて）まだあります……いろんな方法で怒りを追い出したんだけど。

ヴァン　お母さんを追い出した。

メリー　いろんな方法でね。ヴァン先生に止められそうなことまでやったわ。ともかくやったの。でも、それですべてがすっきりしたわけではないの。

❏ メリーはこのように自分を抑えて、値引きしている。次の介入でこの点に彼女の注意を引き戻す。

ヴァン　「このように自分を抑えてしまうの」（クライエントは笑う）「なぜなら、私はお母さん全部を追い出してしまうんじゃないかって恐れるから……」

メリー　このように私は自分を抑えちゃうの。なぜなら……（ため息）自分を抑えたくないわ。だけどもし私が自分を抑えないと、お母さんは私から去ってしまう。

❏ 彼女の行動は、彼女の恐れを防衛するものだ。その恐れとは彼女がお母さんを喜ばせていないと、母に愛されないだろうし、見捨てられるだろうというものである。彼女はため息とともに、子ども時代の信条を再び述べている。メリーは脚本のなかに戻っていたことを示している。しばしば起こることだが「子ども」は変化を望み、同時に変化を恐れる。私はそのことに対決する。

ヴァン　それが本当かどうかお母さんに聞いてみる？

メリー　本当じゃないってわかっているの。どうしてかって……時々私たち、激しい喧嘩をしたことがあるの。

そういうときはお母さんを私の人生から永遠に追放しちゃいたいって、とこまで思うんだけど。お母さんがいつも戻って来ると、おもしろいことに……私嬉しくなって……私も戻るの。私それを望んでいるの。

ヴァン 君が関係していたことはわかるよ。（彼女は笑う）「だから、私は～するまでは私自身にならない」

❑ 私の最後の試みはマックニール（McNeel, 1976）が「ハイトナー」（heightener）と呼んでいるものだ（訳者註：ハイトナーとは、一時的に脚本からもたされる不快感をクライエントに深く感じるよう勧める治療的介入方法。その意図はクライエントに脚本から脱しようとより強く動機づけるためである）。私はメリーに、彼女の脚本の内容を強化するように働きかける。その意図は、大人としての自分にとって、それら古い脚本信条がいかに馬鹿馬鹿しいものであるかに気づいてもらうことだ。そしてこれらの信条の自発的変化を促すことにある。これは次の会話のなかで行う。

メリー いいえ、そうは言わないわ。私は自分自身になる。自分自身を取り戻すわ。（笑い、グループメンバーも彼女と一緒に笑う）

ヴァン いつ始めるの？

メリー 今すぐよ！　私は自分自身になるわ。馬鹿みたいに人に合わせることをやめるわ！　イライラさせられる。

❑ 再び、無力な「子ども」のポジションへ戻ってしまった。彼女は「イライラ」を自分のコントロール外へ持っていってしまっている。再び、私は彼女が自分自身にしていることに気づき、自分の感情は自分が変えるのだと理解するようにもっていく。

ヴァン 「私はイライラする……人に合わせようとするから」

メリー 人に合わせることで私はイライラする……（母親に対して）これがお母さんがしたことよ。あんまりいい生き方ではないわね。

ヴァン 「あなたがやったやり方で私もやる必要はない」

メリー　（母親に向かって）あなたのやり方で私もやる必要はないわ。それにやるつもりもない！
ヴァン　「あなたが自分自身であることでもし、お母さんが嫉妬したら……」
メリー　だから何？（笑い）
❏　ここでのメリーの「子ども」は、私に答えを出すことを要求している。私は単純に同じ質問を繰り返すことで、考える能力をパワーアップするように働きかける。
ヴァン　だから何？「そしてもし私のことを馬鹿にして、私がOKでないと感じさせようとして……」
メリー　（母親に対して）もしあなたがそういうことをするなら、私言ってあげるわね。私はそれに合わせようとはしないわよ。だって私が普通することだから。お母さんが言ったことに合わせているわ。そして自分で考えることをやめるの。それであなたが言うことを取り入れる。あたかも私が悪かったかのようにしてね。そして、私は間違いをするの。
ヴァン　「私はあなたの感情の責任はとらない」
❏　私は演技型の裏側にある神話の一部を明確にしている。それは、彼女が他人の感情をコントロールすることができるというものだ。
メリー　（母親に対し）私はあなたの感情の責任をとらないわ。
ヴァン　「そして私はあなたの脳をコントロールしない」
❏　私は「子ども」から「成人」の自我状態への汚染を解除しようと働きかけている。
メリー　（笑い）それに私はあなたの脳をコントロールしないわ……そして私はコードを切るわ……太いコードを。お母さんはおばあちゃんが女王様だと思っていたのよね……お母さんはまだおばあちゃんを女王様のように扱っている。そして私にも同じようにお母さんを女王様のように扱うことを望んでいた。でも私は違うわ。あなたは私のお母さんよ。あなたは人間なの。（ヴァンに）私、お母さんのおばあちゃんへの接し方に腹を立てているの。

ヴァン　そう言って。

メリー　私、それが嫌なの！　お母さんはおばあちゃんに話しかけているわけじゃないじゃない。馬鹿馬鹿しいわ。

❏ ここで私たちはメリーの「子ども」からの本物の感情を聞いている。私は彼女のこの経験を確認するよう動く。

ヴァン　お母さんがあなたを見捨てるって思ったら、怖かったのは無理もないね。

メリー　（お母さんに）うーん、ええ。だから怖がっていたんだね。（ヴァンに）お母さんのお母さんが死んだとき、私は九歳だった。お母さんは見捨てられたと感じた。（母へ）あなたのお母さんは……あなたを見捨てたわけではないと思うよ……感情的に。おばあちゃんはすごく強迫観念的だったの。いつも何かをしていた。おばあちゃんはお母さんのためにそこにいてくれなかった。（少し間を置く）私はあなたのやり方ではやらないわ。そんな経験しなければよかったと思うけど、起こっちゃったのよね。私はあなたのようにはやらないわ。

ヴァン　自分の右足の上にある左足に注意を向けて。

❏ この姿勢は、しばしば個人が小さな子どものように感じていることの現れである。彼女は過去の行動では、もはや満足することはできない。だが新しい行動に移ることも恐れているという葛藤をしている。彼女の新しい行動がしっかりと定着するよう、援助し続ける。

メリー　うーん……私はこういうの怖いんだけれども……まったくOKとは思えなくって。

ヴァン　「だから何々まで……私は自分を怖がらせて、自分の能力を発揮することをしない」（メリー笑う）「あなたは何をするの？」

❏ 私は再度「ハイトナー」を使う。

メリー　あなたがオーケーと言うまで。（椅子の肘掛のところを打ち始める）まったくもう！（自分の足を打ち鳴らし始める）

ヴァン　自分の足に注意を向けて。

❏　彼女は床を足で叩くことで自分の怒りを表している。私はそうすることで彼女がどんな感情を感じているかをはっきりさせようとする。

メリー　（ヴァンに対しておどけた調子で）止めなさい！（笑い）

ヴァン　それで、自分自身でありたいですか。そしてお母さんに直接エネルギーを向けたいですか。

メリー　ええ、はあー、じゃあどうすればいいか私に教えて。（笑い）

❏　自分の代わりに私に考えさせようとする、かつての適応型をおどけた調子で演じる。しかし私は、彼女がそのことを十分自覚していることがわかる。彼女の欲しいものをはっきりさせることで、責任を彼女に戻すよう切り替える。

ヴァン　どのようにやりたい？　今感じているのは？　あなたの体は何を欲しているの？

メリー　うー……それについて怒りたい気持ちだと思うんだけれども。

❏　「～だと思うんだけれども」は彼女が過剰適応に戻っていることのシグナルだ。再び私は明確な決断へといざなう。

ヴァン　思うの？　するの？（彼女は笑い、そしてそれから再び椅子を叩き始めた）

メリー　うー、そうすべきだって感じはしているけど。そうすることに抵抗もある。

ヴァン　なぜならば？

メリー　なぜならば、そうすべきでないだろう。オーケー、それについて怒っているわ。

ヴァン　それじゃ立ち上がってその一つを取って。（スポンジのバットを手渡して）

メリー　これで椅子を叩くの？

ヴァン　うん、もし両手を使うものが欲しいならば、テニスラケットでソファーを叩くのもいいよ。
メリー　長椅子の上で？　どうやって？
ヴァン　いいえ、床に置いて。どっちがいいの？
❏彼女は私に過剰適応気味だったので、彼女に選ぶように言う。
メリー　私、テニスラケットのほうがいいと思うわ。
ヴァン　オーケー（テニスラケットを渡し、床にソファークッションを置く）
メリー　オーケー（クッションの前にひざまづき、そして乱暴に叩きだす）あんたのクソやり方なんかするものか！　そんなのちっともよくない！
ヴァン　いいね！　いいエネルギーがいっぱいだ！（彼女は笑い、グループも笑い、同意した）全然混乱しているようには聞こえないよ！（彼女は笑う）
❏自分の立場に立って、母親への怒りを表出する。そして自分のパワーに触れ、明晰な思考をする。
メリー　反対側もやろうと思うわ！（クッションをひっくり返し、グループのメンバーは笑い。そのなかの一人が彼女に「もう一回チャンスを！」と言った。彼女は笑い、彼女とグループは笑い続け、冗談を言った）オーケー（彼女は力強く叩き始めた）ほっといてよ！　自分のやり方でやりたいのよ！　私のやり方でやるわ！
ヴァン　すごくいいね！　オーケイ！（グループは拍手を始めた）
メリー　（テニスラケットを置き、明らかに楽しそうな様子で）オーケイ！　お母さんの耳に届いたわ！（皆で笑い、彼女を祝福した）
❏彼女は成功のうちにワークを終える。自分自身を取り戻し、自分のパワーを全開し、自分の重要性を獲得し、そして自分が考えたいことをしっかりと考えるようになる。

まとめ

演技型は周りの人が幸せで、良い気分でいることに責任をとろうとする。その結果として、他者の情緒的欲求を背負うことになる。他者が情緒的に安定しているのを確かめ、喜ばせようと、彼らは永久に努力し続ける。他の人が彼らに注意を払わないと、演技型は人を喜ばせるのに失敗し、もはや自分は愛されないと感じる。

熱狂的過剰反応者は、注目を浴びることと愛されることは同じものではないと学ぶ必要がある。彼らはまた、感じることが必ずしも現実ではないということを学ぶ必要がある。最後に、自分たちの思考や能力を評価することである。他人の感情に自分の関心を集中するのではなく、自分の能力を評価することで大人になることができる。それは子ども時代に決して許されなかったことである。

メリーのワークはこの過程をみごとに表している。彼女は混乱した様子でワークを始めた。そして自分の重要性や思考力を値引きした。彼女は自分の母親を喜ばせようとしていた。母親を喜ばせていないと、母親は彼女を愛さないだろう、話しかけてくれないだろうという恐れを持っていた。

自分のパワーを取り戻し、自分がどうしたいかという視点で物事を見るにつれ、彼女は自分を重要な存在だと思うことができ、明確な思考をするようになった。母親のやり方ではなく、自分自身のやり方で物事を行うことを決めた。これらの過程を通じて、彼女は自律性を獲得し、母親の前での混乱した小さな女の子ではなく、成人した大人としての自分自身を受け入れたのである。

第20章 強迫観念型のクライエント
――「存在しているだけでいい」ことを学ぶ

強迫観念型、すなわち責任感ある仕事中毒者は、頼れる人である。熱心に働き良心的な人である。彼らにとって物事がきちんと整っていることは大事なことである。そして周りの人は彼らがそうすることをあてにしている。社交の場面では一対一の関係を好み、または自分がよく知っている小グループを好む。

彼らは世界と思考を通じて接触する。あなたにも同じ方法で近づいてほしいと思っている。たとえば、彼らの考えていることを質問してもらうことである。

もし、強迫観念型の人が治療に来るとしたら、かなりの確率で彼が*あまりにも*働きすぎて、心の安定や体の調子を崩したためであろう。いつもせかされている気がして、緊張している。高血圧や腰痛などの身体的訴えをよくする。

治療で変化するにつれ、すべてのことを思考で処理するのではなく、状況や人間関係について自分自身がどのように感じているかに気づいていく。感情を思考に統合させるにつれて行動は変化する。彼らはリラックスし、ゆったりとする。普通、責任感ある仕事中毒者のこの行動の変化は気づかないうちに起こる。彼らにとっては周りの対応が変化したように見える。いつも「何かをしなければいけない」と感じている代わりに、心の深いところで自分が世界に「存在しているだけでいい」と思えるようになる。

強迫観念型の治療上の重要なポイント

(1) わざと間違えることをする

自分が間違いを犯してもいいと思うならば、そのパーセンテージはどのくらいでもかまわない。そうすることで、完全であろうとすることをやめるであろう。たとえば、一〇%間違えたとしても、九〇%上手にやればよいのである。そうすれば、自分自身に良い感じを持ち続けることができる。完璧であり続けようと思う限り、良い感じは持てない。彼らはいつも、まだきちんとやっていない何かを見つけてしまうからである。

(2) 一日に少なくとも一つの間違いを意識的に、意図的にすること

大事に至らない何かを取り上げて、わざと意識的にきちんとやらないことを楽しむ。このことで、子どものころ、表立ってすることのなかった反抗を楽しめるようになる。

(3) 死ぬまで働くという逃げ道を閉じるように援助する

強迫観念型は、病気になるまで、またはくたくたになるまで働く傾向にある。そうなってやっと休みをとることを自分に許すのである。結果として潰瘍や高血圧や心臓発作など、他の緊張に関連した病気にかかりやすくなってしまう。死ぬまで働き続けるという逃げ道を閉じることで、休みを取りやすくなる。また、リラックスして、仕事と遊びのバランスをとりやすくなる（逃げ道を閉じる治療的技術をもう一回見直すには、第14章を参照)。彼らにまず、休暇の計画を立てることを勧めなさい。そうすれば仕事に過剰に没入することはないし、プライベートな時間を持つことができるだろう。

(4) 彼らの不安を解決するよう援助する

強迫観念型の人は、自分が自分を不安にさせているのだと認識することが重要である。儀式的な強迫行動は、不安を解消するための魔法の試みなのである。遊ぶ方法を見つけることや、強力で圧倒的な「親」を和らげることで、「子ども」の不安や強迫行動を追い出すことが可能である。

(5) 存在そのものをストロークすること

強迫観念型は、子ども時代に何かをきちんとすることに多くの関心や賞賛を受けた。しかし、ただ単に存在するというところには、少しも注意を払ってもらえなかった。その結果として、彼らはただ単に「存在する」ことに居心地の悪さを感じる傾向がある。彼らがのんびりできて、自分の「存在」に価値があるのだと感じるよう援助するためには、彼らの存在を楽しむことや時間を共にすることが有効である。

初期の値引き

強迫観念型は、「もっと」や「より良く」などという条件詞を使うであろう。彼らが完全であろうとどう努力しても、どうあがいてもそこには到達できない。しかし進歩することはできる。この信条に気づくようにすることが重要である。そしてその条件詞を捨て、終始あるがままでいることが重要である。完璧でなくても「そのままで十分いい」とし、そのことを楽しむことである。

彼らはまた、不安、抑うつ、罪悪感を怒りや悲しみをカバーするために使う傾向がある。適切なリミットをつけるために怒りを使うことや、彼らの子ども時代に失ったものを悼むために、悲しみの感情を使うことを援助することが大切である。そして現在を楽しむ余地を増すことが重要である。

治療逐語録――ドン

ドンは中年の男性で、週末の「個人成長ワークショップ」に出席しているメンバーの一人である。彼は抑うつ的で他者に対し責任を感じ、自分に不全感を持ち、失敗者と見なしている。契約は、もっとリラックスすること、そして自分の感情に触れることである。他者への責任感を減らし、その時を楽しみ、人びとを楽しみ、そして「心から笑う」ことである。

ドン　私の問題は……私は三年前に、自分が抑うつ状態であることに気づきました。その状態はしばらく続いたんです……そして私のセラピストに「あなたの楽しみは何ですか」と聞かれたときに、答えられなかった……自分は重症だって気づいたんです。そのことがショックでした。なぜなら自分の人生のなかで、いろいろ良いことをしてきたと思っていたし、いつもそうだったし、感謝されていたから。興味深いことに、私の人生における最初の三十三年間では、誰もが持ちたいと思うような子ども時代や家族を持っていました。つまり、両親は素晴らしい人たちで、兄弟は思いやりがありました。私の問題は三十三歳ころから始まったと思います。妻がぼくのことをもう愛していないと言ったときから。本当にショックでした。一年後われわれは離婚しました。僕はラッキーでした。知人の女性とデートを始め、彼女は現在の妻で素晴らしい人です。最初の妻が私を愛していないと言った同じころに母親が癌になり、その二年後に他界したんです。突然人生の本当の辛さを感じました。頭では自分の人生にとって何が大切かわかっていましたが、仕事で忙しく、見過ごしていました。別離を経験してみると、自分にとって仕事を失うことはできても、自分の人生にとって最も大事なことは、家族と神との関係……それと自分自身に触れていることだと思い始めました。頭では私は素晴らしい家族を持っていることを自覚していましたが、仕事を手放すことはできないと思っていました。

❏ドンは自分を忙しくさせておくことで、自分の感情に触れないようにしている。このことは、強迫観念型には典型的なことである。自分の感情や「子ども」の自我状態からの欲求に注意を払わないことで、彼は抑うつ状態に陥っていた。自分の人生に何が欠けているかを長い間考えないでいた。その結果、重篤な喪失感を味わっている。「できない」という言葉を使うことで、ドンは今までの脚本行動を変える能力を値引きしている。私はこの値引きに対決することから始める。

ヴァン　できないのではなく、しないのです。

ド　ン　そうです……そうです……私は別離の苦しみのなか、私を本当に救ってくれた神から随分遠ざかっています。なぜかよくわからないのです……心の底から再び笑えるようになりたいと言った最初の日、私は平和な状態を経験していて、それがいかに素晴らしいか知っているからです。私はたくさん助けてもらったけれど、もらっていないようにも感じています。本当のこととは思えないような。私は心から笑うことができると思うけれども……もっと深いものも欲しいんです。

❏このセクションでは、人はいつも同じ適応タイプにいるとは限らないことを示している。ドンは「平安」を経験したときがある。そのことから、強迫観念的に適応している以外に、他の何かがあることがわかる。

ヴァン　あなたと私が交わした治療契約のなかに、失敗者という感情をなくしたいと望んでいましたね。

ド　ン　妻や人が私に言うからだけど……私はそれがどこから来たものかよくわからない。私が言えることは私が高校生のときにコーチがいて、そのコーチが「これは良い走りだ」とか、「良いブロックだ」とか言うのです。コーチがそのように言う心理的意味を……私は、お前はまだまだ。もっと先がある……と受け取っていました。私は家業に従事しました。父は社長でした。私の上司は、君は社長の息子なんだからいつも誰かに見られている、遅刻をしようものなら、他の社員よりも批判の的になるだろうと言ったのです。だから私はいつも、物事を人よりもより良くやる必要があるんだって感じていました。人びとは私にお世辞を言うし、最終的には他の人に対して「ありがとう」と言えるまでになりました。そしてそれは僕にとって難しいことでした。なぜだかはわからないけれど。たぶん、最初の妻が「ぼくのことを愛していない」って言ったとき考えたのですが、彼女は……たぶんその日から、僕は二度と傷つきたくないって思ったんです。それで……うん……今の妻……私は一年間彼女とつき合いました。それから結婚を申し込みました。その二日後、彼女に言ったんです……どうも僕は間違ったことをしているみたいだと。それで……うん……彼女は素晴らしい人だった。彼女はそう聞いても、がんばってくれた。人生には何も確かなものはない、という記事を読んだ記憶があります。それでうん……そのときリスクを冒すだけの価値があるって気がついたんです。そこでがんばるべきだって。で、踏ん張って、なんか繰り返し、そんなことをしている感じで。それから他所へ行き、結婚しました。本当にうまくそこに馴染んだのです。それまでどこかに馴染むなんてこと、なかったと思う。人との間に距離を置いていました。顧客とはとてもうまくつき合っていました。家にいるときは一人になりたかったのです。人を恐れていたんです。人は自分に何をするかわからなかったから。

❏多くの強迫観念型のクライエントが持つ典型的な複数の脚本信条の例である。ドライバーは〈完全であれ〉であり、禁止令は〈近づくな〉というものである。ドンはどのくらい人に近づいてよいのかわからなかったし、人に近づくと傷つけられるだろうと恐れていた。私の次の介入はターゲット・ドアである感情へと働きかけることである。

ヴァン　そう言いながらどんなことを感じているの?

ドン　うーん、たぶん、一般化されることだと思うけれども。

❏ドンは知性化をすることで距離を維持し防衛をする。

ヴァン　どのように？

ド　ン　人に近づくと何かが起こって、僕は傷つく（涙ぐみはじめるが、再び分析をすることで、自分の感情から遠ざかろうとする）。必要がなかったんだけど……僕は引っ越し先の街の教会へ入ろうと思いました。そして入りました……。

❏ 私の次の介入は、彼がいかに自分の感情から遠ざかったかをフィードバックすることだ。そして彼の防衛をはっきりさせることである。

ヴァン　あなたは何かを感じだすと、すぐに「何々について」話すことをしているね。感情から遠ざかっていることに気がついて。あなたが人に近づくと傷つくって、自分自身に言っているように聞こえるけれど。気持ちはどんななのですか。

ド　ン　僕は誰にも傷つけられたくないのです。

❏ 彼は感情ではなく考えを述べている。私は彼の防衛に対決をする。そして再び聞く。

ヴァン　それは君が考えていることだね。あなたが誰にも傷つけられたくないって自分自身に言っているときには、何を感じているの？

ド　ン　痛み。

ヴァン　それが自分のために解決したいものですか。

❏ ここで私は、ターゲット部分である感情に入り込むことができる。彼の痛みを解決する契約へと持っていく。

ド　ン　ええ……（少し間を置いて）私が参加した教会は……

❏ 再び彼は自分の感情から遠ざかり、ストーリーを話すことで防衛している。それを彼に反射する。彼は私に対して〈近づくな〉の禁止令に基づいて行動する。

ヴァン　また、ストーリーを話しているということに気づいて。

ドン　私にどうしてほしいのですか。ストーリーを話すのをやめろってこと？

❏ 彼は私に過剰適応し始める。そこで、彼が自分で選択できるのだと伝える。

ヴァン　もし、あなたが痛みを解決したいなら、痛みを感じて……自分が感じているのは……すべての元になっているものを感じること。あなたは最初の妻から不意打ちをくらってしまったって聞こえるけれど。

ドン　ええ。

ヴァン　その種の感情を持った、子どものころの何か出来事がありますか？

ドン　ええ。（頭の上に腕を持っていく。これは自分の感情から遠ざかる仕草である）

ヴァン　自分の腕をちょっと下に置く実験をしてみませんか。なぜならその仕草は、自分の感情に触れないようにする方法だからです。それをやめてみましょう（ドンは腕を下して深呼吸をする）。この痛みを感じた一番最初の思い出は？

ドン　（少し間を置き）私はあまり女の子とつき合わなかったのです。思いつくのは二人だけです。彼女たちのことをとっても大事に思っていました。けれど、いつもうまくいかなくって別れました。うん……。

ヴァン　傷ついてしまうね。

ドン　ええ、でもご存じのように僕にはできないのです……私は両親との関係や自分の劣等感について、ずうっと考えてきたんですが、どうしていいかわからなくって……。

❏ 再び、彼は自分の感情から遠ざかり、自分が一番居心地の良い場所、つまり思考のところへと行く。痛みから自分自身を護るために。私は再び感情のところに留まるよう言う。感情は、責任感ある仕事中毒者にはターゲットの領域である。私は彼の早期決断を明確にする。

ヴァン　ええ、記憶は思考ではなく、感情にあります。あなたが感じているところに留まることが大切だと思いますよ。あなたが人に近づくと自分は傷つくんだと思い込んだ時点で、あなたは傷つき、そして多くの痛みを感じているように聞こえたけれど。

ド　ン　はい。

ヴァン　そして最初の奥さんとの間で経験したように、どこかで人に近づくと傷つくんだって学習したんですね。

ド　ン　僕は両親をいつも喜ばせようとしていたと思う……ああ……母はよく僕にがっかりしたって言っていました。ある晩、ふざけすぎてダンス教室から追い出されたんです。わー、そうだった！（ため息）今、思い出した……

ヴァン　何歳なの？

❏私はその経験を今感じてもらうために、現在形を用いて質問することにする。

ド　ン　ああ、中学生だった……だいたい十三歳。

ヴァン　十三歳の子にとっては普通の行動だね。（グループは笑う）

❏私は、彼がとった行動は恥じる必要のないものだったと伝える。しかし、彼のある部分では、そうすることを面白がっている部分もあった。私は〈自然な子ども〉のエネルギーを引き出す援助をしたい。それは彼がしたい変化への助けになる。

ド　ン　（笑いながら）僕はお母さんをすごく困らせたのです。

ヴァン　お母さんは形無しだったわけね（クスクス笑う）。それでお母さんは何と言うの？　君がダンス教室から追い出されたことについて。

ド　ン　オー！　彼女は「なぜ」って言う。そしてうん……泣く。お母さんはとっても恥ずかしいって言い、そして皆がどう思うかって。お母さんは、僕がお母さんをメチャメチャにしたような言い方をするんです。僕に幻滅する。

❏ これは母親からの〈子どもであるな〉の禁止令であることは明らかである。強迫観念型のクライエントにとって主要なテーマである。ドンがそのことを話すにつれ、現在形で話すようになり、それは「その時を経験している」「子ども」の自我状態に移行していることを示している。

ヴァン　ちょっとこちらへ来て座っていただけますか（椅子を引く）。お母さんになってみてください。そして十三歳のドンを見て、どんなにお母さんに恥をかかせたかを言ってみて……ダンス教室を追い出されて……どんなにがっかりしたか。

ドン　（母親として、重い声で）まあ、どうしてこんなことを起こしてしまったのかわからないわ。あなたには本当にガッカリしたわ。お父さんはここにいない。出張よ。あなたは何やっているの。なぜあんなことしたの。

ヴァン　どんな気持ちですか、お母さん。

❏ このような反応をした母親の内部で、何が起こっているのかをドンに経験してもらうために、私は「母親」にインタビューをする。この親面接法（McNeel, 1976）は、ドンが子どもとしてはうかがい知ることのできなかった、母親の気持ちを知る助けになる。

ドン　（母親として）恥ずかしいわ。（ドンのつぶやき）今怖いところに差しかかっているんだよね。

ヴァン　（母親としてのクライエントに）ドンがダンス教室から追い出されることで何を恐れているの？

ドン　（母親として）きっと皆が噂するわ。

ヴァン　誰について？

ドン　（母親として）私のこと……私がどんな子育てをしたのかって。

ヴァン　彼に言って。「あなた自身でありなさんな。子どもっぽいのは駄目よ。あなたがこうであるべきという、私の頭の中にあるイメージどおりに生きてちょうだい。そうすれば私は恥をかかなくてすむわ」（母親としてのクライエントはこれを全部言う）。それでは換わって（本来の椅子に戻る）。何を経験している？

ドン　（自分自身として）馬鹿馬鹿しい、もう罪悪感を感じないよ。（笑い、それからため息）だからといって、彼女を許すわけではないけどね。

❏しばらくの間、ドンは母親の言っていることの馬鹿馬鹿しさを実感し、生き生きとなった。しかしながら彼のため息と二番目の言葉は、彼が依然として過去において母親が変わることを願う「**子ども**」のファンタジーにしがみついていることを示している。私はそこに対決する。

ヴァン　あなたのお母さんに「僕が生まれたときに、へその緒は切られたのだ」と言ってください。なぜなら、お母さんはそのことをわかっていないみたいだから。お母さんはあなたが自分の一部だと思っている。

❏私はここで、母子分離の困難さについて言及する。つまり母親は、子どもを自分とは別な人間だと見ることができにくいのである。

ドン　私は自分の親が完全だと思っているから、このことを受け入れるのが難しいんです。

ヴァン　そのとおり！（グループは笑う）それが神話なのです。完全な親を持つと、あなた自身になれない。君はいかなる間違いも犯せない。子どもでいられない。普通の子ども時代を送ることができない……なぜならば、親はそれを悪いことだと見なすかもしれないから。それであなたは間違ったイメージを持つに至ったのです。現実には完全な親なんていないし、完全な子どももいません。ほとんどの人はそこそこいいんだよ。なのにあなたは、こうした現実が本当でないと信じこまされてしまったんだね。それはすごく辛い神話だ。

ドン　彼らのせいではなかったんです。

❏このコメントでドンは両親への「許し」を表し始めている。少し前に言ったことを否定している。これは彼が変化をするために重要なステップである。「両親を近くに置くことによって」彼は彼の「**子ども**」を排除し始める。そうすることで、彼らを引き続き非難することが可能になる。この変化を確認するために動く。

ヴァン　彼らのせいではないよ。親たち自身が子どもとして同じことを信じるよう仕向けられ……そしてたぶん、そのまた親も同じように手渡ししていて、そしてたぶんそれはアダムとイブにまで遡るでしょう。彼らの意図はとてもよいもので、その結果はとても痛ましいものだ……彼らの意図が愛からのものであったとしても、怒りを感じてもいいのです。意図と実際の結果との間には、本当に違いがあるのです。

❏　このような脚本の内容は、誰かが変えようと決断するまで、一つの世代から次の世代へと受け継がれていく。ドンは今や脚本から脱却しようとしている。彼は本物の感情である、悲しみに直面する。「両親を手元に引き寄せておく」ことをやめ、彼はまた、自分が望んでいた生き生きした子ども時代は、決して取り戻せないという現実に目を向ける。

ド　ン　（ため息、そして泣き始める）これがまだ続いているってことは悲しいことですね。なぜなら……（泣く）最初の結婚で得た私の息子が……実のところわれわれの関係に影響を及ぼして、なぜかって言いますと……彼はとってもおもしろい子で……学校が大嫌いで。私はいつも息子に勉強させようと学校まで送っていたんですが……（泣く）彼をうん、大学を中退させました。彼はクラスに出席しなかったから。それで家へ帰ってきて、一年ほど一緒に暮らしました。それからいろんな仕事をしました。今は友達と一緒に他の町へ引っ越して……レストランのコックで、彼は幸せなんです。

ヴァン　すごいじゃない！

ド　ン　……私はこれを受け入れ難いんです。ご存じのように……

ヴァン　君はできると思うよ……

ド　ン　ええ。

ヴァン　最終的に大事なことって何だろう。実際の幸せ？　それともイメージ？　あなたはイメージが一番重要だと、自分自身であるよりも体裁を維持することがより重要だって教えられたと思うけど。それは非常に高くつくよ……それは昔々の誰かさんの怖れから来ている。

ドン　怖れ？

ヴァン　うん、完全でないと君はOKではないという。それは全か無かだよ。君は素晴らしい人、さもなければ駄目な人。君は理想的な人、さもなければ見下げた人……その間には何もない。

❏この種の問題は、「子ども」の自我状態からの怖れによって維持されてしまう。その怖れとは、人がしかるべき状態でないとOKでないというものだ。私はドンが両親から受け取った〈完全であれ〉というドライバー・メッセージの重圧を、そして自分自身を取り戻すことの楽しさを実感するよう援助する。

ドン　（鼻をすすり上げながら）弟はもっとやんちゃだったんです。（グループ笑う）

ヴァン　あなたの息子みたいにね。（笑い）

ドン　（笑いながら）実際、今日私たちは言っていたんですよ。ジョンはジム（彼の弟）の息子だってね。（グループ笑う）

ヴァン　それで彼らは、自分たちの幸せを諦めないでしょう。

❏ドンの弟や息子は、ある一定のイメージを維持するのではなく、自分たちの幸せを選んだことは明らかである。

ドン　（笑い）あー……思い起こしてみると、ジムは父親をいつも怒らせていて、それで僕はいい子だから、父は僕を愛したんだと思います。

ヴァン　うん……子どもにしたら当然だね。もしあなたが愛されたいと思ったら、言うまでもないことだけど、それは全か無かで。現在の問題は母の感情を大切と見なすか、それとも自分自身の感情や欲求のほうが大事と思うかです……そして自分のことを、そこそこいいと認めるかどうかです。完全であろうとすることはすごく誘惑的です。その考えを捨てることは難しい……だけど完全でなくてもいい、世界には喜びがたくさんある……問題は完全であろうとすると、あなたは決して自分を認めることができないことです。世の中には完全ということはあり得ないから。

ドン　ええ、わかっています。

❏　子どもとして決断したことは、それはそれで有用であったことを伝えたい。また、完全主義という暴君から彼自身を解き放つようにしたい。彼は、何がそこそこいいのかを知る必要がある。だから私はそれを見つけるように、ちょっとふざけた調子で言う。

ヴァン　それで、より良くがどんなものか見てみると……どのくらい悪くなれるか、そして皆が文句を言い始めるのはどのくらいからか、そっちのほうから見てみよう。君はちょっと下がってみて。そこに境界線があるよ。（笑い）そっちからだと境界線を見つけるのが簡単だ。

ドン　それで、私はどのようにして見つければ……

ヴァン　うーん、そっちに立ってみて、ちょっとのあいだ。そして十三歳のドンをちょっと見てみて。彼はダンス教室から追い出された。（笑い、自分の椅子の傍に立っているクライエント）その子、どこかおかしい？

❏　親の目を通して見るのではなく、自分の目を通して自分を見てほしい。そして、自分の一部を実感してもらい、その一部に対して現時点で再評価し、慰めることができる。そうすることで親に頼らなくてもよくなる。

ドン　いいえ。

ヴァン　もちろん、おかしくないよね。

ドン　僕を追い出した奴は馬鹿だ！（グループ笑う）だけど、あれはどうでもいいことだった。

ヴァン　そのとおり。

ドン　ダンス教室の経営者はその週不在で、僕を追い出した人は経営者の助手だったんです。そのときは彼が仕切っていたんです。

❑ 彼は自分自身の目で、その状況の事実を見始めた。

ヴァン　うん、そうだね。で、十三歳のドンに彼は何も悪くないよって言ってあげて。

❑ 彼に十三歳の自分に対して〈養育的親〉になることをうながす。本当なら親がそうであるべきだったのだが、実際には違った。

ド　ン　（小さいドンに）君がしたことは何も悪くないんだよ。（重いため息）いいんだよ。（重いため息）

❑ 彼のため息は、内的体験が新しい方向へ向かうときにする典型的なサインである。

ヴァン　彼に伝えたいこと他にある？

ド　ン　（小さいドンに）君は何も心配することないよ。

ヴァン　……彼に言ってもらえますか「私はここにいます。君が十三歳のとき私はいなかったけれど。私はまだ成長してなかったからね。だけど今、私はここにいるよ。僕の大人の部分は今ここにいる」と。

ド　ン　（小さいドンに）うん、私はここに今いる。十三歳のときは君と一緒にいなかったけど、今はここにいるよ！

ヴァン　「そしてお母さんが君のことを問題視したとしても、私は君のことをＯＫだと思っているよ」

ド　ン　（小さいドンに）うん……君はＯＫだよ。（ドンのサイドコメント）自分の子どもとだぶってしまいます。

ヴァン　うん、そうだね。彼には後で話そう（笑い）。ここでは一回に一個（クライエントはティッシュペーパーをたくさん使うことで、おどけている）。彼に言ってもらえる？「私は君といるよ、そして君を楽しむよ」って。

❑ 彼の〈自然な子ども〉が活性化し始めた。

ドン　（小さいドンに）君と一緒にいるよ。そして君のこと楽しむよ。

ヴァン　こっちに来て。十三歳のドンになって、そして大人になった自分が君に言っていることを聞いて。十三歳のドンはどんな気持ちかな。

ドン　（小さいドンとして）僕ってそんなに悪くない。僕はたった十三歳なんだもの。

ヴァン　そのとおり！　お母さんに言いたいことある？

ドン　（小さいドンとして）お母さんを傷つけてごめんね。

ヴァン　君はお母さんを傷つけてなんかいないよ。彼女は君を誇りに思うことだってできたんだから。（笑い）

❑ 個人的なことを話すことで、この情報を強化する。それは実際には比喩を使うことである。私の目的は、ドンの**「成人」**と同様に**「子ども」**の自我状態の直観（小さな教授）に、直接働きかけることである。

ヴァン　私の二番目の息子は、とても感受性の鋭い子どもです。この子は、いつか自分が学校で行儀の悪いことをしてしまうのではないかと恐れていたんです。彼のクラスでは、子どもがいたずらをするとレッドカードが出されるんです。息子は三年生になるまで、一度ももらったことがなかったのです。ある日、涙ながらに学校から帰って来たので、妻がどうしたのと聞くと、目に涙をいっぱいためながら、レッドカードをもらってしまった、と言ったのです。妻は「いいわよ！　やったね、ジョナサン！」って答え、息子にハイタッチをしたのです！（笑い）。妻は息子がレッドカードをもらうかもしれないと縮こまっていないで、思い切って行動したことを誇りに思ったのです。息子は泣くのをやめ、笑いだしました。あなたのお母さんもこのように反応することもできたのですよ。十三歳の君を楽しむ代わりに、お母さんは傷つくことを選んだのです。（少し間を置いて）君が知っておかなければならないことは、君自身であっていいってことです。君のお母さんは自分の要求にこだわりすぎたのです……君自身をそのまま受け取るのではなく、理想のイメージを持ち続けた。彼女の心にあったのは、自分が満たされた気分でいるために息子はこうあるべきだというものです。安定した親は、子どもを自分の望みどおりにする必要はないのです。君のお母さんが君の要求をきちんと感じ取ってくれなかったことは、悲しいことだと思うよ。

ドン　ある部分では母のことを心配することに疲れています。僕は父のことも考え続けていました。彼も完璧なビジネスマンでした。

ヴァン　思うに、現在の問題は、世間が両親をどう見るかという責任を、両親に返すつもりがあるかどうかです。十三歳の子には大変なことだよね。

ドン　だけど、本当に親のせいではないのです。私に責任があるのです。私の弟を見てください。なぜ、彼はこのようにならなかったのか。

ヴァン　ここにお弟さんを連れてきて、聞いてみて。（空の椅子を指さす）

ドン　（少し間を置いて）弟は両親のことを全然気にしてないよ！（笑う）

❏　彼は〈自然な子ども〉のエネルギーを実感している。

ヴァン　ある子は他の子よりも繊細です。君は本当に親を喜ばせたかった。そして自分のことを認めてほしかった。だけど弟さんが全部持ってちゃったのはフェアではないね。

ドン　（笑い）彼は今でもそうだ！（少し間を置いて）じゃあ、今は僕は何なんだろう。

ヴァン　では、あなたはまだ、お母さんの面倒を見続けたいですか、それとも自分自身、ありのままでOKだと受け入れたいですか。そしてお母さんには、自分の感情の責任を持ってもらうようにしたいですか。あなたがお母さんの感情をコントロールするとか……お母さんを不幸せにさせることは実際にはできません。それは神話です。彼女はへその緒がまだ繋がっていると思っていて、君の行動が自分の感情をコントロールするかのように、行動していたのです。

ドン　ええ、母は僕を愛するのと同じくらい、弟を愛していました。（長い間を置いて）私は自分の母親を批判しているような気がします。このセッションを通じて、ずうっと私は自分の息子との関係を考え続けています。息子と自分との関係では自分を批判することはできるけれど、私と母との関係においては母を批判することはできません。

❏ 彼はイムパスの居心地の悪さを感じている。ドンは「子ども」で、変化を遂げたことを喜んでいると同時に怖がっている。治療の流れのこの時点ではよくある反応である。もし、私が彼の値引き（「私は母を批判できない」）を見過ごしたら、彼はたぶん、それを脚本に逆戻りしてもいいという許可だと思うだろう。それゆえ、私は対決する。

ヴァン 「しない」

ドン ええ。

ヴァン なぜなら、あなたがお母さんを批判したら？

ドン 母は傷つくだろう。

ヴァン 十三歳のときにあなたが決断したことは、自分自身を保護するために最良の手段だったと思うよ。なぜなら、もしあなたがそれ以外の行動をしていたならば、恥をかくか批判されただろう。母親にたてつくことの恐怖は、もし、母親をがっかりさせたら再度恥をかき、屈辱を味わうことになるという脅威だと思う。お母さんはあなたが極悪な犯罪をしたように反応するしね！

ドン 僕はそう思ったんだ！

ヴァン 十三歳の君はそれが犯罪ではないって知らないよ。重要なことは、母親の反応があなたへの評価ではないということ。普通の、自然な子どもであるってことを恥ずかしく思う必要はないよ。これは四歳の子どもが裸で通りに走り出ちゃって、お母さんが慌てふためいているのと同じことさ。四歳の子どもにとってはそれが一番自然な行動だということを母親は知らないんだ。子どもは親の目に、自分が何かとてつもなく悪いことをした、見下げた奴という親の反応を見るんだ。その子はそれが本当でないとは知らない。

ドン　実は……私の人生には驚くほど皮肉な巡り合わせがあるんです。二番目の妻や最初の妻とは……私は同じ町で育ちました。そして私が最初の結婚をしていたころ、私たちの子どもたちは教会の幼稚園に通っていて……だいたい四歳くらいだったんですが、自画像を描いたんです。二人の男の子が自分のに大きなペニスを描いたんです……（笑い）。それでそこに色をつけたんです。（もっと笑い）最初の妻はそれを家に持って帰り私に見せました。私はそれを破り捨てたのです。二番目の妻は自分の息子の絵をまだ持っているんです。実際、彼女は日曜学校の監督の先生、女性ですが、のところに持っていって、これが日曜学校で子どもたちに教えていることだってご存じですかって聞いていました。（笑い）こういうことから妻は偉大だって思うんです！

ヴァン　いい人を妻に選びましたね。

ドン　最初にデートしたとき、彼女と子どもたちはテーブルの周りでふざけあっていて、私はやめさせたんです。（笑い）

ヴァン　あなたは楽しむことを知っている人と結婚したんですね！　おめでとう。

ドン　ところで、これから僕は何をすればいいのかな？（笑い）

❏ドンは冗談を言っているけれども、隠された「子ども」の意図は、彼が両親にしたように私に対しても過剰適応しているというものである。再び、彼の「子ども」が変化を怖れていることがわかる。私はふざけた調子でいるが、同時に対決する。

ヴァン　君は何もしなくっていいよ。基本的な問題は、お母さんは自分がなりたいような自分になり、そして君は、自分がなりたいような自分になってもいいかってことなんだよ。それと、ありのままで十分ＯＫだってこと……こうあるべきという理想で生きる必要はない、と思えるかな。わかっているでしょ。ペニスを描いてもいいよね。

ドン　いや、その話は終わりにしましょう。（笑い）たくさんの石鹸で口を洗わないとね！

❏ 今や彼は「子ども」の自我状態でいるし、そしておもしろがっている。

ヴァン　それでお母さんになんて言いたい？

ドン　まず最初に素晴らしいって言いたいです。だけどいつも正しくはなかったよ。それからそう……僕は僕がもっと面白いことをするのを許してくれたらなあと思います……そしてそれはそう……一方で彼女が僕を愛したってわかっているけれど。（少し間を置いて）もっと自由にさせてくれたらよかったのに……おわかりでしょ、母は僕を愛してくれたんです。

ヴァン　うん、君を心から愛してくれたお母さんの部分と、自分の息子や子孫が完全でないといけないと信じたお母さんの部分とを分けて考えるほうがいいかもしれないね。

ドン　お母さん、僕のなかの面白い部分を愛してくれる？……僕がおもしろいことをしてもいいって言ってほしいんだ。そして、もし僕が変わったことをしたとしても、僕に幻滅しないでほしい。

ヴァン　そして、あなたは自分自身の遊び心を愛する？　たとえ、お母さんがそうしなくっても。

❏ 私は十三歳のときの決断を変えるために、再決断をするようにもっていく。

ドン　うん、そうする。

ヴァン　いいね……自分はまんざらではないって感じ続けますか……たとえ、間違いを犯したとしても、お母さんがガッカリしたとしても。

ドン　ええ。

ヴァン　いいですね。こちらに来て、お母さんになってみて。（空の椅子を指して）（「お母さん」に対して）あなたの息子さんは、自分の遊び心をあなたに愛してほしいと言っていますが……間違いを犯したとしても彼に幻滅することなく、許してほしいと言っていますが。

ドン　母はそうするだろうと思います。

ヴァン　息子さんに言ってくれますか。（お母さんの役になって、言ってほしいと促がす）

ドン　（母親として）あなたの遊び心を愛したでしょうね……だけど、あなたは弟よりずうっといい子なのよ。（笑い）……だけど、二人とも愛しているわ。

ヴァン　それに彼が間違いをしたとしても、愛しますか。

ドン　（母親として）あなたが間違いを犯したとしても、愛するわよ。あなたにそんなふうに感じさせていたなんて、ごめんなさい。（泣く、椅子を変える）

ヴァン　今どんな感じ？

ドン　ほっとした感じ。

❏彼のほっとした感じは再決断の証である。

ヴァン　いいね……じゃ、お母さんを椅子から降ろして。息子さんを連れて来て。彼に何を言いたいか見てみましょう。

❏ここで私は、彼の息子に同じ許可を与えるために、新しい決断を現在に持ってくるように促す。

ヴァン　あなたがお母さんとたった今したことからかんがみて、あなたが息子さんに何と言いたいか見てみましょう。

ドン　おや、おや。（笑い）

ドン　（息子に）えーと、君は素晴らしい息子だと思うよ。君は楽しい人間だし……おもしろい、温かさも持っている……君を枠にはめこもうとして悪かったね。それは間違っていた（泣く）。だけど君にとって良いことだと信じていたんだ。お父さんが間違っていた。君の積極的なところを尊敬するよ。君の性格はすごくいいし……学校が退屈だっていうことを受け入れるよ。君がすることは何でもサポートする……君に幸せでいてほしいから。

ヴァン　こっち へ来て。息子さんになってみて。

ドン　彼は「格好いいね、親父」って言うだろうな。(笑い)

ヴァン　(息子になっているドンに向って) 他にお父さんに言うことはあるかい?

ドン　(息子として) うーん……このあいだお母さんに話していたんだけれど、僕がちっちゃかったころ、お父さんはすごく楽しい人だったね。今も一緒に遊びたいよ。(泣く)

❏ 完全主義の大きな問題の一つは、完全であろうとすると、人との親密な関係が阻害されるということだ。

ヴァン　君と一緒に遊びたいか、お父さんに聞いてみたら?

ドン　(椅子を変えて、自分自身として反応する) もちろんそうしたいよ。

ヴァン　素晴らしい! いいワークでしたね!

ドン　ありがとう!

ヴァン　どういたしまして!……あなたはどっかのダンス教室のレッスンを受けると、また、追い出されるよ!

(笑う)

❏ ドンは成功のうちにワークを終えた。自分や息子に〈完全であること〉を望むよりも、むしろありのままでOKと感じている。

まとめ

強迫観念型の適応をしてきた人たちは、良い子でなければならなかった。完全でなければいけないと思い、すべてのことを正しく行うことを学んできた。そうすれば他者は自分を認めるだろうと思った。彼らは他者が自分たちがきちんとやれていないことを発見し、それを指摘し、恥をかかせたり屈辱感を感じさせたりするのではないかと怖がりながら生きている。彼らは十分OKだし、完全でなくてもいいことを学ぶ必要がある。何パーセントかの失敗をしてもいいし、それでも他者は見捨てないということを、また、間違いをしてもOKであるということを学ぶ必要がある。この種の自由さ、開放感を味わうことで、彼らはワークホリックでいるよりもむしろ、リラックスでき、楽しむことができるようになる。

ドンのワークはこの過程をよく表している。彼は自分がOKであるためには完全でなければならないと信じていた。そこからワークは始まった。そしてそれはかなえることができないので、彼はうつ状態に陥る。彼はもしありのままの自分だと、十三歳のときのように何かヘマをして恥をかくような結果になることを恐れていた。

本当の問題は母親の不安定さにあること、それは彼の問題ではなく、彼は単に普通の自然な十代の若者であっただけであるとわかることで、あるがままの自分でOKだという感覚を取り戻し、自分自身や息子との時間を楽しむことができる。この息子はドンとは違って自分自身であろうとしている。

第21章

パラノイド型のクライエント——世の中を安全だと感じる

パラノイド型のクライエント、すなわち才気ある懐疑者は、鋭い思考の持ち主で、細かい部分に細心の注意を払う。あらゆる状況で、何が起こっているのかを注意深く探り続けるのが好きだ。微妙なところを察知するようアンテナを張り巡らしている。他者はよく、彼らの「物事に一流」である才能を尊敬する。

社交の場では一人か、少人数のグループに近づいていく。しかし同時に、状況を吟味するために引きこもる。そして他の人が話しかけてくれるのを待つ。このタイプの人は熱意ある、心こまやかな接近の仕方をしてもらいたいと思っている。

もし、パラノイド型が治療に来るならば、それはあまりにも些細なことに気をとられ、自分の許容能力を超えてしまったからである。知り合いの誰かに嫉妬するとか、羨望を抱いたり、疑惑を持っているのかもしれない。他者の行動の意味について、延々と考えを巡らせ、吟味したいと思っている。その結果、他者はお手上げになり、去っていく。そのとき初めて、人間関係を「破滅へと導いていった」ことに気がつく。

才気ある懐疑者は治療で変化を遂げるならば、何が起こっているかと疑い深く分析することで、すべての状況に対処しようとすることをやめる。その結果、自分の感情をもっと楽しむことができるようになるだろう。たぶん、その過程はゆっくりであろう。「子ども」の自我状態のなかにずっと持ち続けていた、そして否認していた恐れや傷ついた感情に、少しずつ触れることができるようになる。このような感情と思考を再統合することで、単純に信じ込んでいた自分の受け止め方を吟味し始める。そして他者を適切に信頼するという方法へと、行動が変化し始める。才気ある懐疑者にとって変化することの難しい点は、世界は安全だと身をまかせられないところにある。

才気ある懐疑者の治療上の重要なポイント

(1) 不意打ちがない、わかりやすい、安心できる安全な環境をつくること。そしてゆっくりと信頼関係を築きあげていくこと

才気ある懐疑者は、自分が安全であるとわかるまで関係をコントロールし続ける。彼らはコントロールすることをやめても、自分を見失うことはないと学ぶ必要がある。そうすることで自発性を高めることができる。

(2) 他者を傷つけることや、狂気に走る逃げ道を閉じるようにもっていくこと

彼らは、人は彼らを傷つける存在ではないということを実感する必要がある。単にそこにいるだけで、傷つけることをしないということを。そして自分は傷つく存在ではなく、きちんと限度を設定する方法があることを実感する必要がある。彼らはまた、感情は狂気へと走ることとは同じでないということを学ぶ必要がある。つまり感情を持ってもOKである、ということである。

(3) 他の人の行動について、自分の推測をチェックするように導くこと

才気ある懐疑者は、しばしば刺激を間違って受け取り、自分の受け止めたことが現実だと信じている。実際には、彼らの恐れから生じているのだ。他人について、何が真実で何がそうでないのかを見分けるために、自分の

認知をチェックする必要がある。

（4） 自分自身に辛く当たることを止めるよう援助する

パラノイド型の人は、自分自身に対して批判的で、多くの要求をする。自分自身や他者のある部分をOKでないと決めつけ、自分の「子ども」の自我状態を排除しようとする。そうすることで「子ども」を活発化させることを難しくしてしまう。自分自身を受け入れることを学ぶにつれ、養育的で支持的になり、「子ども」が現れても大丈夫なようになる。

（5） 恐れの感情の扱い方を学ぶように援助する

パラノイド型の人がまず解決しなければならない感情は、恐れである。彼らが恐れを感じたとき、自分自身の内にある恐れの感情ではなく、他人の内に恐れをみる。自分の内にある恐れを感じることができるようになるためには、他者との信頼関係を高める必要がある。自分の内の恐れを感じても大丈夫だと思えるならば、子どものころ得ることができなかった必要な保護を、手に入れることができる。

初期の値引き

才気ある懐疑者は「親」からの契約をする傾向がある（ある人は自分自身を批判する内的な声に従って契約をする）。たとえば、「なぜ」これこれのことをするのか知りたいという。もしその理由がわかれば、自動的に変わることができると思っている。原因を知るということと変化をすることは、二つの異なる事柄だと知る必要がある。

彼らはまた、何々を「できるようになりたい」けれどできないなど、何かをすることについて話す。彼らは、すでに行動する「能力がある」ことを知る必要がある。安全であるという感覚を持てないため、「楽しめない」ことも知る必要がある。

ときどき、ある種の感情や行動を「なくしたい」と言うかもしれない。このような試みは、単に「子ども」の自我状態へのさらなる脅しとなる。それらの感情や行動を解決することができ、「子ども」の欲求を満たすにつれ、それらは「自然消滅する」ことを学ぶ必要がある。

よりもろい感情である傷つきやすさや恐れをカバーするために、彼らは怒りを使う。主要な課題は、内的にも外的にも、また傷つきやすいとしても、親密さを求めたとしても、他の人たちとふざけ合ったとしても、安全だという感覚を増すよう援助することである。

治療の逐語録――ローズ

ローズは四日間の治療ワークショップに参加した。そして、男性や世の中全般を信じることができないという問題を訴えた。彼女と私との治療の契約は、「状況が安全で適切であるならば信頼する」というものだった。

ヴァン　自分自身の何を変えたいですか。

ローズ　私がしたいのは……このフィルターを外したいです……とっても。私は男の人をもっと信じたい。私はもっと信じられる人間になりたい。たぶん男の人だけではなく、世界全般に対しても。だけどこの部分はもっと頑張る必要があって、だから、信用できるようになりたい。もっとね。だけど、私いろんな偏見がなくならなくって……（笑い）

❏ 最初からローズは信じる／信じないの問題に直接向かう。それはパラノイド型にとって、変化すべき中心的テーマである。しかしながら、同時に彼女は自分の変化する能力や信用する能力を値引きしている。彼女はパラノイド型の典型的な「出だしの罠」を使って値引きしている――つまり何々をすると言う代わりに、何々ができるようになりたいと言うことで。私はこの点をはっきりさせる。

ヴァン　あなたは最初に「このことができるようになりたい」と言ったけれども、私はこれは能力の問題ではなく、するかどうかの問題だと認識するのが大事だと思う。そして信用しないと決めたのには、それなりのわけがあったと思いますよ。

ローズ　ええ、はあ。

ヴァン　この状況は安全だと判断した場合は信じたいですか、そしてまた、信用しないほうがよいと感じた人たちやそのような状況との区別をする自分の能力を使いたいですか、つまり、信じるということは、消したり付けたりするものではないと私は思います。それは一貫した信頼のうえに建てられるものだと思う。

ローズ　うん、はあ、はい、だから先生が今言ったことをしたいと思います。（笑い）

❑　ローズの言葉の選び方から、またそれに伴う笑いから、私は彼女はたぶん今、「子ども」の自我状態から私に過剰適応しているだろうと判断する。これはパラノイド型の恐れから来るものであろう。つまり、彼女は自分が慣れ親しんでいることからあまりにも遠くへ離れてしまうと、何らかの形で傷ついてしまうということである。私は責任を彼女に戻すように反応する。

ヴァン　自分の言葉で言うとどうなりますか。

ローズ　オーケー、私の言葉ね。もし信用しても大丈夫なときはまたは、うん……信用すべきときは信じたいんです。そして信じないほうがよいときは信じないわ。私の言葉で言うとこうなるわね。

ヴァン　オーケー、ではあなたの見極める能力を信じるということですね。

❑　信じる、信じないという問題は、自分の安全を守ることができると信じることだと確認する。

ローズ　うーん、はあ。

ヴァン　あなたのポケットにそれを入れておきたいのですか（彼女はマイクのコンデンサーをもてあそんでい

た)。私がなぜ言うかというと、そうやってもてあそぶことが自己破壊に繋がっているからです。

ローズ　うーん、はあ。

ヴァン　それにあなたの座り方ですが、足を組んでいますよね。

ローズ　(足を組んでいるのをやめる)はい、はい。

❏足を組んで座るということは、クライエントに隠したいものがあるということだ。つまり、防衛とかある部分を抑圧していることを示すものである。彼女の注意をそこに向けるようにすると、彼女は即座に過剰適応する。そして座る姿勢を変える。批判を受けるかもしれないことは一切しないという感覚を示している。再び彼女の過剰適応に対決する。

ヴァン　私は、あなたがしたくもない変化をしてほしくないんです。足を組んで座るとどんな気持ちか、考えてみるのは役に立つのではないかな。

ローズ　ええ、そうですね。(元のように足を組んで)どう感じるかというと……居心地の良さ、それに自分自身内部にちょっと落着きといったものを感じるわ。私の下にある一本の足で、私の体は安全で落ち着いた感じ。そしてもし、両足を揃えるとしたら、(下になっていたもう一方の足も揃えて)もうちょっと居心地良いと感じるわ。これが私のやり方だと思うわ。ね、こうやって座っているほうが好きだし。だけど本当は少し居心地が悪いわ……(右側の足を下にして組む)

ヴァン　もし、あなたが自分の左足だったら……そして足に口がついていたら、なんて言うかな。

ローズ　ここでいい感じだよ。

ヴァン　「私がいい感じを感じている」

ローズ　私は安全だと感じ、私はいい感じで、私は守られていると感じる。そう、私は感じる。うん、なんか守られているって……あなたの下にこのように座っていると、守られているって感じる……この下で。

❏この姿勢の意味するところは、彼女が自分の感情を隠していることについて話すときにわかるだろう。彼女は子どものときにはベッドの下に隠れていた。私はここでローズに一般化しないようにと誘導する（一般化は、パラノイド型の人のよく使う防衛方法だ）。そして何か具体的な状況について尋ねる。このことは、パラノイド型のターゲット部分である感情に移行するのを助ける。

ヴァン　オーケー、最近の出来事で、あなたが信頼したかったものはありますか。あなたは男の人を信頼することが難しいようですが……男性かそれとも他のもの、何でもいいですよ。

ローズ　えーと、職場の……私の上司なんですが、そこで働き出して、約五カ月になるんですけど、ええ……私は上司が好きなんです。彼はええ……ときどき、私、えーと……彼にどんな感情を抱いているか、言っていません。ほら、うん、彼は私に、感謝しているってたくさん言ってくれるんです。彼はやっぱり感謝しているのかと思ったり、ときどきそんなことはないと思ったりします。彼が私を誘惑しようとしているんじゃないかって思う。彼はただ単に私にしっかりと働けと言っているのだと思う。ね、私がやらなければならないことを自分で判断してやるようにと、言っているだけだと思うの。私は彼が言うこと、ときどき信じられないわ。

❏これはパラノイド型の猜疑心の例だ。傷つきやすさを防衛するために、人との距離を取る理由に使われる。

ヴァン　それだからあなたはそのように座っていたり、隠れたり、引っ込んだり、まあそういうことをする……よく感じる感情は何ですか。

ローズ　ええ、このワークショップに来るときとか、したいことの訓練を受けようとするときとか、彼は費用がかかると言うわ。えーと、独学するべきだって、私が向上していこうとすることを値引きされているように感じるんですよ。能力とか、学んでいこうとするときにね。

ヴァン　それで、もし、あなたが本当に言いたいことを言うとしたら、自分のために言うとしたら、どう言いますか。ちょっと床に両方の足をつけてみて、その姿勢であなたは何と言う？

❏ この指示は自立した人間としての――文字どおり自分の「両足で立つ」パワーを感じてもらうためである。

ローズ　ええ、きっとこう言うかもしれません。フレッド、私がしたいことが何かはわかっているの。今受けているトレーニングは本当に良いものだって思っているの。それに私、うん、あなたから「費用がかかることわかっているだろう。そんな奴らは君を八つ裂きにするかもしれないぞ」って声を荒げて言われるのは嫌だわ。私、あなたが私を値引きしているって感じる。それに、うん、そんなの聞きたくもない。ただ、行っても「いいか」「駄目か」だけを聞きたいの。だけど他のごちゃごちゃは聞きたくない。

ヴァン　そうだね。そう言いながらどう感じているの？

ローズ　うーん、今ここで、今、そう言っていい感じだわ。

ヴァン　そうでしょう……そうでしょう。私の勘では、あなたの人生のある時点で、そういう立場をとったら危険なことがあったのではありませんか。

ローズ　ええ、そうね、ええ、うーん。

ヴァン　危険だったのは誰？

❏ 〈今・ここ〉での変化をローズに明確にするために、子ども時代に危険を感じていた相手が誰であったのかを探る。

ローズ　ああ、そうです、父……ほら、たぶん……私の父……私かつて、私、父の側に立ったの。

ヴァン　何が起こったの？

ローズ　ああ、あのー、私、父を叩きのめしたの。正確に言うと、私は……彼が先に私を叩きのめそうとしたの。そして私ベルトをつかんで、彼を追いかけたわ。

ヴァン　それで、彼の側に立つということは、彼を叩きのめすということ？

ローズ　実際にはね。

ヴァン　それで、彼の側に立たないか、もしくは彼を叩きのめすかのどちらかなんだね。

❏ 私はパラノイド型の「子ども」の信条である、「私は完全にコントロールするか、まったくコントロールを失うかのどちらか」という、二者択一思考をはっきりさせるよう援助している。

ローズ　うん、そうね、ええ。

ヴァン　それで、これらが選択肢として、あるときに彼の立場に立つのはあまりよくないよね、だって……

ローズ　または逃げること。うん、はあ、ええ。

ヴァン　何歳だったの？……あなたとお父さんとの間でそういうことが起こっていたとき。あなたが逃げるか、やっつけるかしかないと感じていたとき、何歳だったの？

ローズ　うん、そうね、うん、だいたい九歳くらい。それに私、うん、よくベッドの下に隠れたものよ……

ヴァン　それじゃ、ちょっと九歳のローズになってみて、どこにいるの、何が起こっているの。あなたはベッドに下によく隠れたと言っていたけれど、他には？

❏ 私は彼女の感情に、ターゲット・ドアである感情にアクセスしやすくするために、そして自分自身を守るための早期決断を思い出して、そのシーンを再体験してもらう。

ローズ　お父さんが仕事から帰る、五時くらいには私はベッドの下に隠れているの。だって、お母さんがその日の私がやった悪いことを全部お父さんに言うの。それにお母さんはもうすでにお父さんの仕事場へ電話して、私のことを言っているの。それでお父さんは、家に帰ったときはすでにイライラしていて、それでお父さんは……お父さんとお母さんが言い合っているのが聞こえてくるの……居間からね……お母さんが言っているの、「まったくあの子って、お昼には帰って来ないし、あんなこともこんなこともしているのよ。もううんざりだわ。家のことは何もしないし」って。それでお父さんは「お前は僕の仕事場に電話をかけてきて、そういうことはもう言ったじゃないか。で、どこなんだ、あの子は」って言うの。私は自分の部屋で、ベッドの下に隠れているのね……私待っているの。なぜって、お父さんがお母さんに、黙りなさいって言ってくれるか、そこまで言わないにしても、私をほおっておいてくれるか、それでお母さんが静かになって……それでなければお母さんは怒鳴り続けて、お父さんは結局私の部屋に来て、ベッドから私を引きずり出そうとして、ベッドをひっくり返し、私はベッドにしがみついて……

ヴァン　賢い子だね。

❏私は彼女の早期決断の裏にある、肯定的意図を評価する。それは子どもとして自分を守る一つの方法だった。次の介入では、自分の安全を保持するために、今ここで自分をいかに信じるかを経験し、大人としてどのように自分を守るかという新しい決断をするよう働きかける。

ローズ　ええ、うん、まあ、それで、それから……

ヴァン　自分自身にどのように説明していたの？

ローズ　うーん、たぶん……ほら、あれですよ、私にとって良いのは……このベッドのところにいたほうがいいわ。または、自分を守ったほうがいいのよ。だって、ほら、お父さんは私を殺すかもしれないわ。本当にお父さんが感情のコントロールを失って、彼は、ほら、彼は私を殺すかもしれないわ。だって、お父さんはときどき、感情のコントロールを失うのよ。

❏ローズの経験は、両親のとる行動が読めないときに自分を守る方法として、パラノイド型を身につけていったよい例だ。

ヴァン　うん、そう、お父さんはあなたに対してと同じように、他の人にも暴力を振るったの？

ローズ　ええ、うーん、そうだと思うわ……そうでしょう、きっと、お父さんは母をときどき倒したりして、あるとき母が椅子に座ろうとしたときにその椅子を引っ張ってしまうとか、そのようなことをするの。

ヴァン　お父さんはお酒を飲むの？

ローズ　ええ、彼はアルコール中毒です。
ヴァン　だから、彼は機能不全のときが多いんですね。
ローズ　そのとおりだわ。
ヴァン　お父さんはアルコールで自分を滅ぼしてきたんですね。
ローズ　そうよ……または激怒でね。お父さんは激怒して、怒りを解放していたんだと思うわ。ほら、だって、私知っているんです……その感じ、私わかるんです。だから、これがお父さんに起こっていたこと。

❏ローズの言葉使い（「これが起こっていること」）は〈強くあれ〉のドライバーからの言葉である。そこに私は対決する。彼女が物事は単に彼らに対して起こっているのではなく、人は選択ができる、ということに気づくことが重要である。

ヴァン　それは彼がしたことです。単に起こったことではありません。彼はその行動を選択したんです。
ローズ　うん、ええ、それで……。
ヴァン　それであなたは、ベッドのところにいようとしたんだね。
ローズ　ええ。
ヴァン　それで、彼が……彼はあなたを殺すことができない。なぜならば彼があなたを殺そうとしても……もし、事態がひどく悪くなったら？
ローズ　うん、たぶん、部屋から出ることができるわ。たぶん家からも出ることができるわ。たぶん、私逃げることもできる。私、本当にどこか他所へ行きたかったのよ……他の家族の元へ、私他の家へ行きたかったものよ。
ヴァン　そう思うのも無理ないね。（グループのメンバーは「本当だよ」と言う）
ローズ　そして、ええ、そこから出て行こうとしたんです。

ヴァン　うん、うん。

ローズ　だけど出て行きはしませんでした。私、外へ行かなかったんです。だからお父さんは私をつかんで、殴ったわ。ベルトのバックルで殴るの。うん、すごく、すごく、激しくね。すごく……ドラマや、映画のなかで見るみたいに。

ヴァン　あなたはずうっと虐待されていたんですね。

ローズ　ええ、だけど私お母さんといるよりも、お父さんと一緒にいたかったんです。だって、お父さんはどうやって楽しむかを知っていました。お母さんはいつも暗かったから。私、お父さんと一緒にいるのが好きだったんです。お父さん、私をいろんなところへ連れて行ってくれたわ。

❏ これは、子どもが、無視されるよりも虐待をされる危険性のほうを選ぶよい例である。

ヴァン　お父さんは、虐待をしていないときは面白い人だったんですね。

❏ 再び、パラノイド型の両親の養育態度は一貫しないものであるというよい例だ。

ローズ　ええ。（とても悲しそうに）

ヴァン　本当にごちゃまぜだね。

ローズ　彼はうん……お父さんは今は亡くなっていていないんだけど……それでうん……（彼女は息を吸い込む）

ヴァン　感情がいっぱいだってわかるよ。そして続けたいようだ。それに感情を飲み込もうとしているようだけど。

❏ ここで再度、私はローズの〈強くあれ〉というドライバー行動に対決する。パラノイド型にとって、〈強くあれ〉というドライバーは「**子ども**」の自我状態の排除を強めてしまう。それで彼女は、そこにいることに不安を感じてしまうのである。

ローズ　ええ、うーん。

ヴァン　あなたが感じていることに言葉をつけてみて。
ローズ　うーん、お父さんを思い出すと……つまり……彼は、ほら、彼は……思うんだけど、きっとお父さんは私を殴りたくなかったときがあったんだと思うわ。つまり、ときどき、お父さんがそうしたくってそうしているんだって思えないの。お父さんはお母さんを黙らせたくって、そうしていたんだって思うわ。そして、うん、ほら、お父さんは殴ったんだけど、たまには……いろんな所へ連れていってくれて、彼は、うん……ほら、ときどきなんか買ってくれたりして、そして……
ヴァン　ここにお父さんを連れてきて。いい?
❏　お父さんに直接的に話しかけることで彼女の感情をはっきりさせる。これがもう一つの方法だ。
ローズ　オーケー。
ヴァン　(父親用に空の椅子を引っ張ってくる) ちょっと、お父さんにあなたが感じていることを言ってみて。
ローズ　(ため息) うん、お父さんのことあまり考えないわ……お父さんのことあまり考えないわ、パパ、だって、私何を考えたらいいのかわからないの。
ヴァン　自分自身を、うん……九歳って言った?
ローズ　九歳。
ヴァン　九歳になってみて、そして九歳のときのお父さんを見てみて。
❏　パラノイド型の人が対処すべき最も重要な感情は恐れである。ローズは以下のようなことを体験する必要がある。すなわち今の自分なら、そうした恐れの感情を排除する (「子ども」の自我状態の一部分を排除) 代わりに、サポートを受け、保護されるという経験をすることができる。なぜならば、今なら必要な支持や保護も受けることができるのであるから。彼女がその部分を排除してしまうと、「子ども」の恐れの反応を得られなくなる。そうすると、安全感や信頼感を感じられなくなる。

ローズ　うん、パパ、怖いわ、たとえば、ほら、お父さんが……しようとしているときはかなり怖いよ。私をベッドから引きずり出そうとしているとき……お父さんは大きいし、大きい男の人だし……大きいし、ベルトを手にしているし、大きいし、お父さんの目は大きくて……その目はどうあれ私には大きく映るけど。それに、お父さんは怒っているし、私を殺そうとしているように見えるわ。殺そうといつも思っていたわけではないのかもしれないけれど、ほら、だけど、私にとってはかなり怖いことよ。だって、私は小さいし、それに、うん、そうなのよ、私は小さいし、お父さんは大きいし、ほら、お父さんが私をぶつとき、（泣き始める）お父さんにはそれがどんなに痛いものか、わかっているとは思えないけれども、それにお父さんがぶつときどんなにきつくぶっているかわかっていないと思うけれども。私の体を虐待しているときは、お父さんは思いやりのかけらもないと思うわ。うん。つまり、私の体に暴力を振るっているってこと。私怖いわ、お父さんから逃げ出したいと思うわ。やめてほしい。狂った男みたいに、私を家中追いかけ回さないでほしい。あなたにまつわって思い出すことはこれだわ。狂った男っていうのがお父さんのイメージ。そして、うん……これもお父さんに言いたいこと。顔を叩かれたくないわ（叩くジェスチャーをする）。何が起こっているのか私にはわからないわ。好きじゃない、こういうこと。痛いし、ショックだし、それに、わかるでしょう、お父さん少しは気持ちのコントロールをしてよ。気持ちのコントロールをしてよ。

ヴァン　「だから私は恐れを感じているし、逃げ出す。お父さんが自分の気持ちをコントロールしてくれるまでは……」

❑ 私は彼女の早期決断を明確にする。父親が自分自身をコントロールするしか解決の道がないと思ったとき、逃げ出すという方法は自分を守るための決断だった。その決断を経験するのを援助する。今彼女が持っている解決策は、それは子どもとしては持てなかったものだが、自分自身を味方につけ、逃げ出すよりもむしろ、自分自身を守るというものだ。

ローズ　私は……うん、私はやり続ける……私は逃げ続けるわ。お父さんが理性を取り戻す方法を見つけるまで、家から逃げる道を探し続けるわ。そうよ、私は……私は……うん、うーん、えーと、もしお父さんがこれを続けるなら、殴りかえすわ。私、警察を呼ぶわ……一回呼んだことがあるわ。私警察を呼んで、うん、そうよ、私……もうこんなこと私にさせるものですか。

ヴァン　「そして事態がひどくなれば……」

ローズ　うん、もし、事態がひどくなれば、たぶん、警察はお父さんを牢屋に入れるでしょう。または、たぶん、私、お父さんを傷つけるだろう……私、お父さんを傷つけたくなんかないわ……だけど、事態がひどくなれば、私もしかしたら……お父さんを殺せそうな気がする。お父さんを追いかけていって……

ヴァン　それで九歳のとき、殺すか殺されるかの究極の恐怖を感じていたみたいだね。

ローズ　そうよ……それにうん、自分の感情を押し殺すわ、ほら、自分の感情から遠ざかっているように感じる。私が出したいだけ、感情を出すことはできないわ……

❏ 再び、彼女は自分自身を守るために、「子ども」の自我状態を排除しようとする。彼女はパラノイド型がよく使う、「したい」「できる」という罠を使う。私は彼女に自律した言葉の使い方を提案する。

ヴァン　「私はしない」

ローズ　私はしない。

ヴァン　「私は自分がどんな感情を持っているか、お父さんには教えないわよ。なぜかって……」

ローズ　うーん、私はお父さんに私がどんな感情を持っているか教えないわよ。つまり、恐怖とか、だって、たぶん、お父さんはきっと……それを知ったとしたら、私が怖がっているって、そしてお父さんは……わからないわ、それから、お父さんが知ってしまったとしたら、お父さんは……私を利用しようとするわ、だから私、お父さんに教えないの……

❏ 父親に直接言うことで、早期決断がはっきりし、自分のパワーを取り戻す。そして現在の新しい決断を促進する。

ヴァン　もし、お父さんが有利な立場に立っていると、彼はどうすると思いますか。

ローズ　わからないわ……私が次にすることを知っていたかもしれないわ。彼は逃げ道を閉じるかもしれない。そうかもね、わかるでしょう、そうかもね……もし、お父さんが私のことをもっとわかっていたら、私が次に何をするか知っていたら、それから……逃げ出せなくなるわ……わからないわ、お父さんが本当に……どうあれ、私が怖がっていたってことをお父さんが知らないなんて信じられないわ。つまり、お父さんがどうしてこんなことができたのか理解できないの。私が怖がっていたことを知らないなんて、信じられないわ。

ヴァン　それじゃ、君が怖がっていたのを知っていたかどうか、お父さんに聞いてみて。

ローズ　うん、つまり、私は小さくて、お父さんは、ほら、お父さんは私を殴り倒しているわ。私が怖がっているだろうって気がつかなかったの……つまり、あのー、小さい子どもは怖がるって感覚はなかったの？

ヴァン　こちらへ来て、お父さんになってみて。

ローズ　（父親として）うん……

ヴァン　九歳のローズがそこにいるのを見て……あなたは彼女が怖がっていたことを知っていましたか。ローズはそれを知りたがっていますよ。

ローズ　（父親として）うん、たぶん彼女は怖がっていたんでしょう。だけど、あのー、僕自身はたいして気にも留めていなかった。または彼女が怖がっていることを考えることができなかった。

❏ 父親も同じ罠、「できない」という言葉を使っている。ここからローズは学んだのである。

ヴァン　「考えない」

ローズ　（父親として）私は彼女が怖がっているとは考えない。
ヴァン　なぜかというと？
ローズ　（父親として）なぜかというと、私は……もし、私は子どもが怖がっているのを見ると、そうするとのくから。たぶん、自分のしていることに罪悪感を感じるから。
……たぶん私は自分のしていることに嫌な感じを抱くから。またはたぶん自分がしていることに恐れおのの
ヴァン　では、彼女に言いなさい。「僕が嫌な気がするから、お前は僕に自分の感情を見せなかったんだね」
ローズ　（父親として）私が嫌な気がするから、お前は……僕はお前がどんなことを感じているのかなんて、どうあれ、見たくない。僕は本当に嫌だ……お前が何を感じているかなんか、全然気にしない。
ヴァン　「僕は気にしないよ」
ローズ　（父親として）僕は気にしない。
ヴァン　あなたは娘さんを殺すつもり？
ローズ　（父親として）うん……うん……もし、僕が極限までいったら、そうするかも。
ヴァン　あなたは極限までいきますか？
ローズ　（父親として）（少し間を置いて）うーん……そうは思わない。
ヴァン　そうは思わない？　それともそこまで行かないの？……殺すまで。
ローズ　（父親として）うん……うん、もし、私が酔っていたとしても、彼女を殺すとは思わない。
ヴァン　そのとおり。
ローズ　（父親として）もし酔っていたら、私は娘を殺すかもしれない。だって、もし自分のしていることを自分がわかっていなかったら、そうするかもしれない。
ヴァン　もし、あなたにいつもの判断力がなかったら。

ローズ　（父親として）ときどき、娘にはイライラさせられる。

ヴァン　それは娘さん？　それとも奥さん？

ローズ　（父親として）うん、妻もそうだね。（笑う）

ヴァン　どうも、あなたが自分の妻に苛立っているときに、娘に当たっているようだね。

ローズ　（父親として）うん、そうだ。

ヴァン　どうも、奥さんが君にそうさせているみたいだ。

ローズ　（父親として）うん。

ヴァン　何かほかに、このことでローズに言っておきたいことありませんか。

ローズ　（父親として）うむ……私は娘にこう言っていたんです。お前が小さい良い子ならば、あのー、私が娘によく言っていたこと、もし、お前が小さい良い子ならば、お母さんを怒らせたりしないだろうって。

ヴァン　「そうすれば、僕はこんなくだらないことを聞かなくってすむ」

❏　このクライエントは両親関係に巻き込まれ、機能不全の三角関係に陥っている。娘は両親に世話をされるよりも、両親の世話をしなくてはならない。

ローズ　（父親として）そのとおり。うん、僕は妻の愚痴を聞く必要なんかない（笑い）。そして、うー、うん、だから僕は娘に、小さい良い子でいろって言うんだ。だけど娘が母親の側にいなければならないとしたら、良い子にしてるのは本当に大変だね。すごく難しいことだと思うよ。（笑い）

ヴァン　「そして、私はお前の母親と真正面からぶつかるのを恐れている。だから、お前に当たるんだ」そう彼女に言って。「誰かに怒ってすることは、別の誰かに当たるってこと、自分が本当に怒っている相手に向かっていくのではなく」

❏　現在彼女が抱えている問題は、その行動を父親から学んだということが見てとれる。ここで、私は父親のモデルを明確にしている。この父親の発言から，マックネール（McNeel, 1976）が「ハイトナー」（heightener）と呼んだ介入を使う。その目的はクライエントの，脚本に基づいた状況がいかに居心地悪いかということに気づいてもらうことである。その介入は（一時的に）彼女がその状況が嫌になるところまで，その居心地の悪さを高めていくようにデザインされている。

ローズ　（父親として）本当だ。間違っている，正しいことではないが……

ヴァン　これが彼がモデルとして，示したことです。

ローズ　（自分自身として）うん，はあ。

ヴァン　さあ，現在の自分に戻って。今，そのことをどう感じている？　誰かに怒ると，あなたがしていることは直接本人に言うのではなく，別の誰かを怒って発散させていること。

ローズ　私は彼らと話すわ。私が嫌いなこと，私がしたくないこと。うん，私の感じね，私はできるようになりたいって感じているわ……「私それが嫌い」って言えるようになりたい。

ヴァン　ええ。

ローズ　私……私怒っているわ。何にって……自分自身に頭に来ているわ……くたばれって感じ……そして……

ヴァン　あなたは自分がそうする能力があるって気づいていますか。

ローズ　私には能力が……私には能力があるって知っているわ。

ヴァン　そして，誰か酔っている人，そして自分のすることに責任を取れない人，あなたを殺すかもしれない人の前ではそうしないのは賢いね。

❏　ここで，幼児期の経験と現在との区別をするよう働きかけている。再び，子どものときの決断の裏には，肯定的な意図があったことを強調している。

ローズ　そのとおりだわ……そのとおり……それはいい考えだった。

ヴァン　だから酔っ払いとか、自分のやることに責任を持てない人を信用しないという、理由があったんだ。自分自身を守る意味で重要なことだったね。
ローズ　うん、ええ。
ヴァン　現時点で、お父さんとか、または他の誰でも、あなたを殺し、虐待するようなことを許す？
ローズ　私……私……私正直にならなくっちゃ。私「いいえ」って言うわ。だけど、誰かがそうしようとしたときに私、止められるかしら。
ヴァン　なぜ、自分自身をそのような状況に置くの？
ローズ　（少し間を置いて）うーん……
ヴァン　あなたは酔っ払いと喧嘩をするつもり？
ローズ　いいえ。
ヴァン　いいね。
ローズ　いいえ、私そんなつもりはないわ。
ヴァン　自分のすることに責任を持てないような、気が違った人と喧嘩をするつもり？
ローズ　いいえ。
ヴァン　オーケー。
ローズ　たぶん、もし、たまたまの状況とか考えて……もし、誰かが家に押し入ってきたとか、あれ、これ、私がどうしようもないことで。私はそれをどうしても止めることができないとき。
ヴァン　そのとおりだね。当然ながら世の中は完全に安全ではなく、誰かに不当に侵害されてしまう状況もあるでしょう。
ローズ　ええ。

ヴァン　だけど、普通の状況で、あなたは誰かにあなたを虐待させますか。またはどんな形であれ、あなたを傷つけさせますか。または、お父さんがお母さんにしたやり方ではなく、違う形で、自分が嫌なことを嫌だと直接に相手に喜んで言いますか。

❏　私は彼女が現在どのように行動するか、新しい決断をするように促す。

ローズ　ええ、そうします。ある程度、終わったわ。（クライエントは蹴る動作で足を揺らし始める）

ヴァン　自分の足に気づいて。

❏　私は彼女が次第に怒りの感情に近づいていることがわかる。自分のために、殺す、殺されるという恐れなしに、その感情を自由に感じ、直接表出してほしい。

ローズ　……（笑う）ええ、ある程度やり終えたわ。

ヴァン　いいね！……あなたは誰か他の人を殺すつもり？

ローズ　いいえ、彼らが私を殺そうとしない限りはね……私、自分を守れると思うわ。

ヴァン　自分自身を守るために、相手を殺す以外の方法はないの？

❏　私は彼女の誇大化、「殺すまたは殺される」に対決する。

ローズ　うん、たぶん、もし、誰かが襲ってきたら、相手を殺すよりも、相手の足を骨折させるわ。

ヴァン　ええ、あなた自身を守るためにはいろんな程度の選択肢がある。

ローズ　うん、実際私が誰かを殺すことはできないと思うけど、どうかしら？

ヴァン　自分を守るために警察を呼びますか？

❏　再び、彼女の成人のパワーに気づくように援助する。

ローズ　ええ……警察を呼ぶでしょう……私……もし、私が銃を持っていたら、たぶん、相手を脅すために使うか何かするでしょう。

ヴァン　私が感じていることはね、あなたが、普通の状況ではなく、いつも極限を考えているってことだね。

ローズ　うん……うんたぶんそうだと思う……自分で自分を怯えさせているんだわ……ちょうど、昨日の夜見た映画みたいに、一人でダウンタウンへ行くのは、ちょっと怖かったわ。

ヴァン　あなたの早期決断は怯えたままでいる、そして、お父さんが自分で感情のコントロールをするまで、引きこもったままでいるというものです。

ローズ　ああ、ええ。

ヴァン　だけど、コントロールがつかない間は……

ローズ　そうね、その場合は、ずうっと家の中にいるってことですね（笑い）。うん、はあ、オーケー。

ヴァン　だから、他の人がするかしないかわからないことで、自分自身を怖がらせたり、引きこもっていないで、今はあなたのパワーを使って、自分のために誰にも自分を虐待させない。または、あなたが他の人を虐待しないという方法をとることができます。

ローズ　そのとおりですね……うん、はあ……ええ……うん、ええ。

ヴァン　それで、どのくらい自分自身を怯えさせる？　または引きこもらせたままでいる？

ローズ　うん、もう怯えさせたくないわ。もう嫌だわ。

ヴァン　怯えさせたくない？

ローズ　怯えさせない！

❏　このローズの声で彼女が新しい決断をしたことがわかる。私はそれを補強する。

ヴァン　（お父さんの椅子を指しながら）お父さんに言いなさい。

❏　父親に対して、凛とした自分で、それは子どもの頃は安全な方法ではなかったけれども、自己主張する。

ローズ　ええ……私は自分を怯えさせない。私はお父さんに私をおどさせない。そうかな？……私に対して怒っている人に囲まれていたり、または、批判的なことを言われたりすると私、どうにもできないから……私にはそう言えるだけのパワーがある。私にはパワーがある。その力をむやみに出さないけれど、私にはパワーがある。それにお父さんが自分の感情をコントロールするまで待たないわ。お父さんが自分の感情のコントロールを手に入れる前に私は自分の言いたいことを言うし、私の必要なものを手に入れるし、私は人との間に境界線を引くことができる。

❏ ローズの言った言葉「私は待たない」は、もう一つの新しい決断をしたという証拠だ。彼女はもはや他者が「過去のなかで変わる」ことを待っていない。

ヴァン　うん、うん、オーケー。

ローズ　オーケー。

ヴァン　いいね……それで、今どんな感じがしているの？

ローズ　そうねえ私が感じているのは……実際やってみるつもり。

❏ 彼女は一時期的に〈強くあれ〉のドライバーに従った〈彼女の言葉「感じる」の後には、行動を描写する言葉が続いた。感情の言葉ではなく〉。よく起こることだが、これは「子ども」の変化への恐れの典型である。馴染みのある脚本にのっとったパターンは残っている。私はこのことに直接対決しないことにする。しかし、その代わりに彼女の〈今・ここ〉での上司との関係に焦点を当てることで、彼女の肯定的な新しい決断を強化するようにする。

ヴァン　それでは、お父さんにその椅子からどいてもらって、上司をそこへ座らせてみる？

ローズ　ええ。

ヴァン　彼に何を言いたい？

ローズ　うん……私が言いたいことはボスが……私がワークショップに参加したいと言ったとき、または免許を取ろうとしていると言ったとき、ボスは話を逸らしてしまう。私がすでに十分資格があるとか、何でそんなことまでしなければいけないのかと言って。私、あなたの長ったらしい講義なんか聞きたくもない。それはあなたの意見で、私は自分のために必要だと思うから、行きたいんであって、それに……。

ヴァン　「だから私がすることは……」

ローズ　だから、私がすることは、ボスがお説教を始めたとき、私、ボスに聞くわね……私が言おうとしているのは……ほら……私、その話に興味がないし、聞きたくないってこと。私、ただ、それだけを言いたい。正直なところね。なぜかって、もし彼が述べるゴタクを聞かなかったら、私はクビになるんじゃないかしら、または彼に意地悪されるんじゃないかしら。

ヴァン　彼に聞いてみて。

ローズ　それって本当？……もし、あなたの長いお話を聞かなかったら、私をクビにする？　それとも受身攻撃的に私をやっつける？

ヴァン　そっちの椅子へ行って、ボスになって。

ローズ　（ボスとして）いや、君は私に言う必要があると思うよ。君は僕に言う必要があるよ。もし、君が聞きたくないのなら、僕言ったことがあるよね、わかるだろう、僕の独り言をやめるよ。わかるだろう、だから、言ってくれよ。「私、聞きたくないわ」って言ってくれればいいんだ。そうしてくれればいい。（彼女自身になって）そうだと思うわ。私自身の恐れだったのね。

ヴァン　うん、うん。それじゃあなた自身になって。

ローズ　（彼女の椅子に代わって）オーケー。だから……うん……それで……私……私また、自分を怖がらせているわ。

ヴァン　それじゃ「自分自身を怖がらせたり、引きこもったりする代わりに、私がすることは……」なに？

ローズ　正直になること。

ヴァン　いいね。

ローズ　練習するわ……このとき、自分の感情に正直になって、私、聞きたくないの……私、頭が真っ白になっちゃって、抑圧したみたいになって、私はそんなこと聞かなくってもいいの。そう言うことができる。

ヴァン　「だから、私は感情を押し殺したり、自分自身を怖がらせたりするよりもむしろ、自分に正直になる」

ローズ　そのとおりよ。怖がったり、自分自身を怖がらせたり、気持ちを押し殺したりするよりも、自分に正直になるわ。それにたぶん、あなたにうんざりしているわ。私は相手との境界線を引く必要があるわね。（少し間を置いて）そうすることが自分を大事にするってことなんだわ。

ヴァン　うん、そう……そうだよ。

ローズ　うん、そうです。

ヴァン　「私は自分を信じる」

❏ 私は信じる、信じないという根本的な問題に焦点を当てる。この治療の出だしのところで取り上げたものだ。

ローズ　ええ。

ヴァン　「私はあなたが信用できるかどうかを確かめるまで、待つ必要がない」

ローズ　そうだわ（笑い）オーケー。

ヴァン　終わった感じ？

ローズ　……ええ、終わったわ。

ヴァン　いいワークだったね！

ローズ　ええ、ありがとうございます！（笑いながら、グループのメンバーは拍手をし、彼女も拍手をする）

❏ 彼女は成功のうちにワークを終える。殺す、殺されるなどと自分自身を怖がらせるのではなく、今、人との間に適切な境界線を引くパワーを感じている。

まとめ

パラノイド型の人は子どものころ、びっくりさせられることが多かった。彼らは不意打ちを嫌う。そして自分自身や周りの出来事をしっかりとコントロールしておけば、すべてうまくいくと信じている。彼らは子ども時代に経験することのできなかった安心感を体験する必要がある。そうすれば、今現在の世の中に対して安心感を持つことができる。また、彼らは他者との間の何が事実か、推測するのではなく、自分の認知をチェックする必要がある。最後に過剰なコントロールを手放し、それでも自分の責任はとれて、リラックスできて、人生をより楽しむことができるという経験をする必要がある。

ローズのワークはこの過程をはっきりと示していると思う。彼女は「男の人を信じられるようになりたい」ということから始めた。あたかも彼女は自分にその能力がないかのように思っていた。また、それは自分自身の問題ではなく、男性のほうの問題だというように振る舞っていた。そして彼女がイメージしていることを真実だと思っていて、事実をチェックしていない。加えて彼女は、「コントロールしている」か「コントロールしていない」かの、二者択一の世界にいる。父親との幼児期の経験についての彼女の話から、幼児期の安全性の確保というパラノイド型をいかに身に着けていったかが見てとれる。

子ども時代に放棄した自分のパワーを取り戻すことを援助したことで、彼女は子ども時代にはできなかった、自分の安全の責任は自分が取れるという方法に気がつく。自分自身を凛として保ち、男性が信頼に足るようになるまで、待つことなく、現在において自分自身を守ることができるという、自分への信頼感を持つ。このようなスタンスで、パラノイド型は安心感を持つことができる。そして、窮屈なコントロールを外し、リラックスでき、彼らが今まで持つことのできなかった人生の喜びを、増すことができるのである。

第22章

スキゾイド型のクライエント——自分の感情と欲求を認める

スキゾイド型、すなわち創造的夢想家は、でしゃばらず、自分を目立たせないように、ひっそりと存在している。彼らは思いやりがあり、優しい。時には芸術的才能に恵まれているかもしれない。周りから見るとこのタイプの人たちは、静かで繊細、親切だと感じる。また、一人でいられる能力に感心する。

彼らは孤独を愛し、実際一人でいるときに充足感を感じる。社交の場では相手のほうから近づいて来てほしいと思っていて、他者から話しかけてくれることや一対一の関係を好む。もしこのタイプの人たちと良い関係を持ちたいのならば、自分から近づいていき、積極的に話しかけることである。

もしスキゾイド型が治療に来るならば、その理由は、誰にも頼らず全部自分でやりすぎて疲れたためであろう。自分の欲しいものを悟られないように、他人との間に距離を置く。このように自分の欲求を満たせずにいる。そして自分の感情がわからなくなり、無感覚になり絶望的になっている。

治療が進むにつれ、何もしないでにっちもさっちも行かなくなっている状態から抜け出して、自分の思考を使って問題を解決し始める。行動と思考が統合され、行動するだけの余裕ができ、良い結果をもたらす。生き生きとして、活気が出てくるようになる。創造的夢想家が変わるためのポイントは、自分の要求、感情、欲求をしっかりと認め、それらを満たすために適切な行動を起こすことである。

創造的夢想家の治療上の重要なポイント

(1) 狂気や引きこもりという逃げ道を閉じること

スキゾイド型は問題に立ち向かうよりも回避しようとする。彼らは子ども時代にしばしば、事態が非常に悪くなったら狂ってしまおうと決断した。そうすれば両親は自分の面倒を見てくれるだろうと考えたのである。したがって、彼らにとっての変化とは、引きこもらず、他者に面倒を見てもらうために狂気に走らないことであり、問題を避けるのではなく、問題解決へ向けてエネルギーを使うと決断することを意味する。

逃げ道を閉じる方法としては、背筋をぴんと伸ばして立ち、床に足をしっかりとつけ、そして以下のように言うことである。「どんなに嫌な気分になったとしても、無意識的にも意識的にも引きこもることや狂気に走ることはしない。私は考え続け、問題を解決する」。次のステップは、そう言っているときにどんな感じがしているのかをチェックすることである。そして病理である思考の汚染を見つけ、解除することである。クライエントがこれらの言葉を本気で確信を持って、感情と一致した形で言えたとき、逃げ道が閉じられたことになる。第14章のところで述べたように、「成人」の自我状態で逃げ道を閉じる決心をすることである。治療者との「約束事」ではなく、自分の意志で自分自身が決めることが大事な点である。

(2) 受動行動に対決する

ジャッキーとアーロン・シフ (Schiff & Schiff, 1971) は、彼らが受動行動と呼ぶ四つのレベルを明確にした。「受動」について彼らが意味するところは、その問題となっている行動が、問題解決には効果的ではないというものである。「受動」は「子ども」にいる人が、他者や環境を操作して、自分のために問題を解決してくれることを望むことから生じてくる。
四つの受動行動とは、以下のものである。

(a) 何もしないこと
(b) 過剰適応
(c) イライラ
(d) 無能または暴力

これらの受動行動を理解し対決することは、スキゾイド型を治療するうえでのキーポイントである。(他の適応タイプの人がこれらの受動行動を示したときにも使える)。受動行動の目的は、周りの人たちを居心地悪くさせ、居心地悪くなった人たちがスキゾイド型たちのために問題を解決してくれるだろうというものである。これらの行動は子ども時代には適切なものだった。

(a) 何もしないこと。これは誰かが喜んで何かをしてくれるかぎり、世界で一番力ある行動である。たとえば、一人の人が集団療法に来て、自分は自殺傾向があると言い、あとは何もしないで座っているとする。グループ全員がすぐさま彼を何とか救おうと飛びついてくる。彼を救おうとすればするほど、身動きがとれなくなる。それはちょうど『ウサギどんとタール坊や』(訳者註:アメリカの童話。ウサギはタールで作った人形にいろいろ話しかける。返答しない人形に返事をさせようとパンチやキックをするが、すればするほどタールに腕や足を取られて、にっちもさっちもいかなくなる)の物語のようなものである。最終的にその問題を解決できるのは、その人自身だけなのである。

(b) 過剰適応は、一番手の込んだ受動行動である。どうしたら問題解決へもっていけるかと考える代わりに、人を喜ばせることは何かで頭を悩ませる。スキゾイド型はもし相手を喜ばせたら、お返しに自分の面倒を見てくれるだろうと信じている。その場合、彼らに矛盾する課題を与えることは有効であろう。彼らは両方はできないので、自分のために決断をせざるを得なくなる。もしくは彼らが拒否するような馬鹿げた課題を与える。このようなことは治療的である。

（c）**イライラ**はエネルギーの無駄使いである。イライラは何か辛いことを避けるためにも使われている。嗜癖や強迫行動はほとんどイライラの例である。強迫的行動はいろいろなところで出てくる。たとえば食べる、飲む、タバコを吸う、性交渉、お喋り、お金を稼ぐ、お金を使う、運動をする、働くなどである。自分が本当は何を感じているかということに直面しないための行動である。代理行動で少しでも気分良く過ごそうとしている。ほとんどの人は、学生時代に期末レポートを仕上げなければいけないときにそれを先延ばしにして鉛筆を削ったり、書類や本の整理を始めたり、食べたり、眠ってしまったりした経験を持っているだろう。そこには、良い成績が取れないのではないかという不安が隠されているのである。シフ夫妻は、イライラは爆発衝動を内包しているエネルギーの解放にも蓄積にも使われると指摘している。問題解決への直接的な行動をとらないで、そして自分の欲求を満たすことをせず欲求不満が増していく。そしてこれらすべてのエネルギーは、結局内か外に向って爆発する。ある人が苛立っているとき、あなたに対して過剰適応しているのをやめさせるのは意味がある。彼らがどんな感じがしているかを話し合い、問題を解決するために何が必要かを、彼ら自身で考えてもらう方向へともっていくことができる。自分に向けても外に向けても爆発させないために、問題を解決するようにもっていくことができる。

（d）**無能または暴力**。これは周囲に助けてもらおうとしてエネルギーを蓄えて、自分自身へ向けて、または周囲の人に向けての爆発である。無能は失神、偏頭痛、たちの悪い風邪、潰瘍、冠状動脈などの疾患にかかり何もできなくなる。暴力は周囲の人に殴りかかるとかである。通常は、人が重症な病気ならば周りの人が助けようとするだろう。でもそれでもまだ根本の問題は解決しない。もし人が暴力を振るうならば、他の人が暴力を封じ込めることが必要になる。それでもまだ根本の問題は解決しない。フリッツ・パールズ（Perls, 1969）は、戦争は健康的な攻撃性が否定されたときに起こると指摘している。戦争はある意味で受動行動である。なぜならばこれは問題解決にはならないからである。戦争は、この地球上に共存しなければならない人間という種が、自分たちの欲求を充足させるよう、どのように協力していくかという問題解決を目指していない。人が攻撃性を健康な方法で出せないならば、結局は無能か暴力という間接的な方法で出すだろう。

ある人が無能の状態にいるとき、自分自身に対してきちんと責任を持つことが必要である。あまり彼らに対して必要以上に手をかけないことである。その暴力的行動が収まったあとで否定的なストロークを出すことが、重要である。その否定する理由も伝えることである。それは確固とした言い方で、次は違う行動をとってほしいと伝えることである。

（3） 他人へするのと同じように、自分の感情や欲求を大切にすることを学ぶように援助する

この意味は、世の中で自分の空間を取ってもよいこと、要求すること、他人と同様に自分の欲求を充足させること、他人に対してはっきりした態度をとることを決断することである。また、他人に優しくする、もしくは自分自身に批判的になる代わりに自分自身に優しくするのである。セッションごとに何が欲しいかをはっきりさせ、契約をきちんとすることが、自分自身を大切にする練習になるだろう。

（4） インパス（行き詰まり）を明確にするよう援助する

スキゾイド型には、何が問題なのかをはっきりさせるように援助する。変化のための契約を結ぶ前に、彼らが問題を解決するのではなく、問題を回避しようとするかぎり、治療者は問題が何かを呈示し続け、確固とした口調で彼らに問題を解決する力があることを言い続けることである。創造的夢想家の治療は、感情よりもむしろ思考を通じてなされる。彼らに、大きな声で発言をするように促すことが大事である。自己主張をしてもよいという許可があればあるほど、そして自己主張すればするほど気分は楽になっていく。

スキゾイド型の人は明らかに意味ある妥協をしている。その対人関係ジレンマとは、もし人に近づきすぎたら、自分を殺してその人がしてほしいことをしなければならなくなるというものである。または自分がべったり相手に甘えてしまわないために、自分自身であろうとし、人から遠ざかっていなければならないと感じることである。しかし、恐れからあまり人を遠ざけてしまうと、すっかり忘れ去られてしまい、完全に孤立してしまう。このジレンマを扱う方法としては、その中間の位置を維持することで妥協する。中間の位置というのは決して人に近づきすぎず、遠ざかりすぎずというものである。彼らは自分たちが選んだその妥協策に気づく必要がある。同時にこのような位置関係にいる限り、本当の自分の欲求は満たされないことに気づいていく必要がある。

初期の値引き

創造的夢想家は、自分の感情を他人事のように表現する傾向がある。たとえば自分の感情について話すとき「私」と言う代わりに「それ」と言う。彼らは〈強くなければいけない〉のである。たとえば、「私は何々と感じた」という代わりに「それはこんな感じで」と表現する。また、能動態ではなく受動態の言い回しを使う。そのことは自分自身のパワーや責任を放棄する結果を招く。彼らに「私」という人称代名詞を使うよう勧めなさい。受動的ではなく能動的な動詞を使うことを勧めなさい。子ども時代に諦めてしまった自分のパワーや自分を信じる感覚を増すためである。彼らはまた無感覚、混乱、欲求不満という状態を、より強烈な感情、たとえば怒りとか傷つくことや興奮を隠すために使う。重要な点は、創造的夢想家が自分のための空間を確保し、その当然の権利を周りの人と同じように世界に向って主張することである。

治療の逐語録――ジィニー

ジィニーは、週末の自己成長へのワークショップに参加している。彼女は葛藤場面にぶつかると隠れたり、逃げてしまうことをやめたいと言う。変化への契約は、自分のパワーを感じること、強いと感じること、自分自身の面倒を見ること、自分の欲求を充足させること、自分自身に他の人と同じような権利を持つこと、他の人とつながること、自分に正直になり、遊べるようになることである。

ジィニー　（とても柔らかい声で）私のワークはそれほど時間を取らないと思うわ……私は自分のパワーを感じられないという問題を持っているの。自分に価値がないっていう感情と関係していると感じているわ。

❏　彼女は即座に、自分の重要性や自分のために時間をかける権利を値引きする。言葉のうえからスキゾイド型の典型的なドライバーである〈強くあれ〉が見てとれた。つまり、相手と距離を取る受身形の表現をしている。たとえば「問題がある」「パワーが感じられる」「がんじがらめにさせられている……」などである。次の介入では、受身的表現を能動的表現「取る」に変えるというやり方で、自分を値引きする内容に対決する。

ヴァン　必要なだけの時間を取ってはいけないのですか。

ジィニー　他の人の時間を取るつもりはありません。

❏　誇大化に対決する。彼女は自分への値引きから誇大化へと変化する。自分が他者から時間を「取る」というパワーを持っていると信じている。

ヴァン　あなたは誰からも何も取れるとは思いませんが。

グループメンバー　取らせはしないよ。（笑い）

ジィニー　ありがとう……他にもありまして。心痛がたくさん、私はよく吐きますし、もし、かまわなければ、えー……もし何か、えー……何か長い間、他の人から苦汁を嘗めさせられてきたような。それで、えー……自分のパワーがないような気がするのかわからなくって……自分の世話は、もし私が……

ヴァン　あなたの原家族のなかで生き延びる手段だったと思いますよ。

❏その彼女の行動は、幼少期には必要なものだったという肯定的な意味を伝える。スキゾイド型の〈オープン・ドア〉は行動である。その行動は受け身的に引きこもる、という形をとる。子どもが生き延びるために身につけたものである。

ジィニー　ええ……ええ……だけど私の子どもたちの世話はします。

❏この会話で示されるように、スキゾイド型は他人に優しくするが自分にはしない。私は即座に、能動的に問題解決を皆の前で言ったことに対してストロークする。

ヴァン　いいことですね！

ジィニー　私は彼らにあまり関わらないのです……（子どもたちを）傷つける人たちと対決しないで、何らかの方法で遠ざけておくんです。私そうするんです。でもあまり強く出ることはしないでおくの。私のことはおいておいて子どもの面倒は見ています。もし、かまわなければどのように自分のパワーをブロックしているか、その邪魔しているものを外すのを手伝ってくだされば……わかっているんです。あー……私怖がっているみたい……それは馬鹿馬鹿しいのにね。

ヴァン　いいえ、今は恐れることはないけれども、育ってきた環境をみると恐れるのは当然なことでしょう。

❏ここで再び、自分自身への値引きに対決する。そして、受動行動を取ることが過去においては生き延びる術であったと再定義する。スキゾイド型のターゲット領域は、思考である。そこで私は、思考の汚染解除をするために働きかけている。

ジィニー　ええ。

❏　クライエントは、問題解決のつもりでスキゾイド型がよくする引きこもり行動をとっている。私は次に過去と現在、「子ども」の自我状態と成長した今の自分とを区別するようにする。

ヴァン　怖がっているあなたのなかの子どもに気づいていますか。

ジィニー　いつも怖がっていたと思うわ。

ヴァン　その子どもはいくつくらいですか。

ジィニー　おお、すごくちっちゃいわ。

ヴァン　だいたい何歳くらい？

ジィニー　五歳……記憶はないけれど……だけどいつも怖がっていたのは憶えているわ。母が私を好きじゃなかったっていつも思っていました。母が私を殺すんじゃないかとすごく感じていたの……私を殺したいって。

❏　これは、その適応行動が子どもにとって生き延びるための基本行動であったというよい例である。そのことを再度伝える。しかしながら大人になった今では、その行動が自分を縛りつけるのである。大人としてジィニーは問題解決に積極的になったとしても、安全な選択肢を選べるのである。次の介入で、この新しい方法に気づいてもらうようにする。スキゾイド型のターゲット領域に向けて、つまり思考へ向けて働きかける。問題解決のための適切な行動を見つけ出すのである。他者に対してではなく、自分自身に必要なことのためにパワーを使うのである。そうすれば気持ちは楽になるだろう。

ヴァン　もしあなたが五歳で、そして自分を殺すかもしれない相手とつき合っているとしたら、相手に食ってかかるとか怒りを出すことは怖いよね。

ジィニー　ええ……ええ。

ヴァン　それで？……

ジィニー　今は私は五歳じゃないから。

ヴァン　そのとおり、だから母親に対抗して……自分のために……立ち上がる用意ができている？

ジィニー　ええ……ええ、本当にお母さんが怖いわ。

ヴァン　自分がこうしているのに気づいている？（彼女が人差し指で自分の鼻をこすっている仕草と同じ仕草をして。それは間接的な怒りのサインであることが多い。彼女は笑い、グループメンバーも笑う。皆そのジェスチャーの意味がわかっていた）

❏ クライエントは意識のレベルで気づくかなり前に、自分の問題が何であるか、無意識にシグナルを出すことがある。このジェスチャーを指摘することで、私はジィニーに重要な問題に行きつく「近道」を示す。

ジィニー　本当に憎いわ。（少し間を置く）

ヴァン　何か思い出す場面がありますか？

ジィニー　ええ。

ヴァン　そのとき何歳？　どこにいるの？　何が起こっているの？

❏ 私は現在形を使う。その目的はその問題が派生した原初的な場面に戻ってもらうためである。それは「子ども」の自我状態に関連している。最初に彼女がどこでその経験をしたか、その部分に働きかけて、その状況では諦めなければならなかったパワーを取り戻すことで、問題解決へともっていく。

ジィニー　ええ……何歳かよくわからないわ……五歳って感じかしら？　それに……（ため息）私はただうーん……私がおねしょをすると母はすごく怒ったの……どうしてだか、私はおねしょをしていたことを忘れていたわ。だけど母がすごく怒っていることは覚えているの。今になってわざとおねしょをしていたんだって気づいたわ。

❏　彼女が、自分の怒りをいかに間接的に出していたかのよい例である。

ヴァン　なぜなら、あなたは怒っていたからです！（笑い）

❏　二重の意味（訳者註：おねしょをする〈piss〉と怒る〈piss off〉をかけた）を反射し指摘することで、私は彼女の〈小さな教授〉に話しかける。「子ども」の自我状態の勘の効く部分へと直接的に働きかける。そして彼女の創造性を強化する。

ジィニー　だけど今回は私はただ……母はすごく怒っていて……本当に頭にきていて、昔は子どもたちはそうするはずだって……母はそれをして……母は……

ヴァン　彼女は何って言っているの？　何をしているの？

❏　私は再び能動、現在形を使って過去の経験を〈今・ここ〉のシーンに持ってこようとしている。

ジィニー　母はうーん……母は看護師でクリニックで働いているわ。母のような人が看護師の仕事を続けられるなんて、驚いちゃうけど……（ため息）……だけど、彼女は……母は私をクリニックに連れて行ったの……よく連れて行ったの……で、母はうーん……母は滅菌した尿の標本を採集していたの。きっと母は信じていたのね……私が感染しているからおねしょをするんだって。私それが医学的処置なんだって思っているわ。母は私にカテーテルを挿入したの。それは痛いの。だけど母が楽しんでやっているって思う。思い出したわ、私は考えていたのよ「あなたが私にどんなことをしたとしても、私は決して、泣いてなんかやるものか」って。私したかったのよ……自分の足を使って……母の顔をぶん殴る空想をよくしたものよ。この処置が医学的なものだとしても……そんなことする必要がないってわかっていたもの……そんなひどいやり方でやらなくっても……それにおもしろがることないじゃない。やらないで済ませられたのに。ある時、私にカテーテルを入れているときに他のスタッフに見つかったの……普通はクリニックに誰もいないときに私を連れて行くんだけれども……クリニックがお休みのときとか……だけど、あるとき私をクリニックに連れて行ったら、他の看護師さんがいて、その看護師さんがやったの……私の兄弟もそこにいたんだけれど、その人私の足を固定しなかったの、それに管を導入したとき全然痛くなかった。だから私は彼女と一緒に家へ帰りたかったわ。その人は優しかったもの。

❑ 決して母親には涙を見せないという決断は、ドライバー〈強くあれ〉のもとになっているものだ。スキゾイド型は、自分のパワーをストイズムという形で表す。彼女は現実に生きる代わりに空想の世界にいるが、それもこの型の典型である。私の次の介入はこの置き換えを逆転させ、空想に浸るのではなく実際の行動を起こすよう働きかけることである。行動を起こすことが問題の解決であり、気持ちが楽になることだと気づくようもっていく。私は彼女やグループメンバーにとって、安全であるやり方で体を動かすよう促す。

ヴァン さあ、自分の足を持ち上げて、お母さんの顔をぶん殴りなさい（彼女は笑い、グループメンバーも笑う）。実験したくない？

ジィニー 母を怖がらないようになりたいわ。

ヴァン うん……はあ……

ジィニー 自分が死んでしまうような感覚におさらばしたいわ。

ヴァン それじゃ、そこにお母さんがいると思って、それから（ジィニーの前を指して）言って「あなたに私を殺させるものか」って。

❑ 自分のために立ち上がり、子どものころは安心してできなかった明確な境界を引くように促す。私はこの介入を〈直接〉会話形式で行った（これは〈支配的親〉の肯定的行動である）。スキゾイド型には最も効果的なコミュニケーションである。

ジィニー あんたに私を殺させるものか。

ヴァン 「意識的にも無意識的にも」

ジィニー　意識的にも無意識的にも。
ヴァン　そう言いながら、何を感じている？
ジィニー　（強い口調で）それはできるわ。（より静かに）黙っているべきだったかもしれない。
❏　二番目に言った言葉で彼女が「成人」から「子ども」へと移行したことがわかる。それをロバート・グールディング（Goulding, R.）は「closing con」（隠れた罠）と呼んだものだ。それは、彼女の古い脚本戦略を確認するために「子ども」が意図的に使う、隠れた方法である。私は現在の現実を指摘することで対決する。
ヴァン　この現代において、あなたが黙っていなければならない何があるっていうの？（笑い）そうでしょう？
ジィニー　ええ。
ヴァン　重要なことは、自分自身のパワーを自分を守るために使うことだと思う……五歳のときはそんなことできなかったけれどもね。
ジィニー　そのとおりです。今……母を殺すかも……今なら私、母を殺すかも。私の子どもにこんなことをする人がいたら、その人も殺すかも。（感極まった声で）
❏　彼女は今、積極的に自分のパワーを出している。しかしながら、自分を無力なものと値引きする状態から今度は反対の殺人にパワーを使うという誇大的な状態に移ってしまっている。それゆえに私の次の介入ははっきりと適切なリミットをつけることである。私はまた、ジィニーが子どものころ諦めなければならなかったパワーを取り戻すべく、空想から現実へとエネルギーを移動させ、そして安全なかたちで自分自身を守るためにパワーを使うことを勧める。
ヴァン　ええ、現代の良いところは、それほど極端にならなくってもすむことです。きちんと伝えることで相手を止めさせることができるし、警察を呼ぶとか、適切な対応ができます。自分を守るために相手を殺す必要はないのです。
ジィニー　そのとおりですね。

ヴァン　五歳のときあなたがやりたかった，だけどやれなかったことをすることは本当に大事だと思うよ。つまり……自分の足を使って……お母さんの顔を蹴っ飛ばすこと（彼女はうなづく）。マットレスを使ってやってほしいことがあるんだけれど（私はマットレスを持ってくる）。誰か二人にマットレスを持ってもらいましょう。そこに座って。あお向けに倒れて……ちょうど，病院のベッドでした格好で。それで自分の足を使って……好きなように（彼女は自分の足でマットレスを蹴り始めた）。うん，音も立てようよ。蹴りながら好きなだけ大きな音を立てていいよ。

❏　このワークは「**子ども**」の自我状態のあふれんばかりのエネルギーを解放するものである。それで彼女は母親にされていたことを，今，他の誰かに行動化しなくてもすむ。さらに今現在，問題解決のためにエネルギーを使うことができる。

ジィニー　ギャー，あんたなんか大嫌い！（強い感情を込めて）

ヴァン　そうだね！　いいね！（ジィニーは蹴り続けている）今やりながらどんな感じ？

ジィニー　窓ガラスみたいにお母さんの顔がぐしゃぐしゃになっているのがいいわ。

ヴァン　うん，それじゃあなたのお母さんの否定的な役割りをやってくれる人を選ぶのはどう？

ジィニー　オーケー。（一人のグループメンバーに向って）やってもらえる？（その人は承知した）

❏　ここでの私の目的は，彼女の怒りを解放させる，もっと生き生きとした治療状況をセットすることである。同時に，相手役を務めるメンバーの安全を確保することである。

ヴァン　（グループメンバーに対して）ここへ来て，彼女が蹴ったとき，自分の顔があたかも殴られているように音を出したり……顔を覆ったりすることをやってもらえるかな。実際，誰かがあなたの顔を蹴っているような演技をしてほしい。（ジィニーはもっと激しく蹴り始め，悪い母親役の人に向って，怒鳴り始めた。役をやっている人は実際に蹴られているような音をたてている）。すごいパワーだね。いいね！（彼女は笑い、グループメンバーも笑う)。自分自身を守るためにそのパワーを使ってもいいんですよ。長い間使われなかったたくさんのエネルギーがあるんです。何もそれを取っておくことはありません。(他のグループメンバーは「たいした肺だね」と言う。彼女と他のメンバーは笑う)

ジィニー　そうね……本当にそうだわ。私、息がずうっとできなかったの。(彼女は今や深い呼吸をしている。グループメンバーは言う。「あなたはずうっと静かな声で話していたけど……今は違うね!」)

❑ 深い呼吸をするというこの身体的変化は、クライエントが部分的にも全体的にもイ､ム､パ､ス､(行き詰まり)を解決したという、典型的な信号である。ある部分で自分の怒りを直接的に表出したいと思っていて、別の部分では怒りを直接出すことを恐れている。直接出すともっと傷つくかもしれないと恐れているのである。この二つの気持ちのイムパス(行き詰まり)である。幼児期には、決して泣かないでお母さんに楯突くという、間接的に怒りを出す方法をとっていた。この決断は部分的には満足感をもたらしたが、自分のパワーを直接的に使わないというコストがかかってしまったのである。

ヴァン　もっとやりたい?

ジィニー　もう十分やったと思うわ。

ヴァン　自分にとって何が正しい感情かを信じて。深い呼吸をするのはすごくいいと思うよ。

ジィニー　ええ、私、自分のパワーを感じたかったわ。他人を怖がるような感情は捨てたい。

ヴァン　もう一つやってほしいことがあるんだけれど。メンバーのなかの一人を選んで、あなたの前に立ってもらい、ちょっとの間抱きしめてもらってください。

❑ この時点で私は、ジィニーは部分的にはイムパス(行き詰まり)を解決したが、まだ恐怖から自分のエネルギーを使わないでいると思ったのである。次の段階は、自分のパワーを全開にするため、その恐れを解決するように援助することである。ジィニーが、彼女の叫び声から感じ取れたエネルギーとパワーの全部を感じてもOKだと思えるように。一方、彼女を助けようとする他者と関わるときは、彼女のエネルギーは安全な、保護されたかたちでコントロールされなければいけない。

ジィニー　いいわよ。ジョー、やってくれる？（彼は引き受ける）

ヴァン　そこに立ってみて。（ジョーに）彼女のウエストを抱いて。（ジィニーに）あなたはジョーの肩越しからお母さんに向って、全身で怒鳴ってみて。（悪い母親役の人に）彼女が怒鳴ったら、痛くないようにマットレスの上へ背中から倒れこんでください。ちょうど彼女の声に押されるような形で。オーケー？

ジィニー　あんたなんか大嫌い!!（すごい声で叫ぶ）。まったくもう！　あんたなんか大嫌い！　死んじゃえばいい！（少し間を置く）

ヴァン　もっと言いたいことある？

ジィニー　（再び叫びだす）狂ってる！　あんたなんか子どもを持つべきじゃなかったのよ！　神はあんたなんかに子どもを授けるべきではなかったのよ！

ヴァン　そう、そう！

ジィニー　（まだ叫び続けている）八つ裂きにしてやる！（悪い母親役は八つ裂きにされたような音をたてる）。レイプされればいい！

ヴァン　そのとおり！

ジィニー　（泣きながら、深く深呼吸をしながら）ただし、彼女が喜んじゃったら別だけどね。

ヴァン　今、やっていて何か苦痛なことがあるかな、私はそうは思わないけれど。

ジィニー　（深い呼吸を続けながら）終わったような気がするわ！（彼女の声は力強く、パワーに溢れている）。ありがとう！（グループメンバーは拍手をする）

ヴァン　あなたの声は力強いね！　あなたはその声で誰だってやっつけられると思うよ（大笑い、グループメン

バーは「そうだよ！」と言う）。だけど、熊に立ち向かっていっては駄目だよ。（爆笑）

ジィニー　本当にありがとう！

ヴァン　どういたしまして。いいワークでしたよ！（グループメンバーは「そうだよ」と言う）

❑ 彼女は成功のうちにワークを終わらせる。自分自身を守るために自分のパワーを用いるという良い経験をする。自分が傷ついたり他者を傷つけたりしないかと恐れたままでいるのではなく、自分の怒りに触れ、それに適切なリミットを設定する。

まとめ

スキゾイド型は、自分を犠牲にして他者に優しくすることを学んだ。他者との距離は、遠からず近からずのどっちつかずのポジションを取る。他の人に優しくするように、自分自身に優しくすることを学ぶ必要がある。自分には何が必要かと考え、自分のために立ち上がり、欲しいものを要求するのである。そして空想の世界ではなく、現実の世界で自分の欲求を満たすのである。

ジィニーの症例はこれらの点を明らかにしている。彼女は、最初はグループのなかで大人しく目立たない存在だった。自分のために時間を割くことに抵抗があった。危険かもしれない人たちと対決するのではなく、むしろ自分の子どもたちを遠ざけていた。

彼女は自分のパワーを持たず、問題を回避して引きこもっていた。問題解決への直接的な行動を取るよりもむしろ、投げ出してしまっていた。

今回のワークで彼女は自分のパワーを取り戻し、自分自身の面倒を見るために直接的な行動に出てもいいという許可を出すにつれ、彼女は体から生き生きとし、怒りを発散して効率が良くなり、現実に留まるようになった。自分の欲求を持ち、それを充足させる権利を取り戻すことで、スキゾイド型は自分を投げ出さずに他者に近づくことができる。自分のことを忘れ去られてしまうという恐れや、まったく孤立してしまうという恐れを持たずに、自分の空間を好きなだけ確保することができる。この方法で人間関係や親密さを手に入れることができるのである。

第23章 受動攻撃型のクライエント——葛藤から自由になる

受動攻撃型のクライエント、すなわちおどけた反抗者は、我が道を行く。「ぎりぎりのところで戦う」と決めているのは自分自身である。自分のやり方で物事を推し進める。ある状況に問題があるとしたら、最初に気づくのはこのタイプの人である。生まれながらに問題解決の才のある人として尊敬される。もしくは、生まれながらの問題児として見なされるだろう。

社交の場では人が大勢いるところを好む。しかし、積極的に自分のほうから人のなかに入っていくというよりは、他の人を引き寄せるかたちでつき合いを始める。このタイプの人は、他の人が何をしているかわかるまで待つ。それから他者の注意を引くような何らかの行動を起こす。このタイプの人に最初に声をかけるとしたら、ふざけた調子でアプローチするのがよいだろう。

受動攻撃型が治療に来るとしたら、現実には何も葛藤するものがないのに、自分自身の内面の葛藤に巻き込まれているからだろう。幼児期の決断をいまだに持ち続けているのである。それは「むざむざとやられてたまるか！」というものである。誰もやっつけていないのにもかかわらず。このようなとき、他者は彼らが難しい人で、不必要な摩擦を起こす人だと思うかもしれない。彼らはいつも満たされない感じがして、正しいことがなされていないと憤慨したりしている。

治療が進むにつれ、自分の「子ども」の感情に気づくようになる。この感情は反発行動の裏に隠れていたものである。特に、子どものときに経験した傷を味わっているのだろう。行動と感情が統合されるにつれて、考え方に変化が見られるようになる。硬い、「二者択一」の考え方から離れ、どちらも、つまり両方という立場から問題を捉え直す。このように、受動攻撃型にとって治療上核となる変化を遂げていくのである。目的のない葛藤から自由になるということである。

受動攻撃型の治療上の重要なポイント

(1) 一緒になって悩むよりも遊ぶこと

彼らは、自分たちの内面の葛藤に治療者を巻き込もうとする。もし、あなたが彼らの「親」へ働きかけていたならば、「子ども」から反発してくるだろう。もし「子ども」へと働きかけていたら、「親」からいちゃもんをつけてくるだろう。ふざけてしまうことで、その葛藤に道をつけることができるのである。コンタクトもつく。これがエネルギーの流出路となるのである。

(2) あれかこれかの二者択一の思考方法から脱出するようにもっていくこと

彼らは二つの選択肢しかないと思っているので、治療はジレンマに陥りやすい。このことを指摘し、常に二つ以上の選択肢があることを伝える。子どものときの彼らのジレンマは、愛か自律性かというものである。つまり、「もし自分のやりたいようにやると相手の愛情を失う。相手から愛してもらうには自分自身を諦めなければならない」ということである。これは人生の基本的立場の「八方ふさがり」の状況だった。そこでまだ立ち往生している。主な問題は分離個体化である。

(3) 生きるために葛藤する必要はないということに気づくよう援助すること

彼らは、自分の欲求を満たすために、誰かから協力してもらった経験がない。葛藤から自由になりたい、欲求を満たしたいと切に願っている。さらに、自分をやり込めていては勝てるわけがないと気づく必要がある。現実の生活上で勝つ唯一の方法は、葛藤から自由になることである。

(4) 「嫌だ」と直接に言うことを教えること

自己の自律性を主張する試みは、そして直接的に「嫌だ」と言うことは、子ども時代には潰されてしまった。だから、受動的反抗という間接的な方法で「嫌だ」と言うことを学んだのである。直接に「嫌だ」と言う自由があることを、それでもなお他者は受け入れてくれることを経験する必要がある。

(5) 自分の感情をストレートに表現することを恐れているが、その恐れを解決するよう援助すること

受動攻撃型は自分の感情を抑えている。抑えておかないと爆発してしまうのではないかと「子ども」が恐れているのである。自分の感情をストレートに出しても、相手も自分も傷つかない経験をすること、しかも、それを安全な方法ですることを学ぶ必要がある。

初期の値引き

おどけた反抗者は、自分が何をしたいのかをはっきりさせるために、「問題について」話したがるだろう。彼らの話をまず聴こう。それからおどけた調子で関わり、二者択一のジレンマの思考方法を明確にする。

彼らは「わかりません」と言う傾向がある。そして接続詞の「でも」を非常に頻繁に使う。そのときは「もし、あなたがわかっていたら、何と言うだろうね」と言うのがよいだろう。「でも」の代わりに「そして」と言い換えるのも役に立つ。「でも」は前の説明を値引きする。一方、「そして」は両方にウエイトがかかる。

彼らは欲求不満感情や混乱を、傷つくことをカバーするために用いる。重要なことは、子ども時代に常に苦し

い葛藤を経験していて、それを解放しても安全であると感じるように援助することである。そして、今は手に入れることができる、愛情やサポートを経験するようもっていくことである。

治療逐語録――サリー

サリーは週末の個人成長ワークショップに参加した。自分の感情から逃げてしまう、感情を麻痺させてしまう、感情的ということは「弱いことだ」と見なしてしまうなどの問題を挙げた。自分がどのように変わりたいかという契約は、感情に触れたい、恐れから自由になりたい、もっと楽に心を開けるように、そして他の人ともっと自由に話せるようになりたいというものだった。

ヴァン　次は誰がやりたいですか？

サリー　(前の人のワークの間中泣いていた) 今週末は感情にどっぷりつかりたかったのよ (笑い)……あとどれくらい残っているのかわからないわ。皆、私と同じなんだって……お願いしたいんですけど、本当に混乱しちゃうの、混乱していると……

❏ これは受動攻撃型の受動攻撃の例である。彼女は私に援助してほしいと頼み、それからそれが難しいものだろうと言っている。彼女の行動に私はふざけて対決した。それが受動攻撃型のオープン・ドアである。

ヴァン　なぜやりたいの？

サリー　え？

ヴァン　なぜやりたいの？

サリー　それが私ならそんなに難しくないのよ。

ヴァン　私の経験からだと、人が混乱しているときっていうのは、実際は怒っていることがよくあるけどね。

❏　私は隠されている問題をはっきりさせる。受動攻撃型にとってそれは中心的な問題である。彼らが怒っているとき、脚本に入り込み怒りを直接出すのではなく、直ちに怒りをラケット感情である混乱で覆い隠す。私はサリーが「混乱させられたり、混乱している」という状態で、私に対して怒りを間接的に出したいというのが感じ取れる。

サリー　おお、たぶん私怒っているわ。

ヴァン　少しばかり……ね（中指を突き立てて、舌を出す動作をして）「親」に対してこうやるような。（グループ笑う）

❏　権力闘争を彼女とするよりも、おどけた「子ども」で関わる。彼女はそれに反応して悲しみについて話しだす。

サリー　私たちの親は皆クローンだと思うわ……だって私の話も……皆と同じようなもので、私泣き続けてしまったの。この一時間で考えたんだけれど、いい親をもっている人はここに来る必要がないってこと。

ヴァン　で、自分のために何をしたいの？

サリー　自分のため？

❏　自分の利益になるような、どのような直接的な行動をしたいかを聞くことで、契約を結ぼうとする。彼女は驚いたような反応を示す。

ヴァン　ええ。

サリー　自分のことをまず考えるなんて難しいわ……父が、うん……

❏　私の質問に直接答える代わりに的を外し、自分のペースにもっていこうとする。再度彼女は受動的反抗をしている。そのことをおどけた調子ではっきりさせる。

ヴァン　のらりくらりするのがうまい人が、ここに一人いるね。（グループ笑う）反抗する子どもを捕まえたぞ！（グループ笑う）

サリー　（笑いながら）、私の反抗する子どもは見つからないわ。

ヴァン　だってぼくが捕まえちゃったんだもの！（グループ笑う）

❏ 私は彼女の潜在的な受動攻撃行動を明確にし続ける。それをおどけた、ふざけた調子で行う。「成人」で「分析」をしたら、もっと強く彼女は抵抗するだけだろう。

サリー　私が本当に一番したいことの一つは、「自然な子ども」を取り戻すこと。だって、私いつも深刻になっているのにあきあきしているの、責任をいつも感じていなければならないとか、人の面倒をいつも見ていなければならないのにうんざりしているの……だって、私このワークショップが終わったときのことをずうっと考え続けていて……ある意味で心配していて、私なしですべてがうまくいくとしたら、だって私はそこにいるはずで……私って仲介役みたいなもので、もし、私なしで皆がうまくいくなら、私は必要ないってこと。それが怖いの。

❏ これは夫婦関係や家族関係で起こる、受動攻撃型にとっての重要な問題である。彼らは自分が必要とされないことを恐れ、他者が去っていくことを恐れている。これが、彼らがとらわれている二者択一のジレンマの例である。私はサリーに「あれかこれか」の思考だねと反応する。

ヴァン　ところで、皆があなたを必要としないとしても、あなたにいてほしいと思う、そういうのはどう？

サリー　そうならいいんだけど。

ヴァン　誰か気になっている人がいますか。

サリー　夫です。

ヴァン　オーケー……彼をここに連れてきて。（彼女の前に空の椅子を置いて）彼の名前は？　下の名前だけれど。

サリー　これやらないとだめかしら。

❏ 単なる指示が、おどけた反抗者にとっては命令に聞こえてしまう。再び、私はふざけた調子で私の指示に従う必要がないことをはっきりさせる。

ヴァン　（おどけた調子で）ちょっと彼をここに置いてみようよ。それでチェックしてみようよ。

サリー　オーケー。

ヴァン　やりたくないならいいけどね。

サリー　するべきだって考えたくないわ……フレッド。

ヴァン　（繰り返すように）「フレッド」。ご主人に、「私を必要としなくってもいてほしいと本当に思っている？」って聞いてみますか？

❏ このワークの目的は「**成人**」の自我状態への汚染の解除である。しかしながら、次のサリーの一言は「**子ども**」から出たものである。「一歩先」をいってしまい、受動攻撃型の準拠枠にのっとってしまっている。

サリー　彼はそう言うだろうと思うわ。

ヴァン　信じる？

サリー　信じたいんだけど。

❏ 典型的な受動攻撃型の打つ手である。私の質問を「信じる」を「信じたい」に再定義している。

ヴァン　信じる？

サリー　（ため息）なんで彼が私を必要としているのかわからなくなるわ。

❏ ため息は、典型的な受動攻撃型の行動である。〈犠牲者〉の立場にいることを間接的に表しているのである。ここでも彼女は、私の質問に答えていない。そこで私はそのことをふざけた調子で明確にする。

ヴァン　「あなたの質問に答えてやるもんか、私に答えさせることなんかできない！」と言ってみて（舌を出して見せながら）（グループは笑う）。「子ども」を持っていない人に対してすごく効果的だよ！（グループ

は笑う）

❏ 受動攻撃型が〈順応した子ども〉にいるとき、〈反抗的な子ども〉を通じて〈自然な子ども〉へとシフトするよう援助する方法がある。彼らは小さいころ反抗することを許されなかった、そして反抗してもOKだと思えなかった。ここで反抗を楽しむことで、〈自然な子ども〉へと移行できて楽しめるようになる。これがおどけた調子で〈反抗的な子ども〉にストロークを出す意味である。

サリー　私って頑固なの……（グループ笑う）それははっきりしているわ。意地っ張りの「子ども」よりも楽しい「子ども」のほうがいいわ。

❏ サリーが「私は頑固だ」と言語化したように、彼女は汚染を解除し、クリアーな「成人」の機能へと移行しつつある。私はこの動きを強化するために働きかける。

ヴァン　君のその部分を楽しむのはどう？　素晴らしい〈反抗的な子ども〉を楽しむのはどう？

❏ かつて親に許されなかった〈反抗的な子ども〉の部分を大事にするようにもっていくことで、彼女が自分の親との戦いと同様に、自分の内面で戦う必要がないと気づくよう援助する。

サリー　ええ。（うなずき、笑いながら）……その部分ちょっとよくわからなくなっているのよね。夫に、私のこと必要なのか、大事なのかって聞くと、彼は、うんと返事するんです……

ヴァン　「わからなくなっている」と言う代わりに（中指をつき立てて、舌を出すジェスチャーをして）こうやることもできるよ。（グループ笑う）

❏ 受動反抗的態度を私に対して取り続けている。だから私は彼女の行動の意味を続けて明確にしている。

サリー　そんなの苦手だわ。私は駄目なの……私そんなことしないわ。（それから中指を立て、舌を出す）（彼女は笑い、みんなも笑い、彼女を暖かく見守る）

ヴァン　（笑いながら）もがいていないようだけど！　自然にできたみたいだね！（グループ笑う）。あなたは自分の親にこのようにすることをやらせてもらえなかったんではないですか。そうじゃありませんか。

サリー　ええ、やったことないわ。

ヴァン　あなたの一部が地下に潜らなければならなかったみたいだね。

❏私は彼女の受動攻撃行動の元を明確にする。彼女は、子どものとき直接に怒りを出したらどうなっていたかを説明しだす。子どものときにとった行動は意味があったと肯定することで、治療者は自分サイドの人間だと思う。肯定された感覚を持つと、相手に対してまわりもった行動をとらなくなる。間接的に怒りを出すのではなく、直接的に出すようになることが受動攻撃型の治療上の主要な要素である。

サリー　本当に。私、家でおびえていたんです。他の家庭でもそうなんだけど、父がいつも怒鳴って、叫んでいたから、父は母を殴ったわ……それで、うん、彼がやったことって、私たち皆に言葉の暴力を振るっていたんです。母は、父は……「人殺し」ってよく言っていました……生まれてからの五年間……よく覚えてないんですけど……父は……私は戦争が勃発したちょうどその時に生まれたんです。だから父はいなくって、私たちは祖母のところへ引っ越したんです。だけど、五歳以降は覚えています。「人殺し」って言葉をよく聞いたんです。これは何かあるってわかっていたんですけど。子どもの心では母が誰かを殺したってことだと感じていました。母がこの状況を耐え忍ぶしかなかった理由は、そのことしかなかったんです。恐れだった。父は母を脅していたんです。子どもの私がどのようにこんな考えを持ったのかわからないけれども、私が十二歳のとき、父は母がしたことを私に言うぞと脅かし続けていて、私が十二歳のときに言ったんです。母は妊娠中絶をしたって……それで十二歳の少女は……(後ろにもたれかかり、本当にほっとしたようなジェスチャーをする)。中絶の意味をちゃんと理解してたかどうかわからないけれども、本当に私ほっとしました……

ヴァン　そうだろうね……

サリー　……だって、母が銃とか何かで、本当に人間を殺したのではなかったって……だから、父が期待したような反応を私、しなかったんです。だけど……うーん……父のしたことは母を傷つけることだったんです。

❏ここでは、彼女の父親がどのように、何年間も脅すという、間接的な受動攻撃行動のモデルになっているかの例を見ることができる。私は子どものときの決断の肯定的な意図を評価する。

ヴァン　ええ……だからあなたの怒りを地下に閉じ込めなければならなかったんですね。

サリー　そうなんです。私はいつも……私は理解できなかったんだけど、うーん……なぜ一緒にいたのかしら、ね、自分だけで子どもを育てること、きっと経済的な問題で……私はいつも母に言っていたんです。大きくなったら「お母さんの面倒を見るからね」って。でも成長したとき、そうしなかった……私……私……わからないわ……十代とかになると母に対して、私苛立ち始めたんです。家から出たかったわ。家にもあまりいませんでした。私には友達がいて、それで家を出ました……嫌なことから逃れるために。

ヴァン　賢かったね。この二日間に、自分の怒りを直接出す何か面白い方法をやってみたら？

❏子どものときは安全でなかったため、できなかったことを今やるように勧めた。子どものとき、地下に潜らせたままになっているその部分を出すことを恐れるのではなく、むしろおもしろおかしくしてしまうやり方で。自分の怒りやパワーを直接に表現することは今はOKだという経験をすることで、現在の問題解決へと直接もっていくことができる。

サリー　泣くよりも良さそうね。（笑い）

ヴァン　そうかもしれないね……ここにいる誰かに、何々してほしい、と言ってもらい、それにあなたは「嫌だ、やらないよ！　私にさせることはできないよ！」（舌を出す）と言うのはどう？（グループ笑う）

サリー　（笑い）まあ、何ということでしょう！

ヴァン　喜んでやりたいことじゃない？
サリー　ええ、きっとそうね。（まだ笑っている）
ヴァン　いいね！
サリー　失うものは何もないわ。たぶんね。（グループのいろんな人に、何々をして、と頼んでもらい、それに対して「嫌よ、私に強制できないよ！」と言う。そして舌を出す。彼女はおかしそうな様子で、グループメンバーも一緒に楽しんでいる）
ヴァン　そうやりながらどんな感じ？
サリー　「嫌だ」と言うのは気持ちいいもんだわ。「嫌だ」って言い慣れていません。私「イエス」マンなんです。
❏　サリーの最後の現在形の言葉は、ボブ・グールディング（Goulding, B.）の言うところの「隠れた罠」である。「子ども」にいるときは変化を恐れている。だから変わる前の自分（「イエスマン」）のことを言っている。彼女の「子ども」は、私が何らかの方法でうなずいてくれるのを期待する。「隠れた罠」のメタメッセージの代わりに、私は単純に彼女の新しい行動に焦点を当て、それを続けるよう勧める。
ヴァン　で、ここでのこれからの二日間、やってみますか？
サリー　ええ……私は「嫌だ」と言わなければならないのね。（グループ笑う）
ヴァン　賢い子だね！　楽しんでください。
サリー　オーケー。
ヴァン　いいね、よかったよ。
❏　われわれは成功のうちにサリーのワークを終わらせる。私はここで治療を終わらせ、時間を取って新しい行動を楽しむよう勧める。いったん、自分の怒りを直接出すことや「嫌だ」と言うことがOKであると感じたならば、彼女の欲求を充足させるべく直接的にエネルギーを使うよう援助する。

サリー　たぶん、明日もう一回ワークします。

ヴァン　ええ、あなたがそうしたいのならやりましょう。さっきのことをやって、何を感じたかを聞きたいしね。（グループ笑う）

サリー　わー、今晩大騒動になるわ！（グループ笑う）

❏ 次の日の集団治療の場で、サリーはいろいろな人に「嫌だ」と言うことが楽しかったと報告した。メンバーはいろいろなことをサリーに頼み続けてくれた。彼女はそれから父親を前に置いて硬いバットで椅子を叩き、怒りを直接的に表出するワークをした。この過程で自分のパワーを取り戻し、ＯＫ感を感じ、「父が何を言おうと私は私のままでＯＫだ」とほかのメンバーから言ってもらうことで確信していった。成功のうちにワークを終え、間接的ではなく直接的に力を使い、自分が何をしたいかをはっきりさせた。

まとめ

受動攻撃型は子どものころ、にっちもさっちもいかない状態だった。自分が欲しいものすべてがパワー闘争に持ち込まれることになると信じていたからである。この態度で状況に接するので、結果として物事をより複雑にしてしまうのである。

彼らは今は自分の欲求を充足するために他者は協力してくれること、もはや生き延びるために葛藤しなくてすむことを学ぶ必要がある。自分自身でＯＫであり、何々しなければならないのではなく、何々したい、で物事を進めていってもよいことを経験する必要がある。

私はこの過程をサリーが見事に見せてくれたと思う。最初は受身の形で始まった。怒りを直接出すのではなく、間接的に出すことをしていた。私はただちに彼女に対抗するのではなく、遊んでしまうことで、彼女とコンタクトを取った。このことで彼女のなかの〈批判的親〉からバイパスをつくり、遊ぶためのエネルギーの余裕ができた。おどけながら直接的に〈反抗的な子ども〉から表現するように勧めた。

いったん反抗することを経験し、それでもＯＫだという感覚を得て、父親に直接的に怒りをぶつける勇気を感じた。

常なる葛藤から自由になり、自分の欲求に正直になることによって、サリーのような受動攻撃型は人生に苦痛ではなく、喜びを感じることができる。

第24章　反社会型のクライエント——本物の自分になる

反社会型、すなわち魅力的操作者は、カリスマ性を備え、自分の欲しいものに向かって一直線に行く。非常に弁舌さわやかで、説得力のある人である。そして物事の采配をふるうのが得意である。ほとんどの人が「苦労をしている」状況でも、この魅力的操作者は苦労しない方法を見つけだす。周囲の人は彼らの存在感や宣伝のうまさに感心する。

社交の場で彼らが一番に大事にするのは、わくわく感である。面白そうなことがありそうだと、このタイプの人はまっしぐらにそこへ行く。熱狂的過剰反応者と似たところがある。しかしながら、何も面白いことがないと引きこもりやすい。そこはさしあたり創造的夢想家と似ているといえよう。もしあなたが魅力的操作者に近づきたいのなら、一番良いのは、相手の操作的行動と一緒に遊ぶことである。

もし、反社会型が治療に訪れるならば、彼らは周囲の誰かに言われたから仕方なく来たと感じているだろう。たとえば配偶者が、もし彼が「変わらなければ」別れると脅したなどである。このような状況で、彼らの性格からいってあれこれ画策して特殊な行動をかなりやり続けているので、周りの人たちは振り回されて馬鹿をみさせられて、疲れ切っている。

反社会型は、治療の最初は自分の相手を引っかけるような行動をやめたがらないかもしれない。むしろ、治療者を引っかけようと一生懸命になる。もし、治療者が引っかからないとわかったそのときに、反社会型は内面の恐れや悲しみの感情に気づくだろう。この感情は操作的な行動の下に隠れていたものである。このように自分の感情と行動が統合されるにつれ、彼らの思考も変化していく。人を出し抜いたり、虚仮《こけ》にすることに思考を使うのではなく、自分の行動の結果を見通すために「成人」の思考をし始める。反社会型の最も基本的な変化というのは、人を小手先で操作するのをやめ、リアル（本物）になることである。

反社会型の治療上の重要なポイント

(1) 素直になる代わりに引っかけようとする態度を明確にすること

たとえば、反社会型は治療者に「ところであなたはどんな資格を持っているのですか」と聞くことで、治療者をひるませようとするかもしれない。「あなたは自分が治療を受けようとする者のバックグラウンドを、調べて来なかったってこと？」とふざけた調子で聞き返すことが大事である。彼らは笑い、この治療者を出し抜くことはできないぞと思い、あなたを尊敬するだろう。彼らは「捕まえられるなら捕まえてごらん」という心理ゲームをする。あなたは自分の〈小さな教授〉（「子ども」の中の「成人」）に加えて、「成人」の自我状態を使うことができる。なぜならばゲームは先が読めるので、彼らの先を行きなさい。彼らがどうしようとしているのかを予測し、そこへ行く前に捕まえなさい。そして彼らを驚かせなさい。反社会型は策略に引っかからないあなたの賢さに感心するだろう。どうして引っかからなかったのかを知るために、あなたと関わろうとしはじめる。

彼らが何をしているのかをはっきりさせることで、彼らは素直にならざるを得なくなる。そして自分の欲求を充足させるためには、誠実なほうがよいことに気づく。

何をするかよりも、自分は何が欲しいかにあまり注意を払っていないことも、重要なことである。魅力的操作者は自分自身でなく、あなたに問題を解決してもらうようにもっていこうとするだろう。そのためにいろいろな手段を駆使する。あなたが振り回されるのではなく、相手を大きく動かすようにしなさい。彼らはあなたを引っかけることができないと知る。そこであなたは彼らの欲求充足を援助するために、協力的で安定していて信頼できる存在として、そこにいることができる。

(2) 信頼関係を築く

反社会型があなたを引っかけられないと悟ったときに、彼らはあなたが何かを提供してくれる人だと信じ始める。しかしながら、あなたの信用を落そうとして、どこか弱点を見つけようとあなたを試し続けるだろう。彼らは一度信用し、そして裏切られた。再びそんなことが起こらないよう、一生懸命になる。信用を勝ち取るには時間がかかる。それには、いつも安定していて信頼できる存在としている必要がある。安心した絆や人間との堅い結びつきを感じるあなたとの関係は、彼らにとって初めての経験かもしれない。

(3) 反社会的行動をやめるように挑戦すること

ほとんどの反社会型は、自分自身や人の人生を破壊するようなことをする。「彼らの行動化をやめさせること」は、反社会的行動をやめさせるという意味がある。ストレートな方法で自分の欲求を満たす術を学ぶことである。彼らが原因で他者を傷つけるやり方を、修正することである。自分の欲求を充足するのに、他人と協調しながらやっていくというのが人生である。そのことを学ぶ必要がある。また長期的には、他者は自分の欲求を満足するために協力してくれるという経験を持つことが大事である。そして両親はそうではなかったけれども、人は頼りになるということを経験することが大事である。

(4) 自分自身そのまま、そこに居ることを学ぶよう援助する

反社会型の人は気づかずに、子どものときに捨て去られたように、自分自身を見捨てている。自分の感情や欲

求にのっとっていないのである。現実のなかでは、大人が見捨てられるということはあり得ないと知る必要がある。子どものときにはそうではなかったが、大人になった今は他の人がまったくいないということはあり得ない。感情は自分が何を必要としているかを教えてくれる。だから自分の感情に忠実になることで自分の欲求が何であるかを知り、その欲求を満たすためにどのような行動をとればよいかを学ぶことである。成長した部分から自分自身の「子ども」の部分に沿うことを学び、今自分自身を大事にすることである。それは本当は両親がそうすべきだったが、過去にはそうされなかったことである。どんな人でも傷つきやすいということに気づく必要がある。ある人は強いふりをしているだけである。

(5) 失ったものを十分悲しむことを援助する

反社会型は「必要としないものをいくら追求しても満たされない」と気づく必要がある。どんなに復讐したとしても愛されたかった、もしくは愛したかった部分を満たすことはできない。他の人間との関係において、自分の欲求を満たしていくことが、復讐をするよりも長い目で見れば満足を得られるものである。過去の失ったものへの喪の作業をする必要がある。そして気持ちを晴らすために復讐するという、空想の世界から出ることである。

初期の値引き

魅力的操作者は他者を「引っかけ」ようとする。しかし自分は相手に対して、誠実で嘘偽りがない人間だと信じ込ませようとする。彼らは真の自分であるよりも、「ふり」をしたり、「演じたりする」だろう。彼らは劇的なことをしたり、興奮したりするために、「捕まえられるならば捕まえてごらん」というゲームを演じる。質問に対して変化球で答える。それで、実際には質問に答えていないようにみえる。このようなひねった反応をするので、きちんとした答えをもらうためにポイントをしっかりと押さえておかなければならない。一方、反社会型は相手を出し抜こうとし、人より一歩先を行こうとする。政治家のインタビューでは（多くの政治家は反社会型である）このやりとりがよく見られる。反社会型がしていることをはっきりさせようと思うならば、おどけた調子でこのように言うのがよいだろう。「君は子どものころ、〝カクレンボ〟が上手だったんだろうね」。このように言うことで、彼らはあなたを尊敬し、はめることができないと思う。

反社会型は悲しみや恐れなどの傷つきやすい感情を隠すために、怒りや混乱を使う。重要なことは、彼らとの間に信頼関係をつくることである。そうすれば彼らはあなたの前で弱い自分を見せることができる。そして彼らが自分の欲求を満たすための援助ができる。彼らが子ども時代に大人たちから見捨てられたその経験を、再現しなくてすむ。信頼関係を築くにつれ、苦しまずに〝弱さを持った人間〟の仲間入りができる。

治療逐語録――アンディ

アンディは週末の自己成長ワークショップに参加した。彼は自分に対して非常に批判的で怒っていて、欲求不満でがんじがらめになっている。それにこれまで幾度となく同じことを繰り返してきた。自分自身にも人に対しても、心をオープンにして誠実で、自分自身を受け入れ、良い感じを持ちたいという。

ヴァン　オーケー、次は誰ですか？

アンディ　うん、ジョー（他の参加者）、もし君がかまわないならば……君を最後にして……僕は覚悟ができたと思うから。（彼はホワイトボードのところへ行き、悲嘆に関するダイアグラムについて話し出した）最初は私は……可能かどうかよくわからないんだけれども……先へ行きたいと思っている。ここで「〈自然な子ども〉の欲求」とは普通の欲求のことですか。

❏これは反社会型が誰かと競争するときにとる、積極的攻撃行動の典型である。彼は単に次は自分がやりたいと言わずに、他のメンバーを最後にすると言う。私はこの小さい出来事に対決することができたが、このときは対決を控え、アンディがこれから何と言うかを聞くことにする。

ヴァン　（うなづきながら）〈自然な子ども〉の欲求です。

アンディ　しかし、小さいころからある……（成人）

ヴァン　そうです。

アンディ　一つしたいことがあるのですが……この部分をちょっとカットすることできますか……（つまり、悲嘆や感情を通じてワークすること）この部分だけ除けておくことできますか（彼や他の参加者は笑う）。僕が思うに、そのほうが楽だと思うんです。

❏これは罠の例である。彼は感情を用いないでワークをしたいと言うのである。私はすぐにその罠を指摘する――彼は自分が傷つきやすい状態になりたくないために自分の感情を無視したい。

ヴァン　これがあなたが人生でずうっとやってきたことだと思うよ……（グループメンバーは笑う。彼も笑い、うなづく）。だから感情がどうにもならなくなり欲求不満になったんだと思うよ。

❏しかしながらアンディは私を無視し、先へ行こうとする。

アンディ　最初にグループメンバー一人ひとりの所へ行き、私にしてくれたことを感謝したい。（彼は一人ひとり、ワークをした人の所へ行き、彼らのワークからいかにいろいろ学んだかを言って回った）

❏彼はこれらのことを非常に華やかに、ユーモアたっぷりに皆の気持ちを惹きつけるように行う。

アンディ　（ヴァンに）すごく大事なことだと感じていることを書き留めたんです。この大事なことはまだ私には引っかかっていて、で、われわれは……先生が良いと思うやり方でワークしてください。そのためにいろいろお話ししましょう……

❏ これも罠である。グループを誘惑しようとしている。彼は自分のワークの責任を私にもってきて、そうすれば私が彼のワークにもっとエネルギーを注ぐだろうと考える。それが彼の人を使おうとする狙いである。責任を彼に戻すよう対決する。

ヴァン　私が思うには、大事なのはあなたが自分のために何を変えたいか、だと思うよ。

アンディ　私は戻りたいと思っていて、うーん……皆がワークしてきた、それらの問題のいくつかをワークするって……私の一部では過剰防衛だって……

❏ 再び罠（「そうしたいと思う……」）である。これは私に彼の代わりに決めさせようというものである。私は再び、この罠に対決する。彼の「子ども」にふざけて投げかける。

ヴァン　確信を持つっていうのはどう？

アンディ　確信？

ヴァン　ええ、あなたのやりたいことに。私には、自分がそうしたいと思うんだけど、と聞えましたが。

アンディ　ああ、なるほど、元に戻って、私がワークしたいこととは……僕が準備ができているかどうかわからないけれども、でもどうなるかやってみましょう。でも、どうなのかな。

❏ 再び、彼は自分が決めるよりも私に決めさせたいと仕向けている。彼は自分がここで何をしたいかをはっきりさせ、きちんとそれを伝える前に私にワークをするように「差し向けて」いる。これはゲームの〈私に何かして〉〈捕まえられるなら捕まえてごらん〉というものである。そしてこのゲームにのると、私は彼を捕まえようとやっきになって、その結果、欲求不満で終わるだろう。私は再び対決する。

ヴァン　うーん、あなたが自分で最終的にどのようになりたいかがはっきりするまで、私はどこにも行きませんよ。あなたは自分のためにどのように変わりたいの？　ここでワークした結果、どのように今までと違ったふうになりたいですか。

アンディ　今あるがままの自分を受け入れられるようになりたい。新たに何か新しいことを人生のなかで増やしたくない……自分に何か加えるのではなく、または何かを捨て去るのではなく、自分自身を受け入れたい。

❏　このときの罠は、自分が欲しいものを手に入れる能力がないというものである。私はここに対決する。われわれは信頼関係がすでに出来上がっているので、私のコミュニケーション・モードを変える。私は彼のいたずらな「子ども」へ働きかけないで、その代わりに現実について「成人」の説明を投げかける。

ヴァン　君にはその能力があるよ。

❏　アンディは私の対決に反応して自我状態を変えた。

アンディ　そうですね……そう思います。

ヴァン　そうしたいですか。

アンディ　はい。

ヴァン　現在、どのようにして自分を守っているのですか。

アンディ　それは……うーん……合理化……知性化とか……うーん……恐れを何で……怒りを抑圧するとか。

❏　彼は再び、リアルな自分に触れないために、訳のわからない心理学用語を使い始める。私はこれを「子ども」の言葉に翻訳する。これは今までの交流のなかで見せたように、ほんの少しでも脚本から脱却するのが怖い、と感じているという意味である。だから、私の元の対決姿勢に戻って対決する。本当の自分に触れないで演じてしまうやり方に、おどけて対決する。

ヴァン　私はそういうことは一切わからないよ。あなたは全部意味がわかっているかもしれないけれども。だけど私にはわからない。あなたが演技しているって感じているんだけど。いろんなことを並べてくれたけれども、私には実際のところ、あなたが何を言いたいのかよくわからない。あなたはカクレンボの名人だと思うよ。

アンディ　（大変真面目に）ええ、そうです。（少し間を置く）

❏このとき、アンディは、私の対決を「成人」で受け入れる。今、彼の心は私と一緒にいる。

ヴァン　いつ、人を信用しないって決めたの。

❏ここで、私はストレートにその問題を扱うために、彼が行動化していたことをはっきりさせる。

アンディ　（ため息）わからない……いつ自分が人を信用しないと決めたのかよくわからない。だけどきっと私の人生の……とっても早い時期だったと思う。

ヴァン　きっとあなたは自分の欲しいものが手に入らないと思ったので、その代わりにこのような演技をするということをしてきたんだね。その欲しいものは何。

アンディ　はい、受容です。

❏彼の罠の行動は対決され、彼は自分自身、そのままでいるようになる。

ヴァン　誰から？

アンディ　親から。皆から。主に両親から、私の祖父母から。

❏自分自身であったら受け入れてもらえないと思ったら言い逃れが上手になるだろうと、私は反射する。これが脚本行動の肯定的な意図の例である。

ヴァン　彼らが自分を受け入れていないって、どのようなところからそう思ったの。

アンディ　（少し間を置いて）私が行った行動ではなく、自分自身であることを非難されたときに。

ヴァン　それで、結果として……自分自身になんて言っていたの。

❏クライエントが自分自身を守るためにした早期決断にまで追求する。彼の決断は見捨てられた痛みを防衛しようとした、反社会型の例である。つまり、自分自身の感情を捨て去ることである。

アンディ　僕は自分のなかに入り込む、そんなことを感じないですむように。だってとても辛かったんだ。拒否された感じとか、見捨てられたと感じないように。拒否された感じや受け入れてもらえないことを感じるもんか。

ヴァン　そのかわりに？　あなたは何をするの？

アンディ　何か、自分におかしいところがあるに違いないと思うだろう。「げっ、きっと僕は受け入れてもらえないような、何か間違ったことをしたに違いない」と思うだろう。彼らが間違えることなんてない……僕の全世界に相当する人が間違えることなんかあり得ない。これは僕の問題だ。

❏　これは「私はOKでない。あなたは、は！　は！」という立場の例である。すなわち操作するためにふりをする立場である。他の言葉で言い換えると、子どもは〈自分はOKではない〉というように行動しようと決め、そしてそれを自分の親を操作するために使う。

ヴァン　まだあるでしょう？

アンディ　どういうこと？

ヴァン　うん、はあ。

アンディ　僕はきっと怯えちゃう。自分自身に閉じこもってしまう。僕はいろんなものを恐れる。何か、自分に価値がないように感じるかも……受け入れてもらえるような価値はないって。なぜだかわからないが、ただ単に僕は受け入れてもらえないと。

ヴァン　だからあなたは「もし、両親が私のことを受け入れたくないと思っているなら……私は受け入れ難い子どもとして振る舞う！」、そういうことを言いたいの？

❏　私は早期決断が関連している罠を明らかにする。大人が彼を受け入れていないように行動するので、仕返しをするために彼の行動はエスカレートする。

アンディ　（うなずく。少し間を置いて）だから、私は一人で過ごす時間が長い……昔のことを考えようとするんだけど……小さいころのことを思い出すのが大変で……

ヴァン　あなたは本当に隠れるのが上手だ。

❏再び私は罠を明らかにする。この時点での罠の試みは、いかに反社会型が治療者をすきあらば出し抜こうとするかという例である。過去の親たちからされたように、治療者によって見捨てられるかもしれないという危険性から、身を守ろうとするのである。

ヴァン　きっと君は「カクレンボ」の大王だったと思うよ。（笑い）

アンディ　うん、たぶん……

❏〈捕まえられるなら捕まえてごらん〉ゲームにおどけた調子で対決した。クライエントは楽しんで受け入れる。

アンディ　まあ、うまいほうだったね。（笑い）それが関係あることだとは思わなかった。僕はカクレンボ好きだった！（ため息）僕……僕、今思うんだけど……あることを思い出した……私は一人で自分の部屋にいた。ドアを閉めて、一人で何かをやっていた……自分の空間で。自分一人のほうが安全みたい……誰もいないほうが。

❏クライエントは私やグループを出し抜けないとわかると、すぐに自分自身になる。

ヴァン　十分長期間それをやっていたらどうなると思う？

アンディ　私はＯＫになると思う。（頭を横に「いいえ」というように振りながら）

ヴァン　（ミラーリングで彼に返しながら）それであなたはＯＫになるの？（頭は「いいえ」と横に振りながら）

アンディ　僕の空想はもし僕が……（少し間を置く）僕……はっきりしないな。拒否をどうにかしなくてすむ。僕の恐れとつき合わなくてもすむ。

❏クライエントは、見捨てられたり、無関心から来る痛みの感情を回避するための防衛を、はっきりとさせた。私はその防衛の肯定的な意図を確認する。

ヴァン　そこに誰もいなければ相手を拒否もできないよね。

アンディ　そのとおり。当然ですね。たぶんそれが私が考えていたことかな。（ニヤっと笑う）

ヴァン　たぶんかな？（グループのメンバーはクスクス笑う）あなたのなかにはすり抜けの上手い子どもがいるね！（笑う）

❏おどけた調子で、再び彼の尻尾を捕まえさせないやり方に対決する。

アンディ　（笑いながら）うん、そう。（もっと笑う）だけど彼らもこっちを見ないわけだから。（真剣な調子で）

ヴァン　「だから、あなたが私を受け入れてくれるまで、私は自分自身を受け入れない」

アンディ　まだそのようなやり方でね。誰かが私を受け入れるまで、私は自分自身を受け入れない。

ヴァン　そこにいる「相手」って誰？

アンディ　「そこ」ってどこに？

ヴァン　あなたが子どものころ。

アンディ　私のうーん……主に父親。

ヴァン　その計画の問題点はね……そこにあなたがいないのに、どうやって彼らはあなたを受け入れられるのだろう。

❏私は早期決断の落とし穴を指摘する。それは彼を守ったが同時に、彼が本当に欲しいものを手に入れる邪魔をする。

アンディ　（少し間を置いて）うん、彼らはできなかっただろうね……もし、私がそこにいなかったら……だけど、僕は彼らと一緒だと思っていた。

ヴァン　ある意味ではね……あなたの一部は彼らと一緒だった。

アンディ　ええ。
ヴァン　あなたはそこにいたかのように振る舞ったけれども、でも本当のあなたはここに引き下がっていた。
（ジェスチャーをしながら、片方の手は前向きに、そしてもう一つは後ろのほうへ）
アンディ　そのとおり。（笑う）考えたこともなかったよ。友達と一緒にいるときの僕と、家族のなかにいる僕は違うんだ……だって家族に本当の自分を見せるのが怖いんだ。きっと家族は本当の自分を受け入れてくれないだろうって思うから。
ヴァン　君が言う恐れは、私に言わせれば「怒り」だ。
❏　彼が長年抑え込んでいる怒りを私ははっきりさせる。彼は自分が傷つきやすい状態になることや、家族に自分が受け入れられていないと感じることを怖れて、本当の感情を表現することを怖がっている。
アンディ　（ため息）うーん、私は恐れというけれど、先生は怒りと言うんですね。私はある状況での恐れを話したんですが……
ヴァン　あなたが自分に正直になることを恐れているのは……つまり、きっと両方の意味だと思うけど……だけど私はすごく怒りを感じましたよ。（彼はうなずき、笑う）
アンディ　ええ。
ヴァン　もし、十分辛く、十分長く、仮面をかぶっていれば何が起こるか、そのときの子どもの空想は何？
アンディ　それがどんなものだかよくわからない。
❏　これも罠である。しかし今回は遊び心が入っている。私もそれに答えて、ふざけて言う。
ヴァン　きっとそうだろうね……
アンディ　私のなかにある子どもの空想は、もし僕が十分仮面を被っていたら、大人たちに受け入れられるだろうって。

ヴァン　自分が欲しくもないものを十分もらったとしても、満たされないね！

アンディ　そうだよ……もし、あなたが一生懸命やろうとしていて……それは僕がやってきたことなんだけど、僕は自分の家族のために努力をしてきた。親に対して特にね。彼らが受け入れるだろうというイメージの僕をやってきた……だけどやっぱり僕は僕なんだ。それでイライラして、または僕自身を受け入れてくれないと、彼らとの間に距離を置こうとしたりした。（笑い）多くの人が自分自身を受け入れていない、だからどうやって僕を受け入れてくれるの？　だから自分自身を他者の意見にのっとって基礎固めをして、または他者が尊敬するようなイメージや受け入れられそうな外見からつくっていったんだ。

❏　彼が自分自身になろうとするときは、いつでも見捨てられたという痛みが出てくる。そしてその痛みを避けようと、自分から去る。私は彼が自分自身を見捨てていることに対決する。

ヴァン　あなたは本当に気を逸らして逃げるのがうまいね。それはあなたが本当の自分を見失っているときだと思うよ。つまり、あなたが本当に感じていることを見失っているということだけど。私は、問題はあなたがこれからもずうっとふりをしていたいかってことだと思うけど。または本当の自分になり、親たちが何を言おうと自分自身を受け入れたいかってこと。

アンディ　その……後者のほう。僕は……僕は……僕はそうしたい……ふりをしたくない……ふりをしないでいられるために必要なことは何でも……僕は……僕はしたいと思う。

❏　彼は私に責任を転嫁して、自分が何をすればよいかを私に言うようにもっていきたがっている。しかし私はそうさせない。

ヴァン　あなたしか答えられないと思うよ。

アンディ　（うなずきながら）まず必要な第一歩は。（少し間を置いて）僕がしたいことがある。僕は母親と父親に話したいんだ。

❏ 彼は私を引っかけられないとわかると、再び本音を言うようになる。

ヴァン　（二つの椅子をクライエントの前に持ってきて）本当の自分でなく、良い子でいるって決断したのは何歳のとき？

アンディ　（笑う）うん、もし、私が今でもふりをしているとすれば、それなら三十五歳だから……今はね、だけど……

ヴァン　その決断をしたときは何歳だったの。

アンディ　先生が聞いていることはそのことだと思いました。（ため息）わからない。

ヴァン　もし、わかったら何歳？

アンディ　もし、僕がわかっていたら？（繰り返して言う。頭を振りながら、そして笑いながら）もし、僕が知っていたら……もし、知っていたら……僕は……三歳か四歳。

ヴァン　そう言いながら、しっくりきてますか。

❏ 私は彼に自分の感情をしっかりと味わってもらうようにして、その感情についていってもらうようにした。この介入で私は、アンディに私と一緒に反社会型のターゲット・ドア、つまり感情に移行するように質問している。彼はだんだんと自分の感情に焦点を当てはじめた。しかしいまだに少しばかり距離をもちたがっている。

アンディ　三、四、五歳。だいたいそのくらいだとしっくりくるな。かなり早い時期に、意識的には覚えていないようなそんな幼児期に、自分に言い聞かせたんだ。それが実際は何歳かはわからないけれども。それは幼児期のどこかだ。

ヴァン　「私」は幼児期のあるところで決断した。

❏ 彼の感情を外在化する「それ」という使い方に対決する。

アンディ　幼児期早期に私は決断した。

ヴァン　それで、四歳か五歳のときに何が起こったの？（彼の親の椅子を移動させながら）ここに誰がいるの？

アンディ　お母さんだと思う。こっちはね。（彼の右側に移動させながら）そしてお父さんはあっち。（左側へと移動させながら）

ヴァン　彼らに対して本当の自分であるよりも、ふりをしたほうがいいと決めたとき、何が起こっているの？

❏　能動態現在形を使うことで、アンディがそのシーンにいるようにする。そのときの彼の感情にアクセスしやすくする。

アンディ　われわれが住んでいた最初の家を思い出すことができません。それから引っ越した先のどうしょもない所なら覚えている。幼稚園は覚えている。幼稚園に連れていってもらったことを覚えている。おばあちゃんやひいおばあちゃんも覚えている。はっきりしないんだけど……お父さんをあまり覚えていない……（感情が込み上げてきた様子）

❏　今、アンディは自分の感情に触れている。（彼のターゲト・ドアに移行しつつ）私は、ただちに彼をサポートする。

ヴァン　それは何？　何かに触れているみたいだけど。

アンディ　うーん……どれ……幼稚園に行くことは覚えている……（人さし指で鼻の下をこする）

❏　鼻の下を人差し指でこする動作は、子どもとして怒っているという意味であることが多い。その感情は、直接的に表現するには安全でないものである。私はそのことを取り上げる。

ヴァン　それは誰に対してやっているの。

アンディ　母です。お母さんが僕を幼稚園に連れて行ってくれたのを覚えている。それでそこにいてくれた。うん……僕は家に連れ帰らされた……自分が思っていたよりももっと早く……自分は受け入れられていない。

ヴァン　じゃあ、お母さんに言いなさい。
アンディ　うん……えー……僕を受け入れてくれない人は、うん、お父さんで、そしてうん、パパ、パパは、うん……どんな理由があるのかわからないけれども、僕自身を受け入れてくれなかった。なぜ僕を受け入れてくれなかったか僕にはわからないよ。受け入れていない……ほかに何を言えばいいのかわからないよ。……パパは僕を受け入れていない……
ヴァン　三、四、五歳で君はそれがどのようにしてわかるの。
アンディ　そう、それはいい質問だ。どうしてそれがわかったかわからないけど、どうあれ、わかっているんだ。ただ、わかっているんだ。わかってなければいけないんだ……パパと一緒に何かをしたってことは覚えていない。（父親に向かって）パパ、パパが僕と一緒に何かをしたっていう記憶がないんだ。
ヴァン　「だからお父さんが僕を受け入れていないんだと感じている」
アンディ　だからお父さんが僕を受け入れていないんだと感じている……
❏　彼が言わんとしていることをはっきりさせる。そしてそれを父親とのやりとりでチェックするようにする。
ヴァン　それが本当かどうかお父さんに聞いてみたら？
アンディ　本当？
ヴァン　そちらへ行って。そしてお父さんになって。
アンディ　（父親の椅子に座り）ああ、わしはお前を受け入れていないよ。（笑い）
❏　明らかにお父さんもまた感情に問題を抱えている。彼は神経質な笑いで値引きをしながら反応する。
ヴァン　（父親になっているクライエントに）内面ではどんな感じがしているの？
アンディ　（父親として）違和感があるよ。皆はわしを馬鹿にすると思う……わしをからかうんだ。きっと皆はわしのことを、身分の低い掃除人なんかだと思っているんだ。わしのことをどん底の人間だと思っているんだ。身分制度の高低があるとしたら。わしはものすごく周りの人に見下されていると思う。

ヴァン　あなたがアンディを丸ごと受け入れていないのは本当ですか。

アンディ　（父親として）わからんよ。わしが感じていたかどうか。（少し間を置いて）わかっていることは、他人はわしをわし自身として受け入れていないってことだ。そして、うん……

ヴァン　だからアンディを肯定するのが大変なんですね。あなた自身が肯定されていないわけだから。

アンディ　（父親として）うん、うん、わしとしてはどうしていいかわからん。うん、アンディ、わしはどうやっていいかわからん。わしはそういう技術を学ぶことをしてこなかった。わからん……

ヴァン　ところで、もしアンディがあなたが手に入れられなかったものを手に入れたら、腹を立てますか。

アンディ　（ヴァンに）私は父ですよね？　（父親として、アンディに）馬鹿たれ！　もちろんだ。もし、わしが手に入れられずにいるものを誰かが手に入れたら、なんか……こう……だまされたって感じるし……当然の配分をもらわなかったって感じるだろう。

❏　これは、親自身がもらっていないものを子どもに与えることができないというよい例である。

ヴァン　それでは代わって。だからあなたはお父さんが必要だったんだ。（クライエントは大きく笑う。そして神経質そうに笑う）……そしてあなたには小さな子どもがいて、その子は君と競争をしていたんですね。

アンディ　うん。（少し間を置いて）感じるんだけど、アンディとして父を見ていて、圧倒されてしまう……うー、とっても怖くって、彼は実際には僕をぶたなかったけれども僕を好きになろうとしない……

ヴァン　あなたの笑いは？　とてもおかしいとは思えないけれど。

❏　これはエリック・バーン（Berne, E.）が言った「絞首台の笑い」というものである（それは非生産的な、痛々しい状況などで笑うことである）。私の判断は彼は自分の父親に対してとても傷つきやすい感情になり、そのことについて神経質な笑いをしたのだというものである。私がその笑いに対決するので、彼はその下にある痛みを表出する。

アンディ　そうですね。悲しいです。(悲しそう)

ヴァン　彼に言いますか？　あなたが悲しんでいるのは……

アンディ　(父親に) 僕は本当に、本当に、本当に、悲しいんだ。パパが僕を受け入れてくれないから。

ヴァン　「僕はお父さんが必要だった」

アンディ　(泣き出す) オオ……僕はお父さんが必要だった……僕はあなたと一緒に遊びたかったし、僕と一緒にいて楽しいと思ってほしかった……それから彼から離れたい。

ヴァン　なぜならば？

アンディ　なぜならば、とても辛いから……だから僕自身を自分のなかから取り出し、どこかへ行きたい……どこでもいい、そうすれば、関わらなくってすむ……でもそれは変だよね……ちょっとおかしいね。(深いため息)

❏ 彼は受け入れてもらえないという痛みと、受け入れてほしい気持ちとの間で、がんじがらめになっている。私は、クライエントが父親とのエディプス期の三角関係に囚われているのではないかという勘がする。それをチェックする。それが父親が彼を受け入れなかった理由である。

ヴァン　あなたとお父さんはお母さんを巡って、競争していましたか。

アンディ　はい。それに決して公平ではないんです……全然……本当に違ったんです……

ヴァン　だからお父さんは知らなかったんだね。お母さんの取り合いをしなくっても済んだのに。

アンディ　彼を満足させることなんかできなかった。

❏ アンディは父親の脚本からの思い込みを再演していることがわかる。そして、私は「成人」の情報を伝えるという方法で対決する。

ヴァン　そこには……十分ということを彼は信じなかった。
アンディ　ええ……そのとおりです。
ヴァン　彼は夫であり、あなたは息子だ。まったく違った立場で、まったく違った愛し方ができるわけです。お母さんもこのことについては混乱しているように聞こえるけれど。
アンディ　（笑い）ええ、母はいろんなことがめちゃくちゃなんです。
ヴァン　お母さんと別れてお父さんに返す用意はできましたか。
アンディ　ええ……そうしたいです。
ヴァン　お母さんに言いますか「僕はあなたの夫でなく、息子だよ」って。
アンディ　お母さん、僕はあなたの夫ではないよ。夫の役割は果たせないよ。
ヴァン　ウン、あなたはできるかもしれないけれど……
アンディ　僕は夫の役割なんかしたくない。できるだろうけど……だけどそんな役割は嫌だよ。そんな立場は降りるよ。お母さんが僕にそんな役割を押しつけたことにとっても怒っている。

❏彼の怒りがはっきりする。私は彼の母親の裏切りを明確にするために動く。

ヴァン　誰がお母さんと寝ていたの？
アンディ　父です。
ヴァン　お母さんはあなたに、お母さんとの関係は特別で何でも許されるって信じさせたのに、それは君への裏切りだね。
アンディ　ええ、僕にはできないことです。僕は自分でやらないって決める。
ヴァン　よかったね！

アンディ　うん、僕はやりたくないよ。

ヴァン　ところで、もし、君が誰か心にとめている人がいたら、その人とつき合うことは大事だと思うよ。なぜなら、君がお母さんの結婚生活をサポートしている限り、あなたは自分の恋人を見つけようとしないからね。

アンディ　よくわかります。だからお母さん、もうあなたとの結婚は止めるよ。

ヴァン　どんな感じ？

アンディ　怒り……悲しみ……だってお母さんがしてほしいことは僕もしたい。僕はお母さんが期待した役割を十分果たしてあげられない。

ヴァン　あなたがそうしたい理由は……どうして？

アンディ　だって、僕はいい息子でいたいんだ。僕は受け入れてもらいたい。拒否されるのはまっぴらだ。僕は……

❏ これは喪失の痛みの例である。それは「子ども」の恐れを伴うものである。恐れとはもし彼が変わってしまったら、母親からの条件付きの受容さえも失ってしまうのではないかというものである。「子ども」ではお母さんに受容してほしいと切に願っているのである。再び、私は彼の母親の裏切りを明確にするために働きかける。彼は単に幻想を抱いているのだと気づく援助をする。

ヴァン　ところで、君は決して受け入れられなかったようには聞こえないけど。お母さんは純粋に君のために存在するのではなく、お母さんがしてほしいことをする君を欲しているように聞こえるよ。

アンディ　ええ、そうですね。私にもそう思える。母は私を受け入れたけれども、それは役割をもった私を受け入れたんだ。母がなってほしい私をね。

ヴァン　うん、お母さんは息子よりも愛人として受け入れようとしたんだね。

アンディ　(少し間を置いて)僕はママを傷つけたくない。これ以上やりたくない。ことに……ママを傷つけたくない。

❏ アンディの現在形の使い方から、彼は自分の脚本の信条に戻ってしまっていることがわかる。私は対決する。

ヴァン　どのようにお母さんを傷つけるの？

アンディ　私は母が私にして欲しいことをやらないってことで傷つけるだろう。母が私に与えた役割を十分果たせないことで傷つけるだろうし……母がどうしてそんなことを思ったかわからないけれども。母は祖父に性的虐待を受けていた。それが私にどう関わってくるのかよくわからないけれども。

❏ これは問題が無意識のレベルで、いかに時代を超えて受け継がれていくかのはっきりした例である。

ヴァン　彼女はそのモデルだよ。彼女の父親は彼女を妻に仕立て上げようとした。そして彼女は君を夫に仕立て上げようとした。私がわかっていることは、君はお母さんを傷つけることはできないってことだよ。自分が傷つくか、それともほかの感情を持つかは彼女が決めることだよ。

アンディ　ですが、小さい子どもとしては、私が母を傷つけると本当に思ったんです。(深いため息)

❏ この言葉で、われわれはアンディが脚本から脱却する重要な動きをしたとわかる。この事実は過去形を使っていることから、そして彼が使った「小さい子どもとしては」と「できると思ったんです」という表現から聞き取れる。その後に続くため息は、彼が長い間持ち続けてきた脚本の立場から抜け出したことから来る悲しみと一致したものである。けれども、その脚本は大人としては逆効果なものではあるが、馴染みのある「居心地の良い」ものでもあった。私はただちにアンディの変化を確実なものにするために働きかける。

ヴァン　もし、かまわなければ、ここで自分の両親とは反対の理想的な両親を象徴するような人を選んでみませんか？

❏ このエクササイズの目的は、彼が子どものときには決して得られなかった、彼のために側にいて、彼を真実愛し、受け入れるという象徴的な親の体験をすることである。

アンディ　ええ、やりたいです。（象徴的な理想の親の役割として、二人のグループメンバーを選ぶ）

❏（あることを理想の親に言うように指示をする）

理想の父親　そのときに戻って、もし私が君の親ならば、君と競争なんかしないよ。私は父親であり続けるし、君はぼくの息子だ。君を受け入れるし、一緒にいて楽しいと思うだろう……そして妻を巡って、君と取り合いなんかしないだろう。（クライエントは泣き出す）

理想の母親　そのとき私があなたのお母さんだったら、私はあなたを愛人としてではなく、息子として愛するでしょう。私は夫とだけああいう愛し方をするでしょう。（理想の両親はお互いに抱き合う）

理想の両親とも　われわれはお互いに愛し合っている。私たちは君を息子として愛している。あなたは私たちの間には入って来られないよ。（クライエントはおかしそうに笑い出す）取り合いなんかしなくてもいいんだよ。皆に行き渡るだけ十分愛があるんだよ。

ヴァン　彼らから聞きたいこと、他にありますか。

アンディ　いいえ、十分です。マットレスの上で怒りを発散させたい。（グループは彼を押さえ、彼は怒りを発散させるために、マットレスを叩く。両親との関係で不当に扱われたことに対する怒りである。このエクササイズはクライエントが体のレベルで自分の怒りやパワーのすべてを感じ、それでも自分も他の人も傷つけることがないという経験をするのに良いものである。グループが彼を押さえていることが、体のレベルでこれらの枠を作るのに役立っている）

理想の両親　君の感情は、それはそれでいいんだよ、君のパワーもいいものだ。われわれはそれらの感情を受け止められる。君は自分の感情を使って自分自身を大事にするだけの価値がある。

アンディ　本当？

理想の両親　本当だとも。

❏　これらの過程を経て，クライエントは理想の〝両親〟からサポートを受けている。このことが彼の実際の親から彼自身を分離させることになり，そして彼が今まで受けて来たほんの少しの受容を失う恐れなしに，彼自身の本当の感情を経験することができる。

アンディ　（生き生きとした，そして怒りから開放された笑い。それから理想の親に向かって，何回も「君の感情は当然だし，その感情を使って自分自身を大事にするだけの価値がある」と言ってほしいと頼んだ。彼は輝くように笑う）ありがとう，皆さん！

グループ　どういたしまして！

❏　彼は成功裡にワークを終える。そして，誇張したり仮面をかぶったりするのではなく，自分自身でいることや，真実の思いやりを受けたり与えたりすることを学ぶ。

まとめ

反社会型はどんな犠牲を払っても生き延びようと決断した。誰も信じず，そして子どものとき自分たちが馬鹿にされたと感じたやり方で，相手を馬鹿にする。自分の欲求を満足させるためには，他人を利用するのではなく，他者との協力のもとでそれを行うことを彼らは学ぶ必要がある。また，両親とは違って，他者は自分たちの欲求を満たすために協力してくれるという経験を持つ必要がある。そうすることで他者への信頼を培い，他人を餌食にするのではなく人類に再結合するのである。

アンディの上記のワークは，このプロセスを描いている。彼は最初，本当の自分であるよりもむしろ仮面をかぶることで，グループに対して誠実ではなかった。彼は本当の感情を感じずに，脆い自分を見せることなしにワークをやろうとした。

彼はそのことから逃れられないとわかると、自分に正直になり本物の感情を感じるように変化した。彼は両親との間で経験してきたことからくる先取りした拒否への恐れではなく、グループから愛情や支持を経験したのである。彼は人とのつき合いに、誇張をしたり仮面をかぶったりするのではなく、親密であることの良さを発見した。

第25章

複合した適応タイプを持つクライエント

前章で説明したように、すべての人は、最低でも一つの「生き延びるための」適応タイプと、「行動上の」適応タイプを持つ。治療において、人が訴える問題は、主には一つの適応タイプに関連するものかもしれない。第19～24章までに述べたワークすべてがそれである。しかしながら、一方ではクライエントは一つの適応タイプからではなく、同時に二つ、もしかしたら、もっと多い種類の適応タイプからきている場合もありうる。たとえ、訴えが一つの適応タイプからきているものだとしても、それらの情報がその人の全般的なパターンを知る助けになるならば、他の適応タイプを考えておくことは有用であろう。それゆえに、関連する多数の適応タイプに気をつけておくことは大事である。このことを気に留めておくことで、あなたはクライエントが望む変化へ手助けすることが、より良くできる。

それゆえに、ケースの初回からすぐに、〈生き延びるための〉と〈行動上の〉適応タイプの両方を見立てておくことは良いことである。各適応タイプの性格特性の知識を使って、この作業に突き進みなさい。たとえば、責任感ある仕事中毒者（強迫観念型）が主な適応タイプの例でいえば、彼は仕事をやりすぎ、抑うつ的となって来所するだろう。同時にまた、そのクライエントが自分の欲求よりも他者の欲求のほうを優先させる傾向があり、自分のしてほしいことを頼まない傾向にあれば、それらをチェックするのは大事なことである。もし、クライエントがそれに当てはまるのなら、創造的夢想家が視野に入ってくる。彼の問題の一部分が、彼が自分の子どもっぽいところや遊び心を見せるのは安全ではないと感じているところからきているのか（才気ある懐疑者）。または自分の欲しいものを手に入れようと他者を操作しているのか、そして彼のそばにいたくないと人に思わせてしまっているのかどうか（魅力的操作者）。それぞれの場合、自分自身を抑うつへともっていかないで、クライエントがどのように自分の欲求を満足させるかを学ぶ援助をしなさい。そのためには、異なった治療のやり方が必要とされるのである。

複合適応タイプの診断

第6章で、最も一般的な複合適応タイプのいくつかを、その人の外見とか態度からどのように見分けるかを述べた。前に説明したプロセス・モデルのヒントを使って、診断をすることができる。プロセス・モデルとは、ドライバー行動、ウエア理論から見た違い、そしてコミュニケーション・モードである。そして人はどのように人とつき合うかである。適応タイプの行動上の手がかりを観察することで、あなたの診断能力をより正確にすることができる。これについては第9章で説明したが、さらに他の診断方法がある。また「人格適応タイプ質問紙」（付録C）のようなテストもある。

複合した適応タイプを持つクライエントの治療例

ジョアンは、個人成長ワークショップのグループメンバーの一人である。私の見立てでは、彼女の生き延びるための適応タイプは、スキゾイド型と一部パラノイド型である。そして行動上の型は、演技型と一部強迫観念型である。

ヴァン　今日、あなたの何を変えたいですか。

ジョアン　（大変陰鬱そうに）うーん、お母さんが木曜日に来るんです。

ヴァン　（おどけた調子で）え！　どうしよう！

❏ 私は彼女の演技型におどけた調子で反応する。そして〈順応した子ども〉から脱して、〈自然な子ども〉へと導く。

ジョアン　（笑いながら）お父さん、私、本当に会うのを楽しみにしているのよ……そしてお母さんも楽しみなんだけど、私、固まっちゃっているの。だって二人は六日間もこっちにいる予定なんだもの……

❏ 彼女は演技型をとっていて、予想される出来事に対して感情的に過剰反応をしている。

ヴァン　（優しい、慰めるようなトーンで）あなたがそう言っているとき、いろんな感情がありそうですね（彼女はうなずく）。あなたの気持ちを教えて。私にはあなたが悲しそうに見えるし、下唇を噛んでいるよね。

❏ 私は養育モードで彼女の感情に向けて話しかけた。感情は、演技型のオープン・ドアである。

ジョアン　私怖いんです。

ヴァン　何が？

ジョアン　あんまり意味がないかもしれない……お母さんが四六時中私をむかつかせるんじゃないかって……いらいらして……いつもお母さんが私の後をついてきて……私にはプライバシーがまったくなくなって……お母さんは私の箪笥の引き出しを引っかきまわし、いろんなところをかぎまわるんじゃないかって。

❏ 彼女が推測している成り行きは、彼女の演技型と同様にスキゾイド型から来ている。それは母親とだと適切な距離が保てなく、自分のパワーを失い、自分自身でいられなくなるというものだ。私は、ジョアンが言った「母は私を苛立たせる」という言葉から、〈強くあれ〉のドライバーを聞き取る。そしてそこからスキゾイド型を考える。

ヴァン　それでお母さんは入り込んで来るの？

ジョアン　（うなずきながら）とっても！　だから私は離れたの。母のそばにいないほうがよかったから。

❏　逃走するという解決方法は、逃げ出すという演技型からも、そして引きこもるというスキゾイド型からも来ている。

ヴァン　そして最初は怖がっていたけど、そのうちに怒り出した。お母さんとの間に距離を置くこととか、お母さんがそんなふうに侵入してきたときに怒りを使うことに、何か怖いことでもあるんですか。

❏　彼女の恐れ（ラケット感情）の下には怒りとパワーがあり、それらは本物の感情である。問題を解決するために役立つ、〈自然な子ども〉の感情を使う必要がある。

ジョアン　私、今までお母さんが強引に侵入してきたとき、これ以上はダメと絶対に入らせない境界を引いたことがなかったわ。決して……

ヴァン　あなたが今までしたことで効果的だったことは何？

ジョアン　ああ、たぶん叫ぶことよ。（笑い）または母が馬鹿にしない、今までと違った人生哲学を教えることだわ。これは馬鹿げたことだったわ。

❏　叫ぶことは演技型のエスカレーションの一つの例である。「母親を違った哲学へもっていこうとする」ことは、不適切な行動に対して対決するのではなく、支持的になろうとする、スキゾイド型の試みである。

ヴァン　だから、自分の怒りを使わないで叫ぶことで感情を解放したり、お母さんに一条の光りを見せることで、サポートしようとしたんですね。

ジョアン　ええ、または、母から離れようとしたり、無視したり、いろんなことをうまく隠そうとしたわ。

❏　これらもまたスキゾイド型の戦略である。

ヴァン　両方とも——叫ぶとかどこかへ行っちゃうこととか——は自分の怒りをきちんと感じないで、行動化する方法です。

❏ もし、彼女がきちんと自分の怒りを感じたら、それが解決へ向けての動因になっただろう。そして、母親からの侵入に対して、適切な距離を取ることになったであろう。

ジョアン　ええ、怒りは許されていなかったわ。少なくとも、家族のなかで母に対してはね。（首の後ろをもんでいる）

ヴァン　首の後ろをもんでいるね。何を経験しているの？

ジョアン　かゆいんです。

ヴァン　そこは人が怒りを感じているときに、よく触るところなんですよ。

ジョアン　私本当に怒っているの！　今まで、人生の至るところで、侵入されたって感じているの。

ヴァン　そう言っているときに体の中で何が起こっている？

❏ 自分が怒っているときの自分の体の様子に気づくように援助したい。

ジョアン　熱くって、汗をかいているわ、それに赤い。

ヴァン　うん、もし、それらの感情のままにいたら、どんな空想をする？

ジョアン　（深く息を吸い込み、ゆっくりと吐き出す）

ヴァン　何を恐れているの？

ジョアン　きっと、私爆発しちゃうんじゃないかって。（笑い）

❏ これはスキゾイド型の誇大化である。

ヴァン　（おどけた調子で）はーん、おもしろいね。誰かが破裂したの見たことないなあ！

❏ 私は誇大化された「**子ども**」の自我状態の恐れから、「**成人**」の自我状態への汚染を解除するよう働きかける。

ジョアン　（笑う）

ヴァン　爆発ってどういう意味？

ジョアン　（ため息）うん、私ヒステリックになるかも。

ヴァン　叫ぶってこと？

ジョアン　ものすごく怒り出して、誰かを傷つけちゃうかも。

ヴァン　どのようにやるの？　お母さんにどうするの？

ジョアン　私、彼女を壁に投げつけるかも、または床に叩きつけて、蹴るかも。

ヴァン　そう、じゃ、ちょっとそれをイメージして……お母さんを床に叩きつけて、蹴っているところを。ほかには？

❏ 空想でこのようなイメージをすることで、自分の感情を感じても安全であると経験できる。そしてイメージのなかで怒りを管理することができると知る。イメージで行うのは、現実生活でこのようなことを彼女はやりたいとは思っていないからである。このようなイメージをすることで、喜びを獲得することができる。これが行動と感情の区別をつけることの助けになる。そして、行動と感情はまったく別なものであると、経験する助けになる。

ジョアン　唾を吐きかけたいわ。（笑い）

ヴァン　お母さんを蹴ったり、唾を吐きかけたりしているとき、どんな経験しているの？

ジョアン　ある部分では良い気分で、ある部分ではお母さんが可哀想。

ヴァン　うん、はあ、ええ。

ジョアン　もし、私がそうしたかったら、実際にやれると思うわ。

ヴァン　ええ、お母さんが可哀想という感情についてもっと言ってみて。

ジョアン　うん、お母さん、ボールのように体を丸めて、私にぶたれている、哀れだわ……

ヴァン　反対に言えば、彼女はその価値もないってこと？

ジョアン　ないわ。

ヴァン　それからお母さんがボールのように丸くなっていて、ぶたれていて、あなたはどんな感じがし始めているの？

ジョアン　つまり、いじめている気分よ。

ヴァン　だから、あなたは自分のしていることに、罪悪感を感じ始めたのかもしれないね。

❏ この実感は、イメージしていることを現実にはやりたいとは思っていないことを経験するのに役立つ。

ジョアン　ええ、心の底から私わかったわ。私はお母さんよりもっとパワフルだってこと……そしてもし、そのパワーを出したら……お母さんを傷つけてしまうってこと。

❏ これはスキゾイド型の持つ、自分がお母さんには重荷なのではないかと恐れ、むしろお母さんを助けたいと思っていることの例である。私はそれ以外にも選択肢があることをはっきりさせるために援助したい。

ヴァン　自分のパワーや、怒りを感じながら、それを害のないように表出することができるって想像できますか？

ジョアン　ええ！　つまり私（笑い）私ダイアン・ソイヤー（訳者註：ＡＢＣのニュースキャスター）のような人はパワフルで、彼女のような人ははっきり言えるんじゃないかって思うわ。

ヴァン　それじゃ、ダイアン・ソイヤーになってみて。そしてそこにあなたのお母さんがいると思って、（空の椅子を指し）あなたが言いたいことを言ってみて。

ジョアン　（断固とした調子で）ここは私の家よ。これも私の壁よ。それにここは私の部屋であなたは入ってきてはいけないの。自分の食べたい物は何でも食べていいわ。このトイレは使ってもいいわよ。もう一つのトイレは私専用なの。この机の中のお金をチェックしてほしくないわ。それに私のコンピュータを使って、私がどんな仕事をしているかを見ないでほしいの。これは私の領域で、あなたの領域はそっちにある

ヴァン　でしょう。それから、共通の空間は一緒に使いましょう。
ジョアン　そう言いながら、どんな経験しているの？
ヴァン　すごく当然のような気がするし、効果ありそうね。
ジョアン　感情ではどんな感じなの？
ヴァン　明るい。熱いとは感じないし、内臓が固くなってないわ。
ジョアン　自分の怒りやパワーを感じながら、熱くはなっていないし、緊張もしていないんだね。ところでお母さんは何をしているの？
ヴァン　私、決してやらないだろうな。

❏　次のステップは、彼女がそれを現実の生活でできると実感し、そうしようと決心するのを援助することである。

ジョアン　あなたは今したじゃない。だからお母さんの反応を見てみようよ。
ヴァン　（再び、首の後ろをこすりながら、そして笑っている。これらの動作を私はミラーリングする）母はそのとおりと思うでしょう。だけど、自分がこそこそ嗅ぎ回っているのを追求されるのは嫌だと思うわ。
ジョアン　あなたは何って言い返したいの？
ヴァン　「あなたはこそ泥よ！」って。
ジョアン　そのとおり！
ヴァン　あんたはずうっと嗅ぎ回まわる人生よ……自分が、ああそうかって納得したいのよ。彼女は完璧ではなかったし。
ジョアン　あなたは何を感じているの？
ヴァン　成長は可能ね、（笑い）お母さんでさえも成長できるってことね！
ジョアン　想像してごらん。（笑い）自分の怒りやパワーを感じるようにすると、それはあなたのためだけではなく、お母さんのためにも利益があるよ。
ジョアン　うん……本当にそうね……どうあれ、お母さんは混乱しているのよ。
ヴァン　今、何を経験しているの？
ジョアン　軽い感じ。
ヴァン　いいね！　他には？　それとも終わった？
ジョアン　いい感じだわ。お母さんは私と近くにいたかったのよね。その方法がああいうやり方で……私を取り込もうとしたの。私、受身的につき合うのではなく、母と対等にきちんと渡り合えると感じているわ。
❏　彼女は自分の恐怖を解決し、怒りやパワーを経験したことで、にっちもさっちも行かない状況に出口を見つけることができた。
ヴァン　そのことを続けたい？
ジョアン　そうしようと思うわ。
ヴァン　つまり、実験してみるってこと？
ジョアン　ええ！
ヴァン　それに、あなたが自分の感情を解放することがキーポイントだと思う。体の中にあるあなたの怒りとかパワーとか。別に叫ばなくってもいいし、お母さんを投げ飛ばしたり、蹴るとか、唾を吐きかける必要はない。（笑い）逃げ出さなくってもいい。単にお母さんに直接言えばいい。ダイアン・ソイヤーのように。自分がダイアン・ソイヤーで、お母さんに伝えているところを想像して。そうする？
❏　彼女が自分で考えた以前とった行動は、叫ぶことやヒステリックになること（演技型）、または引きこもる（スキゾイド型）だった。今や彼女は適切な距離を置き、自分が感じていることを行動化するのではなく、ストレートに話すことができる。

ジョアン　はい。
ヴァン　いいね。

まとめ

これは、クライエントの〈生き延びるための〉と〈行動上の〉両方の適応タイプに注意を払っておくことが、いかに有効であるかのよい例である。それぞれの適応タイプが普通、クライエントの抱えている問題に関連してくる。両方を知っておくことで、治療者は最も効果的な方法で治療を進めることができる。

この症例では、私はクライエントが問題を解決しそれをやり遂げるために、オープン・ドアである（演技型の）感情や（スキゾイド型の）行動を使って、（両方の適応タイプにとっての）ターゲット・ドアである思考へと働きかけた。彼女は両方の適応タイプから、引きこもるか行動化するかのどちらかの選択肢しかなかったことで、自分自身を制限してしまっていたのである。

おわりに

心理的な問題を持つ人びとに対して、これまであまりにも長い間、いわゆる「我関せず」(us and them) という姿勢が存在していた。これは、そこに存在する問題が自分たちとは関わりがないとする、社会の姿勢である。このような精神性は、西洋社会のかなりの部分に、どのような文脈であれ、感情を問題として取り上げることに対する恐怖に近い反応のあることを示唆するものと考えられる。精神衛生領域の治療者、それに一般読者に、本書が情緒的困難を持つ人びとをもっと「自然な」見方でみる助けになってくれることを願っている。情緒問題を体験する人びとは、誰もが体験するものを少しだけ強く体験しているにすぎないのである。

人間は誰でも、本書で述べてきた六つの適応タイプの何らかの組み合わせを持っている。人によって違いが出るのは、人びとがこれらの適応の肯定面と否定面をどのような比率で用いるかということにある。「良い」適応と「悪い」適応があるわけではない。どの適応も、与えられた歴史的状況のなかで自分を守り、生き残るための最善の選択であったからこそ、発展してきたのである。今でも、同じような状況下では、それが最善の適応であることに違いはない。違うのは、成人には子どものときに経験したような制限がなく、自分を守るさまざまな手段を持つという点である。

私たちは誰でも、どの適応による行為でもとることができる。けれども、自分の好みの適応「スタイル」がやはり存在している。目標は、すでに持っている自分の適応を変えることではなく、それぞれの適応の肯定面をいかによく用い、否定面をいかに排除するかということである。そうすることによって、それぞれの適応によって制御されるのではなく、それらの適応を制御することができる。われわれが健康であればあるだけ、その場の状況に適したあらゆる適応の肯定的行為を用いることができる。

こうした思想は個人を理解するのに役立つばかりではなく、さまざまな文化を理解するのに貢献する。「われわれと彼ら」姿勢は、これまでしばしば、文化内の調和を乱す働きをしてきた。人格適応論は、この領域でも助けになると信じている。いくつもの国でこの理論によって治療をした私の経験から申し上げると、いかなる文化にも、ある特定な適応タイプを「正しい」、あるいは少なくとも好ましいとする姿勢が見られる。たとえば米国では長い間、男性は責任感ある仕事中毒者、女性は熱狂的過剰反応者であることが好ましいとされてきた。現在は「ポップカルチャー」の流行のなかで、両性とも魅力的操作者が好まれる傾向にある。一方、ラテンアメリカ諸国では、米国に比べるという話であるが、女性が責任感ある仕事中毒者、男性が熱狂的過剰反応者であることが期待されている。フランスでもまた、男性はしばしば熱狂的過剰反応者の役割を振り当てられている。ところがドイツでは、男女ともに才気ある懐疑者が社会から好意的な反応を受ける。またイギリスでは責任感ある仕事中毒者が好感を得、日本とスウェーデンでは創造的夢想家が高い評価を受けている。他方、インドではおどけた反抗者がよく見られ、イタリアでは魅力的操作者が多い。

人格適応に関わるあらゆる事柄がそうなのであるが、それぞれの文化に好みの人格適応タイプがあるということは、肯定面と否定面を持つ。肯定的な面は、人格適応の文化的基準に従うことによって、その文化内で容易に受け入れられるということである。一方、否定的な面は、ある文化内である人格適応タイプが「良い」適応タイプであると見なされるならば、それに応じて別の適応はおそらく「悪い」適応タイプと見なされることである。その結果、「悪い」適応タイプを持つ人は、その文化内で自分をOKと感じるのに困難を覚えるであろう。さらに、「良い」「悪い」という適応タイプに対する評価は、「われわれと彼ら」姿勢を生む基礎となり、さらには、この「われわれと彼ら」姿勢が、文化内における誤解と軋轢を生み出すことになる。私たちすべての者にとって大切なことは、どれかの適応タイプが特に「良い」ものであるとは考えず、どの適応タイプも価値あるものであることを認め、それらを適切に用いることであると言いたい。

違いがあるからこそ、われわれの世界は、より興味ある場所となるのである。誰もが同じであったなら、たしかに世界は退屈なところとなるであろう。われわれは信じる。どの適応タイプも同じように理解され、等しくその価値を認められるなら、人びとはより容易に自分の文化内の正真正銘の差の存在の価値を認め、祝福し、そのうえそれらを楽しむであろう。最近、ヨーロッパを訪問したヴァン（Joines, V.）の義理の母がTシャツを買った。そのシャツには、「統一ヨーロッパ」と題した次のようなメッセージが印刷されていた。

天国において
警察官はイギリス人
料理人はフランス人
銀行員はベルギー人
舞踊家はスペイン人
恋人はイタリア人
そして、すべてを取り仕切るのはドイツ人

地獄において
警察官はフランス人
料理人はイギリス人
銀行員はスペイン人

舞踏家はベルギー人
恋人はドイツ人
そして、すべてを取り仕切るのはイタリア人

ヨーロッパ諸国の人びとはこのTシャツの言葉を見て、当たっている、とにやりとするかもしれない。けれども、六つの適応タイプを理解し、それらすべてを評価するわれわれは、考えてみる。イギリス人にも優れた料理人がいるに違いない、ベルギー人の飛び抜けた舞踊家もいるだろう、われわれが出会ったドイツ人だって皆が優れた管理者ではなかったし、そもそも人を組織することにまるで興味がない人だっていた。

本書の初めにわれわれは次のように言った。「誰もが、それぞれに独特な適応タイプの組み合わせを持っている。私たちが他人と異なり、また同じであるのは、これらの適応の総合の結果である」。適応タイプを理解し、どの適応タイプにもそれぞれの価値があることを認めるならば、人びとは個人間のまた文化間の類似性そして差の両方を、より以上祝福することができるであろう。

いうまでもなく、われわれはさらに適応タイプについて、また、なぜ私たちは今あるような存在であるかについて、研究し、観察し、学び続けるであろう（人格適応タイプの分類システムが過去にはどうであったかなど、歴史的な問題に関心のある読者は、付録Aを参照されたい）。本書で述べてきた人格適応タイプのモデルは、たしかに、私たちの職業面でも、個人の生活においても、自分を成長させ理解するうえで重要な鍵となる。願わくば本書が読者の皆さんのお役にも立つことを願う。

付録A

今までの性格分類理論と人格適応タイプとの関連性

テオドア・ミーロン（Millon, T.）は、著書『人格障害』（1981）と『人格障害――DSM-Ⅳとそれ以降』（1996）で、人格の分類に関する優れた再検討を行っている。同書で彼は、「人格」という用語は個人を特徴づけ、他人と区別するのに一般的に使用されてきた、と指摘している。この言葉の語源は、古代のギリシアの演劇で使用された仮面、ペルソナである。演劇の仮面は、仮面をかぶっている俳優の特性ではなくて、仮面によって見せかけられるものを表しているが、言葉の意味は時代とともに変化して、後には仮面ではなく、現実の人や個人の隠された内側の特性を意味するために用いられるようになった。ミーロンによれば、今日、人格とは以下のように考えられている。

「主に無意識的で容易に根絶することができず、ほとんどすべての面で自動的に自分を表現してしまう、深く埋め込まれた心理学的な特性の複合的なパターンであり、内因的かつ多くの側面に現れ、生物学的気質や経験的な学習の複雑な組み合わせから出現し、個人の知覚、感情、思考、生き延び方の特徴的なパターンを含んでいる」（Millon, 1981, p. 8）

歴史的起源

人格の正式な分類は、ギリシア時代の早期に始まっている。紀元前四世紀、ヒポクラテス（Hipporrates）は基本的な気質として、不安・易怒性、うつ（メランコリア）、気まぐれ、冷静・冷淡の四つを明らかにした。彼はそれらを黄胆汁、黒胆汁、血、粘液の過剰に起因すると結論づけた。数世紀後に、ガーレン（Galen）は次のように修正した。不安・易怒性は短気と関連しており、気まぐれは人を楽天的にし、うつ（メランコリア）は悲しみに向かわせる。そして、冷静・冷淡は無感動な気質であると考えられる（Millon, 1981）。アリストテレス（Aristotel）は外形、特に顔形と顔つきで性格特性を特定しようとした。

十八世紀にフランツ・ヨーゼフ・ガル（Gall, F. J.）は、頭蓋の隆起を読み取ることによって、人格を判定する科学的方法を打ち立てようとした。「骨相学」と呼ばれるこの試みは、心と体の間に直接の関係があると主張する最初のものの一つであり、彼はその人の思考や情緒の強さと特徴は、脳と頭蓋の大きさと形に関連があると結論した。頭脳の発達は頭蓋骨に顕著に現れるので、骨相医が触診することで個人の人格の性質が明らかにできると考えられたのである（Millon, 1981）。これは興味深い試みではあったが、方法論的に有効性がまったくなかった。妥当なのは、後年ヴィルヘルム・ライヒ（Reich, 1933）が解明した、心と体が関連するという仮説である。

二十世紀初期の理論家

二十世紀初期の理論家たちは、健常な人格を対象にした研究者と、異常人格に焦点を当てた研究者に分けることができる。さらに健常な人格の研究者は、性格に焦点を当てる研究者と、気質に焦点を当てる者に分けることができる。気質はしばしば異なった性格類型に共有されるので適応の考えとはうまくかみ合わないが、性格に焦点を当てるアプローチは、ウエア（Ware, 1983）、ケーラー（Kahler, 1972, 1982, 2000）、ジョインズ（Joines, 1986, 1988）（訳者注：この三名が連記される場合は、以下「われわれ」と記す）の人格適応論の研究と、密接に関連している。性格に焦点を合わせると行動をより正確に記述し、さらに行動を互いに区別することが可能になるのである。

性格の理論家

『情緒心理学』（1890）を著したフランスの心理学者リボー（Ribot, T.）は、感受性と活動性に基づいて性格類型を公式化した（Millon, 1981）。彼が特定した人格類型のいくつかは、以下のとおりであった。①「控え目な性格」、限られたエネルギーと過剰な感受性が特徴である。②「瞑想的な性格」、過剰な感受性と受動的行動が特徴である。③「感情的な性格」、極端な感受性と活動的な傾向が特徴である。他に「無感動な性格」と「計算高い性格」という類型があった。リボーはこの分類で、本書で述べた、スキゾイド型、パラノイド型、演技型、受動攻撃型、反社会型の人格適応と、同じ現象を述べていると考えられる。

オランダの二人の心理学者、ヘイマン（Heymans, G.）とヴィエルスマ（Wiersma, E.）（Beiträge zur speziellen Psychologie auf Grund einer Massenuntersuchung, *Zeitschrift für Psychologie*, 42, 46, 49, 51, 1906-1909；Millon, 1981）は、活動レベル、情緒性、外的および内的刺激に対する感受性の三つの「基本的な条件」から、八つの性格類型を示した。これらの分類は、さまざまな個性タイプを区別するのに有用であり、いくつかは、われわれが説明した六つの人格適応タイプを識別するのに使用するものと同じである。

ロシアの心理学者ラザルスキー（Lazursky, A.）は、著書『性格科学の概要』で以下の点を指摘している。

「性格は外観上、三類型に分類することができる。①社会に否定的に関わる人びと、すなわち日々の問題に無関心な人びと、環境からの要求に最低限で適応している人びと。②環境によって型にはめられている人びと、すなわち彼らの行動と動作を導く外的状況に依存している人びと。③自分の運命の主人である人びと、すなわち環境をコントロールし、他人の意思と独立して機能する能力がある人びと、である」(Millon, p. 29)

ラザルスキーの説明は、バーン(Berne, 1972)の機能不全に陥る人生の三つの基本的立場という考え(すなわち、人びとの間に共通に見られる人生に対する態度)、すなわち、①私はOKではない-あなたもOKではない、②私はOKではない-あなたはOKである、③私はOKである-あなたはOKではない、の三つに類似している。

気質に関する研究

気質に関するアメリカ人研究者のウイリアム・マクドゥーガル(McDougall, W.)は、著書『社會心理学概論』のなかで「情操の総合」を検討し、行動の推進力の強さ(強烈さと緊急性)、持続性(内的、外的表現)および情動性(情緒的感受性)という、ヘイマンとヴィエルスマの考えに類似する三つの次元の組み合わせによって、八つの「気質」を導いた。この三次元は人格を類型化する際に広く使用されるようになった。

近代の系統的記述

アーネスト・クレッチマー(Kretschme, E.)は著書『性格と体格』で、人格をその人の物理的な構造と関係づけようと試みた(Millon, 1981)。彼は人を以下の四つのタイプに分けることができると提唱した。①「循環型」(小ぶりで、大きい胸部と腹部、やわらかくて筋肉があまりない手足、肥満傾向)、②「粘着型」(幅広な筋肉の発達と広い骨格の資質)、③「虚弱型」(こわれやすくて、薄っぺらな筋肉質、およびもろい骨構造)、④そして「非典型」（他の三つの型が混合し、ぎこちない身体構造を生み出す）、である。

クレッチマーは、躁うつ病と循環型の体型には明白な関係があり、統合失調症と細長型の体型には強い相関があると主張した。また彼は四つの基本的な反応型を特定した。「虚弱型」の反応は抑うつ、無感覚、悲嘆、倦怠感、自分の人生の心配をするのに十分なエネルギーを集めることができない、というようなものである。その「未分化な」反応は、衝動的で経験を保持・統合する能力に欠ける人に見られる。その「拡張した」反応は、非常に傷つきやすく過度に敏感であり、社交上の欲求不満を扱うことができないという類の一つで、懐疑的かつ攻撃的な妄想的行動へとつながる。「敏感な」反応は感情を抑圧する人びとにおいて見られ、心の中では高レベルの活動が行われるが、表現が貧困であるため、抑うつ的で、不安で、遠慮がちで、自信がない行動に帰着する。

クレッチマーは、「懐柔型」とか「服従型」「演技型」のような、いくらかの中間的なタイプも識別した。

クレッチマーの研究は、ヴィルヘルム・ライヒ（1933）の性格類型の研究に先行している。これらの研究は、後述するように、この本で説明した六つの人格適応タイプと密接な関係がある。重要なことは、人格がその人の肉体的な特徴を形作るのにどう寄与するか、そして異なった適応タイプにおいてこれらはどう違って観察されうるかである。

クレッチマーのもとで学んだアメリカ人のウイリアム・H・シェルドン（Sheldon, W. H.）は、体のつくりと気質、精神病理学の関係を調査した（1940, 1954；Sheldon & Stevens, 1942）。シェルドンは、①「内胚葉型」（体が丸っぽくてやわらかい）、②「中胚葉型」（筋肉と結合組織の優位）、③「外胚葉型」（体が直線的でもろい）の三つの要素を発見し、さらにそれぞれに対応する気質も特定した。①「内臓緊張型」は内胚葉型に対応し社交性、感情や情緒表現の容易さ、安楽でリラックスした状態を好み、苦痛を回避し、社会承認への依存が特徴である。②「身体緊張型」は中胚葉型と対応し、自己主張的で、エネルギーに満ち、不安が低く、苦痛に対する感受性が低く、勇気があり、社交的には無関心で、困ったときには行動とパワーを必要とするのが特徴である。

③「頭脳緊張型」は外胚葉型と対応し、自制的、自意識過剰、内向性、社会的無器用さという傾向、そして問題を抱えたときに一人になりたくなるのが特色である。これらの三つの気質と身体類型は、ウエアの演技型、反社会型、およびスキゾイド型の適応タイプとそれぞれ類似点を持っている。

シェルドンは精神病理学の三つの主要な部分も定式化した。①「感情型」（躁うつ病患者に顕著に見られる）は内胚葉型の体格と内臓緊張型気質と関連しており、行動と情緒的な表現の敷居が低いのが特色である。②「パラノイド型」（パラノイド患者に顕著に見られる）は中胚葉型の体格と身体緊張型気質と関連し、環境に対して投影された敵意と怒りを突き進めることによって特徴づけられる。③「解体型」（解体型統合失調症に顕著に見られる）は外胚葉型の体格と頭脳緊張型気質と関連しており、著しい引きこもりと退行によって特徴づけられる。体の外見に関するライヒ（1933）の後期の見解と、シェルドンの研究の類似性に注目すると、興味深い。

さらに最近になって気質に関するいくつかの重要な研究が、二つの研究グループ（ニューヨーク大学医学部〈Thomas et al., 1963, 1968, 1977〉と、メニンガー財団〈Escalona & Leitch, 1953；Escalona & Heider, 1959；Murphy et al., 1962；Escalona, 1968；Murphy & Moriarty, 1976〉で行われ、新生児期から思春期前期までの子どもを観察することによって、後の発達にとって決定的に重要な二つの要因が発見された。一つは小児の「活動パターン」であり、もう一つは小児の「適応性」である。活動的な子どもたちは、決断力があり精力的に行動する。彼らは環境に関わり続け、かつ彼らの望みに沿う出来事が起こることをしつこく要求する。受動的な子どもは受身的な適応性を持っており、彼らのニーズに合うことが起こることを待つことに甘んじ、最後に彼らの願いがかなうまで事態を受け入れている。適応性という観点では、ある一群の子どもたちは、几帳面で新しい刺激に対して肯定的に近づき、状況の変化に対する柔軟性が高いが、別の一群の子どもたちは生物学的機能が不規則で、新しい刺激に対する引きこもり反応を示し、変化に対応する柔軟性が乏しく、しばしば激しい否定的な気分を示す。

子どもの活動パターンと適応を見るのは、〝なぜ・どのように〟人格適応タイプが発達するか、たとえば演技型が活動的であるのに対して、スキゾイド型が受動的である、ということを理解するうえで重要である。これは本書で述べた六つの人格適応タイプの話と容易に結びつけることができる。それらの適応タイプは、巻き込むこと 対 引きこもり、活動的であること 対 受動的であること、という観点からみることができる。演技型は活動的で巻き込み、強迫観念型は活動的な引きこもり、パラノイド型は引きこもりで活動レベルは中間、スキゾイド型は受動的な引きこもり、受動攻撃型は受動的な巻き込み、反社会型は活動的な巻き込みと受動的な引きこもりを行ったり来たりである(これらの要因については第1章、2章、5章で詳述した)。

サルバドール・マディ(Maddi, S.)らは、活動-受動性の次元に集中した気質の理論を、同じく理論化した(Fiske & Maddi, 1961;Maddi, 1968;Maddi & Propst, 1971)。活動性が高い人たちは、自分の時間の大半を、刺激を追い求めることに費やしているが、それは行動レベルが低くなりすぎないようにするのが目的なのである。彼らは環境に自らの影響力を行使する主導権をとる。活動性が低い人は、刺激を回避して時を過ごしているように見えるが、それは低い活動レベルを維持するためである。彼らは自分がコントロールできない事柄に影響されてしまうことを受け入れる。「内的」と「外的」という特性を加味することで、四つの主要なタイプが導出される。外的特性を持つ活動的な人は、挑戦を捜し出す「手腕家」であり、物事の原因を精力的に追求し、好奇心と冒険に心を傾ける。内的特性を持つ活動的な人は、考えることや、難解な挑戦を探すこと、知的なことを通じて刺激を追求する傾向があり、独創的で創造的である。外的特性を持つ活動性の低い人は保守的であり、物事を取り決め、規範に従わせ、管理する傾向がある。彼らは問題を簡略化しすぎ、あいまいさを避け、ルーチンを見つけ、新しいものよりも慣れ親しんだものを好む。内的特性を持つ活動性の低い人は、保守的で、不摂生やあらゆる種類の道楽を回避するように注意し、安定的に機能し、矛盾や華やかさがない。

マディの理論は、人格適応タイプ理論に基づくわれわれが行った臨床的な調査研究と類似しており、ユング

(Jung, C. G.) の内向性 対 外向性という概念に基づくアイゼンク (Eysenck & Eysenck, 1969) の研究にも適合する。外的特性を持つ活動性の高い人は、演技型と反社会型の適応と一致する。内的特性を持つ活動的な人は、強迫観念型とパラノイド型の適応と一致する。外的特性を持つ非活動的な人は、受動攻撃型の適応と一致する。そして内的特性を持つ非活動的な人は、スキゾイド型の適応と一致する。

アーノルド・バスとロバート・プロミン (Buss & Plomin, 1975) は、実証的研究に基づいて以下の基本的な四つの気質を提案した。活動性――出力されるエネルギーの総量を参照している。情緒性――反応の強度を示している。社交性――他人と一緒にいることに対するニーズを示している。衝動性――反応を抑止するよりむしろ即座に反応する傾向を意味する。高い活動性と衝動性は、躁病において最も明瞭に見られる。低い活動性と高い情緒性は、強度のうつ病において見られる。高い情緒性と高い衝動性は、演技タイプにおいて見られる。高い情緒性と高い社交性を持つ人は、他人との交際を求めるが、拒絶されたり嘲笑されたりする可能性に関する強い不安によって抑制される。高い社交性と高い衝動性を持つ人は、古典的な外向的パターンを示しており、両方が低い人は内向的な人と見られる。このことは人格適応論の知見にうまく一致する。演技型と反社会型、受動攻撃型は、高い社交性と高い衝動性を示す外向的な人であり、強迫観念型とパラノイド型、スキゾイド型は、低い社交性と低い衝動性を示す内向的な人である。

ユング、クレッチマーおよびパヴロフ (Pavlov, T. P.) の流れから、アイゼンク (1952, 1960 ; Eysenck & Eysenck, 1969) は自律神経系の反応と条件づけの容易さに基づいた理論を展開した。自律神経の反応性が高い人は、神経症になりやすい。パフで空気を目に吹き付けてまばたき反応を条件づける彼の研究に基づけば、軽い刺激と少しの回数の施行で条件づけられる人は、刺激回避的と考えることができ、すなわち内向的である。一方、条件づけられるために多くの施行と強い刺激が必要な人は、刺激探求的と考えられ、外向的である。条件づけと自律反応の両方が高い人は、恐怖や強迫を持ちやすく、両方が低い人は、外向的かつ潜在的に反社会的になりやすい。アイゼンクによれば，人びとが内向的であるのは，刺激に敏感であり過度の刺激を遮断しようとするからであり，外向的な人びとというのは，刺激に対する閾値が高く追加的な刺激を求めているのである。強迫観念型，パラノイド型，スキゾイド型の適応タイプは，内向的な傾向があるが，演技型，反社会型，および受動攻撃型の適応タイプは，外向的な傾向がある。

因子分析的アプローチ

人格の尺度を見つけるために，因子分析を利用した理論家もいた。これら理論家のなかで最も生産的なのは，十六の主要な因子や元となる特性を，二極の尺度のセットとして定義した，レイモンド・キャッテル（Cattell, 1957, 1965）である。因子分析アプローチの利点は，得られるのが現実に存在する因子だということである。主な課題は，現実の人びとがはっきりした人格類型として区別されるように因子を分類するには，どうしたらよいかを見つけることにある。

レスリー・フィリップス（Phillips, 1968）は，「自分自身に向く」（行動や思考を表現することにおいて），「他者に向く」（かんしゃくを爆発させたり，社会的に許されない行動），「他者を回避する」（引きこもり行動，先回りしたファンタジーや何か他の形の社会的な孤立）の，三つの対人関係のスタイルに分類される可能性を示唆した。ミーロン（1981）は，フィリップスのスタイルと，感情障害，パラノイド，統合失調症の古典的な三分法との類似を指摘している。これらの三つのスタイルは，エリック・バーン（1972）が発見した機能不全に陥る三つの存在論的立場（人生の基本的立場）である，「自分はOKではない」「他者はOKではない」「自分も他者もOKではない」と一致している。人格適応タイプのネガティブな側面は，これら三つの存在の立場と次のように符合する。演技型と強迫観念型は，自分をOKではないと見なして自分自身に敵対する。反社会型とパラノイド型は，他人をOKではないと見なして他人に敵対する。受動攻撃型とスキゾイド型は，両方をOKではないと見なして前者は他人と戦い、後者は他者を避ける。

他の経験的アプローチ

別の経験的アプローチは、ＭＭＰＩ（ミネソタ多面的人格目録）を開発する際の、ハサウェイとマッキンレー（Hathaway & McKinley, 1967）のアプローチであった。彼らのアプローチでは、結果として引き出す尺度として精神医学的診断を用い、その尺度と関連すると考えられる質問項目を選択するというものであった。精神医学の診断に対応した質問項目を列挙するように臨床家に依頼され、対比グループ法を用いてどの質問項目が診断尺度を判別するかが調査された。したがって、質問項目は単に理論に基づいて選択されたのではなく、診断基準に関連して経験的に考えられている内容が選ばれている。それがこのアプローチの現実的な長所である。問題点は、属性の分類が精神医学のカテゴリーに限られているということである。われわれが開発したアプローチの長所は、分類は精神医学における基本的な性格類型と関連する観察事実に基づいてはいるが、精神医学的診断の範囲にとどまらないことである。人格適応タイプは、われわれとそのトレーニーらが、人格障害者だけではなく健常者においても観察することができたものであり、診断のカテゴリーを横断して観察されるのである。われわれが定義した人格適応タイプは、ネガティブな視点だけでなくポジティブな観点も持っているのである（Ware, 1983；Kahler, 1972, 1982, 2000；Joines, 1986, 1988）。

後の精神医学的分類

精神医学のカテゴリーを使用する他の分類には、カテゴリー的な図式よりも尺度を使用したスコットランドの精神医ウォルトン（Walton, H. J.）と彼の同僚（Walton et al., 1970；Walton & Presley, 1973 a, b）のものがある。彼らは人格障害を軽度、中度、重度と判別した。軽い人格障害者は、人生の質に不満がある人びとの代表者であり、自分たちへの助力を捜し求めている。それはさらに、「引きこもり」（社会的に孤立し感情的に抑制されている）、「依存」（従順で、無力で、サポートを探している）、「過剰な自己主張」（高圧的またはおせっかいで罪悪感を持っている）の三つに分類することができる。中等度の人格障害は、心身症症状や神経症症状などの他の精神的な障害と関連した問題がある人である。彼らの行動は、他の人びとにとっては明らかに異常である。彼らは、「スキゾイド」（停滞し、よそよそしく、孤独で、ちぐはぐで、親密さに関する能力がない）、「演技性」（芝居がかった服装と行動、社交的で、活発で、劇的で、浅薄で、不誠実）、「パラノイド」（疑い深く、過敏で、妬みやすい）、「循環気質」（自発的で外向的な行動が見られる気分の局面が、失意と意欲の喪失に変化する）、「強迫性」（規則的で、きちんとして、時間を守って、訳知り顔で、恐怖などの激しい感情によってきつくコントロールされている）の五つに分けることができる。重度の人格障害者は、逸脱が自分たちの社会集団に収まることができないくらい激しい人びとであり、しばしば違法行為に出る。彼らは「攻撃的に反社会的な人」（衝動のコントロールに問題があり、愛情不足であって、社会に有害であり、近しい関係を持たず、他人に誠実でない）、「受動的に反社会的な人」（不器用で、貧困な判断力、動因やスタミナが欠如しており、無目的で、仕事の達成が少なく、他者へのつながりも少ない）の二つのタイプに分けることができる。ウォルトンらの研究は私たちの人格適応論に類似している（循環気質はウエアの用語でいう受動攻撃型の適応タイプと考えることができ、二つの社会病質のタイプは反社会型の適応タイプと見ることができる）。違いはウォルトンが三段階（軽度、中度、重度）を用いたのに対し、われわれはそれぞれの適応タイプを、ポジティブとネガティブ両方の側面を持っているとみている点と、適応タイプは健康から病理への連続線上のどこにでもありうるとみている点である。

精神分析の貢献

ミーロン（1981）が指摘するように、ジグムント・フロイト（Freud, 1908, 1932）、カール・エブラハム（Abraham, 1921, 1925）、ヴィルヘルム・ライヒ（1933）は、精神分析的人格理論の基礎を築いた。精神分析学的な人格の分類は、当初、発達における特定の精神-性的なステージに関連した、本能またはリビドー的な衝動の、不充足か満足の結果としてみられた。『本能とその変化』（1915）という論文でフロイトは、人格機能の理解の中心に次のような枠組みを提示した。

「私たちの精神生活は全体として、三つの両極性すなわち、以下の対句によって支配される。

主観（自我）-対象（外的世界）

快楽-苦痛

能動-受動

その三つの軸は心の中でもろもろの重要な点で相互に関連している」（Freud, 1915, pp. 76–77 ; Millon, 1981, p. 45）

本能によって経験させられる人生の浮沈の本質は、精神生活を支配している三つの大きな両極性の影響に振り回されることである、とまとめることができるかもしれない。これらの三つの両極性は、能動-受動を生物学的な観点から、自我-外界を現実（reality）という観点から、快-苦痛を経済的な観点から説明できる（Freud, 1915, p.83 ; Millon, 1981, pp. 45–46）。

残念ながらフロイトは、性格類型を定式化するための枠組みとして、これをさらに発展させることはなかったが、ミーロン（1981）が、八つの基本的人格パターンを構築するために使用した。

フロイトは一九三二年に、イド、自我、超自我のどれが優位であるかという観点からの性格類型を提案した。彼は、イドが優位の「エロチック-強迫型」、自我が優位の「エロチック-自己愛型」、超自我が優位の「自己愛-強迫型」を特定し、さらに二つの組み合わせが他の一つより重要になっている混合型を示した。

精神分析学的な性格類型の基礎を作ったのは、一九〇八年のフロイトの論文であり、当時彼は本能から出てくるものがどんなものであるかと、それが特定の精神-性的なステージの間でどのように発達するかを研究していた。彼は発達上の葛藤は、さまざまな局面で一般化された防衛的傾向をもたらすことに注目したが、性格の類型よりも結果として生じる症状に関心があった。後年カール・エブラハムの研究のなかで、これら類型は性格構造から出てくるものとして認識された。

現在の精神分析学的な意味での性格という概念は、一九三三年のヴィルヘルム・ライヒの研究まで待たねばならなかった。ライヒは精神-性的な葛藤の神経症的な〝解決〟というのは、彼が「性格の鎧」と呼んだ個人の防衛スタイルを、そっくり再構成することで達成されることに気づいた（“chronic attitudes” and “chronic automatic modes of reaction,” 1949, p. 46）。彼はスキゾイド、口唇期、精神病質、マゾヒズム、硬直の五つのタイプを説明した。これらはわれわれが本書で説明している六つの人格適応タイプに、かなり密接に対応している。スキゾイド性格に対応するのはスキゾイド型、口唇期性格に対応するのは演技型、精神病質性格に対応するのは反社会型、マゾヒズム性格に対応するのは受動攻撃型、そして硬直性格は強迫観念型とパラノイド型の両方に対応する。ライヒは、オットー・フェニケル（Fenichel, 1945）、ハインツ・ハルトマン（Hartmann, 1958）、およびエリック・エリクソン（Erikson, 1950）がしたような、性格特性が早期葛藤以外の要因からどう発達するかについては、研究しなかった。ウエア（1983）とジョインズ（1986）は、発達的な課題を考慮に入れて、親と子どもの正常な相互作用から、性格特性がどう形成されるのかも調べた。

フェニケルは、性格特性を「昇華」と「反動」タイプに分けた。正常に成熟している本能的なエネルギーが自我と融通性を持ち、葛藤なしに中立のパターンを形成するのか（昇華）、自我の意向により「抑圧され」て、葛藤を解決している防衛的なパターンによって「取り消される」のか（反動）、である。このようにフェニケルは、本能的なエネルギーが、葛藤解決から自由な性格類型に発展する可能性を、最初に認識した人である。しかし彼は、病理的な人格特性が無葛藤からも生じうる可能性を認めなかったし、反動タイプを「回避」性格と「敵対」性格に分類したものの、彼の興味は反動タイプに限られていた（Millon, 1981）。

ハルトマンは、自我とイド本能の両方が共通の生物的潜在能力から出てきており、適応機能のために別々のエネルギーに分化したものであると考えた。彼はこれらを、「平均的に予想しうる周囲の状況をさばくために事前に調整された」「自律器官」と呼んだ。エリクソンは性格の発達は、本能的なエネルギー、自我が成熟しようとする能力、および社会が各発達段階で与える外的な基準、の三つが織り込まれてつくりだされると考えた。ミーロンが指摘するように、彼らは残念ながら次のステップに進んで、葛藤がないエネルギーから発達する性格類型を特定することはなかった。そうしたことから、フロイト、エブラハム、ライヒによって理論化された精神分析学的な性格類型が、今日でも広く残っている（Millon, 1981）。

精神分析学的な性格類型の一番目は口唇期性格である。これらは、口唇的依存と口唇的サディズムに分けられる。口唇的依存タイプは、過度に甘やかされた哺乳段階から生じ、びくともしない楽観主義、素朴で単純なうぬぼれ、感情面での未成熟、過度の依存関係、だまされやすさを生じる。最も近い人格適応タイプは、演技型である。口唇的サディズム性格は、乳首に嚙みつく時期に経験した欲求不満から引き起こされ、皮肉、言語的な敵対行為、厭世的疑心暗鬼、非難、けんか腰、かんしゃくといった攻撃的な口唇傾向をもたらす。最も近い人格適応タイプは、パラノイド型である。

精神分析学的な性格類型の二番目は肛門期性格で、これらは排泄と貯留に分けられる。肛門期排泄タイプは、嫌疑、誇大妄想、極端なうぬぼれ、野心、自己誇示、混乱、および反抗の傾向がある。最も近い人格適応タイプは、パラノイド型と受動的攻撃型の適応の組み合わせである。肛門期貯留性格は、節約、頑固さ、整然さ、けち、学者ぶり、慎重さ、社会の規則への強い傾倒をもたらす。最も近い人格適応タイプは、強迫観念型である。

精神分析学的な性格類型の三番目は男根期性格で、これらは男根期的自己愛性格、ヒステリック、マゾヒズムに分けられる。ライヒは男根期的自己愛性格を、虚栄心が強く、生意気で、ごう慢で、自信があって、活発で、無情で、無口で、防御的に攻撃的であり、主導権のために努力し、グループで際立つ必要性があり、小さな失敗にも不適切な反応をする、とした。最も近い人格適応タイプは、反社会型とパラノイド型の組み合わせである。ヒステリー性格は独特の恐怖感、偽りの魅惑、表面的な対人関係、気まぐれ、努力を維持することの困難さを特徴とする。最も近い人格適応タイプは演技型である。マゾヒズム的性格は自己批判的で、不平が多く、自己と他者の両方を苦しめる。愛情と慈愛を求めてはいるが、現実には愛されないようにしてしまう。そしてそのパターンによって苦痛は避けられるが、望む愛情を手に入れることはできない。最も近い人格適応タイプは、受動攻撃型である。

精神分析学的な性格類型は、主として理論に基づいているのに対し、われわれの人格適応論は、親子の交流と、情緒的なニーズを満たすために子どもがどう適応するのかという観察に、より多く基づいている。それが、さまざまな精神医学的診断に現れる基本的なパターンを、われわれの分類のほうがよりうまく記述できる理由である。

現代の精神分析学の理論家であるオットー・カーンバーグ（Kernberg, O.）は、自我機能の構造と機能レベルの観点から性格類型をまとめた（1967, 1975, 1980）。彼は病理を「高レベル、中間レベル、低レベル」と区別し、中間と低レベルは「境界的」人格構造（Borderline Personality Organization）であると考えた。高レベルは演技的、強迫的、うつ的な人格である。中間レベルは「幼児的」であったり自己愛的であったりする人格である。低レベルは明確な反社会性人格である。カーンバーグは、これらのすべての類型が葛藤なしでいられる可能性があるとは考えず、生育過程における「反動」である、と考えている。カーンバーグは病理にのみ焦点を合わせているのである。その手の分類によって見失われてしまうのは、機能不全を引き起こす性格の病理は、健康な性格の「スタイル」と連続線上にあるという点である。

ライフスタイルの研究

カール・ユングとアルフレッド・アドラー（Adler, A.）は、普通の生活習慣に基づいた理論的基礎としての、「正常な」性格類型を提示している。ユング（1921）は外向性（エネルギーが外界に向かって流れること）と内向（エネルギーが内側の世界に向かって流れること）を区別し、これらと思考（論理的で合理的な考え）、感情（主観的で価値観を携えた処理）、感覚（センスと身体上の興奮で経験されること）、直観（状況により異なる可能性を予期する）、という四つの機能（または適応）が影響し合う、と考えた。思考と感情は合理的な機能で、感覚と直観は不合理と考えられている。ユングは四つの機能に外向性と内向性を組み合わせ、以下の八つの基本型を示した。①「外向的思考」（基本的な行為が知的な部分だけに基づいている）。②「外向的感情」（個人的な判断は抑圧され、他者の規範に忠実・忠誠で一貫していようとする）。③「外向的感覚」（本当の現実として楽しみを追求する）。④「外向的直観」（新奇さと人びとの可能性を探し求める）。⑤「内向的思考」（主観的な内省から答えを出す）。⑥「内向的感情」（芸術や詩のような個人的な方法で感情を表現する）。⑦「内向的感覚」（客観的な出来事に対しひどく主観的な反応をし、予測できない恣意な行動を引き起こす）。⑧「内向的直感」（無意識の最も深い層から引き出され、神秘的な夢想と芸術的な表現の傾向がある）（Millon, 1981）。

ユングのタイプとわれわれの提唱する六つの人格適応タイプの間には、直接的な関連があるようには思えない。ユングの分類は、基本的な人格適応タイプより、もっと一般的な要因を見ていると考えられるからである。

アドラー（1964）は、過剰補償というのは欠乏や機能不全を努力によって打ち消そうとする生得的な傾向であり、個人の「ライフスタイル」（知覚された劣等感を補償する努力の異なったパターン）の背後にある基本的な問題であると理解した。アドラーは生活習慣の類型に、活動的-受動的、建設的-破壊的という二つの軸を用いて四つの基本的なライフスタイルを導いた。①「活動的-建設的」（リラックスして価値があると感じている健康または理想的な人、有利なことも不利なことも同程度に直面し、人間性に心をかけていて、創造的に困難を克服しようとする）。②「受動的-破壊的」（なんでも反対し、非難がましく、他者をあてにして、受動攻撃的で絶望的なやり方で行動する、神経的スタイル）。③「受動的-建設的」（注目を求めていて、人を惹きつけ、自分が成し遂げたことではなく単に自分であることに認知を求めている）。④「活動的-破壊的」（不愉快で、反抗的で、不道徳で、横暴で他者に対して怠慢に振る舞う）（Millon, 1981）。アドラーの「活動的-建設的」ライフスタイルは、すべての適応タイプのプラス面について説明していると考えることができる。そして彼の「受動的-破壊的」なスタイルは受動攻撃型の適応タイプに、「受動的-建設的」スタイルは演技型に、「活動的-破壊的」スタイルは反社会型の適応タイプにそれぞれ似ている。

個人間の理論

カレン・ホーナイ（Horney, 1937, 1939, 1942, 1945, 1950）は、人生の基本的な葛藤を解決しようとするときに使用される三つの主な戦略、「自己縮小的依存型」「自己拡大的攻撃的支配型」「自己限定型-孤立・断念型」について書いている。これらは基本的な性格類型をもたらす。①自己縮小的依存型というのは、「自己消滅的」解決法として「従順な」タイプのなかに見られ、著しい愛情と承認の欲求を充足するために、個人的な願望と自己誇示を否定し、愛情がすべての問題を解決すると仮定し、自尊心を他人の考えに委ね、個人的な願望の優先順位を下げ、自責感、無力感、受動性、自己卑下の傾向をもたらす。②自己拡大的攻撃的支配型は、「発展的」な解決法として「積極的な」タイプと見られる。結果として、自分を賛美し、弱みと不適切さを否認し、人生を生存競争であると見なし、他人を支配・利用する欲求、パワーを持っている人に対して優越し、裏をかき、卑下する欲求を持っている。この解決法は「自己愛的な」解決法——自分は理想化された自分であると信じている、と「完全主義」——自分は社会的な規範が期待しているとおりであると信じている、「報復的サディズム」——自分は他人には与えられていない、サディスティックに他者を非難するのを楽しむための力と権利を与えられていると信じている、に分けられる。そして、③自己限定型-孤立・断念型は、「神経症的断念」を解決法として用いる「孤立した」タイプのなかに見られ、主要な目的である、他者を避け、最終的には葛藤と欲求不満を引き起こすものである対人関係の感情や欲求を喚起することを恐れ、人生に制約をし、離れた見物人になり、そしてニーズと望みを縮小することによって安心感を得る、という結果をもたらす（Millon, 1981）。

繰り返しになるが、これらの三つの戦略は、交流分析における三つの不健康な人生の実存的立場（Berne, 1972）である、「私はOKではない-あなたはOKである」「私はOK-あなたはOKではない」「私はOKではない-あなたもOKではない」に類似している。第17章で述べたとおり、人生の実存的立場はそれぞれ二つの人格適応タイプを含んでいる。私はOKではない-あなたはOKである立場（近づく）は、演技型と強迫観念型の適応タイプを含んでいる。私はOKである-あなたはOKではない立場（敵対行動をとる）は、パラノイド型と反社会型の適応タイプを含んでいる。そして、私はOKではない-あなたもOKではない立場（遠く離れる）は、受動攻撃型とスキゾイド型の適応タイプを含んでいる。実存的立場と適応の関連を見れば、個人がそれぞれの立場から行使する特定のオプションに関するより詳細な情報と、各オプションをより効果的に機能させるためにどうしたらよいかがわかる。これらの三つの立場と対応する適応タイプとの関係は、第17章で詳述した。

エリッヒ・フロム（Fromm, 1947）は、社会的な線からフロイトの精神病理学の理論を解釈し直した（Millon, 1981）。性格発達において、性愛的な力を主要な要素であると見なすよりも、各段階での親子の交流を強調したのである。彼はそのような対人間の学習体験から発達する五つの性格傾向を特定した。①「受容的構え」(親や友人、権威者から助けてもらうことに対する強い欲求によって特徴づけられる)。②「搾取的」性格(その人が無理強いか、ずる賢さのどちらかのやり方で他者から望むものを得ようとする)。③「貯蓄的」性格(精神分析でいう肛門固着タイプに最も近く、節約して溜め込むことで安心感を得、自分の周りに防壁を築き、可能な限り引きこもり、現実的には何も外に出さない)。④「マーケティング的傾向」(他人がどんなことを要求しようとも、自分自身を他人の要求に合わせて型にはめてしまい、自分の人格のなかに安定的で純粋に自分自身だという部分がほとんどない)。⑤「生産的」性格(健康的で創造的で、他者の意見を尊敬しているが自分で考えることができ、その人の能力を十分に発達させており、甘やかしや自己中心でなくて愛することができる)(Millon, 1981)。「受容的構え」は人格適応タイプでいえば演技型に、「搾取的」性格は反社会型に、「貯蓄的」性格は受動攻撃型に似ており、「マーケティング的傾向」はスキゾイド型と反社会型の両方の要素がある。「生産的」性格はすべての適応タイプの健康な側面の特徴を現している。フロムの観察は、おそらくわれわれが提唱する人格適応論と、全般的に整合している。

ホーナイ、フロム、サリバン(Sullivan, H. S.)の仕事をベースにした、ティモシー・リアリー(Leary, 1957)の対人関係の類型は、支配-服従と、愛-憎の二尺度を用いている。彼はそれぞれに軽度と重度を組み合わせて、八つのタイプに分類した。彼はそれぞれを説明する二つのラベルを使用した。一番目は軽度であるかより適応的であることを表し、二番目はより重度であるか精神病的であるかを表している。①「反抗的で疑い深い人格」(憤慨した態度と感情の欠如によって特徴づけられ、積極的に自分自身を引き離し、苦痛で皮肉的で受動抵抗的な行動を誇示するというやり方で、不安や欲求不満を扱う)。②「控えめなマゾヒズムの人格」(謙遜、控え目な遠慮、有能で自信があるように見えるのを避ける傾向によって特徴づけられて、極端な形では他人からの非難と屈辱を喚起させせられるように努力し、結果として抑うつと不安な気持ちになる)。③「従順に依存する人格」

（主として服従的で、親切さと関係性の明白な誇示、か弱く無能であるかのように振る舞い、異常なまでの他者への信頼と称賛をすることによって助けを得ようと懇願することによって特徴づけられる。極端な型では、ご機嫌取りと依存関係、絶え間なく援助やアドバイスや指示を懇願する）。④「協力‐過剰紋切り型人格」（他者に好かれて、受け入れられるための努力、外向的な愛想と社交性。極端な型では、オーバーな心情表現、浅薄な楽観、未熟な無邪気さ、芝居がかった劇的な表現、極端な注意散漫によって特徴づけられる）。⑤「責任感がある超標準人格」（適切で通常な行動を理想的に達成するために行われる過度の努力、情緒的な部分や弱さが発覚することを避けること、秩序を守り、完璧主義で、自分や他人のなかにある怒りのような衝動的な感情に我慢ができない。極端な形では、礼儀正しさと品行方正さを強く求めることで、人生における外的現実と自分自身の内側の感情のどちらからも孤立した「空虚な人」として、人生を体験するかもしれない）。⑥「采配的で独裁的人格」（強靱で自信がありリーダーシップがある様子で、他人から服従と敬意を喚起する。極端な型では、他人をコントロールするための横暴と独裁や力に支配された操作をし、リラックスができず、他人に効率的かつ有能に振舞うことを強要する）。⑦「競争的自己愛的人格」（誇り高く所属せず、他者を利用し、やり込め、親切ごかしに服従するよう誘うようなやり方で、自己を高めるスタイル。極端な型では、盲目の利己主義、他人を徴用するためのすさまじい努力、悪質で不条理な自慢と自己顕示）。⑧「攻撃的サディスト的人格」（冷酷な厳格さを持ち、懲罰的で、他者を馬鹿にし、威嚇で恐怖感を引き起こす）（Millon, 1981）。

リアリーの類型は、それぞれのタイプにおいてポジティブとネガティブ両方の観点を考慮するという点で、ジョインズ（1986）の人格適応論と同様な関心を持っていると思われる。彼のいう「反抗的で疑い深い人格」はパラノイド型と受動攻撃型の組み合わせ、「控えめなマゾヒズムの人格」はスキゾイド型と受動攻撃型の組み合わせに似ている。「従順に依存する人格」はスキゾイド型に、「協力‐過剰紋切り型人格」は演技型に、「責任感がある超標準人格」は強迫観念型に、「采配的で独裁的人格」はパラノイド型に、「競争的自己愛的人格」は反社会型の適応タイプにそれぞれ類似している。そして「攻撃的サディスト的人格」は反社会型とパラノイド型の組み合わせを示しているように思える。リアリーの類型論の長所は、人格類型のより全体的な見解を提示していることである。

学習されたコーピング・パターン

ミーロン（1981）は、能動-受動、快-苦痛、自-他の三つの尺度を使用して、八つの基本的な人格「コーピング・パターン」と、DSM-III（1980）の人格障害に一致する三つの重篤なパターンを導いた。ミーロンが指摘するようにこれらのパターンは、どんなタイプの強化刺激を求めたり避けることを学んだか（快-苦痛）、それを得るためにどこを見るか（自-他）、そして、それらの強化刺激を引き出したり逃れたりするためにどのように行動することを学んだか（能動-受動）を示している。依存的な人格の人は他人の顔色を見、独立的な人格の人は自分自身に頼る。アンビバレントな人格の持ち主は、どちらの方法をとるか不確かである。孤立した[†1]人は自分自身や他人から報酬を体験するのが難しいため、ますます孤立して自己が乖離するようになる。ミーロンが説明する十一のパターンは、以下のとおりである。

（1）「受動-依存」パターン（DSM-IIIの依存性人格障害）は、愛情や安心をくれたり、リーダーシップをとってもらえる、依存できる関係を探している。多くの場合、親の過保護のため、これらの人は率先して物事にあたることや自発性を欠き、受動的な役割を引き受け、他者から愛情を引き出すためにその人の願望に屈従する。

（2）「活動的-依存」パターン（DSM-IIIの演技性人格障害）は、刺激と愛情を強欲かつ無差別に求めるのが顕著である。社会的に一人で行動しているとき、自発性に対する基本的な恐怖感を持ち、社会的な承認と注目に対する激しい渇望がある。

（3）「受動的-独立」パターン（ＤＳＭ-Ⅲの自己愛性人格障害）は、利己的な自己への関心の一類型である。この人たちは自分の価値を過大評価し、横柄な自信を決め込み、他人が彼らの特殊性を認めることを仮定し、自分の利益のために他人を搾取する。

（4）「活動的-独立」パターン（ＤＳＭ-Ⅲの反社会性人格障害）は、他者に対する学習性の不信感をあらわにし、独立性の維持と過去の不公正による自分の損を取り戻すことを望んでいる。これらの人は、信頼できなかったり二枚舌と思う人を拒絶するための権力や裁量を獲得するために、がむしゃらに努力する。独立性と敵対行為は、だまされることと裏切りを避ける唯一の手段と考えている。

（5）「受動的-アンビバレント」パターン（ＤＳＭ-Ⅲの強迫性人格障害）は、他者に対する敵意と社会的に承認されないことへの恐怖感の葛藤から生じる。これらの人は、怒りを抑え、過剰に適応・順応することで葛藤を解決するが、基底に存在する怒りや反対したい感情がときおり爆発する。

（6）「活動的-アンビバレント」パターン（ＤＳＭ-Ⅲの受動-攻撃性人格障害）は、あるときには敬意と順応を示し、次の瞬間には攻撃的な反抗を示すというような、定まらない努力に自分を追い込むことによって葛藤を解決できないことを誇示する。そして不規則で爆発的な怒りの感情と頑固さとともに、罪悪感と恥辱感を持っているのである。

（7）「受動的-乖離」パターン（ＤＳＭ-Ⅲの分裂病質人格障害）は、愛情へのニーズと情緒的な感覚を最低限にしている社会的な無感覚の一つであり、人間関係から切り離された受動的な傍観者として機能している。

（8）「活動的-乖離」パターン（ＤＳＭ-Ⅲの回避性人格障害）は、他者への恐怖感と不信感によって特徴づけられる。これらの人びとは他者から離れていることによって自分を守ろうとし、対人距離を保つために、関わりたいという欲求や愛情を欲する気持ちを抑圧する。

（9）「循環気質」パターン（DSM-Ⅲの境界性人格障害）は、不健全な、依存的または両価的な傾向を示す。これらの人は、怒りや不安感、多幸感を伴う無気力や抑うつ気分の時期が繰り返されるという形で、激しい内因性の気分を繰り返し体験する。彼らは自滅的な考えや行為を繰り返し、絶えず世話をされようとし、他人に対して激怒、愛、罪悪感を同時に感じるというアンビバレンスを示すのである。

（10）「妄想性」パターン（DSM-Ⅲの妄想性人格障害）は、他人に対する用心深い不信感と、予期された批判や欺瞞に対する鋭い防御姿勢を顕にする。彼らは独立性を失うことを恐れ、活発に外的な影響や操作に抵抗するため、しばしば不愉快な苛立ちを示し、他人から憎悪や怒りを引き出してしまう。

（11）「スキゾイド」パターン（DSM-Ⅲのスキゾイド型人格障害[†2]）は、統合が不十分であるか機能不全に陥っている隔離された人格タイプである。彼らは愛着と責任が最小限であるような、離隔された状態を好む。彼らは行動が風変りで、奇妙であるか異質な人であると見られる。このパターンの人が活動的になっていれば、不安による警戒と感受性亢進があり、受動的になっていれば、感情の平坦化と情動の欠失があるだろう（Millon, 1981, pp. 60–62）。

ミーロンの類型は、異なった人格障害を区別するのに明確で役に立つものである。しかしDSM-Ⅲの「人格障害」を代表するスタイルを検討するにあたって、明らかにそれぞれの「コーピング・パターン」の否定的な面のみに焦点を当てている。彼はこれらのパターンをつくりあげている根本に存在しているスタイルが何であるか、これらが状況（コンテキスト）によってはどう健康な反応でありうるか、さらにどのスタイルも健康から病理への連続線上のどこででもありうるということを、示そうとはしなかった。

ミーロンは、科学的知見をより広い領域から引用し、それぞれの種が適応や生存のスタイルでどう類似しているかを研究している進化論的アプローチから多くを取り入れて、一九九〇年にモデルを改定した。一九九六年の彼の著作には、以下のように書かれている。

「人格というものは、特定の生物種がその生態環境の典型的な変化の幅と関連している適応機能の、多かれ少なかれ独特な形式であると考えられる。人格障害と定式化されているものは、その人が直面している環境に対応する種としての能力の不完全性や、不均衡、葛藤といった不適当な機能状態のなかの特定のスタイルといえるだろう」(Millon, 1996, pp. 70-71)

ミーロンはさらに「進化論と生態学の法則を適用できる四つの領域、すなわち〝存在〟〝適応〟〝複製〟〝抽象化〟」を確認した (Millon, 1996, p.70)。そして彼はこの新しいモデルを、十五の人格障害に適用した。最初の三つは彼が「快-欠損人格」と呼ぶものであり、①スキゾイド人格障害[†3]は「非社交的なパターン」、②回避的人格障害は「引きこもりパターン」、③抑うつ的人格障害は「降参パターン」と称している。「対人的不均衡人格」とミーロンが呼ぶのは、④「服従的なパターン」の依存性人格障害、⑤演技性人格障害は「社交的なパターン」、⑥自己愛性人格は「利己的なパターン」、⑦反社会性人格障害は「悪循環の拡大強化パターン」である。「心内葛藤人格」としてミーロンによって描写された四つは、次のとおりである。⑧サディスティック人格障害は「虐待的なパターン」、⑨強迫性人格障害は「即応するパターン」、⑩反抗的人格障害は「不安定パターン」、⑪マゾヒスティック人格障害は「虐げられたパターン」である。最後の四つの類型は、ミーロンが「構造的に欠陥がある」人格であるとしているものである。⑫スキゾイド型人格障害は「奇行が目立つパターン」、⑬境界性人格障害は「不安定なパターン」、⑭妄想性人格障害は「うたぐり深いパターン」、⑮非補償性人格障害は「最終的なパターン」として記述されている（Millon, 1996, pp. 217-729）。人格に関するミーロンの仕事は、おそらくこれまでで最も包括的なものである。

ミーロンは、人格というものは個人の環境への全般的な適応であるというわれわれのような考えに、若干影響を受けたように思えるが、それでも彼は、特定のパターンは生育環境で最もうまくいった適応タイプであるというよりも、欠陥の結果であると考えている。

病理と非病理の違い

前述のように、人格のタイプを研究するために考えられてきた多くの図式は、異なった分類を、非病理または病理のいずれかに焦点を当てるものであった。それぞれの人格タイプにおいて、健康と機能不全の両方の視点を入れた、リアリー（1957）とミーロン（1996）の系統に沿った分類システムは、より包括的な図式を提供していると考えることができる。ウエア（1983）、ケーラー（1972, 1982, 2000）とジョインズ（1986, 1988）が発展させた人格適応論の概念は、そのような図式を提供し、人格の基本的な構成要素の説明を、リアリーやミーロンより明確にしている。われわれはDSM-Ⅳ-TRで示された健康なパーソナリティと障害の両方の基礎となる適応タイプのスタイルを検討している。ミーロンが特定したいくつかのパーソナリティ障害は、われわれの述べた人格適応タイプの否定的な面の異なった組み合わせと考えることができる。たとえばミーロンの回避的人格障害（引きこもりパターン）は、われわれがこの本で説明したスキゾイド型とパラノイド型の適応タイプの組み合わせである。彼のいう依存性パーソナリティ障害（服従的なパターン）は、スキゾイド型と受動攻撃型の適応タイプの組み合わせであり、自己愛性人格障害（利己的なパターン）は、パラノイド型と反社会型の適応タイプの組み合わせ、境界性人格障害（不安定なパターン）は、反社会型と受動攻撃型の適応タイプの組み合わせである。

ミーロンのスキゾイド人格障害（非社交的なパターン）とスキゾイド型人格障害（奇行が目立つパターン）は、スキゾイド型の異なった度合いを示している。人格タイプの基本的な構成要素を特定することにより、それぞれの分類に関して健康と病理の両方の視点から理解を深めることができ、臨床家は心理療法のなかで、より良い結果を引き出すために異なったタイプごとにどう対応したらよいかの、より多くの正確な情報を持つことができるのである。

最新のモデル

正常な人格と機能不全の人格を同列に研究する別の最新のアプローチは、5因子モデル（FFM）[†4]である。これはマクドゥーガル（1932）によって提唱された。まもなく、サーストン（Thurston, 1934）は、六十の性格特性を示す形容詞を5因子で説明する因子分析結果を報告し、五つの独立共通因子を仮定することによって六十の形容詞を説明できるとした。しかし5因子モデルを追認し、さらに深化させるような重要な研究は、一九九〇年代までなかった（Digman, 1990；McCrae, 1992；Wiggins & Pincus, 1989）。これだけの時間がかかったのは、コンピュータが普及する以前に因子分析を行うことの困難さのほかに、当時は別の理論が流行していたためもあった。5因子モデルとは、「神経症傾向（N：Neuroticism）、外向性（E：Extraversion）、経験に対する開放性（O：Openness to Experience）、協調性（A：Agreeableness）、および良心性（C：Conscientiousness）の、五つの広範な尺度（Big Five）を用いた人格特性の分類法」である（Costa & Widiger, 1994, p.1）。神経症傾向は、情緒的順応性と不安定性の慢性レベルに関係する。Nが高いのは心理的ストレスを受けやすい傾向があり、Nが低いのはより順応した人であろう。外向性は、好ましい対人相互作用の量と強さ、活動レベルと、刺激の必要性、楽しみの許容量を測定する尺度である。Eが高い人は社交的で、活動的で、話し好きで、人間指向で、楽観的で、愛することを好み、慈愛深い人であり、Eが低いのは控え目で、地味で、よそよそしくて、所属しなくて、静かな人びとである。経験に対する開放性というのは、自分自身のために能動的に見聞を探し評価することである。Oが高い人は好奇心が強く、創造的で、目新しい考えや型破りな価値観で楽しませようとし、感情的に敏感であり、Oが低い人は、信念や態度が伝統的で、保守的な趣味で、独断的で、信念が固く、やり方が決まっており、感情的に無反応である。協調性は、同情 対 敵対という観点のやり取りを好むことを示唆している。Aが高いのは、優しい傾向と、気立ての良さ、心を許せ、有能で、寛大で、愛他的で、敏感で共感性が高く、Aが低い人は、シニカルな傾向があり、失礼であるか不愉快で、うたぐり深く、非協力的で怒りっぽく、そして操作的で、執念深く、無情であるかもしれない。良心性は、目標指向行動における組織化、耐久力、統制、意欲の度合いを示している。Cが高い人は、組織化されて、頼もしく、野心家で、辛抱強いが、Cが低い人は、無目的で、頼りなく、怠惰で、不注意で、手緩く、杜撰で、快楽主義である傾向がある。これらの五つの広範な特性尺度は、人格特性の具体的な特徴の大部分の共通点を含んでいるように思える。

5因子モデルは因子分析の応用例であり、人格研究の複雑さに対する系統だった研究を可能にするという点で、大きな可能性を持っている。5因子モデルは広く受け入れられ、現在も多くの研究が行われている。われわれが本書で述べた人格適応論のような他のモデルに、これらの因子がどう関連しているのかもわかりやすい。たとえば外向性（E）は、強まると臨床家がいう演技型人格障害の見立てに関連し、弱まると統合失調症に関連づけられると思われる。協調性（A）は、低いとパラノイド型人格障害と反社会型人格障害に関連づけられる。良心性（C）は、強迫観念型人格障害と正の関連があり、反社会型人格障害と負の関連があるのがわかっている（Lyons et al., 1990）。これらの発見は、健常な人びとを対象とする5因子モデルによる測定と、人格障害尺度の両方の施行結果の関連から得られたものである（Costa & McCrae, 1990）。このように5因子モデルも、われわれが説明したモデルと同じく、病理的な性格特徴と同じように健常な性格特徴の両方を見ているモデルである。これら二つのモデルの関連について、今後の研究でより多くのことが発見されれば興味深い。

別のより新しいモデルはスティーブン・ジョンソン（Johnson, S.）の『性格スタイル』（1994）の研究である。彼は発達的アプローチをとって、七つの異なった性格スタイルを見いだしている。スキゾイド、口唇的、共生的、自己愛的、マゾヒズム、ヒステリック、強迫的、である。彼はスキゾイドを「嫌悪された子ども」、口唇的を「捨て子」、共生的を「認知された子ども」、自己愛的を「中古の子ども」、マゾヒズムを「敗れた子ども」、ヒステリーを「搾取された子ども」、そして、強迫的を「訓練された子ども」とみている。ウエア（1983）、ケーラー（1972, 1982, 2000）、ジョインズ（1986, 1988）のように、ジョンソンはこれらの性格スタイルを、「人格障害」から「性格神経症」を経て「性格スタイル」に至る、「発達上の構造的な連続線」上にあるものとみている。彼が行ったのは、人間発達における最新の研究と性格病理の治療の統合であった。彼は因果関係の理論の研究と変化のための技法の議論の、両方を行っているのである。彼の分類は、ライヒ（1949）の理論（口唇期とマゾヒズム）と、DSM-III（1980）の分類（スキゾイド、[†5]自己愛性、演技性、強迫性）から引用されている。さらに彼は、「共生的」な性格として、「境界例」を分類し直し、「受動攻撃」の代わりに「マゾヒズム」という用語を使用している。妄想的、反社会的なスタイルを彼は見いだしていない。ジョンソンはわれわれと似た方向ではあるが、いくつか異なった分類の人格タイプを用いている。彼は以下のように述べている。

「人間の発達や人間の性質の研究結果は、人間の狂気のパターンの説明とぴったり合っている。しかしこれらのパターンは、最も重い精神病においてはそのとおりには起こらず、そのようなパターンは、健常者とあまりひどくない病気の人たちにおいて明確に見られる。私は、激しい機能不全からほとんど機能不全がない状態に至るまでの間ずっと存在する、人間の本性の本質的な構成要素を反映している何かがあると考えている。私はそれに該当する人格と、精神病理を組織化している七つの基本的な構成要素を見つけたのだと、信じている。（詳細は原著 *Introduction to Character Styles*, p. xvii 参照のこと）」

ウェア（1983）、ケーラー（1972, 1982, 2000）、ジョインズ（1986, 1988）が説明した六つの人格適応タイプは、ジョンソンが示唆した基本的な構成部分をより明確に示しており、ジョンソンが説明した他の性格スタイルは、実際にはわれわれが挙げた適応タイプの組み合わせであると考えられる。適応タイプは六つだけなのか、それ以上あるのかは、時を経て後続研究が明らかにするだろう。

まとめ

今まで、人格の類型を区別するための数多くの図式が提唱されてきた。いくつかは性格に焦点を当てたもので、別のいくつかは気質に焦点を当てたものである。多くが主に病理に焦点を当ててきたが、いくつかは健康なスタイルも対象にしている。これらの大部分は類似の現象を若干異なった方法で説明しているのである。われわれが発展させたモデルでは、これら類似の現象を特有の方法で記述している。人格の基本的構成要素を形成している基本的な適応タイプがどのようなものであり、それらがどのように健康から病理にわたる連続的なものとして見ることができるかに、視線を向けている。また各適応タイプは、その人がどのように世界に近づくか、その人が成長するために必要なことが何で、その人が行き詰まりやすいのがどのような領域かも述べている。この情報があれば、臨床家は心理療法のなかで、各タイプにどう対応すれば最も効果を上げることができるのかがわかるのである。

†1　孤立した（detached）とは、他者との間に情緒的に距離を置く傾向のことで、ホーナイが重視した視点である。
†2　『ＤＳＭ-Ⅲ精神疾患の分類と診断の手引き』（高橋三郎ら訳、医学書院）（以下、ＤＳＭ-Ⅲでは「分裂病型人格障害」、

『ＤＳＭ-Ⅳ-ＴＲ精神疾患の分類と診断の手引き　新訂版第３刷』（高橋三郎ら訳、医学書院）（以下、ＤＳＭ-Ⅳ-ＴＲ）では「失調型パーソナリティ障害」であるが、人格適応タイプでスキゾイド型としたのに合わせて、schizotypal をスキゾイド型とした。また personality disorder はＤＳＭ-Ⅲでは「人格障害」、ＤＳＭ-Ⅳ-ＴＲでは「パーソナリティ障害」であるが、本章ではそれぞれ引用すると混乱するため「人格障害」に統一した。

†3　ＤＳＭ-Ⅳ-ＴＲでは「シゾイドパーソナリティ障害」（ＤＳＭ-Ⅲでは「分裂病質人格障害」）であるが、人格適応タイプでスキゾイド型としたのに合わせて schizoid をスキゾイドと訳した。

†4　日本では通常〝Big5〟または〝Big Five〟と呼ばれている。

†5　†1に述べた理由で「スキゾイド」とした。

付録B

人格適応タイプを測定する

人格研究には通常二つの重要な論点がある。一つは、ある特性から見るとどんな人なのか、またどのようにしてそのやり方を獲得したのか、もう一つは、ある特性の人格ではどう機能しているか、である。そのため人格測定は、一般的には心理的特性や心理的状態から個人を記述することで導かれる。特性が永続的で不変性があるのに対して、状態は状況に応じて変わりやすい特徴がある。特性はより特化され特異的である一方、状態はもっと広く一般的である。

特性を測定する過程では、次のようなことが想定される。①人格特性は個体差を形成する一貫した根源（基本的単位）として存在する、②そのような特性を測定するための標準化された測定尺度は作成可能である、③各特性の測定尺度は因子モデルの見地から検証し、尺度間の結合をしていくことが望ましい、④検査の妥当性は、予測的妥当性、内容妥当性、また構成概念妥当性に依らなければならない。

心理的状態の測定では、正常か病的状態かの査定や、どちらの状態であるかを識別できることが求められる。神経学的検査や臨床的面接と同じように、心理的状態の測定でよく使われる心理検査は、ロールシャハ・テストやＴＡＴ（主題統覚検査）などの投影法の検査であるが、それに加えてＭＭＰＩ（ミネソタ多面的人格目録）などの、より客観的な質問紙法も使用される。人格適応論では、基本的な適応のスタイルを特定することに関心を向けるので、人格状態というより人格特性の査定に焦点を当てる。

人格特性の測定

人格特性を測定するために最も頻繁に用いられる方法は、特定の項目に対し「はい」か「いいえ」で回答することによって自分自身を記述する心理検査である。ナナリー（Nunnally, 1978）は、このような心理検査が人格特性の研究に対して、豊かな可能性を提供していると述べるとともに、以下の点を指摘している。

「第一に、多くの質問紙法の心理検査では、社会的望ましさは重要な役割を果たしていないものとして構成されており、このような回答の率直さは、重大な問題ではないと見なされている。第二に、自己記述式検査の多くの項目では、その意味内容を的確に表現する難しさが判明しているにもかかわらず、人格概念の測定に使用されている心理検査自体の問題が、取り沙汰されることは非常に少ない。第三に、自己記述式の心理検査では、時々自己認識が問題となる。それは単に、測定する特性について自分自身を考えることは滅多にないにもかかわらず、多くの心理検査では、人は毎日問題に直面し悩んでいるかのようにとらえている。第四に、自己記述式心理検査において数多く提案されている測定尺度に関して、一握りの因子以外は消失する傾向がある一方、たとえばローカス・オブ・コントロール（内的-外的制御型志向）尺度といった、人格概念の比較的独立した測定尺度を見つけることは、容易である。人格に関する多くの重要な測定尺度は、人格概念に潜在的に含まれる重要な特性の入念な調査、検査の構成概念に関しての適切な方法の採用、そして因子分析によって基本となる特性を文書化する作業から成立する」（Nunnally, 1978, p. 587）

尺度構成

尺度構成に関しては、ウィギンス（Wiggins, 1973）によって提示された、三大アプローチがある。一番目は分析的アプローチで、個人を査定するための項目の選択や手続き、基準などを決定する際に、主として理論に信頼をおく。二番目は実験的アプローチで、測定された実験概念の操作的な指数に信頼をおく。指数と関連があると仮定される項目を選択し、基準群のなかで判別力のある項目を見るために対比群を用いるという方法をとる。三番目は、ジャクソン（Jackson, 1970）が逐次システム・アプローチと名付けたものである。逐次システム・アプローチは、論理上の連鎖のなかで分析的アプローチと実験的アプローチを結びつけるもので、結果的に得られた尺度の心理測定的特性を査定することになる。そのため、項目は理論に基づいて作成されるが、そのなかには心理測定的特性や実験的実証的関連に基づく点も、保持されることになる。

人格適応タイプ測定の方法をデザインする

著者ヴァン・ジョインズ（Joines, V.）は、逐次システム・アプローチ（the sequential systems）を使って、人格適応タイプを測定するためのイエス・ノーで答える質問紙法を考案した。著者はおよそ三十の質問のリストを、六つの適応タイプすべてに対して作成した。これらは、各適応タイプを持つ人が肯定的に反応するであろうと著者が考えたものである。その適応タイプについて著者の直感から質問項目を作成し、各適応タイプの人がその項目を肯定的に支持するかどうかを確認するために、心理療法のトレーニング・プログラムを受けている人たちに、これらの質問項目を読んでもらった。フィードバックに対応して、いくつかの項目の言葉遣いを変更した。数多い項目から始めて、最終的にはより少ない項目を使用しようと考えた。項目数を減少させる理由は二つあった。①テストを受ける際の被検者の疲労を防止するためと、②適切に選択された十〜十二項目のグループによって、適応タイプは十分特定されるという考えである。オリジナルの項目数は百九十五であった。これらの項目は、個々の項目を帽子に入れて中の一つを取り出し、その順番に質問紙にリストアップするといった無作為な方法で配列した。

被検者

人格適応タイプの質問紙を評価するために用いた被検者は、異なった領域で心理療法を受けているクライエントたちである。異なった領域とは、①個人開業やグループ開業、②精神保健センター、③アルコールおよび薬物依存治療センター、④家族療法機関などが挙げられる。被検者は主として著者のクライエントと、著者と共にトレーニング・プログラムを継続していた、五十人のメンタルヘルスの専門家たちのクライエントであり、自発的に被検者になることを申し出てくれた。約七十人の被検者は、自分自身の適応タイプに関心を寄せていた専門家や、それ以外の人たちであった。最初に質問紙を施行した総数は二百六十八人、被検者の平均年齢は三十七歳（最年少は十三歳、最高年齢は六十三歳）、男女比は男性二九％、女性七一％であった。この男女比の差異は、上述のメンタルヘルス専門家のもとでセラピーを行っているクライエントの男女差を反映している。

管理と評価

質問紙と回答用紙は著者の研修生に渡され、研修生が心理療法を行っているクライエントに記入してもらってから、再び著者の元に返却された。研修生には、次のことをクライエントに伝えるように指示した。質問紙を実施する目的は、人格適応タイプを査定する質問紙の開発の手助けにするためであり、回答用紙から得られた結果のコピーは、クライエントに渡すということである。被検者には、すべての質問に回答するように教示した。

回答用紙は手作業で得点を記入し、クライエントと話し合うために研修生たちに返却した。また各被検者番号、年齢、性別、百九十五項目に対する回答とともに、データはコンピュータのデータファイルに入力された。それから、そのデータは統計的方法を使って分析された。回答の分布範囲と平均値を、百九十五項目それぞれに対して算出した。正規分布の両端が欠けている範囲がある項目や、歪みを持った分布がある項目を決定するために、頻度を算出した。ある項目と、その項目とは違う各適応タイプの項目との相関を見るために、ピアソンの積率相関係数を算出した。非常に低い相関の項目や、正規分布の両端が欠けている範囲がある項目は、削除することにした。低い相関（.15以下）の項目は、その項目が測定するべき適応タイプとは関連が認められないと考えられた。正規分布の両端が欠けている範囲がある項目は、回答の偏り、すなわち適応タイプに関係なくすべての人が同じような回答をしていたと見なされる。さらに、項目間で中程度に高い相関（.40以上）があった場合、その二つの項目のうち一つは、重複を避けるために削除した。このプロセスを通して、各尺度はおよそ三十〜十五項目ぐらいまで減少することになった。

次のステップとして、尺度の説明を長くしたり短くしたりするために、クローンバックのアルファ係数を算出した。ある項目と全項目との相関を算出し、低い相関（.20以下）の項目が再び削除された。この手続きにより、各適応タイプに対して全体的なアルファ係数の増加をもたらし、認められる範囲内になることを可能にした。このプロセスを経て、尺度はそれぞれ一二項目まで減少した。それから、項目間の相関、つまりある項目とその尺度内の項目との相関、および別尺度の項目との相関を計算した。その目的は、項目がその項目の尺度上で最適に機能しているかどうか、また別の尺度上に属することになっていないかどうかを確認するためである。その結果、いくつかの項目がある尺度から別の尺度へ移され、適応タイプを正確に識別していないと思われるいくつかの項目が取り下げられた。それから、クローンバックのアルファ係数により、各尺度に対して中核となる項目を作成した。

最終的な統計上の手続きは、生き延びるための適応タイプと、行動上の適応タイプの因子を抽出するために、二百六十八ケースを使用して中核となる項目の探索的因子分析を実施した。因子分析を、三つの生き延びるための適応タイプと、三つの行動上の適応タイプに対して実施した。生き延びるための適応タイプと、行動上の適応タイプは、次に示す二つの理由により、別の因子分析を被検者に施した。一つは、生き延びるための適応タイプと行動上の適応タイプは、違う次元であると考えられること、もう一つは、被検者が比較的少ない人数であることである。固有値のスクリー・プロット（回転した因子空間における変量のプロットであり、これは必要とされる因子数を確認することを助けるものである）は、生き延びるための適応タイプに使用可能な三因子と、行動上の適応タイプに使用可能な三因子の存在を明らかにした。三つの生き延びるための適応タイプに対する固有値は、第1因子は4.6299、第2因子は2.7715、第3因子は1.1865であった。三つの行動上の適応タイプに対する固有値は、第1因子は7.9742、第2因子は1.2792、第3因子は.9779であった。生き延びるための適応タイプに対してバリマックス回転法を使用した結果、スキゾイド型は主に第1因子の負荷量が高かったのに対し、反社会型とパラノイド型は、第2因子と第3因子の両方に高い負荷量を示した。また行動上の適応タイプに対して、バリマックス回転法を使用した結果では、演技型は主に第1因子、強迫観念型は主に第2因子、そして受動的攻撃型は主に第3因子で負荷量が高かった。

第二版

質問紙の第二版は、上記の統計的分析から得られた中核となる項目を用いて作成した。各適応タイプの中核となる項目はそのまま保持し、各尺度を合計十二項目にするために、削除した項目に代わっていくつかの項目を新しく作成した。スキゾイド型尺度に対して二項目、反社会型尺度には一項目、パラノイド型尺度には五項目を追加した。また、受動攻撃型尺度には一項目、強迫観念型尺度には一項目、演技型尺度には四項目を追加した。この新しい項目は、特定の適応タイプを持つ人との臨床経験や、そのような人からのフィードバックに基づいて作成した。

合計千五百人の被検者に対して、第二版の質問紙を実施した。被検者の構成は、心理療法のクライエント千四百八人、メンタルヘルスの専門家六十二人、その他二十九人である。女性は六五％、男性は三五％であった。人種については、アジア系三十四人、アメリカインディアン二人、アフリカ系アメリカ人十五人、白人千四百十二人、白人系アジア人一人、ヒスパニック七人、ヒスパニック系アメリカインディアン一人、インディアン一人であった。被検者のうち、三十三人は日本出身、一人はポルトガル出身、残り千四百六十六人はアメリカ合衆国出身であった。

被検者にはすべての質問項目に回答するように教示した。回答用紙はまた手作業で得点を記入し、被検者に返却した。被検者の番号、年齢、性別、人種、カテゴリー（クライエント、専門家、その他）、国籍、および七十二項目に対する回答に関するデータは、コンピュータのデータファイルに入力し、再び統計的方法を使って分析した。まず、各項目に対する頻度を算出した。各尺度の信頼性を測定するために、その尺度の各項目に対してクローンバックのアルファ係数を算出した。標準化された変数を求めるための異なったサブスケール間の信頼性は、以下のようになる。スキゾイド型（0.787102）、反社会型（0.678000）、パラノイド型（0.593441）、受動攻撃型（0.727900）、強迫観念型（0.619647）、および演技型（0.612748）。最終的なステップとして、千五百人の被検者に対して、三つの生き延びるための適応タイプと、三つの行動上の適応タイプについて、もう一度因子分析を実施した。生き延びるための適応の三つの因子と、行動上の適応の三つの因子を使用して、二回の工程が実行された。生き延びるための適応タイプの結果は表B-1、行動上の適応タイプの結果は表B-2に示した。これら二つの表から、生き延びるための適応タイプでは、スキゾイド型は主に第1因子、パラノイド型は主に第2因子、反社会型は主に第3因子に負荷量が高くなり、また行動上の適応タイプでは、受動攻撃型は主に第1因子、強迫

表B-1　生き延びるための適応タイプについての因子項目負荷量

	第1因子		第2因子		第3因子	
パラノイド型 1	.069	.099	**.315**	**.337**	.200	.241
パラノイド型 2	.090	.186	**.334**	**.322**	.135	.281
パラノイド型 3	.246	.289	**.412**	**.328**	.291	.173
パラノイド型 4	.157	.256	**.441**	**.427**	-.003	.032
パラノイド型 5	-.114	-.169	**.396**	**.404**	.095	.164
パラノイド型 6	.129	.174	**.508**	**.499**	.066	.063
パラノイド型 7	-.063	-.020	**.472**	**.418**	.132	.151
パラノイド型 8	.308	.275	**.260**	**.325**	-.106	-.142
パラノイド型 9	.173	.203	**.410**	**.356**	-.259	-.309
パラノイド型10	.069	-.041	**.480**	**.535**	.107	.198
パラノイド型11	-.185	-.222	**.222**	**.284**	-.099	.040
パラノイド型12	-.002	.048	**.347**	**.266**	-.105	-.117
反社会型 1	-.053	-.040	-.049	.074	**.639**	**.670**
反社会型 2	-.270	-.318	.108	.199	**.214**	**.156**
反社会型 3	.378	.359	.116	.172	**.393**	**.370**
反社会型 4	.238	.349	.531	.468	**.061**	**.198**
反社会型 5	-.437	-.318	.036	.014	**.261**	**.342**
反社会型 6	-.038	-.001	.173	.220	**.631**	**.497**
反社会型 7	-.075	-.010	.495	.545	**.075**	**.096**
反社会型 8	-.112	-.111	.107	.117	**.509**	**.554**
反社会型 9	.152	.101	.304	.431	**.287**	**.333**
反社会型10	.048	.025	.381	.352	**.303**	**.378**
反社会型11	-.338	-.230	.183	.215	**.438**	**.582**
反社会型12	-.303	-.305	.009	.002	**.520**	**.488**
スキゾイド型 1	**.617**	**.643**	.234	.103	-.057	-.091
スキゾイド型 2	**.302**	**.260**	-.012	-.008	.008	.041
スキゾイド型 3	**.770**	**.747**	.001	-.083	-.136	-.148
スキゾイド型 4	**.540**	**.445**	-.001	.045	-.142	-.219
スキゾイド型 5	**.671**	**.589**	-.040	.027	-.178	-.232
スキゾイド型 6	**.431**	**.398**	.243	.208	.152	.050
スキゾイド型 7	**.582**	**.487**	.193	.183	.189	.132
スキゾイド型 8	**.726**	**.807**	.057	-.068	-.191	-.132
スキゾイド型 9	**.447**	**.409**	.123	.129	.036	-.121
スキゾイド型10	**.787**	**.761**	-.056	-.116	-.146	-.173
スキゾイド型11	**.701**	**.702**	.213	.197	.035	.024
スキゾイド型12	**.397**	**.335**	.256	.256	.130	.112

表B-2　行動上の適応タイプについての因子項目負荷量

	第1因子		第2因子		第3因子	
受動攻撃型 1	**.524**	**.579**	.062	−.007	.267	.075
受動攻撃型 2	**.470**	**.479**	−.008	−.083	.251	.199
受動攻撃型 3	**.610**	**.572**	−.147	.610	.279	.153
受動攻撃型 4	**.636**	**.758**	.101	−.011	.202	−.062
受動攻撃型 5	**.359**	**.343**	.151	−.227	.107	−.062
受動攻撃型 6	**.211**	**.165**	.153	−.208	−.141	−.218
受動攻撃型 7	**.325**	**.470**	.040	−.134	.529	.438
受動攻撃型 8	**.587**	**.596**	.085	−.060	.217	.051
受動攻撃型 9	**.380**	**.336**	−.380	.369	.163	.029
受動攻撃型 10	**.508**	**.561**	−.087	.012	−.044	−.035
受動攻撃型 11	**.531**	**.553**	.067	−.086	.215	.070
受動攻撃型 12	**.417**	**.386**	.078	−.103	.158	.056
演技型 1	.336	.387	−.055	.041	**−.117**	**−.168**
演技型 2	.361	.308	−.027	−.180	**−.247**	**−.371**
演技型 3	−.121	−.061	.009	−.110	**−.606**	**−.699**
演技型 4	.496	.529	−.163	.128	**.213**	**.106**
演技型 5	.491	.526	.043	−.073	**−.213**	**−.329**
演技型 6	−.088	−.178	−.046	−.038	**−.446**	**−.383**
演技型 7	−.109	−.088	−.073	.014	**−.530**	**−.554**
演技型 8	.371	.381	−.214	.092	**−.237**	**−.379**
演技型 9	.070	−.010	−.213	.130	**−.452**	**−.464**
演技型 10	.406	.255	−.084	−.079	**−.481**	**−.649**
演技型 11	.648	.558	.025	−.107	**.038**	**−.086**
演技型 12	.223	.180	−.268	.172	**−.025**	**−.203**
強迫観念型 1	.066	−.033	**.495**	**−.582**	−.008	−.020
強迫観念型 2	.159	.190	**.490**	**−.427**	.015	−.023
強迫観念型 3	.015	−.019	**.437**	**−.503**	−.011	.015
強迫観念型 4	−.087	−.021	**.692**	**−.660**	.262	.223
強迫観念型 5	.073	.063	**.627**	**−.691**	.134	.095
強迫観念型 6	.217	.291	**−.078**	**.033**	.447	.393
強迫観念型 7	.064	.111	**.519**	**−.635**	.001	−.117
強迫観念型 8	.171	.116	**.115**	**−.124**	.036	−.123
強迫観念型 9	.416	.414	**.210**	**−.189**	−.056	−.108
強迫観念型 10	−.041	.055	**.222**	**−.217**	.141	.217
強迫観念型 11	−.023	−.069	**.337**	**−.417**	−.236	−.195
強迫観念型 12	.416	.374	**.469**	**−.468**	.207	.074

観念型は主に第2因子、演技型は主に第3因子で負荷量が高くなったことが明らかになった。

第三版

因子分析に基づいて、いくつかの項目を他の尺度へ移行し、質問紙の第三版を作成した。スキゾイド型尺度には新しい三項目、反社会型尺度には六項目、パラノイド型尺度には六項目、強迫観念型尺度には五項目、また演技型尺度には七項目が、それぞれ新たな項目として作成された。この質問紙の第三版は付録Cに呈示した。

結論

因子分析の結果から、六つの適応タイプは実在しており、開発した質問紙を使用することによって、適応タイプは測定可能であるという有力な証拠を得ることになった。質問紙の外的妥当性を証明するためには、追加研究が必要である。

質問紙を管理するなかで、いくつかの興味深い発見があった。第一に、大部分の人はどの尺度もいくらか支持している。これはそれぞれの適応タイプの振る舞い方を知っているため、各適応タイプに、ある程度同一視していると考えられる。第二に、ある特定の適応タイプは、人びとから好まれるスタイルと見なされる。そのため、各適応タイプの習性や振る舞い方がわかっていても、生き延びるためと行動上の適応タイプのどちらについても、人びとに好まれるスタイルの適応タイプは顕著になる。第三に、作成した棒グラフを見ると、外向的な人ほどより頻繁に項目を支持するため、全体的に高いグラフとなり、内向的な人ほど項目を支持する頻度が下がるため、全体的に低いグラフとなる。第四に、自分の選択を偽装したり、隠そうとするなど防衛的な検査態度の場合、棒グラフは高低差のない平坦なグラフになる。

また、質問紙はカップルの関係を見る際にも有効であることがわかった。適応タイプに関する情報を持つことによって、そのカップルが好む関わり方や、カップルが直面している困難を解決する手助けとして、何が有効であるかを適切に説明することができる。

まとめ

人格適応論は、各適応タイプに対して十二項目の尺度を用いることで、簡便で測定可能な構成概念を提供した。質問紙は現在すでに第三版まで作成されている。この質問紙は、適応タイプを査定するため臨床面接に付加するツールとして、非常に有効であることが証明された。また、適応タイプに関してさらに数多くの洞察をもたらした。

付録C

ヴァン・ジョインズの人格適応タイプ質問用紙（第3版）

©ヴァン・ジョインズ博士、Southeast Institute for Group and Family Therapy, Chapel Hill, NC 27517、がすべての権利を有する。著者の許可なくして質問紙のすべて、もしくは一部をコピーして使用することは禁止されている。

インストラクション

以下の質問をていねいに読み、もし自分に当てはまると思えば解答用紙のT、違う場合はFのところに○をつけてください。すべての質問に答えてください。

1　人というものは自分自身のやっていることに注意を払わないと思う。
2　私はおとなしい人だと言われる。
3　私は人と社交的につきあうよりも、一人で何かをしているほうが気楽だ。
4　物事があまりにも混乱してくると、立ち去る。

5　葛藤が起こると、やってもだめ、やらなくてもだめと感じる。
6　人が私に満足してくれないと、私は傷ついて、混乱する。
7　人と一緒にいるときには、自分の望むことはあきらめなければならないと感じる。
8　私は自分の感情を話したり、理解してもらうのが好きだ。
9　自分が正しいと考えることは、しっかり主張する必要があるとしばしば思う。
10　チームで仕事をするとき、仕事を完全に仕上げるため、同僚よりも遅くまで残って働く。
11　私は狐のようにずるがしこい。
12　無責任さに対して腹が立つ。
13　次から次へと休みなく働く傾向がある。
14　一度にあまりに多くのことをしようと駆り立てられるような気持ちになる。
15　決断を下すのが難しい。
16　感情がすぐ表に出てしまう。
17　危険を冒すのを好む。
18　反応が過剰だと人に責められる。
19　しばしば、一度にいろいろなことをする。
20　やることすべてに気を配るのは大切なことだと思う。
21　物事が証明されるまでは疑う傾向がある。
22　人と一緒にいるより、一人でいるほうが気楽だ。
23　規則を曲げるのが好きだ。
24　死ぬほど恐いと思うことがある。

25 人と長く一緒にいると疲れる。
26 人生は戦いだと思う。
27 自分でも仕事をてきぱきとこなすし、他人にもそうすることを期待する。
28 刺激があると、生きている実感を味わえる。
29 人はしばしば、ひどく私を失望させる。
30 友達は、私が気まぐれだという。
31 常に先手を取ろうとする。
32 自分の考えていることを人に話すのが好きだ。
33 しばしば人を羨ましくなる。
34 私はやらなければならないことを絶えず考えているので、何もしないでただ人と一緒に過ごすのは難しいと思う。
35 私が自分の本当の気持ちや欲求を口にすると、他の人はそれをどう扱ってよいのかわからないだろうと恐れる。
36 人は私のことを完全主義者だという。
37 しばしばガスの元栓や電気のスイッチを切ったかを確かめる。
38 人は私が恥ずかしがり屋だと言うかもしれない。
39 口に出さなくても私の欲していることを知ってほしいと思う。
40 私は孤独を楽しむ。
41 私が大切に思っている人びとにとって、私は重要な存在ではないとしばしば思う。
42 物事がうまくいかないと逃げ出す傾向がある。

43 私は、自分の周りの人たちが気持ち良く過ごせるように気を配らなければいけないと思う。
44 大勢の人のなかではおとなしいほうだ。
45 見捨てられないように用心する。
46 頭にくることが多い。
47 世の中のことに責任を感じる。
48 私がやらなければ物事はうまくいかないと思う。
49 仕事が終わるまでは遊ばない。
50 正しいことをしなくてはいけないと思う。
51 みんなの注目の的になりたい。
52 私は誰よりも物事をよく考える。
53 窮地から誰よりもうまく抜け出す。
54 人をもてなすのが好きだ。
55 人が遊んでいるときも働く。
56 基準に達しない人には腹が立つ。
57 私は衝動的な人間だ。
58 腹が立ったり、傷ついたとき、人にそれを知られないようにする。
59 なかなか自然にふるまうことができない。
60 私は人を信用しない。
61 興奮を抑えようとする。
62 他人の動機を疑う。

63 注目の的になるのが苦手だ。
64 人は、私が感情的すぎると考える。
65 譲歩するのは嫌いだ。
66 見つかると困るようなことをしてうまく切り抜けるのが好きだ。
67 私はみんなが注意を払ってくれると、愛されていると感じる。
68 私は退屈は嫌いだ。
69 人はよく私の陽気な性格を羨む。
70 何もしていないのは苦痛だ。
71 名案を考え出すのが好きだ。
72 自分の意思を通して周りに嫌な思いをさせるよりは、周りの人の望むようにする。

注　この質問紙を用いて自分自身の人格適応タイプを知りたい方は、回答用紙と説明書を左記に申し込んでください。
Southeast Institute for Group and Family Therapy, 103 Edwards Ridge Rd., Chapel Hill, NC 27517, USA.
Tel. 919-929-1171 ; fax : 919-919-1174.
Email:vjoines@seinstitute.com.Web site:www.seinstitute.com

監訳者あとがき

理論との出会い

人格適応論に初めて出会ったのは、私が、ノースカロライナ州チャペルヒルにある、ヴァン・ジョインズの研究所（Southeast Institute for group and Family Therapy）で、博士課程トレーニングコースに在籍していた一九九四年です。このトレーニングコースは毎週二日、一年間継続のもので、私の参加した年は七名のグループでした。参加者はアメリカ南東部、南西部を中心に、遠くはカリフォルニアからも毎週やってくるセラピストたちで、病院、保健所、学校、個人開業とさまざまな分野で働いていました。メンバーが持ってくるケースのスーパーヴィジョン、グループのなかでお互いにライブでセラピーを行い、それをスーパーヴァイズしてもらうなど、TAセラピストとしての経験を積み、スキルアップすることが主要目的でした。そのなかで人格適応論が新しい理論として教示され、セラピーのなかでドアの概念を活かすことを体験的に学んでいきました。

当時はヴァン先生も本の執筆は始めたばかりで、質問紙も初版から二版に移行する作業の途中でした。質問紙の用語の直しも多く行われていたように思います。私たちも常に人格適応型を頭に置いて、自分はもとよりグループのメンバーたち、研究所以外のところでも、「アレ、あの人の適応型は？」と、いつも頭の中は適応論が巡っていました。グループセラピーでも、クライエントの人格適応型をできるだけ早く見つけて、それに沿ったドアを使ってアプローチをしていくことを、繰り返しトレーニングを受けながら実践していました。またセラピー以外でも会社、団体、国家にもそれぞれ適応型があるという話や、有名人の人格適応型を推測するなど、楽しい学びもたくさんありました。

南東部グループ家族療法研究所(Southeast Institute For Group & Family Therapy)について

研究所には年間を通して一〇一基礎講座やTAマラソン(朝から夜遅くまで連続するセラピーグループ)、カップルのためのワークショップ、再決断療法を学ぶワークショップ、などさまざまなトレーニング・ワークショップがあります。TAを学びたい、セラピーに関心がある、夫婦関係を改善したい、子どもとのコミュニケーションを円滑にしたいなど、さまざまな動機や目的を持って、心理療法家、医師、ケースワーカー、教師、看護師、企業人、家庭の主婦、ボランテイア活動や、教会で仕事をされている人たちなど、本当にいろいろな方が研究所に来られます。

最初に人格適応論を作られたウエア博士は、ルイジアナ州の精神病院で仕事をされた方ですが、ヴァン先生は牧師として学位をとり、それから心理療法の専門家として歩んできました。ウエアが適応型にそれぞれ精神科診断名による名称をつけましたが、ヴァン先生は本文で読まれたとおりの健康な描写的側面を表す呼び方を、ウエアの名称に加えました。ヴァン先生の考えは人格適応タイプというのは、あくまで個人の適応の形であり、良く機能しているレベルから、まったく機能しない状態まで、幅広い範囲でその人の性格、行動特徴を表すと考えたわけです。

翻訳について

一九八六年に、ヴァン先生は論文「再決断療法における人格適応論の応用」で、人格適応論を再決断療法に活かすことが、セラピーを円滑に運んでいく一つの鍵であるという論旨を発表しました。一九八八年に「TAの枠組みを用いた見立てと治療方針」「モデルそのもの」という論文を書きましたが、それらが一冊の本になるまで、ずいぶん時間がかかっています。本になったら、是非日本での翻訳は私たちに任せてください、というお願いはすでに一九九四年の時点でしていました。毎年、そろそろ本ができ上がるかなという期待で、チャペルヒルに行くのですが、「もう少し……」「まだ一般書にするか、専門書にするか、ターゲットが絞りきれないでいる」、など難しい問題もあったようです。最後のほうでヴァン先生は、*TA Today* での共同執筆者であるイアン・スチュアート先生に本の構成に関して分担を依頼し、イアン先生の協力の下に二〇〇二年、遂に出版されました。二〇〇二年夏にヴァン先生のワークショップに参加した際に、具体的に翻訳に関して再確認し、帰国後に白井さんのご尽力で誠信書房での出版が決定しました。

翻訳者たちは数年間にわたり、米国チャペルヒルにある Southeast Institute for Group and Family Therapy へ行き、ヴァン・ジョインズ先生より学び、トレーニングを受けてきました。その成果をこのような形で読者の皆様と分かち合うことができたことは、翻訳者たちの望外の喜びです。

最後に、本翻訳書のために大変な時間とエネルギーを割き、緻密なお仕事をして本書を完成へと導いて下さった誠信書房の松山由理子さん、中澤美穂さんに心よりの御礼を申し上げます。

二〇〇七年夏

繁田千恵

用語集

TAを治療技法として使っていない読者のために、この用語集を編集した。これは、この本のなかで使用している、よく使われるTA理論の専門用語を定義したものである。今までの章ですでに詳しく説明されている専門用語（たとえば「演技型」「～までは」の脚本）は、ここでは扱わない。

この用語集は、どのような意味合いであれ完全なTA言語は載せていない。もし必要ならば、*Dictionary of Transactional Analysis*（Tilney, 1998）を参照するのがよい。

活動（Activity）　時間の構造化の一つの方法で、これに携っている人たちは、単にそれについて話し合いをするのではなく、はっきりと表明され、同意をされたゴールを達成するという目的を持っている。

「順応した子ども」（Adapted Child）　機能的モデルを使用した際の「子ども」の部分であり、個人が規則や社会の要請に従うときに、この自我状態をどのように使うかを表している。

「成人」の自我状態（Adult Ego State）　〈今・ここ〉の状況に対する反応として表現される行動、思考、感情の組み合わせで、両親や親的役割の人たちからコピーしたものではなく、またその個人の子ども時代の再現でもないものをいう。

いらいら（Agitation）　個人のエネルギーが問題解決に用いられ、代わりに、反復しかつ無目的な行動に費やされる受動的行動。

本物の感情（Authentic Feeling）　子ども時代にラケット感情でそれを隠すことをしてしまった、本来的な親の指示下にはない感情。

「子ども」の自我状態（Child Ego State）　その個人の幼年期を再現している行動、思考、感情の組み合わせ、つまり自我状態の一番もとになる原型。

逃げ道を閉じること（Closing Escape Hatches）　クライエントが決して、どのような状況でも自分や他人を殺したり、傷つけたりしないし、または狂気に走らないという「成人」の決断をし、それを述べたときに、その治療的対処は行われたという（これを広い意味で使い、逃避をしないなど、似たような決断をした場合にも当てはまる）。

わな・餌（Con）　ゲームでの隠れた誘い。常に値引きを伴う。

対決（Confrontation）　クライエントが今ここでの現実に反して、脚本の信条にのっとっている場合、現実検討するよう働きかける治療者の動き。

汚染（Contamination）　「子ども」または「親」の自我状態の内容の一部を、その個人が「成人」の内容であると間違えること。

内容（Content）　（自我状態の）それぞれ異なる自我状態に貯蔵され、分類された記憶や戦略。または構造的モデルの場合には、各自我状態のサブディビジョン。たとえば、それぞれの自我状態に（脚本の）何が入れられているのか。それぞれの個人の脚本にとって何が特定されているのかという、個人にとってユニークな早期決断の組み合わせが入っている。

契約（Contract）　明確にされた行動の経過についての、双方のコミットメント。変化するという自分自身また は（自分および）他人との、「成人」を用いた約束。

「支配的親」（Controlling Parent）　機能モデルの「親」のサブディビジョンで、その人がこの自我状態を支配、命令するためにどのように用いるかを示しているもの。

拮抗禁止令（Counter-injunctions）　親の「親」から出されている脚本のメッセージで、子どもの「親」のなかにしまわれているもの。

拮抗脚本（Counterscript）　拮抗禁止令に従うために子どもによってなされた決断の組み合わせ。

「批判的親」（Critical Parent）　「支配的親」と同じ。

決断（Decision）　自分自身、他人または人生の質について出される結論で、これには子ども時代にその子どもが感じ取ったことや、現実吟味のなかで自分のニードを充足したり、生き残るために自分の手に入る最良の方法だとして採用したもの。

値引き（Discounting）　ある問題の解決に適切な情報を自分では気づかずに無視すること。

何もしないこと（Doing Nothing）　問題解決をする代わりに、行動をとらないためにエネルギーを使ってしまう受身の行動。

ドラマの三角図（Drama Triangle）　人が脚本に指定された三つの役割（迫害者・救助者・犠牲者）をとり、かつその間を動くのを表現した図のこと。

早期決断（Early Decision）　決断と同じ。

自我状態（Ego State）　首尾一貫した行動のパターンと、直接関連している感情と経験の首尾一貫したパターン。

自我状態モデル（Ego-State Model）　「親」「成人」「子ども」の自我状態で、パーソナリティーを表現するモデル。

逃げ道（Escape Hatches）　自分を傷つけるまたは殺す、他人を傷つけるまたは殺す、そして狂気に走るという三つの悲劇的な脚本の結末（ときには解釈を広げて否定的な結末のことを指す。たとえば、逃避とかである）。

除外（Exclusion）　二つの自我状態が除外されたときに機能している一つの自我状態のこと。

「自由な子ども」（Free Child）　機能的モデルの「子ども」のサブディビジョンで、人が自分の欲望や感情を検閲ぬき、かつ社会の要請の束縛を受けずにいかに表現するかを表している。

機能（Function）　自我状態がどのように用いられるか、表現されるかの意味。

機能モデル（Functional Model）　人がいかに自我状態を用いるかを（そのプロセスを）示すために説明する、自我状態を分類したモデル。

ゲーム（Game）　裏面的な動機を持って何かを行うプロセスで、それは、①「成人」の気づきがない、②参加者が自分の行動を切り替えるまでは明白にならず、③結果的に誰もが混乱と誤解を感じ、相手を非難したいと望む。

誇張・誇大化（Grandiosity）　現実のある側面を誇張・誇大化すること。

ハイトナー（Heightener）　一時的に脚本からもたらされる不快感を、クライエントに深く感じるよう勧める治療的介入方法。その意図は、クライエントに脚本から脱しようとより強く動機づけるためである。

インパス（Impasse）　「行き詰まっている」場所。二つの相反する気持ちを経験していて、しかし何も行動を起こさず、その結果、人は非常に多くのエネルギーを使いながらどうにもならなくなっている（これを交流分析では二つの自我状態での葛藤と説明する）。

無能（Incapacitation）　自分の周囲の人たちに無理矢理に問題解決をさせようと試みて、自分自身を無能にしてしまう受身の行動。

禁止令（Injunctions）　親の「子ども」の部分から出され、子どもの「子ども」の部分にしまわれた、ネガティブで拘束的な脚本メッセージ。

親密さ（Intimacy） 時間の構造化の一つのやり方で、互いの本物の感情や欲求を検閲抜きで表現しあうもの。

人生の立場（Life Position） 人が自分自身および他人に対して持っている基本的な信条で（思い込み）、決断や行動を正当化するために用いられる。個人が自分自身および他人を認知する際の基本的な価値観で、その人の根源的な立場である。

人生脚本（Life Script） 子ども時代に作られた無意識の人生計画で、両親によって補強され、以降起こるさまざまな出来事によって「正当化」され、最終的に選択された一つの代替策で絶頂に達する。

小さな教授（Little Professor）「子ども」のなかの「成人」と同じ。

「自然な子ども」（Natural Child）「自由な子ども」と同じ。

（Negative Stroke）

「養育的親」（Nurturing Parent） 機能モデルの「親」のサブディビジョンで、個人が養育的・面倒をみる、または援助するという形でこの自我状態をどんなふうに用いるかを示したもの。

OK牧場（OK Corral） 四つの人生の立場を特定の社交機能に関連させた図表。

過剰適応（Over-Adaptation）「受身の行動」で、その個人が「他人は自分にこうした要望をしている」と信じ込んでいるものに適応しようとすること。自分自身の欲求を無視し、また相手がそれを望んでいるかどうかを確認もせずに行う。

「親」の自我状態（Parent Ego State） 両親または親的役割をした人たちのコピーをした行動、思考、感情の組み合わせで、借りた自我状態といえる。

受動行動・受身の行動（Passive Behaviour） 行動四様式（何もしない・無為、過剰適応、いらいら、無能または暴発）のうちの一つで値引きの存在を意味し、それは個人が自分の問題を自分で解決する代わりに他人や環境を操作しようとする試みである。

暇つぶし（Pastime） 時間の構造化の一様式で、ある主題について話し合いはするが、それについて何らかの行動をとる意図がないことを指す。

報酬（Payoff） ゲームの最後にプレイヤーたちによって経験されるラケット感情。「脚本の報酬」は脚本が指定する最終場面を指す。

許可（Permissions） 両親の「子ども」によって発せられ、子どもの「子ども」のなかに貯えられたポジティブで解放的な脚本のメッセージ。

迫害者（Persecutor） 他の人たちを軽蔑したり見下す人。

ポジティブなストローク（Positive Stroke） 受け取った者が気持ち良いと経験するストローク。

プロセス（Process） （自我状態の）ある期間を通じての個人の自我状態の表し方。自我状態がどんなふうに表出されるかを指す。（脚本の）ある期間を通じてその個人がどのように脚本（にのっとって）を生きているかの方法。その脚本がいかに実践されるかを指す。

ラケット（Racket） 脚本化された行動の組み合わせで、環境を操作する方法として自分自身の気づきなしで行われるものであり、その個人がラケット感情を経験することを含む。

ラケット行動をとる（Racketeering） 個人が自分のラケット感情に対するストロークを他人からもらおうとして行う行動様式。

ラケット感情（Racket Feeling） 子ども時代に学習し、それを感じることを奨励されたなじみ深い感情で、ストレス状況にあるときに経験され、成人の問題解決の方法としては不適切なもの。

ラケットシステム（Racket System） 自分から強化している歪曲された感情と思考と行動のシステムで、脚本に束縛された個人によって維持されるもの。

再決断（Redecision） 自分を制約している早期決断を、個人が大人として持っているすべての資源を考慮に入れて行う新しい決断で置き換えること。

救助者（Rescuer） 自分のほうが一枚上手の立場から他人に援助を提供する人のこと。「相手には自助能力がないのだ」という思い込み（信条）からの行動である。

儀式（Ritual） なじみ深いストロークを交換する、前もってプログラムされた時間の構造化の様式。

脚本（Script） 人生脚本と同じ。

脚本メッセージ（Script Message） 両親からの非言語的・言語的メッセージで、子どもは脚本を作るプロセスでそれを基盤に自分、他人や世間に対する結論を下す。

脚本化（Scripty） その個人が脚本に従っている場合に表現されるもの。

ストローク（Stroke） 存在認知の一単位。その人の存在や価値を認めるためのあらゆる働きかけ。

構造分析（Structural Analysis） パーソナリティーの分析。または自我状態モデルからみた交流のシリーズの分析。

構造モデル（Structural Model） 自我状態またはそのサブディビジョンに属していると分類されているのが「何」か、を示した自我状態のモデル（その内容を示している）。

構造（Structure） 自我状態の視点から個人の行動、感情と経験を分類したもの。

切り替え（Switch） ゲームを演じている際に、自分の報酬を得るためにゲーム・プレイヤーが役割を切り替える時点を指す。

時間の構造化（Time Structuring） 人が二人でいるとき、または集団でいるときにどんなふうに時間を過ごすかということ。

犠牲者（Victim） 自分が相手よりも劣っていると見なし、軽蔑されのが当然であるとか、他人の助けなしではやっていけないと思っている人。

暴力（Violence）　周囲に問題を解決させようと、破壊的なエネルギーを外部に向けて発散させる「受身の行動」。

引きこもり（Withdrawal）　他人と交流しない時間の構造化の様式。

邦訳のある交流分析関連文献

バーン，E．石川弘義・深沢道子訳　1976　交流分析による愛と性　番町書房
バーン，E．南博訳　2000　人生ゲーム入門――人間関係の心理学（新装版）　河出書房新社
デュセイ，J.M.　新里里春訳　1980　エゴグラム――誰でもできる性格の自己診断　創元社
グールディング，M.M.　深沢道子訳　1997　さようならを告げるとき　日本評論社
グールディング，M.M.・グールディング，R.L.　深沢道子訳　1980　自己実現への再決断――TA・ゲシュタルト療法入門　星和書店
グールディング，M.M.・グールディング，R.L.　深沢道子・木村泉訳　1995　心配性をやめる本　日本評論社
ハリス，T.A.　春木豊・久宗苑訳　1971　人間関係が生きかえる　ダイヤモンド社
ジェイムス，M.　林誠治訳　1977　OKボス――交流分析（TA）による自己啓発　ダイヤモンド社
ジェイムス，M.　深沢道子訳　1984　突破への道――新しい人生のためのセルフ・リペアレンディング　社会思想社
ジェイムズ，M.　諸永好孝訳　1985　ふれあい教育の実践――子育てのやさしいTA心理学　社会思想社
ジェイムズ，M.　近藤裕訳　1989　結婚における自己実現への道　社会思想社
ジェイムス，M.　深沢道子訳　1992　「良い上司」の心理学――一人でも部下をもったら読む本　プレジデント社
ジェイムス，M.・ジョングウォード，D.　本明寛ほか訳　1976　自己実現への道――交流分析（TA）の理論と応用　社会思想社
ジェイムズ，M.・ジョングウォード，D.　加納正規訳　1978　勝者への道　西日本新聞社
モリソン，J.・オハーン，J.　林誠治訳　1978　ビジネスマン蘇生学――交流分析（TA）の生かし方　日刊工業新聞
スチュアート，I.　杉村省吾ほか訳　1995　交流分析のカウンセリング――対人関係の心理学　川島書店
スチュアート，I.　諸永好孝訳　1998　エリック・バーン――TA（交流分析）の誕生と発展　チーム医療
スチュアート，I.・ジョインズ，V.　深沢道子監訳　1991　TA TODAY――最新・交流分析入門　実務教育出版
タンナー，I.J.　新里里春訳　1978　孤独-愛情恐怖症――交流分析の応用　社会思想社

try, 122, 259-263.

Walton, H. J. and Presley, A. S. (1973b) Dimensions of abnormal personality. *British Journal of Psychiatry*, 122, 269-276.

Ware, P. (1978) *Personality adaptations*. Workshop conducted at the Southeast Institute for Group and Family Therapy, Chapel Hill, North Carolina.

Ware, P. (1983) Personality adaptations. *Transactional Analysis Journal*, 13(1), 11-19.

Weiss, E. (1950) *Principles of psychodynamics*. New York: Grune and Stratton.

Wiggins, J. S. (1973) *Personality and prediction: principles of personality assessment*. Reading: Addison-Wesley.

Wiggins, J.S. and Pincus, A. L. (1989) Conceptions of personality disorders and dimensions of personality. *Psychological Assessment: a Journal of Consulting and Clinical Psychology*, 1, 305-316.

Woollams, S., and Brown, M. (1979) *TA: the total handbook of transactional analysis*. Englewood Cliffs: Prentice-Hall.

treatment of psychosis. New York: Harper and Row.

Steiner, C. (1974) *Scripts people live*. New York: Grove Press.

Stern, A. (1938) Psychoanalytic investigation and therapy in the borderline group of neuroses. *Psychoanalytic Quarterly*, 7, 467-489.

Stern, D. (1985) *The interpersonal world of the infant*. New York: Basic Books.

Stewart, I. (1989) *Transactional analysis counselling in action*. London : Sage Publications.

Stewart, I. (1992) *Eric Berne*. London: Sage Publications.

Stewart, I. (1996) *Developing transactional analysis counselling*. London: Sage.

Stewart, I. (2000) *Transactional analysis counselling in action*. (2nd ed.). London: Sage.

Stewart, I., and Joines, V. (1987) *TA today: a new introduction to transactional analysis*. Nottingham and Chapel Hill: Lifespace Publishing.

Thomas, A., and Chess, S. (1977) *Temperament and development*. New York: Brunner/Mazel.

Thomas, A., Chess, S., and Birch, H. G. (1963) *Behavioral individuality in early childhood*. New York: New York University Press.

Thomas, A., Chess, S., and Birch, H. G. (1968) *Temperament and behavior disorders in children*. New York: New York University Press.

Thurston, L. L. (1934) The vectors of mind. *Psychological Review*, 41, 1-32.

Tilney, T. (1998) *Dictionary of transactional analysis*. London: Whurr.

Tramer, M. (1931) Psychopathic personalities. *Schweizer Medizinische Wochenschrift*, 217, 217-322.

Vaillant, G. (1977) *Adaptation to life*. Boston: Little, Brown.

Walton, H. J., Foulds, G. A., Littman, S. K., and Presley, A. S. (1970) Abnormal personality. *British Journal of Psychiatry*, 116, 497-510.

Walton, H. J. and Presley, A. S. (1973a) Use of a category sustem in the diagnosis of abnormal personality. *British Journal of Psychia-*

Murphy, L. B., and Moriarty, A. E. (1976) *Vulnerability, coping and growth*. New Haven: Yale University Press.

Nacke, P. (1899) Die sexuellen Perversitäten in der Irrenansalt *[sic]*. *Psycheatrie en Neurologie Bladen*, 3, 14-21.

Neubauer, P., and Neubauer, A. (1990) *Nature's thumbprint: the new genetics of personality*. Reading, MA: Addison-Wesley.

Nunnally, J. C. (1978) *Psychometric theory*. (2nd ed.). New York: McGraw-Hill.

Oldham, J. M. and Morris, L.B. (1990) *Personality self-portrait: why you think, work, love, and act the way you do*. New York: Bantam Books.

Perls, F. S. (1969) *Ego, hunger and aggression*. New York: Vintage Books.

Perls, F. S. (1971) *Gestalt therapy verbatim*. Des Plaines: Bantam.

Phillips, L. (1968) *Human adaptation and its failures*. New York: Academic Press.

Reich, W. (1933) *Charakteranalyse*. Leipzig: Sexpol Verlag.

Reich, W. (1949) *Character analysis*. (3rd ed.). New York: Farrar, Straus and Giroux.

Ribot, T. (1890) *Psychologie des sentiments*. Paris: Delahaye and Lecrosnier.

Schultz, S. (1984) *Family systems therapy*. New York: Jason Aronson, Inc.

Schmideberg, M. (1947) The treatment of psychopaths and borderline patients. *American Journal of Psychotherapy*, 1, 45-55.

Sheldon, W. (1940) *The varieties of human physique: an introduction to constitutional psychology*. New York: Harper.

Sheldon, W. (1954) *Atlas of men: a guide for somatotyping the male of all ages*. New York: Harper.

Sheldon, W., and Stevens, S. (1942) *The varieties of temperament: a psychology of constitutional differences*. New York: Harper.

Schiff, A. and Schiff, J. (1971) Passivity. *Transactional Analysis Journal*, 1(1), 71-78.

Schiff, J. et al. (1975) *The Cathexis reader: transactional analysis object relations approach to the treatment of the closet narcissistic disorder of the self*. New York: Brunner/Mazel.

McCrae, R. R. (1992) The five-factor model: issues and applications [Special issue]. *Journal of Personality,* 60.

McDougall, W. (1908) *Introduction to social psychology*. New York: Scribners.

McDougall, W. (1932) Of the words character and personality. *Character and Personality, 1,* 3-16.

McNeel, J. (1976) The Parent interview. *Transactional Analysis Journal,* 6(1), 61-8.

McNeel, J. (1977) The seven components of redecision therapy. In G. Barnes (ed.), *Transactional analysis after Eric Berne* pp. 425-441. New York: Harper's College Press.

Mellor, K. (1979) Suicide: being killed, killing and dying. *Transactional Analysis Journal,* 9(3), 182-188.

Meumann, E. (1910) *Intelligenz und wille*. Leipzig: Barth.

Millon, T. (1969) *Modern psychopathology: a biosocial approach to maladaptive learning and functioning*. Philadelphia: W.B. Saunders.

Millon, T. (1981) *Disorders of personality*. New York: John Wiley and Sons.

Millon, T. (1990) Toward a new personology: An evolutionary model. New York: John Wiley and Sons, Inc.

Millon, T. (1996) *Disorders of personality: DSM-IV and beyond*. (2nd ed.). New York: John Wiley and Sons, Inc.

Millon, T. (1999) *Personality-guided therapy*. New York: John Wiley and Sons, Inc.

Minuchin, S. (1974) *Families and family therapy*. Cambridge: Harvard University Press.

Moiso, C. (1985) Ego states and transference. *Transactional Analysis Journal,* 15(3), 194-201.

Monty, C. F. (1987) *Beneath the mask* (3rd ed.). New York: Holt, Rinehart and Winston.

Murphy, L. B., et al. (1962) *The widening world of childhood*. New York: Basic Books.

Kretschmer, E. (1925) *Körperbau und charakter*. Berlin: Springer Verlag. And *Physique and character* (English translation). London: Kegan Paul.

Lazursky, A. (1906) *An outline of a science of characters*. St. Petersburg: Lossky.

Leary, T. (1957) *Interpersonal diagnosis of personality*. New York: Ronald.

Linehan, M. (1993) *Cognitive-behavioral treatment of borderline personality disorder*. New York: The Guilford Press.

Lorr, M. (1975) Convergences in personality constructs measured by four inventories. *Journal of Clinical Psychology*, 31, 182-188.

Lorr, M., and Manning, T. T. (1978) Higher-order personality factors of the ISI. *Multivariate Behavioral Research*, 13, 3-7.

Lowen, A. (1975) *Bioenergetics*. New York : Coward, McCann & Geoghegan.

Lyons, M. J., Merla, M. E., Ozer, D. J., and Hyler, S. E. (1990, August) *Relationship of the "Big-Five" factors to DSM-III personality disorders*. Paper presented at the 98th annual meeting of the American Psychological Association, Boston, MA.

Maddi, S. R. (1968) *Personality theories: a comparative analysis*. Homewood: Dorsey.

Maddi, S. R., and Propst, B. (1971) Activation theory and personality. In S.R. Maddi (ed.), *Perspectives on personality*. Boston: Little, Brown.

Mahler, M. S., Pine, F. and Bergman, A. (1975) *The psychological birth of the human infant*. New York: Basic Books.

Masterson, J. F. (1981) *The narcissistic and borderline disorders: An integrated developmental approach*. New York: Brunner/Mazel.

Masterson, J. F. (1988) *Psychotherapy of the disorders of the self: the Masterson approach*. New York: Brunner/Mazel.

Masterson, J.F. (1990) *Psychotherapy of the borderline and narcissistic personality disorders: a developmental, self, and object relations approach*. Workshop conducted at the Southeast Institute for Group and Family Therapy, Chapel Hill, North Carolina.

Masterson, J. F. (1993) *The emerging self: a developmental, self, and*

Kahn, E. (1928) *Psychopathischen persönlichkeiten*. Berlin: Springer.

Kahn, E. (1931) *Psychopathic personalities* (English translation). New Haven: Yale University Press.

Kaplan, K. J., Capace, N. and Clyde, J. D. (1984) A bidimensional distancing approach to TA. *Transactional Analysis Journal*, 14(2), 114-119.

Karpman, S. (1968) Fairy tales and script drama analysis. *Transactional Analysis Bulletin*, 7(26), 39-43.

Kernberg, O. F. (1967) Borderline personality organization. *Journal of the American Psychoanalytic Association*, 15, 641- 685.

Kernberg. O. F. (1970a) A psychoanalytic classification of character pathology. *Journal of the American Psychoanalytic Association*, 18, 800-822.

Kernberg, O. F. (1970b) Factors in the psychoanalytic therapy of narcissistic patients. *Journal of the American Psychoanalytic Association*, 18, 51-85.

Kernberg, O. F. (1975) *Borderline conditions and pathological narcissism*. New York: Jason Aronson.

Kernberg, O. F. (1980) *Internal world and external reality*. New York: Jason Aronson.

Knight, R. P. (1954) Management and psychotherapy of the borderline schizophrenic patient. In R. P. Knight and C. R. Friedman (eds.), *Psychoanalytic psychiatry and psychology* (pp. 110-122), New York: International Universities Press.

Kohut, H. (1966) Forms and transformations of narcissism. *Journal of the American Psychoanalytic Association*,14, 243-272.

Kohut, H. (1968) The psychoanalytic treatment of narcissistic personality disorders. *Psychoanalytic Study of the Child*, 23, 86-113.

Kohut, H. (1971) *The analysis of self*. New York: International Universities Press.

Kollarits, J. (1912) *Charakter und nervosität*. Budapest: Knoedler.

Kreisman, J. and Straus, H. (1991) *I hate you – don't leave me: understanding the borderline personality*. New York: Morrow, William, and Co.

Joines, V. (1986) Using redecision therapy with different personality adaptations. *Transactional Analysis Journal*, 16(3), 152-160.

Joines, V. (1988) Diagnosis and treatment planning using a transactional analysis framework. *Transactional Analysis Journal*, 18(3), 185-190.

Jung, C. G. (1921) Psychological types. In *Collected Works* (English translation, Vol. 6, 1971). Princeton: Princeton University Press.

Kadis, L. (ed.) (1985) *Redecision therapy: expanded perspectives*. Watsonville: Western Institute for Group and Family Therapy.

Kahler, T. (1972) *Predicting academic underachievement in ninth and twelfth grade males with the Kahler transactional analysis script checklist*. Dissertation, Purdue University.

Kahler, T. (1978) *Transactional analysis revisited*. Little Rock: Human Development Publications.

Kahler, T. (1979) *Process therapy in brief*. Little Rock: Human Development Publications.

Kahler, T. (1981) *The process therapy model*. Workshop conducted for the Institute of Transactional Analysis, London.

Kahler, T. (1982) *Personality pattern inventory validation studies*. Little Rock: Kahler Communication, Inc.

Kahler, T. (1996) *The process communication model (PCM™) seminar manual*. Little Rock: Taibi Kahler Associates, Inc.

Kahler, T. (1997a) *The PCM™ advanced seminar*. Little Rock: Kahler Communications, Inc.

Kahler, T. (1997b) *The transactional analysis script profile (TASP™)*. Little Rock: Taibi Kahler Associates, Inc.

Kahler, T. (1997c) *The transactional analysis script profile (TASP™): a guide for the therapist*. Little Rock: Taibi Kahler Associates, Inc.

Kahler, T. (1999) The miniscript: 1999 addendum. ITAA: *TAJnet*, 4 (internet publication at www.tajnet.org/articles/kahler-miniscript-addendum.html).

Kahler, T. (2000) *The mastery of management* (4th ed.). Little Rock: Kahler Communications Inc.

Kahler, T. and Capers, H. (1974) The miniscript. *Transactional Analysis Journal*, 4(1), 26-42.

Freud, S. (1957) Leonardo da Vinci and a memory of his childhood. In J.Strachey (ed. and trans.), *The standard edition of the works of Sigmund Freud* (Vol. 2). London: Hogarth. (Original work published 1910)

Fromm, E. (1947) *Man for himself.* New York: Rinehart.

Goulding, R., and Goulding, M. (1978) *The power is in the patient.* San Francisco: TA Press.

Goulding, M., and Goulding, R. (1979) *Changing lives through redecision therapy.* New York: Brunner/Mazel.

Hall, C., and Lindzey, G. (1970) *Theories of personality* (2nd ed.). New York: John Wiley and Sons, Inc.

Hartmann, H. (1958) *Ego psychology and the problem of adaptation.* New York: International University Press.

Hathaway, S. R., and Mckinley, J. C. (1967) *Minnesota multiphasic personality inventory: manual for administration and scoring.* New York: Psychological Corporation.

Haykin, M. (1980) Type-casting: the influence of early childhood experience upon the structure of the Child ego-state. *Transactional Analysis Journal,* 10(4), 354-364.

Heymans, G., and Wiersma, E. (1906-1909) Beiträge zur speziellen psychologie auf grund einer massenuntersuchung. *Zeitschrift für Psychologie,* 42,46,49,51.

Holloway, W. (1973) Shut the escape hatch. Monograph IV, Wm. H. Holloway (mimeo).

Horney, K. (1937) *The neurotic personality of our time.* New York: Norton.

Horney, K. (1939) *New ways in psychoanalysis.* New York: Norton.

Horney, K. (1942) *Self analysis.* New York: Norton.

Horney, K. (1945) *Our inner conflicts.* New York: Norton.

Horney, K. (1950) *Neurosis and human growth.* New York: Norton.

Jackson, D. N. (1970) A sequential system for personality scale development. In C. D. Spielberger (ed.), *Current topics in clinical and community psychology.* New York: Academic Press.

Johnson, S. M. (1994) *Character styles.* New York: Norton.

Erikson, E. (1950/1963) *Childhood and society*. New York: Norton.

Ernst, F. (1971) The OK corral. *Transactional Analysis Journal*, 1(4), 33-42.

Erskine, R., and Zalcman, M. (1979) The racket system: a model for racket analysis. *Transactional Analysis Journal*, 9(1), 51-59.

Escalona, S. (1968) *Roots of individuality*. Chicago: Aldine.

Escalona, S., and Leitch, M. (1953) *Early phases of personality development*. Evanston: Child Development Publications.

Escalona, S., and Heider, G. (1959) *Prediction and outcome*. New York: Basic Books.

Eysenck, H. J. (1952) *The scientific study of personality*. London: Routledge and Kegan Paul.

Eysenck, H. J. (1960) *The structure of human personality*. London: Routledge and Kegan Paul.

Eysenck, H. J., and Eysenck, S. B. G. (1969) *Personality structure and measurement*. London: Routledge and Kegan Paul.

Federn, P. (1952) *Ego psychology and the psychoses*. New York: Basic Books.

Fenichel, O. (1945) *The psychoanalytic theory of the neurosis*. New York: Norton.

Fiske, D. W., and Maddi, S. R. (Eds.) (1961) *Functions of varied experience*. Homewood: Dorsey.

Freud, S. (1908) Character and eroticism. In *Collected Papers* (English translation, Vol.2, 1925). London: Hogarth.

Freud, S. (1910) Leonardo da Vinci and a memory of his childhood. In *Standard edition of the works of Sigmund Freud* (Vol. 2, 1925). London: Hogarth.

Freud, S. (1925) Psychoanalytic notes upon an autobiographical account of a case of paranoia (Dementia paranoides). In *Collected Papers* (English Translation, Vol. 3). London: Hogarth. (Original work published 1911).

Freud, S. (1915) The instincts and their vicissitudes. In *Collected Papers* (English translation, Vol. 4, 1925). London: Hogarth.

Freud, S. (1950) Libidinal types. In *Collected Papers* (English translation, Vol. 5). London: Hogarth. (Original work published 1931).

Buss, A. H., and Plomin, R. (1975) *A temperament theory of personality development*. New York: Wiley.

Cattell, R. B. (1957) *Personality and motivation structure and measurement*. New York: World.

Cattell, R. B. (1965) *The scientific analysis of personality*. Chicago: Aldine.

Cattell, R. B., Eber, H. W., and Tatsuoka, M. M. (1970) *Handbook for the sixteen personality factor questionnaire* (16PF). Champaign, IL: Institute for Personality and Ability Testing.

Clarkson, P. (1991) *Transactional analysis psychotherapy*. London: Routledge.

Cleckley, H. (1941) *The mask of sanity*. St. Louis: Mosby.

Costa, P. T., Jr. and McCrae, R. R. (1990) Personality disorders and the five-factor model of personality. *Journal of Personality Disorders*, 4, 362-371.

Costa, P. T., Jr. and Widiger, T. A. (1994) Introduction: Personality disorders and the five-factor model of personality. In P. T. Costa, Jr. and T. A. Widiger (eds.), *Personality disorders and the five-factor model of personality* (pp. 1-10). Washington, DC: American Psychological Association.

Digman, J. M. (1990) Personality structure: Emergence of the five-factor model. *Annual Review of Psychology*, 50, 116-123.

Divac-Jovanovic, M., and Radojkovic, S. (1987) Treating borderline phenomena across diagnostic categories. *Transactional Analysis Journal*, 17(2), 4-10.

Drye, C., Goulding, R., and Goulding, M. (1973) No-suicide decisions: patient monitoring of suicide risk. *American Journal of Psychiatry*, 130, 171-174. (Revised version of this article is reprinted in:) Goulding, R. and Goulding, M. (1978) *The power is in the patient*. San Francisco: TA Press.

Ellis, H. (1933) Auto-erotism: A psychological study. *Alienist and Neurologist*, 19, 260-299. (Original work published 1898).

English, F. (1971) The substitution factor: rackets and real feelings. *Transactional Analysis Journal*, 1(4), 225-230.

English, F. (1976) Racketeering. *Transactional Analysis Journal*, 6(1), 78-81.

文　献

Abraham, K. (1921) Contributions to the theory of the anal character. In *Selected Papers on Psychoanalysis* (English translation, 1927). London: Hogarth.

Abraham, K. (1925) Character formation on the genital level of the libido. In *Selected Papers on Psychoanalysis* (English translation, 1927). London: Hogarth.

Adler, A. (1964) *Problems of neurosis*. New York: Harper.

American Psychiatric Association (1980) *Diagnostic and statistical manual of mental disorders*. (Third Edition): DSM-III. Washington, D.C.: American Psychiatric Association.

American Psychiatric Association (1994) *Diagnostic and statistical manual of mental disorders*. (Fourth Edition): DSM-IV. Washington, D.C.: American Psychiatric Association.

American Psychiatric Association (2000) *Diagnostic and statistical manual of mental disorders*. (Fourth Edition, Text Revision): DSM-IV-TR. Washington, D.C.: American Psychiatric Association.

Berne, E. (1961) *Transactional analysis in psychotherapy: a systematic individual and social psychiatry*. New York: Grove Press.

Berne, E. (1964) *Games people play*. New York: Grove Press.

Berne, E. (1966) *Principles of group treatment*. New York: Grove Press.

Berne, E. (1969) Standard nomenclature. *Transactional Analysis Bulletin*, 8(32), 111-112.

Berne, E. (1972) *What do you say after you say hello*? New York: Grove Press.

Blackstone, P. (1993) The dynamic Child: integration of second-order structure, object relations, and self psychology. *Transactional Analysis Journal*, 23 (4), 216-234.

Boyd, H., and Cowles-Boyd, L. (1980) Blocking tragic scripts. *Transactional Analysis Journal*, 10(3), 227-229.

タ　行

ナ　行

ハ　行

索　引

ア　行

カ　行

サ　行

訳者紹介（執筆章順）

繁田　千恵（しげた　ちえ）……はじめに，第1章
監訳者紹介参照

川口　典子（かわぐち　のりこ）……第2章～第7章
川村学園女子大学教授，臨床心理士，国際TA協会認定交流分析士（CTA），日本交流分析学会認定研修スーパーバイザー

鈴木　佳子（すずき　よしこ）……第8章，第9章
東京経済大学学生相談室，臨床心理士，国際TA協会准教授会員PTSTA101インストラクター

野間　和子（のま　かずこ）……第10章～第13章
野間メンタルヘルスクリニック院長，精神科医，国際TA協会準教授会員（PTSTA），再決断療法士

矢野　裕一（やの　ゆういち）……第14章～第16章
OHI フリースペースゆう代表，産業カウンセラー，国際TA協会正会員

白井　幸子（しらい　さちこ）……日本の読者へ，第17章，第18章，おわりに
監訳者紹介参照

城所　尚子（きどころ　なおこ）……第19章～第25章，付録C，用語集
カウンセリング&コンサルテーション「城所」所長，臨床心理士，国際TA協会准教授会員PTSTA101インストラクター

西澤　寿樹（にしざわ　としき）……付録A
臨床心理士，Better Couple 代表，国際TA協会認定交流分析士（CTA），明星大学講師

光延　京子（みつのぶ　きょうこ）……付録B
@はあと・くりにっく代表，臨床心理士，青山学院大学非常勤講師，国際TA協会正会員

監訳者紹介

白井　幸子（しらい　さちこ）

現　在　ルーテル学院大学名誉教授，臨床心理士，国際TA協会正会員，再決断療法士，日本交流分析学会認定研修スーパーバイザー

著　書　『臨床にいかす心理療法』2004,『医療の現場におけるこんな時のカウンセリング』1993,『看護にいかすカウンセリング』1987,『看護にいかす交流分析』1983　以上，医学書院

訳　書　『自殺者のこころ』（共訳）2001,『可能性療法』（共訳）1999,『望ましい死』（共訳）1998,『ダウン症のサラ』（共訳）1996,『自殺とは何か』（共訳）1993,『死の声』（共訳）1983『死にゆく時』（共訳）1981　以上，誠信書房

繁田　千恵（しげた　ちえ）

現　在　TA心理研究所所長，臨床心理士，国際TA協会教授会員PTSTA

著　書　『子育てに活かす交流分析』風間書房2008,『いい人間関係が出来る本』中経出版2004,『カウンセリングプロセスハンドブック』（分担執筆）金子書房2004,『日本における交流分析の発展と実践』風間書房2003,『臨床心理アセスメント演習』（分担執筆）培風館2003

訳　書　『世界で一番暖かい贈り物』（監訳）CESC出版2000,『7つの能力で生きる力を育む』（共訳）北大路書房2000

V. ジョインズ／I. スチュアート
交流分析《こうりゅうぶんせき》による人格適応論《じんかくてきおうろん》
——人間理解《にんげんりかい》のための実践的《じっせんてき》ガイドブック

2007年9月20日　第1刷発行
2021年3月30日　第6刷発行

監訳者　白井幸子
　　　　繁田千恵
発行者　柴田敏樹
印刷者　西澤道祐

発行所　株式会社　誠信書房
〒112-0012　東京都文京区大塚3-20-6
電話　03 (3946) 5666
http://www.seishinshobo.co.jp/

あづま堂印刷　協栄製本
検印省略

落丁・乱丁本はお取り替えいたします
無断で本書の一部または全部の複写・複製を禁じます
©Seishin Shobo, 2007

Printed in Japan
ISBN978-4-414-41426-4　C3011

ジョインズ人格適応型心理検査
(JPAQ)第3版

ヴァン・S・ジョインズ 著　白井幸子・繁田千恵・城所尚子 訳

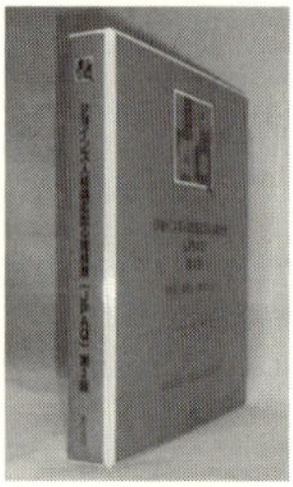

本検査は，カップルセラピー，家族療法の臨床家はもちろん，職場の人員配置の際の人事資料としても使用が可能な心理検査である。72個の検査項目に，「はい」「いいえ」の2件法で答え，人格の特徴や行動パターンを，「熱狂的過剰反応者」「責任感ある仕事中毒者」など6つのユニークな人格適応型にて判定する。添付のCD-ROMを使用すれば，パソコンで瞬時に結果が出せ，データはExcelのcsv形式で保存が可能。

基本セット

① 心理検査手引き書（バインダー1冊）
② 採点用スケール・テンプレート（6枚）
③ 採点・集計用ソフト（CD-ROM 1枚）
④ 検査用紙　(5部)
⑤ 検査結果のお知らせ（5部）
⑥ クライエント用の冊子「人格適応型とは」(5部)

用紙セット

① 検査用紙　(5部)
② 検査結果のお知らせ（5部）
③ クライエント用の冊子　「人格適応型とは」(5部)

基本セット　定価（本体9500円＋税）
用紙セット　定価（本体2000円＋税）

感情に働きかける面接技法

心理療法の統合的アプローチ

ISBN978-4-414-41421-9

L.S. グリーンバーグ他著　岩壁 茂訳

本アプローチは，クライエント中心療法，ゲシュタルト療法，フォーカシングを統合した心理療法であり，うつに対する介入手続きの有効性が北米で立証されている。二つの椅子を使用するなど特徴のある技法で，セラピー中のクライエントの感情が驚くべき変容を遂げる。

目次抜粋

- 過程 - 体験アプローチの理論的背景
- セラピストがすること
- はっきりしないフェルトセンスの体験的フォーカシング
- 二つの椅子の対話と分離
- 自己中断分離のための二つの椅子の試演
- 空の椅子の作業と未完了の体験
- 極端な傷つきやすさの指標における共感的肯定
- 過程 - 体験アプローチを適用する
- 過程 - 体験アプローチ――概観，研究，理論，そして未来

A5判上製　定価(本体5500円＋税)

自傷行為とつらい感情に悩む人のために

ボーダーライン・パーソナリティ障害(BPD) のためのセルフヘルプ・マニュアル

ISBN978-4-414-41417-2

L. ベル著　井沢功一朗・松岡 律訳

一人でいると気分が荒れ始め，あるいは仲間といてもなじめずに居心地が悪くなってしまう……。つらい感情に折り合いを付けられず自分を傷つけてしまう人たちも多くいる。読者は，本書に収められたエクササイズに記入していく過程で，自分と向き合い，自傷行為とは違う癒やしに気づくことができる。

目次抜粋

- このマニュアルの対象者と使い方
- 薬とお酒の使い方
- 感情を理解しうまく扱う
- 思考の習癖と信念を調べ，修正する
- うつを克服し，難しいさまざまな気分をうまく扱う
- 児童期の虐待に取り組む
- 自傷行為（沈黙の叫び）を克服する
- 怒りの感情をうまく扱い弱める
- その他の問題――ゆきずりの性交渉，摂食障害，幻覚

A5判並製　定価(本体2800円+税)

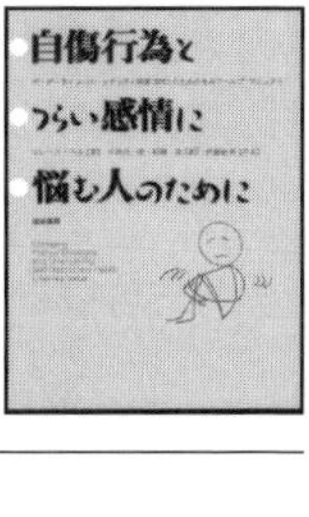

可能性療法

効果的なブリーフ・セラピーのための51の方法

ISBN978-4-414-40414-2

ビル・オハンロン／サンディ・ビードル著
宮田敬一・白井幸子訳

ミルトン・エリクソンの治療にもとづいたブリーフ・セラピーの一つである可能性療法は，クライエントとの協力関係を尊重し，問題の解決を目指している。過去よりも一未来に目を向け，失敗の経験よりも成功の経験に学び，悩む人は既に悩みを解決する能力をもっていると説く。クライエントに希望を与え，未来の可能性へと導く著者独自の短期療法である。

目　次

四六判上製　定価(本体1800円＋税)

論理療法による三分間セラピー

考え方しだいで，悩みが消える

ISBN978-4-414-40417-3

M. エデルシュタイン他著　城戸善一監訳

日常生活の主要なテーマごとに，具体的な事例に沿って，毎日，三分間のエクササイズで，考え方や受け止め方を変えて，人生を楽しむことが出来ることを強調している。

目　次

四六判並製　定価(本体2400円＋税)

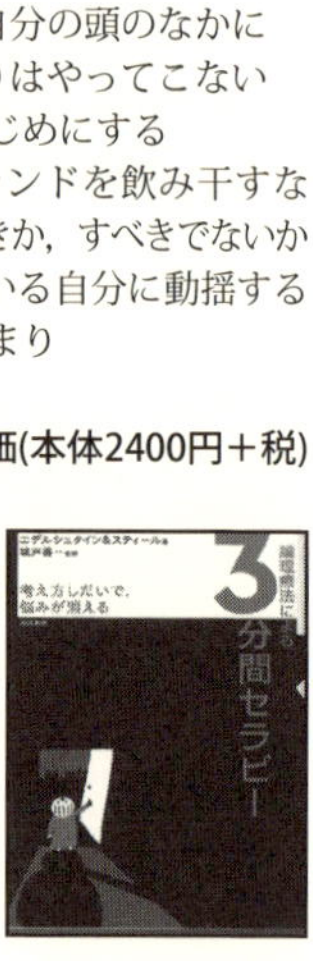